LOTHAR DRALLE

DIE DEUTSCHEN IN OSTMITTEL- UND OSTEUROPA

LOTHAR DRALLE

DIE DEUTSCHEN IN OSTMITTEL- UND OSTEUROPA

Ein Jahrtausend europäischer Geschichte

WISSENSCHAFTLICHE BUCHGESELLSCHAFT
DARMSTADT

Einbandgestaltung: Studio Franz & McBeath, Stuttgart.

Die Deutsche Bibliothek – CIP-Einheitsaufnahme

Dralle, Lothar:
Die Deutschen in Ostmittel- und Osteuropa:
ein Jahrtausend europäischer Geschichte /
Lothar Dralle. – Darmstadt: Wiss. Buchges., 1991
ISBN 3-534-10930-9

Bestellnummer 10930-9

Gedruckt auf säurefreiem und alterungsbeständigem Bilderdruckpapier
Satz: Fotosatz Janß, Pfungstadt
Druck und Einband: Wissenschaftliche Buchgesellschaft, Darmstadt
Printed in Germany
Schrift: Linotype Times, 9.5/11

ISBN 3-534-10930-9

Für Ulrike und Barbara

INHALT

II. Die neuzeitliche Ostsiedlung

III. Der Rückschlag

EINFÜHRUNG: DIE SIEDLUNG DEUTSCHER IN OSTEUROPA – DRANG DER DEUTSCHEN NACH OSTEN ODER EUROPÄISIERUNGSPROZESS?

Gegenwärtig kehren Jahr für Jahr mehrere hunderttausend Menschen aus Polen, Ungarn, Rumänien, aber auch aus der Sowjetunion in die Heimat ihrer Vorväter zurück. Den einen bei uns in der Bundesrepublik Deutschland gilt ihre unbürokratische Aufnahme als selbstverständlicher Akt der Solidarität, der darüber hinaus sogar vom Grundgesetz unseres Staates geboten ist. Andere sehen darin eine eher unangebrachte Deutschtümelei, eine unangemessene Bevorzugung von Aussiedlern gegenüber Asylsuchenden.

Solche gegensätzlichen Auffassungen sind indes nur eine neue Spielart eines seit langem bestehenden Dissenses über die Deutschen im Osten. Schon ihre Wanderung nach Osten wurde und wird seit über einem Jahrhundert kontrovers beurteilt. Die Ahnen der heutigen Aussiedler, so verurteilen die einen, seien einem unwiderstehlichen „Drang der Deutschen nach Osten“ [1] gefolgt und hätten die Menschen dort entweder ins Unglück gestürzt oder zumindest um die Chance einer eigenständigen Entwicklung gebracht. Andererseits lobt man überschwenglich, daß durch den Treck der Deutschen nach Osten dorthin überhaupt erst Kultur gebracht worden sei. [2] Mit derart

[1] Die Geschichte dieses Schlagwortes ist aufgearbeitet bei W. Wippermann (1981), Der 'deutsche Drang nach Osten'; wie einfach dieses Etikett politisch zu instrumentalisieren ist, zeigt H. H. Nolte (1976), „Drang nach Osten“; beachtenswert als Stimme der polnischen Mediävistik B. Zientara (1983), Zum Problem.

[2] So noch E. Lemberg, Ostkunde, 1964, S. 43: „Die deutsche Ostsiedlungsbewegung hat ganz Ostmitteleuropa ein neues Gesicht gegeben. Sie hat erst eigentlich diesen Raum ins Abendland einbezogen, indem sie ihn die sozialen und geistigen Entwicklungen West- und Mitteleuropas aus erster Hand miterleben ließ.“ Exemplarisch schon im Titel K. Hampe (1921), Der Zug nach dem Osten. Die kolonisatorische Großtat des deutschen Volkes. – Daß diese Auffassung erheblich älter ist, zeigt W. Wippermann (1981), Der 'deutsche Drang nach Osten', S. 135; Johann Friedr. Reitemeier verglich in seiner 1805 veröffentlichten ›Geschichte der Preußischen Staaten‹ die mittelalterliche

konträren Aussagen ordneten und ordnen polnische, tschechische, russische und deutsche Historiker, aber auch Geschichtswissenschaftler „nichtbetroffener" Nationen[3] und vor allem Publizisten aller Länder seit dem 19. Jahrhundert jenen langgestreckten Prozeß, der meist „deutsche Ostkolonisation" genannt wurde, jeweils in ihr Geschichtsbild ein.

Forschungsansätze, die sich in dieser Weise entgegenstehen, haben freilich den großen Vorteil, daß sie sich günstig auf die Menge des reinen Faktenwissens auswirken. Jede Seite bemüht sich angestrengt, so viele Belege wie nur irgend möglich aus den Archiven für ihren Standpunkt zutage zu fördern. Der hohe Ertrag solchen Bemühens zeigt sich in den Forschungsergebnissen der deutschen und der polnischen Historiographie, die in der Zeit zwischen den beiden Weltkriegen erzielt worden sind.[4] Wenn die Kärrnerarbeit der Wissenschaftler auch dem Konsens zwischen den verschiedenen nationalen Historiographien nicht sofort förderlich war, so setzt sie uns doch heute in den Stand, das Gemeinsame in der Geschichte aller europäischen Völker nicht über dem zu übersehen, was sie voneinander abhebt.[5]

Die zeitgenössische Historiographie unterscheidet zwischen dem Machtanspruch deutscher Herzöge, Könige und Kaiser, der in gewaltsamer Expansion nach Osten mündete, und der Mission sowie der friedlichen Siedlung deutscher Bauern, Handwerker und Kaufleute. Sie sieht diese Vorgänge als Teile eines gesamteuropäischen Prozes-

'Colonisation' und 'Germanisierung' mit der Kolonisierung und Einwanderung der Europäer nach Nordamerika.

[3] So jüngst Ch. Higounet (1986), Die deutsche Ostsiedlung; vgl. dazu die Rezension vom K. Zernack im Jahrbuch für Geschichte Mittel- und Ostdeutschlands 36 (1987), S. 431 ff.

[4] Eine erste Zusammenfassung des deutschen Forschungsertrags stellt dar A. Brackmann (Hrsg.) (1933), Deutschland und Polen; die Stellungnahme der polnischen Geschichtswissenschaft dazu u. a. bei St. Zakrzewski (1983), Deutschland und Polen; repräsentativ wird der deutsche Forschungsstand zu Beginn des Krieges widergespiegelt in der zweibändigen Festschrift für Albert Brackmann, H. Aubin, O. Brunner, W. Kohte et al. (Hrsg.) (1942/43), Deutsche Ostforschung; in deutscher Sprache werden die Ergebnisse der polnischen Forschung knapp umrissen bei St. Trawkowski (1962), Zur Erforschung; sehr nützlich die Übersicht bei K. Zernack (1973), Schwerpunkte und Entwicklungslinien.

[5] Vgl. dazu in W. Schlesinger (1975), Die deutsche Ostsiedlung; v. a. die Beiträge Schlesingers, Graus' und Zientaras, sie geben gleichzeitig eine gute Zusammenfassung der Forschungsentwicklung.

ses.[6] Doch gilt es hier anzumerken, daß sich dieser Denkansatz durchaus auch schon in der Vorkriegsforschung findet.[7] Am ehesten gerecht werden kann der komplizierten Geschichte der Beziehungen zwischen den europäischen Völkern wohl eine Variante, die durch zwei polnische Historiker in die Diskussion eingebracht wurde. Marceli Handelsmann und Oskar Halecki, der eine ein Sozialhistoriker und der andere ein vorzüglicher Kenner der politischen Ideengeschichte, wiesen schon in den zwanziger Jahren auf die Wichtigkeit der Rolle hin, die das antike Erbe und die christlichen Nachfolgekulturen des Imperium Romanum in Europa spielten.[8]

Die Diskussion, die sie mit ihrer These ausgelöst hatten, wurde während des Krieges nicht weitergeführt. Aber unmittelbar nach seinem Ende trat Oskar Halecki erneut mit Überlegungen zur Einteilung Europas und seiner Geschichte an die Öffentlichkeit. In dem Buch ›The Limits and Divisions of European History‹, das 1950 erschien,[9] machte er einen für die Gliederung der europäischen Geschichte wohl sehr zweckmäßigen Vorschlag. Er ging bei seinen Überlegungen – wie schon in den zwanziger und dreißiger Jahren – von der europäischen Kultur aus. Sie verstand er als eine harmonische Synthese zwischen dem Erbe des klassischen Altertums und dem Christentum.[10] Jetzt aber ging er weiter. Er berücksichtigte die Tatsache, daß seit dem 9./10. Jahrhundert in Europa Nationen entstanden sind. Nationen, die sich zwar selbständig entfalteten, dadurch aber nicht

[6] Symbolisch dafür steht der Titel des Sammelbandes, in dem die Ergebnisse der beiden Reichenau-Tagungen, die sich mit der Kolonisation befaßten, veröffentlicht wurden, W. Schlesinger (Hrsg.) (1975), Die deutsche Ostsiedlung des Mittelalters als Problem der europäischen Geschichte. – Dagegen signalisiert das Thema der letzten Tagung zu diesem Problem, die im April 1989 in Berlin von der Historischen Kommission zu Berlin veranstaltet worden ist, ›Demographischer und sozialer Strukturwandel in Ostmitteleuropa im Mittelalter‹ schon wieder einen Rückzug in ein kleinräumigeres Denken. Ihre Vorträge machten auch deutlich, daß die letzten vierzehn Jahre seit der Veröffentlichung der Reichenau-Vorträge keine wesentlichen Erkenntnisfortschritte brachten. Allein der Vortrag A. Kormendys ›Trägerkräfte und Erscheinungsweisen des Landesausbaus‹ versprach neue Forschungsanstöße.

[7] Vgl. etwa H. F. Schmid (1933), Das deutsche Recht in Polen, aber auch andere Beiträge in diesem Band, freilich wurde das Blickfeld dieses Forschungsansatzes eingeengt durch nationalistische Scheuklappen.

[8] O. Halecki (1924), L'histoire; M. Handelsmann (1930), Monde slave.

[9] O. Halecki (1957), Europa.

[10] Ders. (1957), Europa, S. 12.

der Gesamtheit Europa schadeten, sondern diese Gemeinschaft im Gegenteil in außerordentlich großem Maße bereicherten. Vor diesem Hintergrund unterschied Halecki in seinem Werk zwei Teile Europas: Alteuropa und Neueuropa.[11] Unter Alteuropa verstand er den Teil unseres Kontinents, der einstmals zum Imperium Romanum gehört hatte, und jene Randgebiete, die vom Römischen Weltreich stark beeinflußt worden waren, also vor allem die Gebiete nördlich der Alpen, die zum Reich Karls des Großen zählten. Damit wird die Ostgrenze Alteuropas grob durch die Linie Elbe–Saale–Böhmerwald–Donau bestimmt. Alles was östlich bzw. nördlich dieser Linie liegt, ist für Halecki Neueuropa.

Dieses Neueuropa, so meinte der polnische Historiker, beginne sich erst mit dem Entstehen von Nationen zu konstituieren; Nationen, die christlich waren und die sich anschickten, auch das antike Erbe zu nutzen. Die Geschichte Neueuropas, die Geschichte ihrer Nationen wird als ein Prozeß der kulturellen Europäisierung, der kulturellen Alteuropäisierung, als ein Prozeß der Angleichung, der Akkulturation, der – mit Bedenken wird dieses Wort verwandt – Verwestlichung gesehen.

Der Prozeß der Alteuropäisierung Neueuropas war nicht mit der Annahme des Christentums durch Polen, Tschechen, Litauer, Preußen oder Letten beendet. Nein, er lief über viele Jahrhunderte und ist selbst heute noch nicht abgeschlossen. Teil dieses Prozesses ist auch das gewesen, was wir Ostsiedlung oder Ostkolonisation nennen.

Der den Völkern Neueuropas eigentümliche Entwicklungsgang ihrer Geschichte und der Beitrag, den deutsche Bauern und Bürger dazu leisteten, ist Gegenstand der nachfolgenden Darstellung. Da sich der Akkulturationsprozeß in unterschiedlichem Tempo und sehr verschiedener Intensität über fast ein Jahrtausend erstreckte, mußte, um seine Beschreibung nicht ausufern zu lassen, aus der großen Zahl der Einzelvorgänge ausgewählt werden. Sinnvollerweise konnte das nur so geschehen, daß die grundlegenden Geschehnisse Vorrang vor den speziellen Einzelheiten gewinnen. Dazu gehört auch, daß vor allem die jeweils auslösenden Momente für die mittelalterliche und neuzeitliche Siedlung der Deutschen im Osten wie auch für ihre Vertreibung eingehend erörtert werden. Das erfordert zunächst, zu zeigen, wann und wie die europäische Bühne, auf der sich Siedlung und Vertreibung der Deutschen abspielten, von den Akteuren, den einzelnen Nationen, bevölkert worden ist.

[11] Ders. (1957), Europa, S. 28f.

I. DIE OSTSIEDLUNG DER DEUTSCHEN IM MITTELALTER

1. DIE BÜHNE WIRD BEREITET

Im Zuge ihrer Wanderungsbewegung gründeten Germanenstämme auf dem Boden des in seinen westlichen Teilen langsam verlöschenden Römischen Weltreiches seit dem ausgehenden vierten Jahrhundert eine Vielzahl von Herrschaften. Die meisten von ihnen zeichneten sich vor allem durch ihre Kurzlebigkeit aus. Eine allerdings vermochte dem gesamten europäischen Kontinent und seiner zukünftigen Entwicklung ihren Stempel aufzudrücken: das Reich, das die Franken im 5. Jahrhundert in Gallien errichteten. Die Monarchie der christlichen Könige aus dem Merowingerhaus war Keim des Karolingischen Großreiches. Aus der Schöpfung Karls des Großen erwuchsen später das Reich der Deutschen und Frankreich. Jedweder Aufstieg eines Großreichs ist vor allem dadurch gekennzeichnet, daß seine Schöpfer sich von Anbeginn an nicht nur auf das Bewahren beschränken, sondern ihre Herrschaft ständig zu vermehren suchen. Auch die Merowinger expandierten sehr früh in östlicher Richtung. Bereits gegen Ende des 5. Jahrhunderts gerieten die Alemannen unter ihre Oberherrschaft. Die Könige Theudebert und Chlothar eroberten im Jahr 531 das Reich der Thüringer, und seit der Mitte des 6. Jahrhunderts befanden sich die Bayern in loser Abhängigkeit von den Frankenkönigen.

Für das Jahr 631 erzählt uns ein unbekannter Mönch in der sogenannten Chronik des Fredegar, der fränkische König Dagobert sei gegen Samo zu Felde gezogen, aber bei Wogastisburc (in Böhmen?) geschlagen worden (vgl. zum Folgenden Abb. 1). Samo, so wußte der Chronist schon früher zu berichten, war ein fränkischer Kaufmann, der Anfang der zwanziger Jahre des 7. Jahrhunderts Slawen geholfen hatte, sich von awarischer Oberherrschaft zu befreien. Zum Dank hatten sie ihn zu ihrem Herrscher *(rex)* gewählt.[1]

Diese beiden Nachrichten sind der erste Reflex, der politisch-diplomatische und militärische Kontakte zu den jungen, nichtgermanischen Völkern östlich des Merowingerreiches in der historischen Überlieferung widerspiegelt. Unser Gewährsmann berichtet weiter,

[1] Hierzu und zum Folgenden Chronicarum quae dicuntur Fredegarii libri quattor, Liber IV, 48, S. 206ff., 66, S. 234ff.

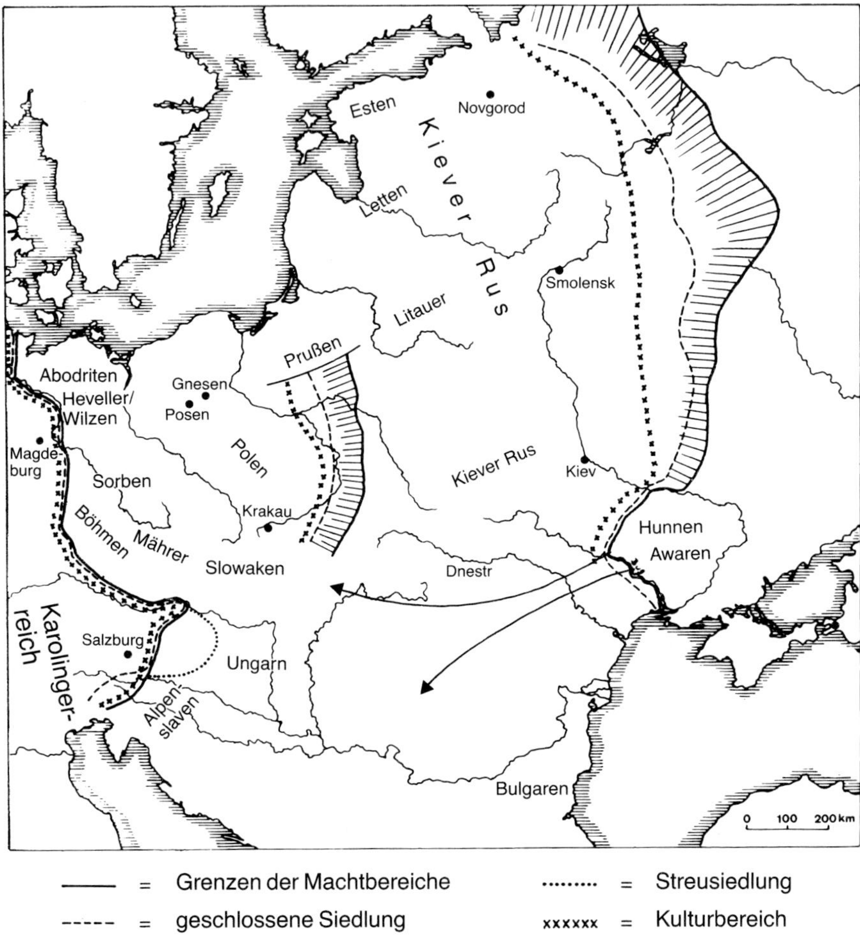

Abb. 1: Die Völker und Stämme Neueuropas

daß die Slawen später wiederholt in Thüringen und anderen Gauen des Frankenreiches eingefallen sind, um sie auszuplündern. Zudem ging, ausgelöst durch Dagoberts Niederlage, Dervan, der Fürst *(dux)* der Sorben, die von slawischer Herkunft *(ex genere Sclavinorum)* und seit altersher dem Fränkischen Reich verbunden gewesen seien, von den Franken zum siegreichen Samo über.

Slawische Stämme, wie sie uns in den Sorben im Bericht des Pseudo-Fredegar entgegentreten, hatten sich seit dem Ende des

4. Jahrhunderts im östlichen Europa geradezu explosionsartig ausgebreitet.[2] Bei ihrer Landnahme erreichten sie schon im 6. Jahrhundert im Süden die Peloponnes, im Nordosten den Ilmensee und die obere Wolga und im Westen die Elbe. Zwei nomadische Reitervölker, die aus den Tiefen Asiens nach Westen vordrangen, haben ihnen ihre schnelle Ausdehnung über ein so riesiges Gebiet zumindest erleichtert. Hilfestellung leisteten zuerst wohl die Hunnen.[3] Sie überrannten Europa Ende des 4. Jahrhunderts. Die Awaren, ein Turkvolk, das erstmals 558 in den byzantinischen Quellen erwähnt wird, folgten ihnen in dieser Rolle. Anders als die Hunnen verstanden es die Awaren, sich innerhalb weniger Jahre vor der Nordgrenze des Byzantinischen Reiches und weitgehend auf dessen Kosten ein großes Gebiet untertan zu machen und für Jahrhunderte zu beherrschen. Für viele slawische Stämme wurden sie damals zu Oberherren.[4]

Daher widersprach es sicher nicht den militärischen und politischen Intentionen des Awarenkagans, daß slawische Stämme spätestens um 600 von den Landschaften östlich einer Linie Elbe–Saale–Böhmerwald–Adria Besitz ergriffen hatten. Den Nordwesten, die Landschaften an Saale und Elbe, besiedelten sie möglicherweise unter dem direkten Druck des Awarenherrschers und mit dem Einverständnis des Merowingerkönigs Sigibert.[5]

Nähere Einzelheiten über die Slawenstämme erfahren wir für das 6. oder 7. Jahrhundert bis auf die kärglichen Informationen des Pseudo-Fredegar nicht. Die zeitgenössischen Überlieferungen sind in allen Fragen, die mit den Völkern im Osten zusammenhängen, in dieser Zeit von einer erbärmlichen Dürftigkeit. Erst sehr viel später, in den reicher fließenden fränkischen Quellen des 8. und 9. Jahrhunderts, lassen sich die einzelnen slawischen Volksgruppen und diese oder jene Einzelheit ihrer Lebensverhältnisse erkennen.

Im äußersten Nordwesten, an der Ostseeküste, im heutigen Ost-

[2] Dazu mit weiterführender Literatur Glossar zur frühmittelalterlichen Geschichte im östlichen Europa (1977ff.).

[3] F. Altheim (1959–1962), Geschichte der Hunnen.

[4] A. Avenarius (1974), Die Awaren in Europa; I. Erdelyi (1981), Zur Frage der frühen awarisch-slawischen Beziehungen; A. W. Haussig (1956), Die Quellen; A. Kollautz (1965), Bibliographie; ders. (1968), Die Ausbreitung der Awaren; Kollautz/Miyakawa (1970), Geschichte und Kultur; Lexikon des Mittelalters, Stichwort Awaren; H. Mitscha-Mährheim (1956), Zur Geschichte der Awaren.

[5] L. Dralle (1981), Slaven an Havel und Spree, S. 32ff. mit weiterführender Literatur.

holstein und Westmecklenburg, siedelten die Abodriten (vgl. Abb. 1).[6] Ihnen schlossen sich nach Süden hin zwischen mittlerer Elbe und Oder die Heveller/Wilzen an. Sie hatten ihr politisches Zentrum mit großer Wahrscheinlichkeit im Havelland.[7] Zwischen den Heveller/Wilzen und den Tschechen im böhmischen Kessel breiteten sich zwischen Saale und Oder sorbische Stämme aus.[8] Bei Abodriten und Heveller/Wilzen haben wir es, seitdem ihre Existenz in den Annalen und Chroniken des Frankenreiches vermerkt wird, mit Stammesbünden, also etwas größeren politischen Einheiten, zu tun. Die Sorben dagegen waren politisch, wenn wir die spärlichen Auskünfte unserer Gewährsleute aus jener Zeit richtig interpretieren, in eine Vielzahl kleiner und kleinster Stämme zersprengt. Als von einiger Stärke und deshalb in unseren Quellen auch deutlich herausragend erwähnt, sind bei ihnen allein die Daleminzier zu erkennen. Sie hatten ihre Wohnsitze an der Elbe, in der Gegend von Meißen.[9]

Sie, ihre sorbischen Nachbarn und die weiter südlich lebenden Böhmen waren im 9. Jahrhundert in das sogenannte Großmährische Reich eingebunden.[10] Dieses Herrschaftsgebilde verdankte seine Entstehung und Wachstumschance wohl nicht zuletzt der endgültigen Zerschlagung des Awarenreiches durch Karl den Großen in den Jahren zwischen 792 und 796. Die Eliminierung des awarischen Machtfaktors hatte daneben auch einen Machtanstieg des Donaubulgarischen Reiches zur Folge, mit dem das Frankenreich damals eine gemeinsame Grenze an der Theiß hatte.

Diese beiden Herrschaftsgebilde oder Reiche, das der Donaubulgaren und das der Mährer, gerieten zwangsläufig in das politisch-diplomatische Spannungsfeld der beiden Großmächte jener Zeit, des karolingischen und des byzantinischen Imperiums. Die auffälligste Folge dieses Geschehens zeigte sich darin, daß Bulgaren und Mährer,

[6] Zu ihnen zuletzt B. Friedmann (1986), Untersuchungen zur Geschichte.

[7] Zuletzt mit einer Fülle neuer Belege M. Kluger (1990), Der Feldzug Karls des Großen; L. Dralle (1981), Slaven an Havel und Spree; H. Ludat (1971), An Elbe und Oder.

[8] W. Schlesinger (1960), Die Verfassung der Sorben, S. 75ff.; H. Brachmann (1978), Slawische Stämme an Elbe und Saale.

[9] J. Brankačk (1977), Von der Völkerwanderung; über die Geschichte der Slawen zwischen Elbe und Oder informiert grundlegend C. Lübke (1984ff.), Regesten.

[10] F. Graus (1980), Die Nationenbildung, S. 41ff.; K. Richter (1967), Die böhmischen Länder im Früh- und Hochmittelalter, S. 170–202; J. Děkan/P. Alexander/P. Alexander (1983), Moravia Magna.

die jeweiligen Herrscher wie die Beherrschten, in den sechziger Jahren des 9. Jahrhunderts zu Christen wurden. Die byzantinische Kirche war ihre Missionskirche. Sie und die durch die bayerische Geistlichkeit vertretene römische Kirche lieferten sich auf dem Boden Altmährens heftige Auseinandersetzungen. Durch die Taufe wurden die Herrscher der Mährer und Bulgaren nicht nur zu Gliedern der christlichen Familie der Könige, sondern sie konnten auch wichtige, bei Franken und Byzantinern seit langem bewährte, gesellschaftliche und herrschaftliche Ordnungsprinzipien übernehmen. Mährer und Donaubulgaren leiteten damit als erste der vielen heidnischen Völker östlich der Elbe-Saale-Böhmerwald-Adria-Linie den langen Prozeß der Angleichung des jungen, neuen Europa an Alteuropa ein. Mit dem Akt der Taufe eröffneten sie seine erste Etappe, die erst um die Jahrtausendwende abgeschlossen sein sollte.

Sehr viel anders entwickelten sich die Verhältnisse bei den nordwestslawischen Stämmen. Karl der Große wie sein Nachfolger Ludwig der Fromme hielten sie während des 8. und in der ersten Hälfte des 9. Jahrhunderts zur Sicherung ihres eigenen Vorfeldes, soweit es möglich war, in Tributabhängigkeit. Während des Krieges mit den Sachsen, der 33 Jahre andauerte, verbündete sich der Frankenkönig um das Jahr 775 sogar mit den Abodriten, um die störrischen Sachsen militärisch in die Zange nehmen zu können. Allerdings war es kein Bündnis Gleicher, sondern eher das eines von Herr und Vasall.[11]

Eine Annahme des Christentums durch Menschen aus den Gebieten östlich der Elbe-Saale-Linie läßt sich nur in wenigen Einzelfällen sicher belegen. Anders als Bulgaren und Mährer blieben Abodriten, Heveller/Wilzen und Sorben trotz ihrer engen Kontakte mit den christlichen Nachbarn im Westen weiter bei ihrem Glauben an Feld-, Wald- und Wiesengeister oder beteten zu einem ihrer vielen Götter. Wenn die Franken die Nordwestslawen in Glaubensdingen auch weitgehend unbehelligt ließen, so griffen sie jedoch hin und wieder in deren politische Verhältnisse zur Durchsetzung eigener Interessen tief ein.

Wegen der zunehmenden innenpolitischen Schwierigkeiten des Karolingerreiches, das seit 842 unter die Söhne Ludwigs des Frommen aufgeteilt war, konnten sich Abodriten und Heveller/Wilzen seit den sechziger Jahren des 9. Jahrhunderts weitgehend aus dem Abhängigkeitsverhältnis vom (Ost-)Frankenreich lösen. Die sorbischen

[11] R. Wagner (1898), Das Bündniß Karls des Großen; M. Hellmann (1965), Karl und die slawische Welt.

Stämme, politisch zersplittert, tauschten dafür, wie schon erwähnt, die Oberherrschaft des Großmährischen Reiches ein, das sich ebenfalls einer weitgehenden Unabhängigkeit vom Frankenreich erfreute.

Zu diesem Zurückdrängen des politischen Einflusses der Franken im Slawenland von der dänischen Grenze bis zum Mährerreich kontrastieren auffallend die Verhältnisse im Südosten. Dort rückten sie weiter vor, und wir haben sogar schon eine erste Siedlungstätigkeit zu verzeichnen. In der Zeit Ludwigs des Frommen bereits begann jenseits der Enns die Kolonisierung des Landes. In der Mitte des Jahrhunderts breitete sie sich an der Donau bis hin zur Raab aus und wurde in den Alpenländern vor allem in den höheren Lagen wirksam. Die Siedler kamen aus Bayern und wohl auch aus den österreichischen Alpen.[12]

Am Ende des 9. Jahrhunderts haben wir dann einerseits eine weitere Komplizierung der politischen Verhältnisse östlich der Linie Elbe–Saale–Böhmerwald–Adria für das (Ost)karolingische Reich zu konstatieren und andererseits die endgültige Komplettierung der Familie der Völkerschaften in Neueuropa. Die wilden Reiterscharen der Magyaren brachen über Europa herein.[13] In den vorhergehenden Jahrhunderten hatten sie die Landschaften zwischen Don und Wolga als ihr Wandergebiet angesehen. Von den nachdrängenden Pečenegen waren sie dann aber zum Abzug nach Westen gezwungen worden. Das Ostfränkische Reich vermochte zunächst aus dem Auftauchen der Reiternomaden Nutzen zu ziehen. Im Zusammenspiel mit dem finnisch-ugrischen Volk der Ungarn wurde der großmährische Konkurrent, der in der Zwischenzeit mit seinen Selbständigkeitsbestrebungen den Franken so lästig geworden war, ausgeschaltet. Sehr schnell aber wurde aus dem nützlichen Helfer, der so unvermutet aufgetaucht war, für viele Jahrzehnte eine wahre Plage für die Nachbarn im Westen. Fast Jahr für Jahr hatten Bayern, Franken, Sachsen oder Alemannen seit 900 unter den barbarischen Raub- und Plünderungszügen der Ungarn zu leiden, die ihre aus den Steppen Südrußlands mitgebrachten Gewohnheiten so schnell nicht aufgeben wollten. Die Enns wurde damals wieder zur Grenze, der Kolonisationsgewinn der vorhergehenden Jahrzehnte war wieder verloren.

[12] E. Klebel (1940), Siedlungsgeschichte; B. Saria (1967), Das Deutschtum, S. 246f.

[13] Sz. de Vajay (1968), Der Eintritt des ungarischen Stämmebundes; Th. v. Bogyay (1967), Grundzüge der Geschichte Ungarns; B. Hóman (1940/43), Geschichte des ungarischen Mittelalters, Bd. 1, 2.

In dieser an Plagen reichen Zeit gingen im Ostfränkischen Reich geschichtlich außerordentlich bedeutsame Veränderungen vor sich. Im Jahr 911 war mit Ludwig IV., dem Kind, die ehrwürdige karolingische Dynastie im Ostreich ausgestorben. Die Wahl des (Ost-)Frankenherzogs Konrad zum König blieb Episode. Entscheidend für die weitere Entwicklung wurden die Vorgänge des Jahres 919. Von den Großen der Franken und der Sachsen wurde in Fritzlar der Sachsenherzog Heinrich zum Nachfolger Konrads gekürt. Die Bayern erhoben damals in Konkurrenz zum Sachsenherzog ihren Herzog Arnulf gleichfalls zum Nachfolger des Konrad. Im Zusammenhang mit diesem Akt wurde das Ostfrankenreich möglicherweise in den älteren Salzburger Annalen zum erstenmal als *regnum teutonicorum,* als Reich der Deutschen, bezeichnet.[14] Der Sachse aber und seine Vorgänger hatten die tragfähigere Machtbasis geschaffen, Heinrich I. konnte sich gegen seinen bayerischen Konkurrenten durchsetzen. Mit seinem Königtum avancierten die Sachsen, die erst 804 endgültig dem Frankenreich eingegliedert worden waren und deren Christentum noch keineswegs über jeden Zweifel erhaben war, zum führenden Stamm im werdenden Deutschland. Der Dynastiewechsel sollte erhebliche Auswirkungen auf das Verhältnis zu den Stämmen östlich von Elbe, Saale und Böhmerwald haben.

Die erste Phase deutscher Ostexpansion

Das Deutsche Reich wuchs seit dem Anfang des 10. Jahrhunderts aus Sachsen, Ostfranken, Bayern, Alemannen und anderen langsam zusammen. Seine Politik gegenüber den östlichen Nachbarn war im Vergleich zu der des Frankenreiches von einer anderen, neuen Qualität. Der König aus dem Sachsenstamm begnügte sich nicht mehr, wie das die Karolinger meist getan hatten, mit einer bloßen Sicherung des deutschen Vorfeldes, indem er die slawischen Stämme in Tributabhängigkeit zwang. Er plante, ihnen ihre politische Freiheit ganz zu nehmen. Die Nachbarn im Osten sollten deutscher Herrschaft völlig unterworfen und in das Reich eingegliedert werden. Heinrich strebte an, die Grenzen seines Königreichs weit in slawisches Gebiet hinein vorzuschieben. Dieses Vorhaben erreichten er und sein Sohn, Otto I.,

[14] Annales Iuvavense maiores, hrsg. von H. Bresslau, in: MGH SS 30 (1934): „Bauuarii sponte se reddiderunt Arnulfo duci et regnare eum fecerunt in regno teutonicorum."

Abb. 2: Die Markenorganisation der Ottonenzeit

der erste König aus dem Sachsenstamm, der die Kaiserkrone erringen sollte, nach vielen Kriegszügen und langwierigen, harten Kämpfen.[15]

In teils außerordentlich schweren, aber endlich doch siegreichen Feldzügen unterwarf König Heinrich zwischen 928/29 und 931 die Slawenstämme von der Ostsee bis in den böhmischen Kessel.[16] Ermöglicht wurden ihm seine Eroberungen unter anderem durch einen Waffenstillstand, den er Mitte der zwanziger Jahre mit den ebenso ungestümen wie unberechenbaren Ungarn schließen konnte. Danach hatten sich die beutelüsternen Magyaren für neun Jahre von Deutschland fernzuhalten. Als sie nach dem Ablauf der Vereinbarung ihre alten Raub- und Plünderungszüge wiederaufnehmen wollten, gelang es Heinrich I. im Jahr 933, ihnen in oder bei Riade eine so deutliche Niederlage beizubringen, daß sie für mehr als zwei Jahrzehnte Ruhe gaben.

Das erleichterte das Vorgehen seines Sohnes und Nachfolgers Otto I., der die Politik des Vaters östlich von Elbe und Saale fortsetzte.[17] Er begann, an die Stelle der slawischen eine deutsche politische Organisation des Slawenlandes zu setzen. Sie bestand in einer durch Burgwarde charakterisierten Markenorganisation und wurde in den Jahren 936/37 aufgebaut (vgl. Abb. 2). Die nördliche, im wesentlichen für die Abodriten zuständige Mark, wurde vom König dem Billunger Hermann übertragen. Über die weitaus größere südliche Mark, die im hevellisch/wilzischen und sorbischen Territorium errichtet wurde, setzte er Markgraf Gero.[18] Nach dessen Tod im Jahr 965 wurde das umfangreiche Gebiet seiner Mark zunächst in sechs kleinere Einheiten aufgeteilt. Später wurden sie wieder zu drei größeren Marken zusammengefaßt: der Nordmark – sie wird später zur Mark Brandenburg –, der Mark Meißen und der Ostmark mit den Lausitzen oder, wie sie deshalb auch genannt wurde, der Lausitzer Mark.[19]

Um die junge weltliche deutsche Herrschaft abzusichern, verband Otto ihre Errichtung geschickt mit dem Aufbau einer kirchlichen Organisation östlich von Elbe und Saale. Die Bistümer Brandenburg und Havelberg wurden im Jahr 948 für den Bereich der Heveller/Wilzen

[15] Zum Folgenden, soweit es die Geschichte der Gebiete östlich von Elbe und Saale betrifft, C. Lübke (1986ff.), Regesten, Bd. II.

[16] L. Dralle (1981), Slaven an Havel und Spree, S. 108ff.

[17] Ders. (1981), Slaven an Havel und Spree, S. 125ff.

[18] C. Lübke (1986ff.), Regesten, Bd. II, Nr. 46ff.

[19] Ders. (1986ff.), Regesten, Nr. 129ff.

fundiert.[20] Vermutlich 965 wurde das Bistum Oldenburg für die Abodriten eingerichtet.[21] Für die kirchliche Erfassung des sorbischen Landes waren die 968 eingerichteten Bistümer Meißen, Merseburg und Zeitz, das später nach Naumburg verlegt wurde, zuständig.[22] Sie alle, mit Ausnahme Oldenburgs, wurden dem gleichfalls im Jahr 968 gestifteten Erzbistum Magdeburg unterstellt. Die Neuschöpfung sollte, was man freilich ziemlich allgemein und vage formulierte, für die Mission in den Ländern der Slawen zuständig sein.[23]

Den umfassenden Zugriff des westlichen Nachbarn auf die Gebiete östlich der Elbe ließ die einheimische Bevölkerung keineswegs widerstandslos über sich ergehen. Die Slawen wehrten sich heftig. Die Schreiber der Annalen oder der Chroniken im Sachsenland berichten fast Jahr für Jahr von Aufständen der Slawen, die sich mit Leidenschaft gegen die neue weltliche und geistliche Herrschaft zur Wehr setzten. Da die slawischen Stämme nicht zu gemeinsamer Aktion fanden, mußten sie sich deutscher Übermacht wieder und wieder beugen. Gesichert war das Werk Ottos aber trotzdem nicht. Denn nicht nur von den Slawen, sondern auch von den Ungarn drohte ihm Gefahr. Die Magyaren hatten in den fünfziger Jahren des 10. Jahrhunderts ihre lästigen Gewohnheiten aus der Zeit vor 933 wiederaufgenommen. Im August des Jahres 955 schlug König Otto sie mit seinem Heer, zu dem auch tausend Böhmen unter der Führung ihres Herzogs Boleslaw gehörten, auf dem Lechfeld bei Augsburg vernichtend und verleidete ihnen dadurch endgültig ihre Einfälle nach Deutschland. Doch nicht nur das; die Magyaren nahmen sich die schwere Niederlage offenkundig sehr zu Herzen, denn sie gaben ihrer Geschichte eine folgenreiche Wendung. Das Land der Ungarn wurde der Mission geöffnet. Das Jahr 995 zeigte die Magyaren, die europäische Plage der ersten Hälfte des 10. Jahrhunderts, bereits als etabliertes Glied der europäischen Völkerfamilie: ein Sohn des ungarischen Herrschers Geza, Stephan, vermählte sich mit Gisela, einer Tochter des bayerischen Herzogs Heinrich des Zänkers. Schon sechs Jahre später, im Jahr 1001, erfolgte unter Stephan I., dem Heiligen, dann die endgültige Einbindung der Ungarn in Alteuropa: Das Erzbistum Gran wurde fundiert. Ein dankbarer Papst übersandte dem Ungarnherrscher eine Königskrone. Sie wurde zum Bestandteil der berühmten Stephanskrone.

[20] Ders. (1986ff.), Regesten, Nr. 83f.

[21] Ders. (1986ff.), Regesten, Nr. 153.

[22] W. Schlesinger (1962), Kirchengeschichte Sachsens.

[23] C. Lübke (1986ff.), Regesten, Nr. 148ff.

Für König Otto war mit dem Sieg auf dem Lechfeld die Zeit der Unsicherheit keineswegs beendet. Unmittelbar nach seinem großen Erfolg über die Ungarn erschien vor ihm eine Gesandtschaft der Slawen. Ihre Sprecher eröffneten dem König, daß ihre Stammesbrüder zwar bereit seien, ihm wie in alten Zeiten Tribut zu zahlen, ansonsten aber wollten sie die Herrschaft über ihr Land selbst führen. Sollte der König diesen Vorschlag nicht akzeptieren, dann, so erklärten sie nicht ohne Würde, seien sie entschlossen, für ihre Freiheit *(pro libertate)* zu kämpfen. Otto antwortete der Gesandtschaft ausweichend und rüstete für einen Feldzug. Im Oktober des gleichen Jahres noch schlug er mit seinem Heer die um ihre Freiheit kämpfenden Slawen an der Raxa vernichtend.[24]

Freilich ersparte der große Sieg des Königs den Deutschen ganz und gar nicht weitere Kämpfe mit einzelnen Slawenstämmen. Und in einem solchen Zusammenhang fällt dann auch auf das letzte der großen Völker, die das Gesicht des östlichen Europa im nächsten Jahrtausend prägen sollten, auf die Polen, endlich das Licht der Geschichte.[25] Im Jahr 963 werden sie zum erstenmal in den sächsischen Chroniken und Annalen erwähnt. Die Art und Weise, in der das geschieht, zeigt uns, daß ihr Staat schon seit längerem bestanden haben muß. Unter der Herrschaft der Piasten waren damals bereits Großpolen, Kujawien und Masowien zusammengefaßt. Der regierende Fürst Mieszko schickte sich 963 augenscheinlich gerade an, seine Expansionspolitik auch auf Gebiete westlich der Oder auszudehnen. Dort geriet er nun mit den deutschen Interessen in Konflikt. In der Auseinandersetzung mit dem Markgrafen Gero blieb der Deutsche schließlich Sieger.[26]

Westlich der Oder wurde Mieszkos Herrschaft auf das Land Lebus begrenzt, und zumindest für einen Teil seines Reiches wurde er darüber hinaus dem deutschen König und Kaiser tributpflichtig. In der Niederlage erwies sich der polnische Herzog als ein nüchtern handelnder und dabei weit vorausschauender Staatsmann. Es war sicher nicht sehr schwierig zu erkennen, daß Polen mit dem Deutschen Reich im Westen einen weitaus gefährlicheren Gegner bekommen hatte, als das die hevellisch/wilzischen Stämme jemals gewesen waren.

[24] Ders. (1986ff.), Regesten, II, Nr. 100ff.

[25] Zur Geschichte Polens vgl. A. Gieysztor u. a. (1968), A History of Poland; G. Rhode (1980), Geschichte Polens; The Cambridge History of Poland (1950, 1948).

[26] C. Lübke (1986ff.), Regesten, II, Nr. 123.

Doch die Art und Weise, wie Mieszko der Bedrohung, die vom Reich für die Unabhängigkeit seines Landes zweifelsohne ausging, zu begegnen versuchte, ist bemerkenswert. Auf mehreren Wegen war er bestrebt, das Übergewicht der Deutschen zu relativieren. Einmal erkannte er partiell und formal die Oberhoheit des Reiches an. Zum anderen empfahl er sich dem Kaiser in der Folgezeit als ein stets treuer Bundesgenosse.

Seine Hauptwaffe aber war der Übertritt zum Christentum. Gegen einen christlichen Herrscher, so sein Kalkül, konnten die Deutschen nicht in der gleichen Weise vorgehen wie gegen die heidnischen slawischen Stämme zwischen Elbe und Oder. In geschickter Weise bediente er sich, um auch den geringsten kaiserlichen Einfluß möglichst auszuschalten, bei der Christianisierung seiner Untertanen nicht der Missionare aus Sachsen, sondern er holte sie aus Böhmen und Bayern ins Land. In Posen wurde ein Missionsbistum für Polen errichtet. Ottos Schöpfung, das Erzbistum Magdeburg, hat anschließend lange, aber vergeblich die Eingliederung Posens in seinen Metropolitanbereich angestrebt. Kirchlich, organisatorisch wie rechtlich, war Polen von Beginn an souverän. Gegen Ende des 1. Jahrtausends erfolgte dann ein letzter raffinierter Schachzug Mieszkos zur Sicherung der polnischen Unabhängigkeit. Er unterstellte sein Land dem Schutz des Heiligen Stuhls.[27] Zum Dank dafür hatte die Bevölkerung Polens fortan den sogenannten Peterspfennig zu entrichten.

Die erste Etappe der Europäisierung der jungen Völker östlich der Grenzen des alten Karolingerreiches, ihre Christianisierung, schien in der 2. Hälfte des 10. Jahrhunderts fast abgeschlossen zu sein. Die Böhmen hingen seit langem dem Christentum an. Bereits im Jahr 845 waren vierzehn ihrer Großen überraschend in Regensburg erschienen, um sich taufen zu lassen.[28] Die Elb- und Ostseeslawen wurden von ihren neuen Herren, den sächsischen Markgrafen und den Bischöfen, mit Nachdruck zu der neuen Religion hingeführt. Die Polen bekannten sich ebenfalls als Christen, und selbst die ehemals so ungebärdigen Ungarn wurden seit etwa 975 von bayerischen Missionaren in die Frieden verheißende Lehre des Christentums eingeführt. Man könnte meinen, just in der friedlichen Christianisierung der heidnischen Völker des neuen Europa habe sich der Zeitgeist jener Jahrzehnte ausgedrückt.

Doch im Jahr 983 wurde er von den slawischen Stämmen östlich

[27] C. Warnke (1980), Ursachen und Voraussetzungen, S. 127–177.

[28] Annales Fuldenses, hrsg. F. Kurze, in: MGH SS in us. schol 7 (1891).

der Elbe mit harter Hand korrigiert. Im Sommer jenes Jahres brach die Herrlichkeit aus weltlichen Marken und geistlichen Bistümern, die Otto der Große zwischen Elbe und Oder in mühseliger, an Kämpfen reicher Arbeit errichtet hatte, in ihrem nördlichen Teil wie ein Kartenhaus zusammen. Der Aufstand der Heveller/Wilzen und der Abodriten, der im Juni 983 begann, legte die deutsche weltliche und kirchliche Herrschaftsstruktur innerhalb weniger Tage in Trümmer. Die Mark der Billunger und die Nordmark, die Bistümer Oldenburg, Havelberg und Brandenburg – sie alle existierten Ende Juni 983 nicht mehr. Die Priester waren teils getötet, teils wie ihre Bischöfe Hals über Kopf in das sichere Magdeburg geflüchtet. Die slawischen Stämme zwischen Ostsee und Havel hatten die Prognose ihrer Gesandten von 955 wahr gemacht; sie waren für ihre Freiheit aufgestanden gegen die Übermacht des Reiches. Mitte des Jahres 983 lebten sie wieder in einem von fremder weltlicher wie geistlicher Herrschaft freien Land.[29]

Daran sollte sich für die nächsten anderthalb Jahrhunderte auch nicht viel ändern. Sie blieben ihre eigenen Herren, obwohl nicht nur die aus dem Slawenland so unsanft hinausbeförderten Deutschen wieder und wieder gegen ihre widerspenstigen ehemaligen Untertanen zu Felde zogen, sondern auch die Polen oder die Dänen. Sogar den miteinander verbündeten Deutschen und Polen, die die wieder in ihre angestammte Religion zurückgefallenen Slawen in die Zange zu nehmen versuchten, vermochten die freien Menschen zwischen Elbe und Oder, Havel und Ostsee zu widerstehen. Ihre wichtige Burg Brandenburg wechselte in etwa 170 Jahren zwar insgesamt dreizehnmal den Herrn, doch als Albrecht der Bär sie in der Mitte des 12. Jahrhunderts endgültig in deutschen Besitz brachte, übernahm er sie aus slawischer Hand.

Das Behauptungsvermögen der Slawen gegen ihre Feinde, die von allen Seiten auf sie eindrangen, ist eigentlich kaum zu erklären. Politisch sind sie nach 983 verfaßt als eine Art theokratische Oligarchie oder auch oligarchische Theokratie.[30] Für den Kernbereich der freien Slawen, für die Heveller/Wilzen, die in der Überlieferung jetzt als Lutizenbund firmieren, lernen wir in unseren Quellen für die gesamte Zeit bis ins 12. Jahrhundert keinen einzigen Fürsten kennen. Der Grund für diese ungewöhnlichen Verhältnisse ist vermutlich darin zu

[29] Vgl. C. Lübke (1986ff.), Regesten, III, Nr. 220ff.

[30] Vgl. L. Dralle (1981), Slaven an Havel und Spree, S. 136ff.; ders. (1984), Rethra.

suchen, daß die meisten slawischen Fürsten Ende der dreißiger Jahre auf Befehl Markgraf Geros liquidiert worden waren. Wir wissen aus der zeitgenössischen Chronistik, daß Gero dreißig slawische Fürsten, die sich zu einem Gastmahl versammelt hatten, hinterlistig ermorden ließ.[31] Des Markgrafen Kalkül, durch diese Gewaltpolitik die widerspenstigen Slawen leichter beherrschen zu können, ging nicht auf. Er scheiterte mit dieser Politik, wie die Jahrzehnte nach 983 zeigen, auf der ganzen Linie.

Mit der Beseitigung der slawischen Fürstenschicht, die zumindest in Teilen zur Zusammenarbeit mit den Deutschen bereit gewesen war und die wohl auch stark zum Christentum tendierte, machte Gero den Weg frei für die Herrschaft des slawischen Adels, für die Herrschaft der *seniores* oder *meliores,* wie es in den Quellen heißt. Die aber waren sowohl antideutsch als auch heidnisch gesonnen. Auf dem Gebiet des Lutizenbundes lag das ideologische Zentrum dieses Stammesbundes, der Tempel von Rethra. Swarožyc, der Obergott, war ein Orakelgott. Seine Priester steuerten mit ihren Prophezeiungen den gesamten politischen Verband und häufig auch die nicht zum Bund der Lutizen gehörigen Abodriten. Und die Priesterschaft Rethras rekrutierte sich mit hoher Wahrscheinlichkeit aus der Schicht der *seniores* oder *meliores,* aus dem lutizischen Adel.

Üblicherweise mißt man einem solcherart verfaßten Herrschaftsverband keine große Stärke, keine überragende Standfestigkeit, keine außergewöhnliche Stabilität zu. Die Lutizen belehren uns jedoch, daß das auch anders sein kann. Gut ein Jahrhundert behauptete sich Rethra – durch die nötige Fortune bei seinen Orakelsprüchen – als ideologisches und politisches Führungszentrum im Kampf mit den Feinden. Erst gegen Ende des 11., Anfang des 12. Jahrhunderts wurde es abgelöst durch den Tempel von Arkona auf Rügen. Auch der dortige Obergott, Swantewit, war ein Orakelgott. Seine Priesterschaft aber hatte sich, anders als die Rethras, mit einem Fürsten zu arrangieren. Die Ranen, so hießen die auf Rügen siedelnden Slawen, waren in herkömmlicher Weise herrschaftlich verfaßt.[32]

Neben den Elb- und Ostseeslawen verharrten am Ende des 1. Jahrtausends in Neueuropa auch noch die baltischen Völker der Letten, Liven, Kuren und Litauer sowie die Esten im Heidentum. Sie

[31] C. Lübke (1986ff.), Regesten, II, Nr. 63.

[32] W. Brüske (1955), Untersuchungen; K. Zernack (1967), Die burgstädtischen Volksversammlungen.

waren kleine, in sich zersplitterte Völker. Ihre Bekehrung zum Christentum schien nur eine Frage der Zeit zu sein.

Kehren wir zurück zu den großen, bereits christlich gewordenen Völkern, zu den Polen, den Böhmen und den Ungarn. Bei ihnen waren bereits größere Territorialherrschaften errichtet worden. Deren Fürsten hatten sich ihre Herrschaft, ihr Staatsgebilde selbst zusammenerobert. „Sie besaßen damit von Anfang an all das, was die deutschen Territorialherren erst in langem, zähem Ringen erwerben mußten.“ [33] Worin bestand dieser grundsätzliche, strukturelle Unterschied zu den Verhältnissen in Deutschland eigentlich im einzelnen?

Die polnischen, böhmischen und ungarischen Herrscher besaßen eine geradezu absolute Stellung. In ihren Ländern haben wir eine sehr frühe Ausbildung des Flächenstaates zu verzeichnen. Die Beamten der Herrscher, am Hof wie in den Kastellaneien, dienten dem Fürsten nur auf Zeit, und sie hatten ihm gegenüber nur eine beratende Funktion. Einen Adel gab es zwar in diesen Ländern, aber sein Besitz wie seine Machtstellung waren – anfangs zumindest – nur geringfügig. Ein Hochadel, der „über Grund- und Gerichtsrechte und Ämterbesitz zu eigener Landeshoheit strebte“,[34] fehlte völlig. Eine Aufsplitterung des Herrschaftsbereiches war nur durch Erbteilung innerhalb der Dynastie möglich.

Die Herzöge von Polen wie die von Böhmen und auch der ungarische Herrscher,[35] sie waren oberste Heerführer, sie besaßen das alleinige Burgenbaurecht, ihnen gehörte alles unbesiedelte Land, insbesondere die breiten, dicht bewaldeten Grenzstreifen zu den Nachbarn. Sie besaßen eine Fülle anderer Regalien, vom Münzrecht bis hin zum Eigentum an allen Bodenschätzen.

Diese nahezu unumschränkte Gewalt konnten sich die Herrscher auf lange Sicht nicht bewahren. Aus den unterschiedlichsten Gründen, bei denen die Verhältnisse im westlichen Europa sicher keine geringe Rolle spielten, kam es zu verschiedenen Zeitpunkten in allen drei Ländern zu einer Demontage der überragenden Stellung des Fürsten. Polnische, böhmische und ungarische Große verschmolzen mit den Mitgliedern der fürstlichen Družina, der fürstlichen Gefolgschaft, zu einem Adel, der beanspruchte, politisch und ökonomisch mitentscheiden zu können. Diese Gruppe, aber auch kirchliche Institutionen, Erzbistümer, Bistümer oder Klöster setzten im Laufe der

[33] W. Kuhn (1975), Westslawische Landesherren, S. 227f.
[34] Ders. (1975), Westslawische Landesherren, S. 227f.
[35] E. Fügedi (1975), Königreich Ungarn, S. 481f.

Zeit Immunitätsrechte, d. h. eine partielle Befreiung von königlicher bzw. herzoglicher Gewalt, durch.

Für Polen ist noch eine Besonderheit anzumerken. Der „Einheitsstaat“ Polen zerfiel im 1. Drittel des 12. Jahrhunderts in Teilstaaten, in Teilfürstentümer. Ausgelöst wurde diese Entwicklung durch das Testament Boleslaws III. Schiefmund (1102–1138). Der Herzog hatte sich mit seiner Verfügung zum Ziel gesetzt, die in Polen häufig auftretenden Nachfolgekämpfe dauerhaft zu beenden. Als geeignetes Mittel zu diesem Zweck sah er das sogenannte Senioratssystem an. Jedem seiner vier Söhne hinterließ Boleslaw einen Teil seines Reiches. Der eine bekam Schlesien, der zweite Masowien und Kujawien, der dritte Großpolen, und der älteste schließlich erhielt Kleinpolen. Dieser „Senior sollte die Einheit des Landes nach außen verkörpern und alle Prärogative des Landesfürsten auf dem Gebiet der Verwaltung, des Gerichts, der Münze und des Heerwesens ausüben“[36].

Als reine Theorie war dieser Gedanke sicher bestechend. In der Realität scheiterte Boleslaws Plan jedoch gründlich. Die Jüngeren scherten sich nicht um den Ältesten und dessen besondere Rechte. Sie teilten ihre Länder wiederum unter ihre Söhne auf. Die Karte Polens glich für die nächsten zwei Jahrhunderte auffallend der des späteren Heiligen Römischen Reiches Deutscher Nation. Sie war ein bunter Flickenteppich aus ziemlich vielen, immer kleiner werdenden Teilfürstentümern. Und deren Herren gingen durchaus nicht immer in christlicher Nächstenliebe miteinander um.

Die erste Etappe der Angleichung Neueuropas an Alteuropa

Die Periode der Christianisierung Böhmens, Polens und Ungarns ist, als erste Etappe des Akkulturationsprozesses der jungen Staaten Neueuropas, nicht nur durch die Übernahme des Christentums geprägt, sondern auch bereits durch eine erste, zahlenmäßig geringfügige Zuwanderung von Menschen aus Alteuropa. Wir wissen von Deutschen, die damals schon nach Osten zogen. Neben ihnen lernen wir in den zeitgenössischen Quellen auch Franzosen, Wallonen oder Niederländer kennen. Es waren vor allem Geistliche, die sich damals auf den Weg nach Osten machten, denn der Bedarf der frisch christianisierten Länder an Missionaren, an Mönchen war beträchtlich. Neben den Priestern finden wir aber auch noch Ritter und Krieger. Sie

[36] G. Rhode (1980), Geschichte Polens, S. 32.

versprachen sich Gewinn aus dem Dienst für die christlichen Herrscher Böhmens, Polens oder Ungarns.[37] Es widerspräche einer allgemeinen Erfahrung, wenn damals nicht auch Kaufleute nach Böhmen, Polen oder Ungarn gezogen wären. Freilich läßt sich diese Gruppe in unseren Quellen aus der Zeit um die Jahrtausendwende nicht erkennen. Aber auch eine gegenläufige Bewegung ist schon auszumachen. Böhmen, Polen und Ungarn reisten zur Ausbildung, vor allem zur Vorbereitung auf ein geistliches Amt, nach Alteuropa. Dort lernten sie mit eigenen Augen Lebensverhältnisse kennen, die sich erheblich von den bei ihnen zu Hause üblichen unterschieden haben.

Erstaunlicherweise sind zwei soziale Gruppen, die wenig später die Masse der nach Osten ziehenden Menschen stellen sollten, in dieser frühen Zeit nicht vertreten: die Bauern und die Handwerker. Sie lassen sich selbst in den unmittelbar an die deutschen Altsiedelgebiete angrenzenden, ehemals sorbischen Landschaften, die auch nach 983 in deutscher Hand geblieben waren, nicht nachweisen. Warum fehlen sie?

Zwei Erklärungen bieten sich dafür an. Einmal bestanden im alteuropäischen Raum um die Jahrtausendwende offensichtlich noch nicht die Verhältnisse, die den Abzug einer größeren Bevölkerungsgruppe erlaubten oder gar erzwangen. Und zum anderen war in Neueuropa aus eben diesem Grund noch nicht das Gefühl erwacht, hinter die Entwicklung des westlichen Europa zurückgefallen zu sein, einen Nachholbedarf zu haben. Der folgende Blick auf die Entwicklung in Alteuropa wird uns das bestätigen. Erst nach der Jahrtausendwende werden dort die Weichen gestellt, die dem Westen Europas einen strukturellen Vorsprung vor dem Osten verschafften.

[37] B. Zientara (1975), Die deutsche Einwanderung, S. 334; ders. (1974), Foreigners in Poland.

2. DER AUFSCHWUNG IN WESTEUROPA

In der Geschichte der Menschheit ist es durchaus kein seltenes Ereignis, daß ein Mensch oder eine Gruppe von Menschen von dem einen Ort weggeht, sich von Verwandten und Freunden, die dort bleiben, trennt und versucht, sich andernorts eine neue Existenz aufzubauen. Solche sehr individuellen Bewegungen lassen sich freilich erst in unseren Tagen, wo wir Bevölkerungsstatistiken, polizeiliche Melderegister und Volkszählungen kennen, einigermaßen exakt belegen. Für die weiter zurückliegende Vergangenheit können wir sie nur mit einiger Wahrscheinlichkeit unterstellen.

Anders sieht es auch für das Mittelalter dann aus, wenn es sich bei solchen Vorgängen nicht um Einzelerscheinungen, sondern um Massenbewegungen handelt. Die Verwendung des Wortes 'Masse' bedeutet selbstverständlich für die Zeit um Christi Geburt, um das Jahr 800, um die Jahrtausendwende oder zu Beginn des 18. Jahrhundert jeweils sehr unterschiedlich große Zahlen. Derartige 'massenartige' Bevölkerungsverschiebungen zeigen sich der Wissenschaft durch eine ganze Reihe indirekter Belege, durch eine große Zahl von Indikatoren an. Die Siedlungsgeographie – in den letzten Jahrzehnten stark in den Vordergrund gerückt – und die Siedlungsarchäologie können uns ziemlich genau sagen, wann Bevölkerung 'wanderte', weil sie an Zahl zunahm; findet ein solcher Vorgang statt, dann werden neue Flächen von den Menschen besiedelt, dann wird Wald in großem Umfang gerodet.

Das Bevölkerungswachstum

Für die zurückliegenden Jahrhunderte lassen sich an Hand solcher Indikatoren eine Reihe von Zeiträumen ausmachen, in denen Bevölkerungswanderungen als Folgen von Bevölkerungsvermehrung stattgefunden haben. In historischer Zeit können fünf Siedlungsperioden unterschieden werden.[1] Die erste reichte bis rund 200 nach Christi Geburt. Die zweite lag zwischen den Jahren 200 und 531. Die dritte fand zwischen 531 und rund 750 statt. Die vierte wurde von den

[1] F. Lütge (1966), Agrarverfassung, S. 12–80.

Slawen bestritten, und die fünfte schließlich begann etwa 750 und reichte bis in die Zeit um das Jahr 1300.

Diese fünfte und letzte Siedlungsperiode ist diejenige, die uns interessiert. In sie hinein gehört auch die Ostsiedlung deutscher Bauern, Handwerker und Kaufleute. Sie begann bereits in der karolingischen Epoche. In der vorhergehenden Periode, um 500 etwa, lebten auf dem Gebiet der alten Bundesrepublik Deutschland schätzungsweise 600 000 Männer, Frauen und Kinder. Statistisch gesehen konnten sich damals 2,4 Menschen einen Quadratkilometer Land teilen. Gegenwärtig müssen sich durchschnittlich 215 Menschen auf der gleichen Fläche drängen.[2]

Von der Mitte des 8. Jahrhunderts an nahm die Bevölkerungszahl dann langsam zu. Indirekt ableiten läßt sich dieser Prozeß daraus, daß die Rodungstätigkeit immer stärker und die Waldfläche demzufolge immer kleiner wurde. Zwar können wir erste Rodungen schon für das 7. Jahrhundert feststellen – in den Vogesen –, doch erst im folgenden Jahrhundert sind weite Gebiete von einer ausgedehnten Rodungstätigkeit erfaßt worden. Von Westen nach Osten und in gewisser Weise auch von Süden nach Norden fortschreitend ist damals im Pfälzer Wald, im Odenwald, im Spessart, auf den schwäbisch-fränkischen Keuperhöhen, dem Böhmerwald, dem Erzgebirge, den Sudeten, dem Frankenwald, dem Thüringer Wald und schließlich auch dem Harz Wald abgeholzt und in Ackerland verwandelt worden. Man vermutet, daß zwischen dem 8. und dem 10. Jahrhundert eine Fläche von der Größe Großbritanniens dem Wald entrissen und kultiviert worden ist.[3]

Diese erste Phase der Ausdehnung der landwirtschaftlichen Anbaufläche im deutschen Altsiedelgebiet steht aber weit zurück hinter der zweiten Etappe, die etwa um die Jahrtausendwende einsetzte. Seit diesem Zeitpunkt vermehrte sich die Zahl der nachweisbaren Ortschaften und das heißt die Bevölkerung geradezu explosionsartig. Für das Moselgebiet beispielsweise hat Karl Lamprecht schon im vergangenen Jahrhundert aus der Vermehrung der Ortschaften eine Verdreifachung der Bevölkerung zwischen den Jahren 1000 und 1237 berechnet;[4] das entsprach einem jährlichen Bevölkerungswachstum von 0,48 Prozent.[5]

[2] W. Abel (1964), Drei Epochen, S. 16.

[3] Ders. (1964), Drei Epochen, S. 20; vgl. auch ders. (1966), Agrarkrisen, S. 34f.

[4] K. Lamprecht (1985/86), Deutsches Wirtschaftsleben im Mittelalter I, S. 163 und Kartenanhang Bd. II.

[5] W. Abel (1966), Agrarkrisen, S. 30.

Bei genauerem Hinsehen zeigt sich, daß diese Beschleunigung des Bevölkerungswachstums im 12. Jahrhundert besonders stark war und im 13. Jahrhundert schließlich ihren Höhepunkt erreichte. Sie endete erst um die Mitte des 14. Jahrhunderts, mit dem „Schwarzen Tod", der Pestwelle, die damals über Europa hinwegrollte.[6] Für das 14. Jahrhundert, dem Ende dieser zweiten Etappe, ist für Deutschland, etwa in den Grenzen der beiden ehemaligen deutschen Staaten, eine Gesamtbevölkerung von 12 bis 13 Millionen berechnet worden. Damals mußten sich schon 25 bis 27 Menschen einen Quadratkilometer Deutschland teilen.[7]

Dieses explosionsartige Wachstum der Bevölkerung ist keineswegs nur auf unser Land beschränkt gewesen. Wir haben begründeten Anlaß zu der Annahme, daß das Anwachsen der Bevölkerung im gesamten westlichen Europa von Westen nach Osten und in gewisser Weise auch von Süden nach Norden fortgeschritten ist. Ein paar Zahlen für andere europäische Länder seien zum Beleg aufgeführt.

Für Frankreich berechnet man für die Zeit zwischen 1050 und 1350 rund eine Verdreifachung der Bevölkerung. Der amerikanische Historiker Russel, einer der besten Kenner der demographischen Entwicklung in Europa während dieser Zeit, schätzt für unseren Nachbarn im Westen in den Grenzen von 1794 für die Zeit um 1100 eine Bevölkerungszahl von 6,2 Millionen. Um 1346 sollen nach seinen Berechnungen in diesem Gebiet dann 17,6 Millionen Menschen gelebt haben.[8]

Die Bevölkerungszahl Englands berechnet man für die Jahre um 1086, als das Domesday-book angelegt wurde, in dem Grafschaft für Grafschaft alles Land nach den einzelnen Herrenhöfen und den kleineren Besitzern, mit Steuerlast, Ackergröße und Bevölkerungsstand verzeichnet worden ist, auf 1,5 Millionen Köpfe. Für die Mitte des 14. Jahrhunderts wird die Existenz von 4 bis 5 Millionen Engländern vermutet. Für einzelne Bezirke, für die wir über bessere Quellen verfügen, hat man aber allein für das Jahrhundert zwischen 1209 und 1311 eine Wachstumsrate der Bevölkerung von 0,85 Prozent berechnet. Diese Zahl ist fast doppelt so hoch wie die für das England des 18. Jahrhunderts, denn in der Phase der industriellen Revolution wuchs die englische Bevölkerung nur um 0,44 Prozent. Die außerordentlich hohe Wachstumsrate des 13. Jahrhunderts läßt die Vermu-

[6] Ders. (1966), Agrarkrisen, S. 31.
[7] Ders. (1964), Drei Epochen, S. 21.
[8] Ders. (1966), S. 31.

tung zu, daß die Bevölkerung Englands um 1350 herum zahlreicher war als die genannten 4 bis 5 Millionen Menschen.[9]

Ähnliche Wachstumsraten wie für England sind auch für Italien ermittelt worden. Dort sollen in der Mitte des 10. Jahrhunderts etwa 5 Millionen Menschen gelebt haben. Drei Jahrhunderte später schon tummelten sich dann zwischen Alpen und Sizilien etwa 8 Millionen Italiener. Aber auch diese letzte Zahl wird unter Hinweis auf die rege Bautätigkeit in den Städten und die Größe des neu erschlossenen Landes angezweifelt und allenfalls als Untergrenze akzeptiert.[10] Für die Richtigkeit dieser Interpretation spricht beispielsweise auch, daß der Vogt des Domes zu Mantua zu Beginn des 13. Jahrhunderts erklärte, in nicht einmal 100 Jahren seien die Gebiete eines großen Kirchengutes *runcatae et aratae et de nemoribus et paludibus tractae et ad usum panis reductae* – also – „gerodet, bearbeitet und aus dem Wald und Sumpf in guten Kornboden verwandelt worden“[11].

Für ganz Europa haben Bevölkerungshistoriker folgende Zahlen errechnet: Um 1050 gab es 46 Millionen Europäer, bis zum Jahr 1100 war diese Zahl auf 48 Millionen angewachsen. Auch während der nächsten 50 Jahre wuchs die Zahl der Menschen wiederum nur um zwei Millionen. Dann aber kam es zu einer drastischen Beschleunigung. Um das Jahr 1200, nach nur weiteren 50 Jahren also, sollen sich bereits 61 Millionen Europäer auf unserem Kontinent gedrängt haben. Bis zum Jahr 1300 hat sich ihre Zahl dann auf 73 Millionen erhöht.[12] Hätten sich die Wachstumsraten dieser 100 Jahre zwischen 1200 und 1300 für die Bevölkerung in Frankreich, England und Deutschland in den folgenden Jahrhunderten etwa auf der gleichen Höhe gehalten, dann stellten heute allein diese drei Länder so viele Europäer wie tatsächlich in der gesamten Europäischen Gemeinschaft leben: 350 Millionen. Doch vor solch ‘chinesischen Verhältnissen’ bewahrte uns der drastische Einschnitt in dieser Entwicklung, der in der Mitte des 14. Jahrhunderts erfolgte.[13]

Man wird alle oben angeführten Zahlen mit sehr viel Zurückhaltung zu werten haben. Sie beruhen leider nicht auf Volkszählungen, wie ungenau die auch immer sein mögen, sondern sie sind reine

[9] Ders. (1966), Agrarkrisen, S. 31.

[10] Ders. (1966), Agrarkrisen, S. 31f.

[11] J. Le Goff (1965), Hochmittelalter, S. 38.

[12] C. M. Cipolla (Hrsg.) (1976ff.), Europäische Wirtschaftsgeschichte, I, S. 21 (J. C. Russel); B. H. Slicher van Bath (1963), The Agrarian History, S. 78; J. Le Goff (1965), Hochmittelalter, S. 39.

[13] W. Abel (1964), Drei Epochen, S. 21.

Schätzungen. Ihre Fehlertoleranz kann deshalb sehr hoch sein. Doch sie reichen aus, um für die anderthalb Jahrhunderte zwischen 1150 und 1300 von einem erheblichen Bevölkerungswachstum im westlichen Europa sprechen zu können, denn in diesem Zusammenhang zählt nicht die Genauigkeit der Zahlen, sondern als qualitative Bezugsgröße „einzig die Größenordnung“ [14].

Aus dieser Zeit eines verstärkten Landesausbaus in ganz Alteuropa sind zahlreiche Urkunden auf uns gekommen. Es handelt sich dabei um Verträge, in denen die Bedingungen für die Rodung, die Siedlung und den Anbau festgelegt worden sind. Sie waren in den meisten Fällen wohl das Ergebnis von mitunter sicher langwierigen und hartnäckigen Verhandlungen zwischen dem Grundeigentümer auf der einen Seite und den Rodungswilligen auf der anderen. Die Neusiedler auf den gerodeten Flächen heißen in vielen Urkunden *hospites* oder *coloni*; [15] sie kolonisierten das Land. Aus diesem Begriff der Urkunden rührt denn auch die Bezeichnung des mittelalterlichen Landesausbaus östlich der Elbe als deutsche Ostkolonisation her. Sie hängt also nicht mit einer heute sehr negativ belegten Vorstellung von Koloniegründung, wie sie die europäischen Mächte in späteren Jahrhunderten etwa in Afrika oder Asien unternommen haben, zusammen.

Der erste aus Deutschland bekannte Siedlungsvertrag (vgl. Abb. 3) stammt aus dem Jahr 1106. [16] Der Urkunde können wir entnehmen, daß die Ansiedlungswilligen nicht Untertanen des Erzbischofs von Hamburg, sondern, in unserem heutigen Sprachgebrauch, Ausländer – Holländer – gewesen sind. Flandern, Holland und die Gebiete am Niederrhein waren damals, im Jahre 1106, bereits so dicht besiedelt und Ackerland war dort schon so knapp, daß die aktivsten und unternehmungslustigsten von denen, die in ihrer engeren Heimat keinen Bauernhof mehr übernehmen konnten, abzuwandern begannen. [17] Sie zogen zunächst in die benachbarten Gebiete zwischen unterer Weser und Elbe. Später tauchten sie auch an der mittleren Elbe sowie an Saale und Mulde auf. Die Niederländer, um sie ganz summarisch anzusprechen, werden als die „Pfadfinder und Bahnbrecher der Kolonisation“ bezeichnet. [18] Die deutsche Ostsiedlung hat somit als eine holländische Ostsiedlung begonnen.

[14] P. A. Ladame (1958), Le Rôle des migrations, S. 14.
[15] J. Le Goff (1965), Hochmittelalter, S. 37.
[16] H. Helbig/L. Weinrich (Hrsg.) (1968/79), Urkunden, I, Nr. 1, S. 42f.
[17] A. E. Verhulst (1976ff.), Die Niederlande.
[18] E. O. Schulze (1896), Die Kolonisierung, S. 129.

Im Namen der heiligen und ungeteilten Dreifaltigkeit, Friedrich, von Gottes Gnaden Vorsteher der Hamburger Kirche, allen getreuen Gläubigen in Christus, den gegenwärtigen und zukünftigen, ewigen Segen.

Der Vertrag, den die diesseits des Rheins wohnenden Leute, die Holländer heißen, mit Uns geschlossen haben, möge nach Unserem Willen allen bekannt sein. Diese Männer sind also vor Unsere Hoheit gekommen mit der inständigen Bitte, Wir möchten ihnen Land in Unserem Bistum, das bislang unbebaut und sumpfig ist und unnütz für Unsere Bewohner, zum Urbarmachen überlassen. Wir haben wegen dieser Bitte, unter Nutzung des Rates Unserer Getreuen und in der Erwägung, daß dieses Uns und Unseren Nachfolgern nützen werde, deren nicht ablehnbarer Bitte Unsere Zustimmung erteilt. Der Vertrag über diese Bitte wurde in folgender Weise getroffen: Sie sollen Uns von *jeder Hufe* des genannten Landes alljährlich je *einen Pfennig geben.* Damit in Zukunft aber kein Streit im Volk entstehe, hielten Wir es für nötig, das Maß einer Hufe hier niederzulegen, das in der Länge siebenhundertzwanzig, in der Breite 30 Königsruten hat, einschließlich der Bäche, die durch das Land fließen; und diese haben Wir ihnen gleichfalls überlassen. Ferner haben sie zugestimmt, den Zehnten nach Unserer Anweisung zu zahlen, und zwar in der Weise, daß sie von den Feldfrüchten die 11. Garbe geben, von den Schafen das 10. Stück, ebenso von den Schweinen, den Ziegen und den Gänsen, ferner das zehnte Maß Honig und gleichviel vom Flachs. Ein Füllen, bis zum St. Martinsfest aufgezogen, sollen sie mit einem Pfennig, ein Kalb mit einem halben Pfennig loskaufen. In bezug auf das Sendgericht versprachen sie, Uns immer in allem Gehorsam zu leisten, gemäß den Beschlüssen der heiligen Väter, dem kanonischen Recht und den Satzungen der Kirche von Utrecht. Damit sie nicht von Fremden durch Gericht und Rechtshändel weltlichen Rechts Schaden leiden, sondern all ihre Streitigkeiten (bei ihnen und) untereinander entschieden werden, haben sie sich verpflichtet, für je hundert Hufen alle Jahre zwei Mark zu zahlen. Wenn sie Rechtshändel und größere Streitfälle nicht unter sich entscheiden können, sollen sie diese zu Gehör des Bischofs bringen, und wenn sie ihn zur Entscheidung des Falles holen, so müssen sie ihn, solange er sich dort aufhält, auf ihre Kosten versorgen, wobei sie von den Gerichtseinkünften zwei Drittel erhalten, ein Drittel aber dem Bischof geben sollen. Kirchen dürfen, so haben Wir zugestanden, in diesem Landstrich, wo es ihnen gut scheint, errichtet werden. Diesen Kirchen haben Wir den Zehnten vom Zehnt der Pfarrkirchen eigens zu Nutzen des Priesters gewährt, der dort Gott dienen wird. Die Pfarrkinder der einzelnen Kirchen aber versichern, sie würden ihren Kirchen ebenfalls als Ausstattung eine Hufe zu Nutzen des Priesters geben.

Die Namen der Männer, die zum Abschluß und zur Inkraftsetzung dieses Vertrages zu Uns gekommen waren, sind folgende: Priester Heinrich, dem Wir die zuvor genannten Kirchen auf Lebenszeit überlassen haben, und im übrigen die Laien Helikin, Arnold, Hiko, Fordolt, Referic; denen überlassen Wir den schon öfter genannten Landstrich weltlichen Gesetzen und obiger Übereinkunft gemäß, auch ihren Erben nach ihnen. Die Zustimmung zu dieser Vereinbarung geschah im Jahre der Geburt des Herrn 1106, in der 6. Indiktion, unter der Herrschaft des Herrn Heinrich IV., des römischen Kaisers, Mehrers des Reiches. Zum Erlaß dieser inkraftzusetzenden Urkunde haben Wir geruht, zusammen mit Unserer Zustimmung auch den Aufdruck Unseres Siegels hier anbringen zu lassen. Wenn dem jemand widerspricht, so sei er im Banne. Bei der Inkraftsetzung dieser Urkunde war ich, Propst Werner, dabei und habe unterschrieben; ich Propst Marquard, ich Propst Hasoko, ich Propst Huio, ich Adalbero, ich Duto war dabei und habe unterschrieben; ich Vogt Gerung war dabei und habe die Richtigkeit geprüft; ich Heric war dabei, ich Dietrich, ich Willo war dabei, ich Erpo war dabei und habe die Richtigkeit geprüft; ich Adalbert, ich Gerward, ich Ermbert, ich Reinward, ich Ezelin.

Abb. 3: Siedlungsvertrag des Erzbischofs von Hamburg mit Holländern

In das Land an der Unterweser brachten die Holländer Fertigkeiten mit, über die die dort ansässige Bevölkerung offensichtlich noch nicht oder wenigstens nicht in ausreichendem Maße verfügte, oder von denen sie noch nicht glaubte, daß sie ihr von Nutzen seien. Die

Neusiedler konnten sumpfiges Land trockenlegen, sie vermochten abweisende Natur in fruchtbares Ackerland zu verwandeln. Damit „nutzten“ sie, wie der Erzbischof von Hamburg ausdrücklich bestätigt (vgl. Abb. 3), ihm und seinen Nachfolgern.

Der Gegenwert für diesen 'Nutzen', den der Grundeigentümer aus ihrer Ansetzung zog, bestand nicht nur in der Erlaubnis, sich in den Sümpfen an der Weser ihre neue Heimat aufzubauen, sondern auch in der Verleihung bestimmter Privilegien, bestimmter Rechte, über die die eingeborenen Untertanen des Bischofs zu einem großen Teil sicher nicht verfügten. Zu den Vorrechten zählt zunächst der feste Zins, den die Holländer für jede Hufe zu zahlen hatten. Er betrug einen Pfennig. Dieser Betrag war nicht das Entgelt für Leihe des Landes durch den Erzbischof, er war kein Pachtzins, sondern es handelte sich um einen sogenannten Rekognitionszins. Mit der Zinszahlung erkannten die Holländer die 'Obergrundherrschaft' des Erzbischofs an. Zu den Rechten, mit denen die Holländer im Gegensatz zu den Einheimischen privilegiert wurden, gehörte auch die Regelung, daß als Zehnt erst die elfte Garbe von den Feldfrüchten zu zahlen sei. Das entsprach den Rechtsgebräuchen in der Heimat der Holländer. Weiter wurde den Neuansiedlern gegen Zahlung von zwei Mark je 100 Hufen das eigene Niedergericht zugesprochen. Von den Gerichtseinkünften, Gebühren oder Strafen, bekamen die Siedler zwei und der Bischof als Grundherr nur ein Drittel.

Die Urkunde trägt, im Vergleich zu späteren Dokumenten, die vergleichbare Vorgänge regeln, beinahe archaische Züge. Hier soll einstweilen nur festgehalten werden, daß die Bestimmungen des Vertrages ausgehandelt worden sind und daß bereits existierende holländische, für die Bremer aber unübliche Rechtsbräuche in sie Eingang gefunden haben. Durch den Vertrag zwischen dem Bischof und den Siedlern wurde neues Recht gesetzt.

Die „agrarische Revolution“ [19]

Kehren wir zurück zum Bevölkerungswachstum. Vergegenwärtigen wir uns die obengenannten Zahlen noch einmal, dann haben wir die Frage zu stellen, warum die Bevölkerung Alteuropas gerade in dieser Zeit derart abrupt und explosionsartig gewachsen ist. Die Ant-

[19] G. Duby (1954), La révolution agricole, S. 361f. und ders. (1962), L'Économie rurale, I, S. 131f.

wort darauf ist in gewissem Sinn rekursiv. Sie führt eine zu definierende Größe auf eine bereits definierte zurück. Für unsere Frage heißt das: Die Bevölkerungsexplosion ist hervorgerufen oder ermöglicht worden durch eine „agrarische Revolution", wie der französische Historiker Georges Duby formulierte, die ihrerseits wieder aus der Zunahme der Bevölkerung resultierte. Der landwirtschaftliche Aufschwung des Hochmittelalters ist mithin, um vorsichtiger als Duby zu formulieren, einerseits Ursache und andererseits Auswirkung des Bevölkerungswachstums. Was aber bedeuten agrarische Revolution oder landwirtschaftlicher Aufschwung oder auch nur „kräftige Fortschritte"[20] in der landwirtschaftlichen Praxis jener Jahrhunderte?

Es ist kein einzelner Vorgang, der mit diesen Begriffen umschrieben wird, sondern ein ganzes Bündel von Veränderungen. Hierzu gehört als erstes die schlichte Vergrößerung der Anbauflächen. Dazu tritt eine wesentliche Verbesserung der landwirtschaftlichen Technik. Unsere Quellen zeigen weiter eine steigende Vielfalt der agrarischen Produkte. Und schließlich können wir erhebliche organisatorische Verbesserungen sowohl im Ablauf der landwirtschaftlichen Produktion wie in der Struktur des Dorfes verzeichnen. Sehen wir uns die letzteren zunächst an.

Bereits das Mittelalter, das häufig mit dem Adjektiv 'finster' unterschwellig als außerordentlich rückständig qualifiziert wird, kannte so etwas wie Flurbereinigung. Von dem gegenwärtigen Verfahren unterscheidet sich der mittelalterliche Vorgang dadurch, daß man vor sieben, acht Jahrhunderten nicht den Einzelbesitz eines Bauern zu großen Ackerflächen vereinigte, sondern nur die Nutzung. Nach der Bodengüte wurden Besitzanteile der Bauern eines Dorfes, die Morgen, Joch oder Tagewerk hießen, zu sogenannten Gewannen oder Zelgen zusammengefaßt.[21] Jedes Gewann von etwa gleicher Bodengüte bestand in sich aus einer Vielzahl von Flächen oder Streifen, die jeweils einem anderen Bauern gehörten (vgl. Abb. 4a). Selbstverständlich konnte jemand auch mehrere solcher Streifen in einem Gewann besitzen. Die an einem Gewann Beteiligten legten fest, welche Erdfrucht sie dort anbauen wollten. Da die einzelnen Streifen in Gemenge lagen, mußten sie sich über das Wann und Wie, über die Reihenfolge des Pflügens, des Säens und des Erntens einigen. Als Institution, in der diese Details einvernehmlich geregelt wurden, entstand die Dorfgenossenschaft.

[20] W. Abel (1966), Agrarkrisen, S. 34.
[21] Ders. (1964), Drei Epochen, S. 22f.

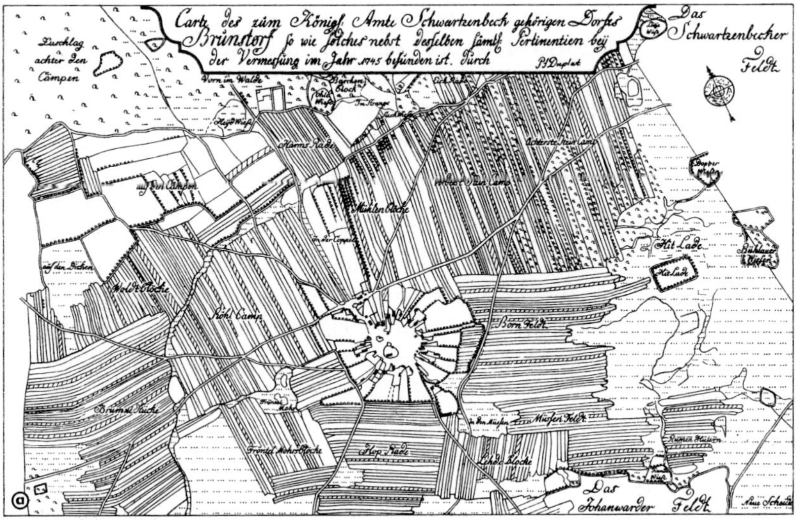

Abb. 4a: Gewann

Die Gewanne hatten nicht nur ‘gemeindepolitische’ Folgen, sie zogen auch praktisch-landwirtschaftliche Konsequenzen nach sich. Sie ermöglichten eine intensivere Form des Ackerbaus. Die Dreifelderwirtschaft löste in dieser Zeit in vielen Gebieten ganz oder teilweise die Zweifelderwirtschaft, die Feld-Gras-Wirtschaft oder die Brandwirtschaft – verschiedene Bezeichnungen für die gleiche oder doch sehr ähnliche Form bäuerlichen Wirtschaftens – ab. Was bedeutete dieser Wechsel für die tägliche Arbeit des Bauern? Ehedem hatte er sein Land in zwei Hälften geteilt. Die eine bestellte er, die andere ließ er entweder brach liegen oder benutzte sie als Weideland. Als er zur Dreifelderwirtschaft überging, teilte er seinen Besitz in drei Teile. Zwei davon bebaute er mit Feldfrüchten, und nur das letzte Drittel seines Landbesitzes ließ er brach liegen. Statt der Hälfte bebaute er nun also zwei Drittel seines Landbesitzes, d. h., er konnte in der Regel auch seine Erntemengen entsprechend steigern. Von der beackerten Feldflur konnten sich jetzt erheblich mehr Menschen ernähren.

Das war aber nur die zuerst ins Auge fallende Folge der Dreifelderwirtschaft. Zu der rein mengenmäßigen Steigerung des Ernteertrags der agrarischen Produkte kam auch noch eine qualitative Verbesserung hinzu. Die beiden Feldstücke, auf denen jeweils gleichzeitig angebaut wurde, nutzte man unterschiedlich. Das eine Drittel wurde im Herbst mit Wintergetreide, d. h. Weizen und Roggen, bestellt. Das andere Drittel ruhte bis zum Frühjahr. Dann wurde auf ihm vor allem Sommergetreide, also Hafer und Gerste, ausgesät. Teilweise gingen die Bauern im Lauf der Zeit dazu über, mehr und mehr Gemüse anzubauen; zunächst Erbsen, Bohnen und Linsen, später dann noch Kohl.

Auch diese qualitativen Veränderungen in der landwirtschaftlichen Produktion hatten weitreichende Folgen. Durch den Anbau von Hafer konnten Mensch und Tier zugleich ernährt werden. Mißernten wegen schlechter Sommer oder eiskalter Winter hatten keine katastrophalen Folgen mehr. Da beides zusammen doch recht selten eintraf, konnte ein harter Winter durch einen guten Sommer und umgekehrt wieder wettgemacht werden. Und schließlich gestaltete die Bauersfrau zunächst, später auch die Köchin in der Stadt, das Essen für die eigene Familie durch das Hinzufügen der Proteine, die in den Gemüsen in reichem Maß enthalten sind, nicht nur erheblich abwechslungsreicher, sondern auch kräftiger.[22]

Der Übergang zur Dreifelderwirtschaft stellte jedoch nicht die einzige Möglichkeit zur Erntesteigerung dar. Mehr produzieren konnte ein Bauer auch durch die Benutzung besserer landwirtschaftlicher Geräte. In weiten Gebieten, in denen günstige Voraussetzungen bestanden, wurde der seit altersher für die Bodenbearbeitung verwendete Haken durch den eisernen Pflug mit Radgestell abgelöst. Der Haken war ein Gerät, das den Boden nur aufbrach, ihn krümelte und in sehr unterschiedlichem Maße auch lockerte. Wollte ein Bauer sein Feld mit dem Haken gut für die Saat vorbereiten, dann mußte er es erst längs und anschließend noch einmal quer bearbeiten, um ein zufriedenstellendes Ergebnis zu erzielen. Ganz anders konnte er dagegen mit dem schweren eisernen Pflug arbeiten. Der wendete den Boden mit Hilfe eines sogenannten Streichbrettes mehr oder weniger vollkommen um. Dadurch wurde die ursprünglich in Sohlentiefe liegende Bodenschicht nach oben gekehrt.[23] Der Pflug grub die Erde tiefer um, er lockerte sie besser und sicherte damit der Saat einen besseren Stoffwechsel. Darüber hinaus bot er ihr auch mehr Schutz. Das alles führte zwangsläufig zu einem erheblich höheren Ertrag. Ein weiterer Vorteil kam noch hinzu. Mit dem eisernen Pflug konnten auch schwere und harte Böden gepflügt werden, an die sich die Bauern, solange sie mit dem Haken hatten arbeiten müssen, nicht herangewagt hatten.[24] Das war in einer Zeit, in der der Ackerbau mehr und mehr

[22] J. Le Goff (1965), Hochmittelalter, S. 42.
[23] E. Klein (1967), Historische Pflüge, S. 5.
[24] J. Le Goff (1965), Hochmittelalter, S. 39.

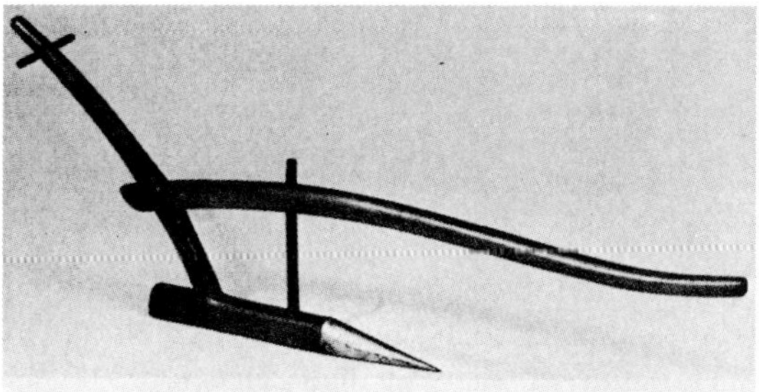

Abb. 4b: Haken

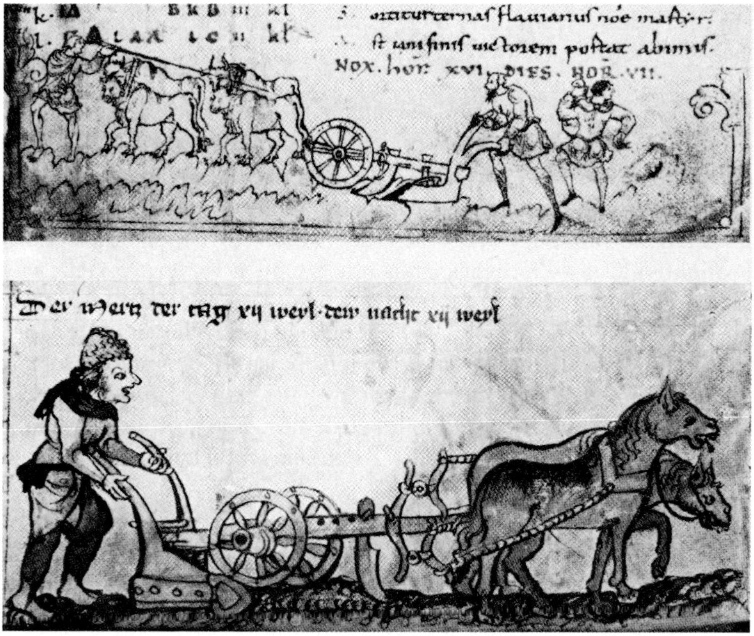

Abb. 4c: Pflug

auch auf solche Böden ausgedehnt werden mußte, sehr wichtig. Der größere Pflug mit Rädern und schollenwendender Schar war in Gallien bereits in der Römerzeit bekannt. Ab wann er sich in Alteuropa stärker ausbreitete, konnte bisher leider nicht genau festgestellt werden. Eine weit verbreitete Annahme verbindet seine häufigere Nutzung mit dem Aufkommen der Großfelderwirtschaft und mit der Besiedlung der schweren Böden an den Küsten und in den Niederungen.[25] Auf diesen schweren Böden konnte aber, trotz verbessertem Gerät, nicht nur *ein* Ochsenpaar vor den Pflug gespannt werden. Um sie einigermaßen gut und zügig pflügen zu können, mußten sechs, acht Ochsen vor einen Pflug geschirrt werden. Kaum ein Bauer hatte so viele Zugtiere in seinem Stall stehen. Doch zusammen mit den Nachbarn konnten so aufwendige Gespanne schon auf die Beine gestellt werden. Deshalb bildeten sich neben und in den Dorfgenossenschaften häufig auch Pfluggenossenschaften.

Die Bauern, die mit dem schweren Pflug arbeiteten, steigerten sehr wahrscheinlich die tierische Zugkraft auch dadurch, daß sie verbesserte Anspannsysteme einsetzten. Die Ochsen wurden von ihnen mit dem Stirnjoch vor den Pflug gespannt, und den Pferden legten sie das Kummet um. Ochse und Pferd vermochten mit diesen Hilfsmitteln viel mehr zu ziehen. Außerdem verdrängte mancherorts das Pferd den Ochsen als Zugtier völlig. Moderne Messungen zeigen, daß ein Pferd die gleiche Pflugleistung wie ein Ochse schneller schafft und zudem bis zu zwei Stunden länger arbeiten kann. Als der Bauer damals Pferde statt der Ochsen vor den Pflug spannte, konnte er eine etwa um die Hälfte größere Fläche als vorher bearbeiten. Die höhere Produktivität des Pferdegespanns brachte noch weitere Vorteile mit sich. Jetzt konnten auch Felder unter den Pflug genommen werden, die weiter weg vom Hof lagen. Günstige Wetterbedingungen bei Saat, Pflege und Ernte konnten weitaus besser ausgenutzt werden – alles Voraussetzungen für eine weitere Ertragssteigerung.[26] In etwa der gleichen Periode wurden die Pferde übrigens auch immer häufiger mit Hufeisen beschlagen, die gleichfalls schon aus spätrömischer Zeit bekannt waren.[27]

Doch nicht nur bei Pflug, Anspannung und Zugtier finden wir seit dem verstärkten Landesausbau in Alteuropa tiefgreifende Veränderungen. Mehr und mehr verwendete man auch den zweigeteilten Dreschflegel, und statt der Sichel wurde immer häufiger die Sense benutzt, die seit dem 11. Jahrhundert sicher belegt ist. Schließlich verdrängten Getreidemühlen, die mit Wasserkraft angetrieben wurden, weitgehend die Handmühlen.

Überblickt man alle diese Veränderungen, Verbesserungen, dann ist schon zu verstehen, daß Duby geneigt war, für das Hochmittelalter von einer agrarischen Revolution zu sprechen. Allerdings darf man

[25] W. Abel (1966), Agrarkrisen, S. 33.
[26] J. Le Goff (1965), Hochmittelalter, S. 39.
[27] W. Abel (1966), Agrarkrisen, S. 34.

nicht aus den Augen verlieren, daß sich der Wandel nicht abrupt und schlagartig in allen Teilen Alteuropas vollzog, sondern – gemessen an unseren modernen Zeitvorstellungen – außerordentlich langsam und keineswegs in jedem Winkel zwischen Algarve und Elbe. Als revolutionär mochten diese Verbesserungen gleichwohl in Neueuropa erscheinen, denn östlich der Elbe-Saale-Böhmerwald-Linie finden wir vor der deutschen Ostkolonisation kaum etwas von ihnen.

Die Städte

Der strukturelle Vorsprung Alt- vor Neueuropas, der linkselbischen vor den rechtselbischen Gebieten unseres Kontinents war nicht nur auf den Agrarsektor beschränkt. Er findet sich noch auf einem anderen, wichtigen Gebiet. Das 12. und 13. Jahrhundert sind in Alteuropa die Jahrhunderte der Städte, der Stadtgründungen.[28]

Am Ende des Mittelalters, so hat Wilhelm Abel nachgezählt, gab es auf deutschem Boden nahezu 4000 Städte. Von ihnen hatten 25 schon mehr als 10 000 Einwohner. Nach damaligen Verhältnissen waren das Großstädte. 50 Städte beherbergten zwischen 5000 und 7000 Einwohner, und in 200 Städten lebten und arbeiteten immerhin 2000 bis 5000 Menschen. Der große Rest, rund 3700 Städte, hatte jeweils weniger als 2000 Einwohner.[29]

Das Aufblühen der Städte, die Vergrößerung der Zahl der Städter bedeuteten unter anderem, daß sich mehr und mehr Menschen ihre Nahrung und Kleidung kaufen mußten, weil sie diese Dinge nicht mehr selbst produzieren konnten. Stadt ist identisch mit Arbeitsteilung und Markt, auf dem die Menschen mit ihren Waren erschienen und auf dem die Städter ihren Bedarf deckten. Markt bedeutete das Umsteigen von der Tauschwirtschaft zur Geldwirtschaft. Der Bauer, der mit Butter, Mehl oder Gemüse zu Markte zog, wollte dafür nicht mehr irgendwelche Handwerksprodukte eintauschen. Die Bürger sollten ihn in Geld bezahlen. Er brauchte es dringend, um seinen Zins an den Grundherrn, um Gerichtsgefälle oder ähnliches entrichten zu können.

Mit den neuen Städten entstanden nicht nur lokale Märkte, blühte nicht nur der lokale Handel auf, sondern auch der Fernhandel. Warenströme statt armseliger Rinnsale begannen damals durch ganz

[28] E. Ennen (1979), Die europäische Stadt.
[29] W. Abel (1964), Drei Epochen, S. 30.

Alteuropa zu fließen. Diese Entwicklung brach freilich nicht unversehens über Deutschland herein, auch sie ist auf einen Anstoß von außen zurückzuführen. Eigentliche Wiege der Entwicklung im Städte- und Handelsbereich war Italien.

Südlich der Alpen hatten städtisches Leben und städtische Wirtschaft, so wie sie in der Antike entstanden waren, überdauert. Sicher, was im 11. Jahrhundert davon noch existierte, das war nur ein Schatten einstigen Glanzes und einstiger Größe; aber es gab sie noch, die Städte und die Fernkaufleute. Solange die Moslems das Mittelmeer beherrschten, bestand für diese dahinkümmernden italienischen Kommunen keine Möglichkeit, ihre alte glanzvolle Stellung, die sie in der Zeit des Römischen Weltreiches besessen hatten, zurückzuerlangen. Das änderte sich, als im 11. Jahrhundert die christlichen Mächte sich nicht mehr nur auf die Abwehr der islamischen Gegner beschränkten, sondern ihrerseits zum Gegenangriff, zu einer Art "rollback policy" übergingen.

Ende der achtziger Jahre des 11. Jahrhunderts sind die Handelsinteressen der italienischen Städte Genua und Pisa im westlichen Mittelmeer als machtpolitisch abgesichert anzusehen. Dazu trug nicht zuletzt bei, daß die Normannen kurz vorher den Sarazenen Sizilien entrissen hatten. Am Ende des Jahrhunderts stand dann schon die Rückeroberung des östlichen Mittelmeers für die italienischen Handelsstädte. Instrument dafür war der erste Kreuzzug, der 1096 begann. Er bewirkte ein Aufblühen des Orienthandels der italienischen Seestädte.

Die machtpolitischen Veränderungen führten nicht nur zu einer starken Belebung des italienischen Handels, sie wirkten sich auch aus auf die Fortentwicklung der mittelalterlichen Industrie, also des Handwerks und des Gewerbes, sowie auf das politische Bewußtsein der Stadtbürger in Italien. Bereits in den achtziger Jahren des 11. Jahrhunderts finden wir in Italien städtische Selbstverwaltung durch gewählte Konsuln. Und schon im Jahr 1093 trat Kaiser Heinrich IV. in der Lombardei zum erstenmal ein Städtebund entgegen.[30]

Das machtvoll pulsierende, imposant aufstrebende städtische Leben in Italien wirkte sich sehr bald auf die Nachbarregionen aus. Noch vor dem Ende des 11. Jahrhunderts finden wir die provenzalischen Messen von Fréjus und Saint-Gilles erwähnt. Nur wenig später haben wir die erste Nachricht von der Existenz der Messen in der Champagne. In den zwanziger Jahren des 12. Jahrhunderts lebten

[30] H. Dannenbauer (1966), Politik und Wirtschaft, S. 30ff.

erstmals seit karolinischer Zeit die Hospize auf dem Großen St. Bernhard und auf dem Septimer wieder auf. Das waren die beiden wichtigsten Pässe für den Verkehr zwischen Italien einerseits und Ostfrankreich bzw. Westdeutschland andererseits. Und im Jahr 1127 erschienen italienische Kaufleute auf den großen Märkten in Flandern. „Damit", so urteilte Heinrich Dannenbauer 1940, „ist die Verbindung hergestellt zwischen dem Mittelmeerhandel und dem großen Mittelpunkt des nordeuropäischen Handelsverkehrs, dessen Bedeutung noch gewachsen war, seit England durch die normannische Eroberung 1066 in den Kreis der französischen Kultur einbezogen war und London sich zu einem immer mächtigeren Handelsplatz entwikkelte."[31]

Die Entwicklung des 11./12. Jahrhunderts findet in unseren Tagen übrigens – freilich in anderen Dimensionen – ihre Entsprechung. Das französische Europaministerium stellte fest, daß sich entlang der Achse Mailand–London ein riesiger – alteuropäischer – Ballungsraum entwickele, dem in der Welt nichts Vergleichbares gegenüberstehe.[32]

Zurück zum Mittelalter. Von alldem, was südlich und westlich seiner Grenzen geschah, blieb Deutschland nicht unbeeindruckt. Schon 1173 privilegierte Kaiser Friedrich I. die Städte Aachen und Duisburg mit je zwei Messen für die flämischen Kaufleute. Wenig später entstanden weitere Messen in den Städten am Niederrhein. Im Jahre 1120 tat sich ein Konsortium von 24 Kaufleuten zusammen, um an der Straße von Basel nach Frankfurt im Breisgau die Stadt Freiburg zu gründen. 120 Jahre später, 1240, wurde zum erstenmal die Frankfurter Messe erwähnt.

Aus der Vielzahl weiterer Belege für die Teilnahme der deutschen Städte am europäischen Aufschwung seien nur noch zwei erwähnt. So erweiterte Köln 1106 seinen Mauerring. In den Jahren 1111 und 1114 wurde die Rechtsstellung der Bürger von Speyer durch kaiserliches Privileg erheblich verbessert. Ihr Handel erhielt beträchtliche Vergünstigungen eingeräumt.[33]

Mit einer verblüffend geringen zeitlichen Verzögerung hat sich der Aufschwung der Städte und des Handels, der im Mittelmeerraum seinen Ausgang nahm und sehr schnell auf Westeuropa ausstrahlte, auch in Deutschland ausgewirkt. Wenn die Größe der Städte Deutschlands

[31] Ders. (1966), Politik und Wirtschaft, S. 33f.
[32] DIE ZEIT, Nr. 17, 21. April 1989, S. 92.
[33] H. Dannenbauer (1966), Politik und Wirtschaft, S. 34f.

in jener Zeit, mit unseren heutigen Maßstäben gemessen, auch eher bescheiden gewesen sein mag, so stellten sie doch Mittelpunkte des Handels und des Gewerbes dar, wie sie bis dahin unbekannt gewesen waren.[34] „Sie sammelten nicht nur selbst innerhalb ihrer Mauern Kapital an, von dem die Fürsten gerne Nutzen zogen, sie übten auch auf die Wirtschaft des umgebenden Landes eine belebende Wirkung aus."[35]

Die Hebung der „Sittlichkeit" durch die Kirche

Es ist noch an einen letzten Vorgang zu erinnern, der zu den Wurzeln der Bevölkerungsvermehrung, zu den Gründen des allgemeinen Aufschwungs gerechnet werden muß: die Hebung der Sittlichkeit der Deutschen. Was hat es damit auf sich?

Wer um die Jahrtausendwende oder später in Deutschland geboren wurde, der wuchs in ein gefährliches Leben hinein. In unserem Land ging es damals sehr rauh zu. Unsere Vorfahren hingen noch der Auffassung an, daß man seinen Feind, oder wen man dafür hielt, möglichst schnell umbringen müsse. Es galt keineswegs als Schande, ein Totschläger zu sein; vorausgesetzt natürlich, man brachte seinen Gegner offen und ehrlich und nicht heimlich und hinterhältig ums Leben. Meist kam der Täter mit der Zahlung des Wergeldes an die Angehörigen des Erschlagenen davon. Gar nicht so selten entwickelte sich aus einem Totschlag aber auch eine mörderische, viele Opfer kostende Blutrache. Im kühlen deutschen Norden herrschten sizilianisch-heißblütige Verhältnisse.

Einige Nachrichten aus jenen Zeiten mögen das für uns Heutige kaum Glaubliche belegen. In dem Hofrecht, das der Bischof Burchard von Worms im Jahr 1024/25 verkündete, klagte der geistliche Herr beredt darüber, daß sich seine Hörigen bei Streitereien, in der Trunkenheit und auch um nichts und wieder nichts totschlügen. Und die Totschläger würden sich anschließend ihrer Tat auch noch lauthals rühmen. In dem kleinen Territorium, in dem der Bischof Recht setzen konnte, seien, so heißt es weiter, in einem Jahr 35 mutwillige Totschläge vorgekommen.[36] Leider bleibt unsere Neugier hinsichtlich der Zahl der Verletzten ungestillt. Dem Herrn Bischof wurde es wahrscheinlich zuviel, auch noch die nur Blessierten zu zählen.

[34] Seehandelszentren des nördlichen Europa (1983), Der Strukturwandel.
[35] H. Dannenbauer (1966), Politik und Wirtschaft, S. 35.
[36] Lex familiae Wormatiensis episcopi, Mon. Germ. Constit. I, S. 643 c. 30.

In zwei Friedensordnungen aus den Jahren 1083 und 1086, die eine für Bamberg und die andere für Köln erlassen, wurde ausdrücklich bestimmt, daß Friedensbrechern, die jemand verwundet hatten, zur Strafe die Hand abgehackt werden sollte. Von dieser grausamen Strafe ausgenommen wurden nur Täter, die jünger als – man mag es kaum glauben – zwölf Jahre waren. Heinrich IV. erließ 1103 einen Landfrieden, in dem es sinngemäß heißt: Wenn dir dein Feind unterwegs begegnet und du kannst ihm Schaden tun, dann tue es. Flüchtet dein Feind aber in das Haus oder den Hof eines anderen, dann laß ihn gefälligst ungeschoren.[37] Diese Bestimmung kann nur heißen, daß es damals üblich war, selbst handgreifliche Streitigkeiten in den Häusern wildfremder Menschen völlig ungehemmt auszutragen.

Ein Schluß, der aus diesen haarsträubenden Quellenbelegen zu ziehen ist, die sich ziemlich beliebig vermehren ließen, ist der, daß sich die Bevölkerung in jenen Jahrhunderten auch darum nicht sonderlich stark vermehren konnte, weil sich die Menschen offenkundig in großer Zahl sehr eifrig gegenseitig totgeschlagen haben.

Unsere Ahnen, die zu einem großen Teil offensichtlich üble Raufbolde waren, in anständige und gesittete Menschen zu verwandeln, das war eine Aufgabe, die im wesentlichen die Kirche zu erledigen hatte. Sie mußte den Deutschen des 10., 11. und auch noch 12. Jahrhunderts, die zum Teil – man denke nur an die Sachsen – noch gar nicht so lange Christen waren, unentwegt einhämmern, daß ein Totschlag nichts Ehrenhaftes, sondern etwas außerordentlich Verwerfliches, Unsittliches sei. Sie mußte verkünden und praktizieren und gegebenenfalls auch erzwingen, daß der Nächste zu lieben und nicht totzuschlagen sei.

Um diese schwere Aufgabe, das ‘Du sollst nicht töten’ und ‘Liebe deinen Nächsten wie dich selbst’ in die Seelen der Deutschen hineinzusenken, bewältigen zu können, entwickelte die Kirche das Instrument des sogenannten Gottesfriedens. Er kam zuerst in Frankreich und Burgund auf. Von der Mitte des 11. Jahrhunderts an breitete er sich langsam auch in Deutschland aus. Noch langsamer schloß sich dieser kirchlichen Bewegung die weltliche Herrschaft an.[38] Erst im Jahr 1495 wurde von Worms aus für das ganze Reich ein ‘ewiger Landfrieden’ verkündet.

In einem für die Zeitgenossen sicher quälend langsamen Prozeß erreichte die christliche Moral, die für Jahrhunderte nur Firnis an der

[37] H. Dannenbauer (1966), Politik und Wirtschaft, S. 24.
[38] R. Kaiser (1983), Selbsthilfe und Gewaltmonopol.

Oberfläche gewesen war, damals endlich auch tiefere Schichten der Menschen. Sie wurden friedfertiger. Das mag damals so gewirkt haben wie heutzutage „Fortschritte in der öffentlichen Gesundheitspflege“[39]. Die Menschen hatten die Chance, länger zu leben, und auch das erhöhte die Bevölkerungszahl. Wichtiger war noch die Stärkung des Gemeinschaftsgefühls über die engere Familie hinaus. Denn dieses Gefühl trug die Dorfgenossenschaften, die Pfluggenossenschaften, aber auch die kommunale Selbstverwaltung der Städte so recht eigentlich.

Als Fazit dieses summarischen Überblicks können wir festhalten: Alteuropa erlebte vom 11. bis zum 13./14. Jahrhundert einen alle Bereiche des Lebens umfassenden Aufschwung. Seine Grundlage war in vielen Fällen ein aus der Antike, aus den Zeiten des Imperium Romanum, überkommenes Erbe. Dazu gehörten nicht nur der Pflug oder das Institut „Stadt“, sondern auch das Christentum. Für Franken, Alemannen, Bayern und Sachsen, für die Deutschen war auch ihre Religion Teil des antiken Erbes. Die Menschen in Alteuropa wucherten spätestens seit der Mitte des 12. Jahrhunderts in außerordentlich erfolgreicher Weise mit dem Pfund, das ihnen das Römische Weltreich hinterlassen hatte.

Der eindrucksvolle Auftrieb jener Zeit in allen Bereichen des Lebens, den die Westeuropäer erlebten, hatte vielfältige Folgen. Eine von ihnen bestand darin, daß durch den ungemein intensivierten Landesausbau in Alteuropa, auch in Altdeutschland, Bauernland bald knapp wurde. Fanden die jüngeren Söhne der Bauern ehemals, wenn sie denn wollten, in heimatlicher Umgebung noch einen Hof, so mußten sie bald – in Flandern früher, in Sachsen später – in die Ferne ziehen, wenn sie Bauern bleiben wollten. Was noch als Nahsiedlung, was schon als Fernsiedlung zu bezeichnen ist, das mag im Einzelfall schwer zu entscheiden sein. „Die Grenzen zwischen nah und fern sind flüssig, doch hebt sich die Ostwanderung der Deutschen (und die Nordwanderung der Skandinavier) deutlich als eine Fernwanderung ab. Sie muß als Resultante von Druck und Zug begriffen werden: der lockenden Ferne und der schon beginnenden Enge der Heimat.“[40] Wie jedoch sah es östlich der Elbe-Saale-Böhmerwald-Linie, in Neueuropa, aus?

[39] H. Dannenbauer (1966), Politik und Wirtschaft, S. 25ff.

[40] W. Abel (1966), Agrarkrisen, S. 36f.

3. DIE ZWEITE ETAPPE DER ANGLEICHUNG NEUEUROPAS AN DAS ALTE EUROPA – DIE SIEDLUNG DEUTSCHER IN OSTMITTELEUROPA

Nicht wenige Polen, Böhmen und Ungarn haben in den ersten ein, zwei Jahrhunderten nach der Taufe ihrer Völker Alteuropa als Krieger, Gefangene oder auch Schüler kennengelernt. Sicher sind ihnen dabei die Veränderungen in allen Bereichen des Lebens, die sich seit der Jahrtausendwende dort in immer schnellerem Tempo einstellten, nicht entgangen. Wir werden nicht ausschließen dürfen, daß die freiwilligen oder unfreiwilligen Gäste aus Neueuropa diese oder jene Neuerung sogar mit zurücknahmen in ihre Heimat. Ein solches Verhalten war aber wohl nicht die Regel, denn im 11./12. Jahrhundert wuchs der Abstand in der allgemeinen Entwicklung zwischen Ost und West offenkundig noch an. Zwar haben Archäologen und Siedlungsgeographen auch östlich der Elbe-Saale-Böhmerwald-Adria-Linie ein Bevölkerungswachstum festgestellt. Doch es blieb dort erheblich hinter dem zurück, was wir im Westen zu verzeichnen hatten. Auch im Osten fanden sich 'nichtagrarische Zentren',[1] jedoch sind sie nicht mit den Rechtsstädten des deutschen Altsiedellandes gleichzusetzen. Entwicklungen, die wir in die Nähe der 'agrarischen Revolution' Alteuropas rücken können, suchen wir meist vergebens.[2] Vor allem gab es zwischen Elbe und Bottnischem Meerbusen entlang der Ostseeküsten eine Vielzahl von Völkern, die noch – aus der Sicht ihrer christlichen Nachbarn – im Heidentum verharrten. Einige von ihnen, die Slawen zwischen Elbe und Oder, hatten schon einmal unter christlicher deutscher Herrschaft gestanden, und ihr Ausscheiden im Sommer 983 war von deutscher Seite nie als endgültig angesehen worden. Weit früher, als man es im Blick auf eine friedliche Ostsiedlung deutscher Bauern, Handwerker und Kaufleute tat, dachte man in gewissen Kreisen über eine Wiederaufnahme der gewaltsamen deutschen Ostexpansion nach.

[1] H. Ludat (1969), Frühformen des Städtewesens; Th. Sporn (1978), Die „Stadt zu polnischem Recht"; B. Zientara (1974), Zur Geschichte der planmäßigen.

[2] B. Krzemińska/D. Třeštík (1979), Wirtschaftliche Grundlagen.

Die Wiedererrichtung deutscher Herrschaft über die Slawen zwischen Elbe und Oder

Gegen Ende des 11. Jahrhunderts begannen sich die Aussichten, die verlorenen Gebiete östlich der Elbe wiederzuerlangen, deutlich zu verbessern. Das Absinken Rethras in die Bedeutungslosigkeit – wir wissen noch immer nicht, wo es gelegen hat[3] – und das Aufkommen Arkonas konnte als Indiz für erhebliche Friktionen zwischen den freien, heidnischen Slawen, als Anzeichen für eine wesentliche Schwächung ihrer Widerstandskräfte gewertet werden. Dem entsprach auf deutscher Seite ein gerade entgegengesetzter Trend. Der ökonomische wie demographische Aufschwung Alteuropas erreichte auch die Grenzgebiete an der Elbe, und er begann sich gegen die Slawen bald politisch auszuwirken. In den Grenzmarken nahmen damals die Territorialfürsten das Problem der Wiedergewinnung der verlorenen Ostgebiete (so die deutsche Sicht) bzw. der erneuten Unterwerfung der slawischen Stämme (so deren Auffassung) energisch in ihre Hände.

Es sind im wesentlichen drei Geschlechter gewesen, die in den ersten Jahrzehnten des 12. Jahrhunderts im Grenzgebiet eine entscheidende Rolle spielten und sie später auch beibehielten. Bei chronologischem Vorgehen sind als erste die Schauenburger zu nennen. Sie, d. h. Graf Adolf von Schauenburg, wurden im Jahr 1110 durch den Sachsenherzog Lothar von Supplinburg in die Grafschaft Holstein eingesetzt.[4] Als nächste folgten die Wettiner. Im Jahr 1123 erhielt Konrad von Wettin die Mark Meißen übertragen.[5] Dreizehn Jahre später, 1136, fiel ihm auch noch die Mark Lausitz zu. Der letzte in dieser Reihe war der Askanier Albrecht, Graf von Ballenstedt, genannt der Bär.[6] Er wurde 1134 als Markgraf der Nordmark eingesetzt. Der Wettiner wie der Ballenstedter wurden gleich dem Schauenburger durch Lothar von Supplinburg investiert. Als der ihnen ihre neuen Marken übertrug, war er freilich nicht mehr nur Sachsenherzog, sondern deutscher König und Kaiser.

Albrecht der Bär gewann zu seiner Nordmark, die zunächst allein aus der Altmark westlich der Elbe bestand, schon 1136 mit der Prig-

[3] Vgl. L. Dralle (1984), Rethra.

[4] W. Lammers (1961 ff.), Das Hochmittelalter.

[5] R. Kötzschke/H. Kretzschmar (1935), Sächsische Geschichte.

[6] E. Bohm (1984), Albrecht der Bär; H.-D. Kahl (1964), Slawen und Deutsche.

nitz einen Brückenkopf auf dem östlichen Elbufer. Der Askanier hielt bereits seit längerem enge persönliche Verbindungen zu dem slawischen Fürstengeschlecht, das seit dem Beginn des 12. Jahrhunderts wieder im Hevellerland auftauchte. Pribislaw Heinrich, so hieß der damals regierende Fürst, war, wie uns sein zweiter Name verrät, ein Christ. Außerdem trug er, wie deutsche Quellen sicher überliefern, den Titel eines *rex,* eines Königs.[7]

Die Verbindung zwischen König Pribislaw Heinrich und Markgraf Albrecht war so eng, daß der Slawenkönig den Deutschen zu seinem Erben einsetzte. Im Jahr 1150 starb der Heveller. Seine Witwe sorgte dafür, daß Albrecht sein Erbe auch antreten konnte. Wenn wir die spärlichen Quellen, die uns darüber berichten, richtig interpretieren, hielt sie den Tod ihres königlichen Gemahls so lange geheim, bis Albrecht mit Truppenmacht in der Brandenburg erscheinen und sie in Besitz nehmen konnte. Sein Erbe wurde ihm zwar noch durch einen slawischen Fürsten von Köpenick namens Jaxa bestritten.[8] Doch der Askanier setzte sich gegen den Konkurrenten mühelos durch. Er nannte sich fortan Markgraf von Brandenburg.[9]

Noch eines weiteren bekannten Namens und Fürstengeschlechts ist an dieser Stelle zu gedenken, des Geschlechtes der Welfen. Es wurde vertreten durch Herzog Heinrich, den seine Zeitgenossen den Löwen nannten.[10] Damals war er Herzog von Sachsen. Als solcher unternahm er 1147 im Bunde mit Albrecht dem Bären und Konrad von Wettin einen Wendenkreuzzug.[11] Der vordergründig religiös motivierte Feldzug wurde ausdrücklich dem gleichzeitig stattfindenden zweiten Kreuzzug gleichgesetzt. Beide Züge, der ins Heilige Land und der gegen die Slawen, waren, nach der Auffassung der Zeit, gegen Heiden gerichtet und als solche gottgefällig. Während des Wendenkreuzzugs, zu dem zwei Kriegshaufen aufbrachen, zwang Heinrich mit seinem Kreuzfahrerheer den Abodritenfürsten Niklot zur – wie es heißt – Aufgabe des Götzendienstes und zur Tributzahlung. Das andere Kreuzheer unter Albrecht und Konrad unternahm einen

[7] H.-D. Kahl (1964), Slawen und Deutsche.

[8] H. Ludat (1936), Legenden.

[9] J. Schultze (1961ff.), Die Mark Brandenburg; W. Podehl (1975), Burg und Herrschaft.

[10] K. Jordan (1981), Investiturstreit, Kap.: Die Anfänge Heinrichs; K. Sonnleitner (1982), Die Slawenpolitik.

[11] J. Schultze (1964), Der Wendenkreuzzug; H.-D. Kahl (1957/58), Zum Ergebnis des Wendenkreuzzuges.

ergebnislosen Zug gegen Herzog Ratibor von Pommern nach Stettin. Das bemerkenswerteste an diesem Zug ist, daß die Truppen auf ihrem Weg nach Nordosten sorgfältig brandenburgisches Gebiet, also das zukünftige Erbe Albrechts, aussparten.

Das abodritische Gebiet, das er nun offensichtlich als seine Einflußzone ansah, sicherte der Löwe umsichtig. Im Jahr 1158 trat Graf Adolf von Schauenburg ihm Lübeck ab. Heinrich gründete die Stadt neu und privilegierte sie umfangreich. Sie blühte schnell auf und errang bald die führende Stellung im Ostseeraum. Wir kennen sie als Haupt der deutschen Hanse.

Endgültig unterwarf Heinrich die Abodriten und ihre Fürsten in zwei weiteren Feldzügen, durchgeführt in den Jahren 1160 und 1167. Sie mußten ihm den westlichen Teil ihres Landes abtreten. Im Rest durften die abodritischen Fürsten als Lehnsmänner Heinrichs ihr Regiment weiterführen. Der Slawe Niklot wurde zum Begründer des mecklenburgischen Herzogshauses, das erst im Jahr 1918 abdanken mußte. Im Jahr 1163 haben auch die Herzöge von Pommern die Machtstellung des Welfen dadurch anerkannt, daß sie ihr Land gleichfalls von ihm zu Lehen nahmen.

Die Wiedererrichtung unmittelbarer und mittelbarer deutscher Herrschaft im östlichen Holstein, im westlichen und östlichen Mecklenburg, in Pommern, in Brandenburg und in dem Territorium, das wir heute Sachsen nennen, blieb fürderhin unbestritten. Das hieß unter anderem, daß sich das Christentum dort langsam, aber sicher gegen die altüberkommene Religion der Slawen durchsetzte.

Die Errichtung deutscher Herrschaft über baltische Völker

Es gab in Neueuropa aber noch zwei weitere große Territorien, in denen während des dreizehnten Jahrhunderts eine deutsche Territorialherrschaft errichtet worden ist. Wenn wir uns auch hier an der Chronologie und nicht an der späteren Bedeutung der Territorien orientieren, dann müssen wir zunächst Livland betrachten.

Livland

Der Bremer Domherr Albert von Appeldern (1199–1229 Bischof von Livland) sammelte Anfang des 13. Jahrhunderts Kreuzfahrer und segelte, wie es heißt, Livland auf.[12] Er verfolgte dabei zwar auch kirchliche, missionarische Interessen, vor allem aber wohl die Fernhandelsinteressen der norddeutschen, der Lübecker Kaufmannschaft. Als Anführer des in Livland siegreichen Kreuzfahrerheeres gründete er 1201 die Stadt Riga. Zur Absicherung seiner noch schwankenden Herrschaft über die Esten, ein den Finnen verwandtes finnisch-ugrisches Volk, sowie die baltischen Letten, Liven und Kuren fundierte er den Schwertbrüderorden. Mit dessen Hilfe gelang es ihm, bis zum Jahr 1230 Livland und Kurland endgültig zu unterwerfen. Dabei erfolgte eine Art Landnahme allein durch Angehörige des deutschen Adels und durch deutsche Kaufleute, durch Stadtbürger.

Im Jahr 1236 erlitt der Schwertbrüderorden bei seinem Versuch, noch weiter nach Osten auszugreifen, gegen die Litauer und Semgaller, gleichfalls baltische Völker, bei Saule eine katastrophale Niederlage. Für Augenblicke schien es, als sei die Herrschaft der Deutschen in ganz Livland am Ende. Doch im südlich an Livland angrenzenden Prußenland war einiges geschehen, was die Niederlage von Saule zwar immer noch verheerend, aber die Folgen für die Deutschen doch nicht vernichtend erscheinen läßt.

Preußen

Im Winter 1225/26 wurde der Deutsche Orden[13] von einem ihm bis dahin sicher völlig unbekannten polnischen Fürsten gebeten, ihm bei der Bekämpfung eines Heidenvolkes an den Grenzen seines Landes zu helfen. Dieser Mann war Herzog Konrad von Masowien. Das heidnische Volk, das ihm zusetzte und dem er seinerseits auch gerne zugesetzt hätte, war das baltische Volk der Prußen. Als Operationsbasis für die Missionierung, d. h. für die militärische Hilfsaktion zur Gewinnung des Prußenlandes für den Masowier, offerierte Konrad dem Orden einen kleinen Teil seines eigenen Herzogtums, das Kulmer Land.

Die Männer an der Spitze des Ordens überlegten sich das masowische Angebot sorgfältig. Sie waren gerade auf der Suche nach Möglichkeiten, eine eigene, möglichst unabhängige Territorialherrschaft zu begründen. Bei dem Versuch, das im ungarischen Burzenland zu

[12] R. Wittram (1954), Baltische Geschichte; P. Johansen (1941): Die Bedeutung.

[13] H. Boockmann (1981), Der Deutsche Orden.

tun, hatten sie gegen den König von Ungarn freilich den kürzeren gezogen.[14] Einer solchen Peinlichkeit wollten sie sich um keinen Preis ein zweites Mal aussetzen.

Der wichtigste Mann des Ordens war zu jener Zeit der Magister Generalis, der Hochmeister, Hermann von Salza. Dieser Mann gehörte zur seltenen Spezies der politischen Genies. Das erste Drittel des 13. Jahrhunderts war – unter anderem – gekennzeichnet durch erbitterte Auseinandersetzungen zwischen der weltlichen und der geistlichen Gewalt, zwischen Kaiser und Papst. Salza war nun sowohl engster Rat und Vertrauter des Kaisers als auch gleichzeitig beim Papst so gut angeschrieben, daß er in vielen Konfliktfällen zwischen beiden vermitteln konnte. Nach dem masowischen Hilferuf setzte Salza sein ganzes politisches Gewicht, über das er am kaiserlichen Hof wie an der Kurie verfügte, und sein großes diplomatisches Geschick für die Interessen des Ordens ein. Im März 1226 ließ er sich von seinem kaiserlichen Herrn und Freund, dem großen Stauferkaiser Friedrich II., in Rimini eine feierliche Urkunde, eine Goldbulle, ausstellen.

Darin bestätigte der Staufer dem Orden das Gebiet, welches ihm Herzog Konrad von Masowien als Operationsbasis angeboten hatte, und darüber hinaus auch alles heidnische Land, das der Orden von den Prußen erobern würde, da es zur *Monarchia imperii* gehöre, mit allem Zubehör und allen Rechten und frei von allen Belastungen. Das Privileg zählt dann im einzelnen die landesherrlichen Rechte auf, soweit sie sich damals bereits ausgebildet hatten: also Zoll-, Münz- und Marktrecht, die Regalien, die Gerichtshoheit und anderes mehr. Das alles wurde abschließend zusammengefaßt: Der Hochmeister und seine Nachfolger, so heißt es in dem Privileg, sollten Gerichtsbarkeit und Herrschaftsgewalt in diesen Territorien wie ein Reichsfürst in seinem Land ausüben.

Ganz offensichtlich handelte Hermann von Salza über den Kopf Konrads von Masowien hinweg, als er dem Orden die Stellung eines selbständigen Landesherrn im fernen Preußen durch den Kaiser übertragen ließ. So etwas hatte der Masowier sicherlich nicht im Sinn gehabt. Er wollte zwar einen Helfer, aber keinen Konkurrenten bei seiner eigenen territorialen Expansion ins Prußenland haben.

Der Orden hat nach dem Erhalt des kaiserlichen Privilegs möglicherweise noch einmal mit dem masowischen Fürsten verhandelt.

[14] M. Perlbach (1905), Der Deutsche Orden in Siebenbürgen; E. G. Müller (1925), Die Ursachen der Vertreibung; F. Schuster (1938), Die Ursache der Vertreibung.

Am Ende dieser Verhandlungen stand die Ausfertigung einer Urkunde durch Konrad, in der er dem Deutschen Orden nun gleichfalls das Kulmer Land und alle zukünftigen Eroberungen des Ordens mit allen Rechten übertrug und selbst auf jedes Recht in diesen Territorien verzichtete. Der Inhalt dieses sogenannten Kruschwitzer Vertrages entspricht völlig der Goldbulle von Rimini. Aber er hat seine Tücken. Wir wissen nicht, ob er echt ist oder ob der Orden diese Urkunde später schlicht und einfach gefälscht hat.

Wie dem auch sei, der Orden jedenfalls wurde nach dem Jahr 1230 sehr aktiv. Er schuf innerhalb weniger Jahre machtpolitische Realitäten, die dem sachlichen Inhalt des Kruschwitzer Vertrages auf jeden Fall entsprochen haben. Der Landmeister des Ordens, Hermann von Balk, begann 1231 vom Kulmer Land aus mit den Kreuzzügen gegen die heidnischen Preußen. Noch 1231 gründete er die Stadt Thorn, zwei Jahre später, 1233, die Stadt Kulm. Die Handfeste, das Stadtrecht, welches er ihr gab, wurde zum Vorbild für alle anderen preußischen Städte mit Ausnahme Elbings (vgl. Abb. 5).[15]

Während die Ordensritter in Preußen darangingen, dem Orden ein eigenes Land zu erobern, waren die Politiker der Bruderschaft im fernen Italien nicht untätig. Den Stauferkaiser Friedrich hatte Hermann von Salza hinter das preußische Projekt des Ordens gebracht. Der große Gegenspieler des Kaisers, der Papst, stand jedoch noch abseits. Aber auch seine Unterstützung, seine Autorität brauchte der Orden, wenn er nicht wieder – wie er es im ungarischen Burzenland erlebt hatte – mit seinem Versuch, eine eigene Landesherrschaft zu begründen, scheitern wollte.

Hermann von Salza grub erstaunlicherweise zu diesem Zweck das gleiche Projekt wieder aus, das der Orden Anfang der zwanziger Jahre des 13. Jahrhunderts in Ungarn entwickelt und das 1225 zu seiner Vertreibung aus dem Burzenland geführt hatte. Es basierte auf der folgenden Idee. Das Land, dessen Besitz der Orden anstrebte, übernahm der Papst in das Eigentum des Heiligen Stuhles. Anschließend überließ er es dem Orden als Lehen. Mit diesem Trick sollte der wahre Eigentümer des Landes, in Ungarn der ungarische König, im Kulmer Land der Herzog von Masowien, ausgeschaltet werden.

Hermann von Salzas Einfluß an der Kurie muß erheblich gewesen sein. Der Papst stellte dem Orden schon im Jahr 1234 in Rieti ein solches Privileg tatsächlich aus. Aber die Begünstigung erfolgte keineswegs ausschließlich im Sinne des Ordens. Zwar übernahm der Papst

[15] G.Kisch (1978), Die Kulmer Handfeste.

Abb. 5: Faksimile der erneuerten Kulmischen Handfeste von 1233

(1. Jan. 1250)

die Länder, die der Orden von den heidnischen Preußen erobern würde, in seinen Besitz, und er verlieh sie dem Deutschen Orden in einer Art, daß der keiner anderen Macht, also auch nicht der masowischen oder polnischen, unterworfen sein sollte. Aber er machte auch Vorbehalte. Er sicherte sich die Einrichtung von Bistümern in diesem Gebiet und deren angemessene Ausstattung mit Teilen des zukünftig zu erobernden Landes, und er erhärtete den Anspruch auf die eigene, die päpstliche Oberherrschaft über dieses erst noch zu schaffende Ordensland. Zur Anerkennung dieser Oberherrschaft mußte der Orden einen jährlichen Zins, einen Anerkennungs-, einen Rekognitionszins, nach Rom schicken. Darüber hinaus wollte der Papst darauf sehen, daß der Orden die Verträge, die er mit den gegenwärtigen Bewohnern des Landes, den heidnischen Prußen, schließe, auch richtig und gerecht einhalte.

Vermutlich hätten der Orden und sein Hochmeister Hermann von Salza dem Papst damals noch sehr viel weiter gehende Vorbehalte zugestanden, wenn er sie denn gefordert hätte. Zwischen Preußen und Rom lag eine lange Strecke Wegs. Der päpstliche Oberlehnsherr war weit weg. Die Kreise des Ordens in Preußen würde er in normalen Zeiten nicht allzu sehr stören wollen und können. Die Ordensritter fuhren unbeirrt fort in ihrem Bemühen, das Land der Prußen zu erobern. Im Jahr 1283 hatten sie es zur Gänze in ihre Gewalt gebracht.

Nahezu mit dem Beginn der Eroberung Preußens durch den Deutschen Orden verbanden sich die so ähnlichen Vorgänge in Livland und Preußen. Nachdem die livländischen Deutschen ihre böse Niederlage gegen Litauer und Semgallen hatten hinnehmen müssen, wurde zu ihrer Rettung 1237 der livländische Schwertbrüderorden mit dem Deutschen Orden vereinigt. Die vereinigte Bruderschaft sicherte nicht nur Livland endgültig den Deutschen, sie versuchte sogleich noch weiter nach Osten vorzustoßen. Es gelang ihnen 1240/41, sogar die russischen Städte Izborsk und Pskov zu erobern. Der Vorstoß auf Novgorod aber mißlang. Der Fürst der Veče-Republik am Volchov, Alexander Nevskij, schlug sie 1242 in der berühmten Schlacht auf dem Peipussee so deutlich, daß die Ostexpansion deutscher Territorialherren damals zum Stillstand gekommen ist. Preußen und Livland allerdings hatten für Jahrhunderte deutsche Herren. Beide Territorien besaßen jedoch einen unterschiedlichen völkerrechtlichen Status. Livland war zu einem Teil des Deutschen Reiches geworden. Preußen hingegen stand als Lehen des Papstes außerhalb des Reiches.

Die hier skizzierte Expansion deutscher Territorialherren, eines

Bischofs und einer Ordensbruderschaft wird von den betroffenen Völkern kaum mit Freude ertragen worden sein. Allerdings, wären Slawen oder Balten bzw. Esten nicht von Deutschen unterworfen und mit mehr oder weniger Nachdruck zum Christentum bekehrt worden, dann hätten das andere christliche Völker, Dänen oder Polen, an ihrer Stelle vollbracht. In der Konkurrenz der Machtansprüche, die christliche Herrscher über heidnisches und somit nach ihrer Auffassung herrenloses Land meinten erheben zu können, erwiesen sich die Deutschen nur als die Stärkeren.

Die ökonomische und soziale Verfassung der Bevölkerung in den neueuropäischen Staaten während des 11. und 12. Jahrhunderts

Es ist bereits darauf hingewiesen worden, daß schon die erste Etappe der Angleichung Neueuropas an Alteuropa in starkem Maß von Deutschland aus befördert worden ist. Unter der sicher ganz geringen Zahl von Menschen, die nach Polen, Böhmen oder Ungarn gezogen sind, waren zumindest in der späteren Zeit auch Kaufleute. Für eine Reihe böhmisch-mährischer Handelsmittelpunkte sind recht früh nicht nur deutsche Einwohner, sondern sogar deutsche Gemeinden bezeugt. Zu ihnen zählt auch Prag. Dort bestand eine deutsche Gemeinde bereits in der 2. Hälfte des 11. Jahrhunderts. Aus der böhmischen Metropole haben wir auch das erste Privileg, das Deutsche in einer besonderen, herausgehobenen Weise nennt.[16] Der tschechische Herzog Sobieslaw II. hat es zwischen 1174 und 1178, das genaue Jahr kennen wir nicht, den deutschen Pragern verliehen (vgl. Abb. 6).[17]

Sobieslaw erwähnt in der Urkunde seinen Großvater, Wratislaw. Zu dessen Zeit, er regierte von 1061 bis 1092, waren die Deutschen spätestens nach Prag gekommen. Bedauerlicherweise ist das Original der Verschreibung verlorengegangen. Seine Überlieferungslage ist nicht unproblematisch. Das hat die Auffassung provoziert, das Privileg sei nicht oder wenigstens nicht so durch den böhmischen Herzog ausgefertigt worden. Vor allem tschechische Historiker sind zu diesem Urteil gelangt, während ihre deutschen Kollegen von der Echtheit des Privilegs ausgingen.

[16] J. Kejř (1975), Stadtverfassung, S. 449, Anm. 32.

[17] H. Helbig/L. Weinreich (Hrsg.) (1968/70), Urkunden, II, Nr. 93.

Ich, Sobieslaw, Herzog der Böhmen, mache allen Gegenwärtigen und Zukünftigen bekannt, daß ich in meine Gnade und meinen Schutz die Deutschen aufnehme, die in der Prager Vorburg wohnen, und ich will, daß diese Deutschen, wie sie von den Böhmen ihrer Herkunft nach verschieden sind, von den Böhmen auch durch ihr Gesetz oder Brauchtum geschieden sein sollen.

Ich gestatte also diesen Deutschen, nach *Gesetz und Recht der Deutschen* zu leben, das sie seit der Zeit meines Großvaters, des Königs Wratislaw, hatten. Einen *Pfarrer*, den sie nach ihrem Belieben für ihre Kirche *auswählen*, gestehe ich ihnen zu und einen *Richter* gleichfalls. Und der Bischof soll ihrem Begehren keinesfalls widersprechen. Wegen Diebstahls und deswegen, was nadwore heißt, sollen sie mit sieben Händen schwören. Zu keiner Heerfahrt sollen sie sich aufmachen, außer wenn es für das Vaterland zu kämpfen gilt. Wenn der Herzog außerhalb Böhmens auf Heerfahrt ist, dann sollen die Deutschen Prag bewachen (bei jedem Tor) mit zwölf Schilden. Über *Totschlag zu richten steht dem Fürsten* zu; und für diesen Totschlag soll man dem Fürsten zehn Pfund (Pfennige) Regensburger Münze zahlen oder die rechte Hand des Mörders, oder es werde (der Fall) nach Gnade beigelegt. Wer den Frieden unter ihnen bricht, der Schuldige zahle dem Fürsten zehn Pfund. Wenn ein Böhme mit einem Deutschen eine Rechtssache hat, die mit Zeugen bewiesen werden muß, dann soll der Böhme gegen den Deutschen zwei Deutsche und einen Böhmen haben, alle treu und verläßlich. Ebenso wenn ein Deutscher mit einem Böhmen eine Rechtssache hat, dann soll der Deutsche gegen den Böhmen zwei Böhmen und einen Deutschen haben, aber (alle) treu verläßlich. Gleichfalls bei Romanen und Juden. Ferner, wenn ein Böhme oder Romane oder sonstwer einen Deutschen beschuldigt, dann soll der oberste Kämmerer einen Boten zu dem Richter der Deutschen schicken, und dieser Richter der Deutschen wird solche Sache richten; und dabei steht dem Kämmerer nichts weiter zu. Und ich gestatte den Deutschen auch, frei zu sein von Gästen, Fremden und Ankömmlingen. *Wisset, daß die Deutschen freie Leute sind!* Jeder Ankömmling oder Gast – ganz gleich von welchem Lande er kommt –, der bei den Deutschen in der

Gemeinde wohnen will, soll Gesetz und Herkommen der Deutschen haben.

Wenn sich gestohlenes Gut bei einem Deutschen befindet, soll es in Gegenwart des Richters der Deutschen herausgeholt werden. Wenn der Dieb ein Deutscher ist, dann wird der Fürst über ihn richten. Wenn ein Dieb in der Nacht ergriffen wird, wird er gehängt. Wenn er bei Tag ergriffen wird, wird er öffentlich gestäupt und muß der Gemeinde abschwören; wenn er später ergriffen wird, wird er gehängt. Ganz gleich, was die Deutschen tun, sie werden nicht gefangengenommen, noch in den Kerker geworfen, wenn sie Bürgen oder ein eigenes Haus haben. Ganz gleich, in welcher Sache die Deutschen schuldig oder beklagt werden, ihre Kinder und Ehefrauen sollen weder Schaden oder Schande erleiden. Wenn nachts jemand durch die Siedlung der Deutschen geht und keine Fackel hat, und wenn er dann getötet wird, sind die Deutschen nicht verklagbar. Wenn falsches oder zerbrochenes Geld in der Truhe eines Deutschen gefunden wird, ist der schuldig, dem die Truhe gehört. Wenn es aber im Hofe oder im Hause gefunden wird, ist der unschuldig, dem das Haus oder der Hof gehört, wegen der schlechten und böswilligen Menschen, die solches gern in Häuser oder Höfe werfen. Wenn ein gestohlenes Pferd bei einem Deutschen entdeckt wird, dann soll der, der das Pferd entdeckt, zuvor schwören, er habe die Sache durch Diebstahl verloren; danach soll der Deutsche schwören und dabei in einem Kreis stehen, der mit dem Schwert auf der Erde gezogen ist, daß er das Pferd oder die Sache nicht gestohlen, sondern gekauft habe, und daß er den Verkäufer dort oder dessen Haus nicht kenne. Nirgendwo müssen die Deutschen schwören, es sei denn vor der St. Peterskirche und auf Befehl des Fürsten. Wenn eine heimliche Schenke im Haus eines Deutschen entdeckt wird, dann soll in Gegenwart des Richters der Deutschen oder seines Boten der Herr des Hauses gefangengenommen werden, und kein anderer.

Abb. 6: Privileg Herzog Sobieslaws II. von Böhmen für die Deutschen in Prag

Der Prager Historiker Kejř meint, daß das Privileg zweifelsohne echt sei.[18] Ausschlaggebendes Argument für ihn ist die schlichte Feststellung, daß das, was Inhalt dieser Urkunde ist, zum Zeitpunkt der Privilegierung gar nichts Außergewöhnliches darstellt, sondern durch viele andere ähnliche zeitgenössische Urkunden bestätigt wird.

Daß Deutsche *secundum legem et iusticiam Theutonicorum* leben dürfen, war wirklich nichts Besonderes, sondern, wie wir noch sehen werden, etwas sehr Alltägliches. Das gilt auch für die Freiheit der Pfarrerwahl und den Besitz der niederen Gerichtsbarkeit. Wichtig in dieser Urkunde und von Deutschen im allgemeinen mit großem Behagen zitiert ist der Satz: *Noveritis, quod Theutonici liberi homines sunt . . .*, „Wisset, daß die Deutschen freie Leute sind". Seine besondere Bedeutung erhält er, wie noch zu zeigen ist, im Zusammenhang mit der Rechtsstellung der einheimischen Bevölkerung.

Wenn wir nun unter dem Aspekt des sozialen und ökonomischen Entwicklungsstandes in Neueuropa die demographische Situation betrachten, dann begeben wir uns gleich auf ein recht schwieriges Terrain. Denn anders als für die alteuropäischen Territorien fehlt uns östlich von Elbe und Saale jedwede urkundliche Überlieferung bis hin ins 11., mitunter auch 12. Jahrhundert. Für das westliche Europa konnten Bevölkerungsschätzungen, deren Grundlage die besiedelten oder/und die gerodeten Flächen waren, sehr häufig an diesen schriftlichen Quellen auf ihre Stichhaltigkeit überprüft und gegebenenfalls korrigiert werden. Für das östliche Mitteleuropa sind wir dagegen allein auf die Arbeit der Archäologen und der Siedlungsgeographen angewiesen. Es gibt mindestens zwei wichtige Gründe, dergestalt ermittelte Bevölkerungszahlen mit erheblicher Vorsicht aufzunehmen. Erstens ist nur ein Teil aller zu einem bestimmten Zeitpunkt existierenden Siedlungen heute bekannt bzw. vermögen die Archäologen selbst bekannte Siedlungen nur bedingt datumsmäßig einigermaßen exakt einzuordnen. Zweitens fehlt uns jede Angabe über wirklich begründete Durchschnittsgrößen der Siedlungen.[19]

Die Bevölkerungszahlen, die im folgenden genannt werden, sind stärker noch als die für Alteuropa mit Zurückhaltung zu betrachten. Wolfgang Brüske hat 1955 für das Gebiet der Lutizen, etwa die Landschaften zwischen Elbe und Oder sowie Havel und Ostsee, eine Bevölkerung von 5–10 Einwohnern pro Quadratkilometer errechnet.[20]

[18] J. Kejř (1969), Zwei Studien, S. 116ff.

[19] J. Herrmann (1968), Siedlung, Wirtschaft, S. 14, Anm. 9.

[20] W. Brüske (1955), Untersuchungen, S. 119ff.

Für Polen schätzt Henry Łowmiański eine Einwohnerzahl von etwa 670 000 Menschen. Das würde eine Bevölkerungsdichte für die Kernsiedlungsbereiche von 10 bis 15 Menschen je Quadratkilometer ergeben.[21] In Ungarn sollen um die Jahrtausendwende, so schätzt man, eine Million Menschen gelebt haben.[22]

Alle diese Zahlen sind hypothetisch. Wenn wir uns von ihnen lösen und allein die Entwicklung der Kulturlandschaft betrachen, dann läßt sich ganz allgemein festhalten: Seit der um 600 erfolgten Landnahme der Slawen östlich der Elbe-Saale-Böhmerwald-Linie ist die Bevölkerung jener Territorien kontinuierlich gewachsen. Das ist ein typischer Verlauf für Landnahmeprozesse. Es ist offensichtlich auch so, daß um oder nach der Jahrtausendwende in den Landschaften Neueuropas gleichfalls ein demographischer Aufschwung einsetzt. Jedoch ist der absolute Zuwachs der Bevölkerung im Unterschied zu Alteuropa ebenso offenkundig erheblich schwächer.[23] Wir haben also westlich der Elbe-Saale-Böhmerwald-Linie ein Gebiet mit – relativ – dichterer Besiedlung und östlich dieser Linie eines mit – relativ – dünnerer Besiedlung. Der Druckausgleich zwischen beiden mußte, wenn man ein solches Bild verwenden darf, naturgesetzlich erfolgen.

Eine Alteuropa vergleichbare Entwicklung, die Duby gestattete, von einer 'agrarischen Revolution' zu sprechen, können wir für das östliche Europa nicht feststellen. Das Bodenbearbeitungsgerät der slawischen Bauern war der Haken. Daraus resultierten Blockfluren und Weilersiedlung als weitere Indizien der Wirtschaftsform. Von der polnischen Forschung wird indes darauf hingewiesen, daß in Polen bereits vor dem Einsetzen der deutschen Ostsiedlung Scharpflüge benutzt worden sind. Es wird geltend gemacht, daß zumindest die materiellen Voraussetzungen für eine Fruchtwechselwirtschaft vorhanden gewesen und Winter- sowie Frühjahrssaat bereits im 10. Jahrhundert belegt seien.[24] Man wird diese Aussagen kaum begründet in Zweifel ziehen dürfen. Allerdings waren wohl jeweils nur Ansätze vorhanden. Wie schnell und wie weit aus diesen Keimen etwas erwachsen wäre, das mit dem durchschnittlichen Stand westlich der Elbe hätte verglichen werden können, steht auf einem anderen Blatt.

Ähnlich wie im demographischen und agrarischen Bereich gab es

[21] Zitiert nach G. Rhode (1980), Geschichte Polens, S. 38.

[22] E. Fügedi (1975), Königreich Ungarn, S. 474.

[23] K. Zernack (1975), Zusammenfassung, S. 784.

[24] S. Trawkowski (1962), Die deutsche Kolonisation, S. 82f.; ders. (1975), Deutsche Dorfkolonisation, S. 366.

auch in der Frage der Stadtentwicklung eigenständige, autochthone, der Entwicklung in Alteuropa im Ansatz vergleichbare Gebilde sowohl in den slawischen Ländern wie in Ungarn.[25] Das Privileg des Herzogs Sobieslaw II. wirft auf das Niveau der 'Stadt' Prag in dieser Hinsicht ein bezeichnendes Licht. Was den Deutschen an Rechten zugestanden wurde, besaßen die Landsleute des Herzogs – nicht. Neben den großen nichtagrarischen Wirtschaftszentren, wie Herbert Ludat die slawischen Frühstädte genannt hat, gibt es eine Vielzahl kleiner Märkte und Krüge. Dort wird Handel von darauf spezialisierten Personen getrieben. Aber zwischen dem Recht, das für diese nichtagrarischen Wirtschaftszentren galt, und dem der ländlichen, der rein agrarischen Siedlung, gab es keinen Unterschied. Die Bevölkerung von Stadt und Land hatte, anders als in Alteuropa, den gleichen rechtlichen Status.

Und dieser Status war, gleich, ob wir ihn mit modernen oder mit alteuropäischen Maßstäben messen, erbärmlich. Der Herrscher besaß, ebenso wie später die anderen Grundherren, Adlige oder die Kirche, gegenüber den Bauern und Städtern derart umfassende Rechte, daß man „für Schlesien und Polen von einer allgemeinen Staatshörigkeit"[26] gesprochen hat. Alle Einwohner Polens unterstanden der Gerichtsbarkeit des Herzogs; sie mußten Kriegsdienst leisten – was übrigens auch den Bau und den Unterhalt von Burgen bedeutete; sie mußten den damals meist ständig im Lande umherreisenden Herrscher und dessen Gefolge beherbergen und unterhalten; sie hatten eine Vielzahl von Abgaben in Form von Vieh, Getreide, Honig, Fellen und auch Geld zu tragen; sie mußten eine Vielzahl von Diensten leisten und vieles mehr. Diese Aufzählung macht deutlich: es war im Polen des 11. Jahrhunderts kein Vergnügen, Bauer, Handwerker oder Händler zu sein. Diese Menschen haben wohl die wenig differenzierte soziale und ökonomische Verfassung ihres Staates als eine Art 'Räuberwirtschaft' empfunden.

Alle diese Belastungen und noch ein paar mehr sind später offensichtlich als oberstes oder Herzogsrecht zusammengefaßt worden. Das *ius ducale* begegnet uns in den Lokationsurkunden der Ostsiedlung als polnisches Recht. Von diesem polnischen Recht gewannen seit dem Ende des 12. Jahrhunderts, zumindest beschleunigt, wenn nicht ausgelöst durch den Siedlungsprozeß, zunächst kirchliche Insti-

[25] Vgl. oben Anm. 1; B. Zientara (1976), Socio-economic and Spatial Transformations of Polish Towns.

[26] W. Kuhn (1975), Westslawische Landesherren, S. 228.

tutionen und dann auch Adlige Immunität; sie wurden vom Herzogsrecht mindestens teilweise befreit. Für die Lage der Bauern oder der Händler und Handwerker änderte sich durch das Entstehen solcher Zwischengewalten jedoch nichts.

Hinsichtlich ihres persönlichen Status ist seit langem umstritten, ob es seit der Mitte des 12. Jahrhunderts in Polen mehr freie als leibeigene Bauern gegeben hat. Der Streit der Historiker kann im Grunde nicht entschieden werden, weil für ein stichhaltiges Urteil einfach keine Quellen vorhanden sind. Was an Indizien für dieses Problem zusammengetragen worden ist, besagt aber: In Polen hat es damals zwar freie Bauern gegeben, aber ihr Status als Freie war bedroht. Die Mehrzahl der polnischen Bevölkerung war unfrei, sie war leibeigen.[27]

Deshalb wird der Passus aus der Urkunde Herzog Sobieslaws von Böhmen, nach dem die Deutschen freie Leute seien, von deutschen Historikern so gern zitiert. Sie übersehen dabei geflissentlich, daß es im deutschen Altsiedelland den Bauern hinsichtlich der Frage frei oder leibeigen meist nicht viel besser gegangen ist als ihren polnischen Standesgenossen.[28]

Von der polnischen Forschung wird geltend gemacht, daß es neben diesem polnischen Recht, dem Recht höriger Bauern, auch noch ein Recht der *hospites* gegeben habe, welches man von dem ersteren unbedingt zu unterscheiden habe.[29] Wir kennen den Begriff des *hostes,* des Gastes, tatsächlich aus Polen. Es ist der gleiche Begriff, der uns in Alteuropa in Ansiedlungsurkunden begegnet. Dort ist entweder von *hospites* oder *coloni* die Rede. Aus diesen westeuropäischen Urkunden läßt sich das für diese Gäste geltende Recht klar und deutlich ablesen. Für Polen fehlen uns vergleichbar zahlreiche Quellen. Darüber hinaus sind *hospites* noch keineswegs für alle Teile Polens nachgewiesen worden.[30] Wir müssen mithin von der Annahme ausgehen, daß die rechtliche persönliche Situation der gesamten agrarischen wie städtischen Bevölkerung Polens im Vergleich mit der Alteuropas deutlich schlechter gewesen ist.

[27] S. Trawkowski (1975), Deutsche Dorfkolonisation, S. 355; B. Zientara (1988), Die Bauern.

[28] S. Epperlein (1960), Bauernbedrückung.

[29] S. Trawkowski (1975), Deutsche Dorfkolonisation, S. 367.

[30] Darauf wies der Posener Historiker Jan Piskorski in seinem Vortrag auf der Internationalen Tagung ›Demographischer und sozialer Strukturwandel in Ostmitteleuropa im Mittelalter‹ in Berlin Anfang April 1989 ausdrücklich hin.

Zieht man die Summe der für Alt- und Neueuropa geschilderten Entwicklung, dann wird man nicht umhin können, einen strukturellen Rückstand in allen Bereichen, von der Wirtschaft bis hin zur Sozialverfassung, für das östliche Europa zu konstatieren. War es allein dieses Gefälle, das die Siedlung der Deutschen östlich von Elbe und Saale in Gang gesetzt hat?

Der Landesausbau in Ostmitteleuropa – die Motive seiner Beförderer

Die Motive, aus denen heraus in Neueuropa Landesausbau betrieben, deutsche Bauern, Handwerker und Kaufleute ins Land gerufen wurden, sind vielfältiger. Erhebliche Bedeutung besaß sicherlich, um das noch einmal hervorzuheben, das demographische Ungleichgewicht zwischen Alt- und Neueuropa. Derartige Zustände drängen nach einem Ausgleich. Sie lassen die Ostsiedlung, wie das Abel gesagt hat, als „Resultante von Druck und Zug“ [31] erscheinen; Druck der überbevölkerten Landstriche und Sog der nur dünn besiedelten.

Gleichwohl darf man dieses Bild von Druck und Zug auch nicht überstrapazieren. Denn es legt, wie schon beschrieben, eine gewisse Automatik, eine gewisse Zwangsläufigkeit dieses Ausgleichsprozesses nahe. Sie hat es nicht gegeben. Es war keineswegs so, daß sich eines schönen Tages alle jüngeren Bauernsöhne irgendeines westlichen Landstriches, die keinen Hof mehr bekommen konnten, zusammengetan und beschlossen haben: Morgen ziehen wir gen Osten. Nein, wohl kaum ein Bauer, geschweige denn ein Handwerker oder Kaufmann hat sich auf diese Weise aufgemacht in Richtung Osten. Sie gingen dorthin, weil sie gerufen worden sind. „Die sog. Ostkolonisation ist in ihrem Kern keine ‚spontane Massenbewegung‘, wo sich auf einmal Teile der Bevölkerung ‚von selbst‘ in Bewegung setzten, sondern eine organisierte Bewegung.“ [32]

Gerufen wurden sie, weil so mancher Landesherr mit ihrer Hilfe seine Herrschaft nicht nur sichern, sondern möglichst noch ausdehnen wollte. Dieses Motiv hat zum Beispiel bei der Ansiedlungspolitik Albrechts des Bären sicher eine große Rolle gespielt.[33] Die zukünftige Mark Brandenburg war um die Mitte des 12. Jahrhunderts ein

[31] W. Abel (1966), Agrarkrisen, S. 36f.

[32] F. Graus (1975), Deutsche Ostsiedlung, S. 50.

[33] Um die Erforschung aller damit im Zusammenhang stehenden Probleme hat sich die interdisziplinäre Arbeitsgruppe „Germania Slavica“ der FU Berlin große Verdienste erworben. Letzte Veröffentlichung W. Ribbe

ausschließlich von nichtchristlichen Slawen besiedeltes Land. Zudem wurde dem Askanier das Erbe von einem slawischen Konkurrenten, der in slawischem Land eigentlich im Vorteil war, bestritten. Für Albrecht lag es nahe, Menschen in sein neues Herrschaftsgebiet zu holen, mit denen er sich verständigen konnte, die den gleichen Glauben hatten wie er und die ihm seine neue Herrschaft gegebenenfalls gegen die Slawen verteidigen und sichern halfen. Mit der Ansiedlung deutscher Bauern schlug er aber sogar zwei Fliegen mit einer Klappe. Neben der Herrschaftssicherung wurde durch die Neusiedler das wirtschaftlich nutzbare Territorium seiner neuen Herrschaft auch noch erweitert. Sie rodeten Teile der großen Waldgebiete und legten viele der so zahlreich vorhandenen Sümpfe trocken.

Dieses ökonomische Motiv galt für jeden, der Fremde in sein Land rief. Ob deutscher oder slawischer Territorialherr, alle wollten sie ihre Einnahmen steigern durch die Ausweitung und die Melioration des Ackerlandes. Sie wollten den städtischen Handel und das Handwerk beleben, um von mehr Menschen höhere Abgaben erheben zu können. Sie wollten sichere Renten bilden. Nicht ohne Bedeutung waren auch die wehrpolitischen Ziele, die mit den Neusiedlungen in den Grenzgebieten erreicht werden konnten. Anders als heute waren die Grenzen zwischen zwei Herrschaftsbereichen im Mittelalter nicht Liniengrenzen, sondern sie wurden meist durch ausgedehnte Waldzonen gebildet. Wer solche Zonen als erster aufsiedelte, hatte sie sicher seinem Herrschaftsbereich zugeschlagen.[34] Auch die Anlage von Städten zählte zu den wehrpolitischen Zielsetzungen, die durch den Landesausbau realisiert werden konnten; sie waren befestigt und also schwer zu erobern.[35]

Es gibt für den Landesausbau aber nicht nur diese materiellen, sondern auch eher ideelle Motive. Sie lassen sich nur selten belegen. Hätten wir nicht das Glück, in den Arengen einiger Urkunden, den Passagen, in denen eine allgemeine Begründung für den beurkundeten Rechtsakt gegeben wurde, ausdrücklich damit bekannt gemacht zu werden, wüßten wir von ihnen gar nichts.

So verkündete beispielsweise König Przemysl Ottokar II. von Böhmen im Jahr 1265 anläßlich der Beauftragung eines Lokators mit der Besetzung und Erschließung einer Stadt und eines Weichbildes fol-

(Hrsg.) (1987), Das Havelland im Mittelalter; s. a. H. K. Schulze (1979), Die Besiedlung der Mark Brandenburg.

34 W. Kuhn (1975), Westslawische Landesherren, S. 259f.

35 J. J. Menzel (1975), Der Beitrag der Urkundenwissenschaft, S. 154.

gendes: „In dem Wissen, daß auf der Menge der Bevölkerung das Ansehen der Fürsten beruht und durch die große Zahl von Untertanen Ehre und Macht der königlichen Hoheit gesteigert wird, sorgen wir dafür, daß zu Ehre und Würde unserer Fürstentümer verlassene und unwegsame Gegenden, deren Lage dazu geeignet und passend ist, von Menschenkindern bewohnt und besiedelt werden, göttlichem Dienst und menschlicher Nutzung von Vorteil."[36]

König Bela IV. von Ungarn proklamierte im Jahre 1244 anläßlich der Erneuerung eines Privilegs: „Da in der Menge der Völker besonders auf den Ruhm der Könige und Fürsten geachtet wird, hat die königliche Hoheit nicht unverdient beschlossen, ihre Untertanen durch recht weitreichende Fürsorge in rechten Stand zu setzen, damit das Volk, das ihm dient, an Treue und Zahl sich mehre."[37]

Ähnlich argumentierten die ungarischen Könige, um ein weiteres Beispiel zu geben, auch noch 50 Jahre später. Im Jahr 1291 verkündete König Andreas III. von Ungarn: „Es ziert die königliche Hoheit, die Zahl der getreuen Untertanen zu vermehren und für deren Glück und für gegenseitige Ruhe zu sorgen, damit sie so auch ihrem natürlichen Herrn um so eifriger dienen können."[38] Leider äußern sich nur die wenigsten Urkunden derart ausführlich über das Siedlungsmotiv 'Prestige'. Vermutlich ist dieser Mangel aus der Formelhaftigkeit der Urkunden abzuleiten.[39]

Die Beweggründe für die Aufnahme des Landesausbaus waren, wie gezeigt worden ist, zahlreich. Aber es waren alles Motive, auf die die Initiatoren der Siedlungsvorgänge aus eigenen freien Stücken gekommen sind. „Äußerer politischer Zwang zur Ansiedlung von Deutschen oder Übernahme ihrer rechtlichen und technischen Siedelformen bestand nicht."[40] Die Phase des mittelalterlichen Landesausbaues ist keine Etappe einer gewaltsamen deutschen Ostexpansion.

Die Initiatoren des Siedlungsprozesses

Aus der Beschreibung der Motive des Landesausbaues ist leicht abzuleiten, daß er zuvörderst und in größtem Umfang von den Landes-

[36] H. Helbig/L. Weinrich (Hrsg.) (1968/70), Urkunden, II, Nr. 96.
[37] Dies. (1986/70), Urkunden, II, Nr. 136.
[38] Dies. (1968/70), Urkunden, II, Nr. 149.
[39] J. J. Menzel (1975), Der Beitrag der Urkundenwissenschaft, S. 154.
[40] Ders. (1975), Der Beitrag der Urkundenwissenschaft, S. 141.

herren, seien es Deutsche oder Slawen gewesen, betrieben worden ist.[41] Neben ihnen traten jedoch, unterschiedlich früh in den einzelnen Ländern, auch kirchliche Institutionen als Anreger auf. Ihnen folgte in der Regel – noch etwas später – der Adel.[42] Jedermann, der über wirtschaftlich bisher ungenutzten Grund und Boden verfügte, setzte im Mittelalter ein Stückchen Siedlungsprozeß in Bewegung.

Die Verschiedenheiten des Ranges der Initiatoren wirkten sich bis in den einzelnen Siedlungsvorgang hinein aus, da sie den Menschen, die sie gerufen haben, in unterschiedlichem Maße Vergünstigungen zugestehen konnten. Ein polnischer Herzog besaß ebenso wie ein böhmischer oder ungarischer König jedes Recht. Er konnte seine Neusiedler deshalb großzügig mit Privilegien ausstatten. Bischöfe, Klöster und erst recht Adlige aber konnten denen, die sie riefen, dagegen nicht mehr Rechte geben, als sie selbst besaßen. Vor allem konnten sie die Neuankömmlinge nicht von den Leistungen gegenüber dem König befreien. So etwas war nur möglich, wenn der Herrscher das zuvor ausdrücklich zugestanden hatte.

Die nachgeordneten Gewalten mußten sich sogar erst die Erlaubnis des Fürsten für die Ansetzung von Siedlern besorgen. So stellt denn „das schlesische Lokationsprivileg ... eine ‚staatliche', dem Grundherrn erteilte Genehmigung zur Anlage deutschrechtlicher Siedlungen unter Befreiung vom herkömmlichen polnischen Landesrecht dar"[43].

Ein Beispiel mag das verdeutlichen. Im Jahr 1175 nahm Herzog Boleslaw von Schlesien das von ihm gegründete Kloster Leubus in seinen Schutz und verfügte, „alle Deutschen, die künftig die Güter des Klosters bebauen oder, durch den Abt auf ihnen angesiedelt, dort Wohnung nehmen werden, sollen für immer ohne jede Ausnahme von dem polnischen Recht frei sein"[44]. Ohne dieses landesherrliche Privileg hätten die Äbte des Klosters keinen einzigen von den neuen Bauern, die sie ansiedeln wollten, von den Lasten, die den polnischen Standesgenossen auferlegt waren, befreien können.[45]

Freilich, wenn in diesem Fall Kirche wie Adel vom König abhängig waren, so gab es doch auch eine Gelegenheit, bei der König und Adel auf das Entgegenkommen der Kirche angewiesen waren. In welcher

[41] E. Fügedi (1975), Königreich Ungarn, S. 482.
[42] Ders. (1975), Königreich Ungarn, S. 490.
[43] J. J. Menzel (1975), Der Beitrag der Urkundenwissenschaft, S. 145.
[44] H. Helbig/L. Weinrich (Hrsg.) (1968/70), Urkunden, II, Nr. 1.
[45] J. J. Menzel (1975), Der Beitrag der Urkundenwissenschaft, S. 143.

Weise die neuen Siedler den Zehnten zu entrichten hatten, das zu entscheiden lag allein bei der Kirche: so, wie es in Polen, Böhmen oder Ungarn üblich war – ziemlich belastend für die Bauern –, oder so, wie es in der Heimat der Siedler Gewohnheit war –, meist einkommensschmälernd für die Geistlichkeit.

Ein adliger Grundherr, der Siedler ansetzen wollte, mußte sich somit zunächst von seinem Landesherrn ein Privileg erwirken, das ihm erlaubte, die von ihm angeworbenen Bauern vom polnischen Recht, von den polnischen Abgaben, vom polnischen Gericht zu befreien. Dann hatte er sich mit seinem Bischof darüber zu einigen, in welcher Art der Zehnt von den Neusiedlern entrichtet werden sollte. Und erst danach konnte er darangehen, seine Ansiedlungsbedingungen zu formulieren. Insgesamt war das ein recht komplizierter Vorgang, der sicher häufig mit erheblichen Problemen belastet gewesen ist.

Die geographische Reichweite der deutschen Siedlungsbewegung

Zu den neueuropäischen Gebieten oder Ländern, in denen Deutsche am Landesausbau in größerer Zahl beteiligt waren, gehörten zunächst die Landschaften unmittelbar östlich vor den Grenzen des Reiches (vgl. Abb. 7). Im Gebiet zwischen Elbe und Oder, in Böhmen, in Ungarn, zu dem damals die heutige Slowakei und das moderne Rumänien zu rechnen sind, sowie in Kroatien siedelten Deutsche zuerst. Danach erfaßte die Siedlung Ost- und Westpreußen, Pommern und Schlesien sowie, östlich davon gelegen, Masowien, Kujawien, Großpolen und Kleinpolen.

Im 12. und 13. Jahrhundert schon, vor allem aber im 14. und 15., mitunter sogar noch im 16. Jahrhundert ist der Landesausbau in Ostmitteleuropa aber auch ohne deutsche Siedler, allein mit der einheimischen Bevölkerung, betrieben worden. Den Polen, den Tschechen, den Mährern, Slowaken und Ungarn wurde dabei das gleiche Recht verliehen, sie haben die gleichen Dorf- und Flurformen und häufig die gleichen Arbeitsgeräte benutzt wie die deutschen Bauern. Dasselbe gilt auch für die Städtegründungen bzw. für die Umformung von slawischen Marktorten zu Städten nach deutschem Recht. So erhielt beispielsweise das weit im Osten gelegene russische Kiew noch im 17. Jahrhundert Magdeburger Stadtrecht. Der von deutschem Recht geprägte Teil des mittelalterlichen Landesausbaues reichte sehr viel weiter nach Osten, und er dauerte erheblich länger an als der von deutschen Bauern, Handwerkern und Kaufleuten getragene Teil.

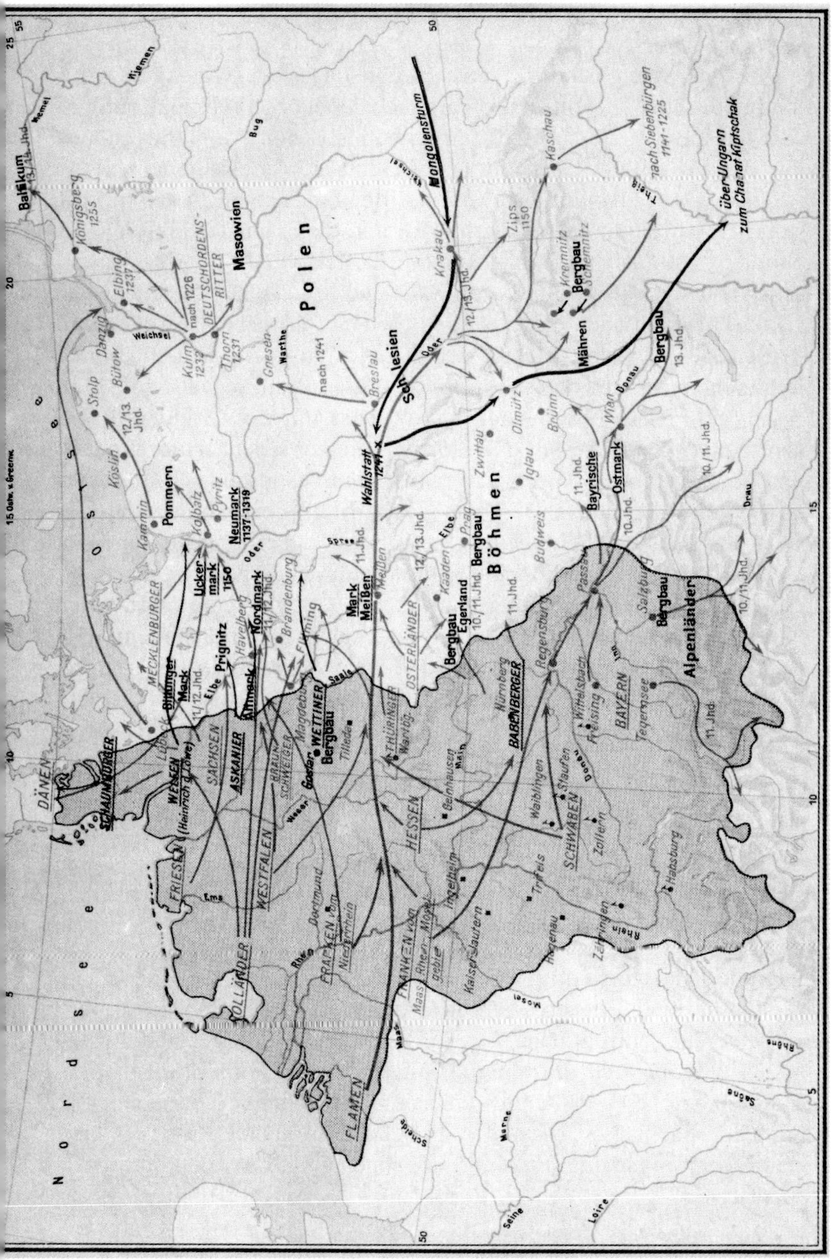

Abb. 7: Die Siedlungsländer der Deutschen im Mittelalter

Die Siedlungspraxis

Wie ging die Gründung eines neuen Ortes im Mittelalter überhaupt vor sich? Die einzelnen Vorgänge dabei beschreibt uns bildhaft eine der wenigen Passagen in den zeitgenössischen erzählenden Quellen, die sich mit der Ostsiedlung der Deutschen befaßt haben.

Unser Gewährsmann ist Helmold, der Pfarrer von Bosau in Holstein. Er schreibt in seiner Slawenchronik, die er um das Jahr 1170 beendete: „Da das Land (das östliche Holstein, L. D.) verlassen war, schickte er (Graf Adolf II. von Schauenburg, L. D.) Boten in alle Lande, nämlich nach Flandern und Holland, Utrecht, Westfalen und Friesland, daß jeder, der zu wenig Land hätte, mit seiner Familie kommen sollte, um den schönsten, geräumigsten, fruchtbarsten, an Fisch und Fleisch überreichen Acker nebst günstigen Weidegründen zu erhalten. Den Holsten und Stormarn ließ er sagen: ‚Habt ihr euch nicht das Land der Slawen unterworfen und es mit dem Blute eurer Brüder und Väter bezahlt? Warum wollt ihr als Letzte kommen, es in Besitz zu nehmen? Seid die ersten, wandert in das liebliche Land ein, bewohnt es und genießt seine Gaben, denn euch gebührt das beste davon, die ihr es der Feindeshand entrissen habt.‘ Daraufhin brach eine zahllose Menge aus verschiedenen Stämmen auf, nahm Familien und Habe mit und kam zu Graf Adolf nach Wagrien, um das versprochene Land in Besitz zu nehmen. Und zwar erhielten zuerst die Holsten Wohnsitze in dem am besten geschützten Gebiet westlich Segeberg, an der Trave, in der Ebene Schwentinefeld und alles, was sich von der Schwale bis zum Grimmelsberg und zum Plöner See erstreckt. Das Darguner Land besiedelten die Westfalen, das Eutiner die Holländer und Süsel die Friesen.“ [46]

Was uns Helmold erzählt, das klingt einerseits so, als sei der Siedlungsvorgang präzise geplant gewesen; dafür spricht die Ansetzung der Angehörigen der verschiedenen Stämme in geschlossenen Verbänden. Andererseits gewinnt man den Eindruck, die Westfalen, Holländer oder Friesen seien zwar in großer Zahl, aber doch mehr oder weniger einzeln nach Wagrien gekommen; der Treck gen Osten sei ganz individuell und damit einigermaßen chaotisch abgelaufen. Daß ein solches Verständnis nicht den tatsächlichen Vorgängen entsprochen hat, läßt sich aus den Urkunden entnehmen, die uns über den Einzelvorgang der Siedlung, die sogenannte Lokation, unterrichten.

[46] Helmold von Bosau, Slawenchronik, S. 211, 213.

Die früheste voll ausgebildeten *locatio* und ihre dazugehörige Urkunde begegnet uns – in der 2. Hälfte des 12. Jahrhunderts – im Mittelelbe-Gebiet. Bezeichnenderweise stammt die Überlieferung aus dem kirchlichen Bereich. Erzbischof Wichmann von Magdeburg (1152–1192), dessen Erzbistum östlich der Elbe reich begütert war, hat sie ausgestellt.[47]

Die dörfliche Siedlung

Eine andere, gleichfalls von ihm ausgestellte Urkunde gibt uns Einblick in die Einzelheiten einer dörflichen Siedlung. Im Jahr 1164 übergab der Erzbischof die wüste Dorfstätte Poppendorf östlich der Elbe an zwei Männer zur Urbarmachung und Besiedlung. Darüber, über die Rechte und Pflichten der anzusetzenden Bauern sowie das Entgelt für die beiden Männer, die dieses Geschäft betreiben sollten, stellte er eine Urkunde aus (vgl. Abb. 8).[48] Nach den üblichen Eröffnungsfloskeln und der Ortsbeschreibung heißt es: „Diesen Ort nun habe ich mit allem Zubehör Werner, genannt der Paderborner, und Gottfried übergeben, und zwar mit der Auflage, daß sie dort neue Bewohner ansiedeln, . . .“

Mit diesem Werner, der sicherlich aus Paderborn stammte, und seinem Kompagnon Gottfried lernen wir die eigentlichen Organisatoren des einzelnen Siedlungsvorganges vor Ort kennen. Sie, die sogenannten Lokatoren, waren die Mittler zwischen dem Grundherrn auf der einen Seite und den landsuchenden Bauern aus dem deutschen Altsiedelland auf der anderen. Warum bedienten sich die Grundherren dieser Zwischeninstanz? Die Erklärung dafür ist recht einfach. Bevor ein Siedler überhaupt auch nur auf einem neu zu erschließenden Stück Sumpf oder Wald erschien, war schon ein erhebliches Kapital zu investieren. Dieser Bauer mußte zunächst – irgendwo in Westfalen oder noch weiter westlich – angeworben werden. Möglicherweise war ihm dabei sogar eine bestimmte Summe Geldes bar in die Hand zu bezahlen. Dann mußte er den weiten Weg von seinem Heimatort hin zum neuen Siedlungsort jenseits der Elbe geführt werden. Diese unter den damaligen Umständen durchaus beschwerliche Reise kostete wiederum Geld. Der Bauer und die Seinen mußten essen, für das Gespann war Futter zu stellen und dergleichen mehr. In

[47] J. J. Menzel (1975), Der Beitrag der Urkundenwissenschaft, S. 138; H. Helbig/L. Weinreich (Hrsg.) (1968/70), Urkunden, I, Nr. 9.

[48] Dies. (1968/70), Urkunden, I, Nr. 11.

Im Namen der heiligen und ungeteilten Dreifaltigkeit. Wissen soll die Gesamtheit der jetzigen und zukünftigen Getreuen, daß ich, Wichmann, durch das Walten von Gottes Gnaden Erzbischof der heiligen Kirche von Magdeburg, in allem besorgt um das Wohl der mir anvertrauten Kirche, ein Gelände unweit der Mauern der Stadt, jenseits der Elbe, im Volke Popendorfstätte genannt, mit den angrenzenden Wiesen und Sümpfen für eine bestimmte Geldsumme von denen erworben habe, die dort irgendwelchen Besitz nach Lehnrecht hatten. *Diesen Ort* nun habe ich mit allem Zubehör Werner, genannt der Paderborner, und Gottfried übergeben, und zwar mit der Auflage, daß sie dort neue Bewohner ansiedeln, die *das dazugehörige Land* voller Sumpf und Gras, das außer für Gras und Heu zu nichts nütze ist, austrocknen, aufpflügen und durch Besäen ertragreich machen, und daß sie dann einen jährlichen Zins an bestimmten Tagen zu Nutzen des Erzbischof von dieser Siedlung zahlen. Für sie aber und für alle, die auf ihren Ruf hin dort den neuen Anbau begonnen haben, gilt folgender Vertrag: Alljährlich sollen sie für jede Hufe zwei Schilling als Zins, zwei Scheffel Roggen und zwei Scheffel Hafer für das, was nach der Sitte des ganzen Landes jenseits der Elbe wozzop genannt wird, abliefern, außerdem von aller Saat und Frucht den vollen Zehnt. Ferner habe ich ihnen zugestanden, daß über diese neue Pflanzung *kein Graf, Vogt* oder überhaupt ein weltlicher Richter irgendein Recht oder eine Macht hat, sondern das ganze Gericht und die Gerichtsbefugnis soll bei dem genannten Werner liegen, und von allen Gefällen aus dem Richten über Streit und Fehde, Raub und andere Verbrechen sollen zwei Drittel zu Nutzen des Erzbischofs, ein Drittel zu Nutzen Werners gehen. Außerdem soll Werner *allen Nutzen* von zwei Hufen an Zinsen und Ertrag voll besitzen. Die Siedler aber sollen in allen *ihren Streitsachen* und Abmachungen das Magdeburger Recht haben und von niemandem zum sogenannten Burgwerk oder zu sonstiger Dienstleistung gezwungen werden, nur sollen sie sich und ihre Äcker gegen Überschwemmungen und Hochwasser durch Deiche und Gräben schützen.

Damit aber diese Übergabe unabänderlich und rechtens bleibe – bei mir und bei meinen Nachfolgern –, habe ich dieses Blatt ...

Abb. 8: Lokationsurkunde von Poppendorf

der neuen Heimat angekommen, wuchsen dem Ostsiedler keineswegs vom „an Fisch und Fleisch überreichen Acker", wie Helmold von Bosau die natürlichen Gegebenheiten eigenwillig zusammenführend formulierte, die Mahlzeiten einfach in den Mund. Was der Neusiedler, und zwar mindestens bis zur ersten Ernte, an Essen brauchte, mußte ihm gestellt, also gekauft und bezahlt werden. Doch nicht nur das. Häufig werden Neubauern wohl auch Geräte, Baumaterialien, Vieh und Saatgut gestellt worden sein. Das alles kostete Geld. Für 20, 30 Bauern samt Familien summierten sich die Einzelleistungen zu einem erklecklichen Betrag. Den wollte der Grundherr, hier Erzbischof Wichmann, nicht aus seinem eigenen Beutel vorstrecken müssen. Deshalb schaltete er eine kapitalkräftige Mittelsperson, den Lokator, ein. Im vorliegenden Fall war es offensichtlich so, daß die finanziellen Anforderungen für das Poppendorfer Projekt die Möglichkeiten des Paderborners Werner erheblich überschritten haben. Deshalb hatte er sich einen Kompagnon suchen müssen.

Zwischen dem Grundherrn und dem Lokator wurde also jener Vertrag abgeschlossen, den wir Lokationsurkunde nennen. Wie die Verhältnisse zwischen dem Lokator und den Siedlern geregelt worden sind, das wissen wir wegen der Schweigsamkeit unserer Quellen in diesem Punkt nicht genau. Wir dürfen aber annehmen, daß zwischen diesen beiden Parteien keine wechselseitigen urkundlichen Verträge geschlossen worden sind. Vermutlich einigten sich die siedlungswilligen Bauern mit dem Lokator mündlich auf Treu und Glauben. Möglicherweise wurden solche Absprachen per Handschlag bekräftigt, vielleicht wurden sie auch in irgendeiner Art und Weise eidlich besiegelt. Wenn das geschehen war, dann waren auch die Siedler an das gebunden, was der Grundherr und der Lokator in ihrem Vertrag, festgehalten in der Urkunde, ausgehandelt hatten.[49]

Als Lokatoren begegnen uns Angehörige aller Stände: Ritter, Bürger – so im vorliegenden Fall – und auch Bauern. Einzelne Lokatoren tauchen in dieser Funktion sogar häufiger auf. In ihnen können wir eine Frühform kapitalistischer Wirtschaftsweise fassen.[50]

[49] J. J. Menzel (1975), Der Beitrag der Urkundenwissenschaft, S. 147.

[50] W. Schlesinger (1975), Zur Problematik, S. 214; P. R. Kötzschke (1894), Das Unternehmertum; K. Schünemann (1936), Zur Geschichte.

Die rechtlichen Aussagen der Lokationsurkunde von Poppendorf

Sehen wir uns die Einzelheiten der Urkunde weiter an. Den Siedlern werden die Geld- und Naturalabgaben, die sie zukünftig zu leisten haben, genau beziffert; sie scheinen nicht hoch, für Siedler nicht beschwerlich gewesen zu sein. Der Zins wie auch die je zwei Scheffel Roggen und Hafer waren an eine feste Größe gebunden, an die Hufe. Dieses Wort beschreibt ein Flächenmaß. Wir kennen mit der flämischen und der fränkischen Hufe zwei verschiedene Formen dieses Flächenmaßes.[51] Die flämische Hufe umfaßte etwa 16,8 Hektar. Die fränkische war erheblich größer; sie ist mit ungefähr 24 Hektar berechnet worden. Die beiden Hufenarten unterscheiden sich nicht nur in ihrer Größe, sondern auch in ihren Anwendungsbereichen, in den Bedingungen, unter denen sie benutzt worden sind. Die kleinere flämische Hufe war besonders geeignet für den weiteren Ausbau von teilweise bereits erschlossenen Territorien. Die Landanteile der einzelnen Bauern lagen hier in der sogenannten Gemengelage. Die fränkische Hufe dagegen schließt als Ganzes an den einzelnen neuen Hof an. Sie wurde dort verwendet, wo Wildnis, wo weite Waldflächen in Kulturland verwandelt wurden. Wir finden sie verbreitet beispielsweise im Gebiet südlich der Ostseeküste. Dort wurden während der Ostsiedlung große Waldflächen gerodet. Aber auch an den Hängen des Erzgebirges, wo die gleichen Bedingungen herrschten, ist sie anzutreffen. Die Hufenverfassung, d. h. die Landzuteilung an die Bauern in Hufen und die Bemessung der Abgaben pro Hufe, ist ein durchgehendes Kennzeichen des gesamten Ostsiedlungsprozesses.

In der Lokationsurkunde wird weiter bestimmt, daß Zivilprozesse, Erbvorgänge und ähnliches in der Art geregelt werden sollten, wie das in Magdeburg üblich war. Wir können festhalten: Jeder bäuerliche Neusiedler erhielt in der Regel ein bestimmtes, genau ausgemessenes Stück Land. Es waren meist zwei Hufen. Er bekam sie indes nicht als Eigentum, sondern als frei vererbbare und verkäufliche Leihe gegen die Zahlung bestimmter Abgaben. Die im Osten siedelnden Bauern waren also zwar persönlich frei, aber sie waren nicht Eigentümer ihres Hofes. Weil sie Zinse und Abgaben an den Obergrundherrn zu liefern hatten, mußten sie mehr produzieren, als sie zu ihrer eigenen Erhaltung brauchten. Sie hatten, sonst konnten sie sich

[51] W. Kuhn (1960), Flämische und fränkische Hufe.

nicht halten, für den Verkauf, für einen Markt, für eine Stadt zu produzieren.[52]

Wie sahen die sonstigen Rechtsverhältnisse der Poppendorfer Neubauern aus? Der Grundherr verzichtete auf seine Gerichtsbefugnisse, die er an den Lokator übertrug. Aber er behielt sich doch den größeren Teil der Bargeld-Einnahmen aus der Gerichtsbarkeit vor. Die Gerichtsgefälle sollten im Verhältnis zwei zu eins zwischen ihm und dem Lokator geteilt werden. Dieses eine Drittel der Gerichtsgefälle, auf das der Bischof verzichtete, stellte einen Teil des Entgelts für die Lokation durch Werner aus Paderborn dar. Der andere Teil bestand darin, daß Werner „. . . von zwei Hufen an Zinsen und Ertrag voll besitzen . . ." soll. Mit dem einen Drittel Gerichtsgefälle, den vier Schillingen, den vier Scheffeln Roggen und den vier Scheffeln Hafer, dem Ertrag der beiden Freihufen, sollte sich im Laufe der Jahre das von Werner und seinem Kompagnon zu Beginn investierte Kapital amortisieren.

Ein solches Unternehmen muß sich, auch wenn uns die einzelnen Beträge und Mengen vielleicht gering erscheinen, für einen Lokator durchaus gelohnt haben. Die Ausübung der Gerichtsbarkeit ließ tatsächlich erhebliche Einnahmen in die Taschen des Gerichtsherrn fließen. Das zeigen uns die Magdeburger Gerichtssätze: Bei einer schweren Strafe erhob die Elbestadt vom Bestraften 60 Schilling – im Falle Poppendorfs bekam davon 20 Schilling der Lokator. Für eine niedere Strafe wurden acht Schilling kassiert.[53] Wenn wir die rauheren Sitten jener Zeit in Rechnung stellen und die Höhe der Gerichtswetten ins Verhältnis setzen zum Zins je Hufe, dann läßt sich leicht abschätzen, wie lohnend der Besitz der Gerichtsbarkeit war. Im Fall Poppendorfs und seines Gerichtsherrn Werner aus Paderborn traf das allerdings nicht zu. Diese Lokation ist sehr schnell gescheitert. Der Platz war sehr bald wieder wüst. Werner und sein Kompagnon haben dabei ihr Kapital vermutlich verloren.

In dieser frühen Urkunde des Magdeburger Erzbischofs haben wir bereits alles an rechtlich relevanten Details, die eine Lokationsurkunde, von denen wir Tausende besitzen, ausmachen. Allerdings sahen die rechtlichen Einzelheiten, je weiter die Zeit fortschreitet und je weiter wir nach Osten gelangen, anders aus. Dazu noch ein Beispiel aus einem Gebiet, das nicht unter der Herrschaft eines deutschen Fürsten stand, aus Schlesien.

[52] F. Graus (1975), Deutsche Ostsiedlung, S. 48.

[53] H. Helbig/L. Weinreich (Hrsg.) (1986/70), Urkunden, II, Nr. 34 (Lokationsurkunde Breslau).

Im Jahr 1240 übergab der Abt des Vinzenzklosters in Breslau einem gewissen Lambert von Tinz ein Klostergut namens Sablath zur Lokation (vgl. Abb. 9). Lambert sollte auf diesem Gut Deutsche nach deutschem Recht und deutscher Freiheit ansetzen. Ihm wurden die Schulzenrechte übertragen. Weiter wurden in der Lokationsurkunde die Abgaben der Neusiedler und ihr Zehnt geregelt. Außerdem wurde bestimmt, daß die Bauern eine Getreideabgabe an den Herzog, den Landesherrn, zu leisten hatten, mit der sie ihre Befreiung vom polnischen Recht abgalten.[54]

Drei Aussagen in dieser Urkunde sind von Bedeutung. Ihnen vergleichbare Bestimmungen bzw. vergleichbare Formulierungen finden wir in der Urkunde Erzbischof Wichmanns nicht. Da ist zunächst die Regelung, daß Lambert das Klostergut überlassen wurde, „um dort Deutsche nach deutschem Recht und deutscher Freiheit so, wie es ihnen förderlich erscheint, ansiedeln zu lassen". Im lateinischen Original lautet der entscheidende Passus, . . . *ad locandum ibidem Theutonicos in iure et liberate Theutonicali,* . . . Da ist zum anderen das Schulzenamt, das der Lokator erblich zugesprochen bekam, und da ist schließlich das Entgelt für die Befreiung der Siedler vom polnischen Recht bzw. diese Immunität selbst.

Die vermutlich erste Verwendung des Begriffes „deutsches Recht" oder in der Urkundensprache *ius, mos, ritus, consuetudo, statutum* oder *libertas teutonicorum* bzw. adjektivisch als *ius teutonicum* oder *ius teutonicale* finden wir in einer Urkunde, die Herzog Władysław Odonicz in Großpolen im Jahr 1210 ausgestellt hat.[55] Die Grundzüge dieses deutschen Rechtes sind immer dieselben. Negativ bestimmen sie: Befreiung vom geltenden Landesrecht, in unserem Fall – gegen Entgelt – Befreiung vom polnischen Landesrecht, Freistellung von seinen Lasten, Gerichten und von den Beamten des Landesherrn durch Immunitätsverleihung. Positiv legen sie fest: Erbzinsrecht, Hufenverfassung, Schulzenverfassung, örtliches, d. h. hier bäuerliches Schöffengericht, Gemeindebildung mit einer gewissen Selbstverwaltung und materielles deutsches Recht. Das letztere konnte von den Siedlern entweder mitgebracht werden, von einem bestimmten Ort

[54] Dies. (1968/70), Urkunden, II, Nr. 18.

[55] W. Kuhn (1975), Westslawische Landesherren, S. 254; s. a. H. Helbig/L. Weinreich (Hrsg.) (1968/70), Urkunden, II, Nr. 46; vgl. F. Graus (1975), Deutsche Ostsiedlung, S. 56, der es mit R. Kötzschke (1941), Die Anfänge, zuerst in Böhmen und Mähren faßbar werden läßt.

Daher kommt es, daß Wir es für recht hielten, der Gesamtheit der getreuen Gläubigen bekanntzumachen, daß Wir mit der allgemeinen Zustimmung Unseres Kapitels Herrn Lambert von Tinz und seinen Erben Unseren Hof in Sablath gegeben und überlassen haben, sowie auch alles, was an Land dazugehört, um dort *Deutsche nach* deutschem Recht und deutscher Freiheit so, wie es ihnen förderlich erscheint, ansiedeln zu lassen, nämlich folgendermaßen: Er und seine Erben sollen für immer drei kleine Hufen frei von jeder Zins- und Zehntzahlung besitzen, für die übrigen Hufen aber – ganz gleich, wie viele es dort sind, – sollen sie und wer von ihnen angesiedelt worden ist, jährlich einen Vierdung Silber am St. Martinsfest sowie drei Marktmaß gem. Weinr. Vierkorn abliefern, also drei (Scheffel) Weizen, drei (Scheffel) Roggen, drei (Scheffel) Gerste und drei (Scheffel) Hafer, die sie vor Weihnachten oder spätestens bis Mariä Reinigung auf ihren Wagen zu Unserem Kloster bringen sollen. Dem *Herrn Herzog* sollen sie also für jede kleine Hufe zwei Scheffel, einen Weizen und einen Hafer, zur selben Zeit an seinen Hof in Lissa liefern – wegen ihrer Freiheit. Von dieser Zehnt- und Zinszahlung aber haben Wir sie für die nächsten zusammenhängenden drei Jahre befreit, indem Wir ihnen Freiheit gewährten, ausgenommen jedoch für das schon urbar gemachte Land, für das sie Zins und Zehnt im ersten Jahre ihrer Aufnahme zahlen sollen. Wir haben auch ihm und seinen Erben *das Schulzenrecht* hinzugefügt und ein Drittel aller Einkünfte, die sich aus dem Gericht ergeben können – ausgenommen die Hauptfälle, die vor den Herzog gebracht werden und von denen Wir ein Drittel (der Gefälle) erhalten – er aber und seine Erben sollen von Unserem Anteil ein Drittel bekommen.

Damit aber diese Unsere Schenkung und Ordnung unwiderruflich gewahrt werde, haben Wir sie durch das Zeugnis dieser Urkunde und Anbringen dieser Siegel – nämlich dem Unsrigen und dem Unseres Kapitels – bestätigen lassen. Verhandelt wurde dies im Jahr der Gnade 1240, in Gegenwart Unserer Brüder: Prior Johannes, Subprior Lambin, Propst Simon, Kantor Vinzenz und recht vieler anderer. Wer aber diese Ordnung zu brechen versucht, der wisse, daß er dem Zorn des allmächtigen Gottes verfällt.

Abb. 9: Lokationsurkunde von Sablath

übernommen oder vermischtes und frei gebildetes Gewohnheitsrecht sein.[56]

Welches spezielle materielle Recht im Fall von Sablath angewendet werden sollte, läßt die Urkunde offen. Denkbar ist, daß Lambert den Siedlern beispielsweise das Magdeburger Recht oder auch das Goldberger oder das Breslauer Recht verliehen hat. Das wäre dann nur scheinbar jeweils etwas anderes gewesen, denn alle drei genannten Rechte haben den gleichen Inhalt. Die schlesischen Städte Goldberg und Breslau sind beide mit Magdeburger Recht ausgestattet gewesen.

Der Begriff 'deutsches Recht' in der Urkunde umfaßte also eine Reihe von Einzelheiten, von denen nur das materielle Recht, zu dem aber das wichtige Erbrecht gehörte, in Teilen des Landes, nach dem das Recht benannt worden ist, tatsächlich angewendet worden ist. Der Terminus 'deutsches Recht' kann somit nicht im deutschen Altsiedelland oder auch nur in der Mark Brandenburg gebildet worden sein, sondern er ist in den slawischen Staaten entstanden. Der Begriff ist eine Fremdbezeichnung. Das ist auch verständlich, denn dort, in der Fremde, bestand das Bedürfnis, die Summe der fremden, westlichen Rechte zusammen mit den Rechtsbestimmungen, die bei der Lokation eines Dorfes zutreffend waren, dem einheimischen slawischen Recht gegenüberzustellen.[57] Was in Polen oder in Böhmen als „deutsches Recht“ bezeichnet wurde, war tatsächlich kein deutsches, in Deutschland allgemein übliches Recht, sondern es war ein Siedlerrecht.

Im deutschen Altsiedelland hat es auch Landesausbau gegeben. Die neuangesetzten Siedler haben dabei meist ebenfalls ein besseres Recht als die Altangesessenen erhalten. Je nachdem, woher sie kamen, hieß das flämisches oder holländisches Recht. Wenn die Siedler jedoch Deutsche waren, dann saß man in der Patsche. Das günstigere Recht konnte man in Deutschland, wo es keineswegs allgemein üblich war, schwerlich deutsches Recht nennen, denn es war schon zwanzig Kilometer weiter völlig unbekannt. Für das Altsiedelland spricht Eike von Repkow im Sachsenspiegel hinsichtlich des Siedelrechtes denn auch von einem 'sonderlichen Dorfrecht'.

Das *ius Teutonicum* war aber auch kein Fremdenrecht in seinem

[56] J. J. Menzel (1975), Der Beitrag der Urkundenwissenschaft, S. 155.

[57] W. Kuhn (1975), Westslawische Landesherren, S. 254; D. Willoweit/W. Schich (Hrsg.) (1980), Studien; B. Zientara (1978), Der Ursprung des „deutschen Rechts“.

engen Wortsinn. Es wurde nicht nur Deutschen verliehen, sondern ebenso Holländern oder Wallonen, die sich irgendwo im Ostmitteleuropa ansiedeln sollten. Und man vergab es auch an Einheimische, an Slawen, an Polen, Böhmen, Mährer oder Ungarn. Wer immer seit dem 13. Jahrhundert in Ostmitteleuropa rodete und siedelte, der konnte es erhalten, gleich, ob er Fremder oder Einheimischer war.[58] Wir kennen viele landesherrliche Urkunden, in denen den Grundherren ausdrücklich freigestellt worden ist, ob sie Deutsche, Romanen, irgendwelche anderen *hospites,* oder ob sie etwa Polen ansetzen wollten.[59]

In dieser Weise ist 'deutsches' Recht in den slawischen Staaten verliehen worden. Im Falle Ungarns sieht es etwas anders aus. Hier weist das Siedlerrecht, das deutsche Recht, keine scharfen, deutlichen Herkunftsmerkmale auf. Deshalb ist angezweifelt worden, ob man das in Ungarn an die Neusiedler jeweils verliehene Recht überhaupt als deutsches Recht bezeichnen darf.[60]

Werfen wir noch einen Blick auf die zweite Abweichung der schlesischen Urkunde, das erbliche Schulzenamt. Es ist im Grunde nur eine Präzisierung gegenüber der Urkunde Wichmanns. Der Schulze, das ist der Dorfvorsteher und Richter im Dorfgericht. Dem Paderborner Werner war wie Lambert von Tinz die Gerichtsbarkeit und ein bestimmter Anteil an den Gerichtsgefällen zugesprochen worden. Auch er wird sich um die Verwaltung von Poppendorf gekümmert haben, solange es denn bestand. Lambert aber wird diese Position in der Sablather Urkunde ausdrücklich übertragen.

Die dritte Abweichung, die Immunität vom polnischen Landesrecht, versteht sich für Schlesien von selbst. In der Poppendorfer Urkunde konnte sie nicht ausgesprochen werden, denn dort existierte, wie die Schilderungen der politischen Entwicklung zwischen Elbe und Oder zeigten, kein slawisches Recht mehr, von dem Immunität erteilt werden mußte. Daß aber auch in Poppendorf früher ein anderes Recht gegolten hatte, davon findet sich noch ein schwacher Reflex in Wichmanns Urkunde. Die Naturalabgabe sollte an die Stelle jener Belastung treten, die das Volk dort, also die Slawen, *wozzop* nannte.

[58] J. J. Menzel (1975), Der Beitrag der Urkundenwissenschaft, S. 158.

[59] Ders. (1975), Der Beitrag der Urkundenwissenschaft, S. 157 mit zahlreichen Beispielen.

[60] A. Kubinyi (1976), Deutsche Siedlung, S. 541.

Das geplante Dorf

Die Ostsiedlung der Deutschen hat jedoch nicht nur eine Verrechtlichung der dörflichen Verhältnisse mit sich gebracht. Sie war, bezogen auf das einzelne Territorium und nicht auf die Gesamtheit der mittelalterlichen Ostsiedlung, ein in allen Bereichen sorgfältig geplanter Vorgang. Zu dieser frühen 'Planification' gehörte auch die systematische Anlage der durch Rodung von Wäldern oder Trockenlegung von Sümpfen neu geschaffenen Feldmarken und Dörfer.[61]

Der Haken als Gerät für die Bodenbearbeitung verlangte eine bestimmte Form der Ackerfläche, wenn er rationell eingesetzt werden sollte: die sogenannte Blockflur (vgl. Abb. 10a). Sie war verbunden mit einer verhältnismäßig regellosen Siedlung. Die einzelnen Bauernhöfe lagen innerhalb des Dorfes fast weilerartig verstreut. Die unregelmäßig geschnittenen Blöcke der Äcker lagen in Siedlungsnähe dicht an dicht. Je weiter man sich von der Siedlung entfernte, um so stärker lösten sie sich in einzelne Rodungsflecke in der Waldfläche auf. Jeder Block gehörte einem Bauern. In der Regel besaß er aber wohl meist mehrere solcher Blöcke. Sie bildeten zusammen sein Ackerbesitztum.[62]

Diese regellose, natürliche, im Laufe der Jahrhunderte gewachsene Form wurde in der Ostsiedlungszeit abgelöst von der sogenannten Plansiedlung. Sie trat in zwei Idealformen auf. Im ersten Fall hatte das Dorf eine ziemlich große Gemarkung mit recht geradlinig verlaufenden Feldgrenzen (vgl. Abb. 10b).[63] Die Flur wies eine großzügige und regelmäßige Gewannform auf. Sie war gekennzeichnet durch drei große Gewanne, die sich in der Regel dem Dorf unmittelbar anschlossen. Sie sind meist als Hufen, Stücke oder auch als Felder bezeichnet worden. Jedes Gewann war in so viele Streifen unterteilt, wie das Dorf Hufen hatte. Eine Hufe umfaßte daher die Summe von je einem Streifen in den drei Hufengewannen.

Das Dorf war als Anger- oder Straßendorf angelegt (vgl. Abb. 10c). Es lag meist an der tiefsten Stelle der Gemarkung, um leicht an das

[61] Dazu v. a. die Arbeiten von A. Krenzlin (1952), Dorf; dies. (1983), Siedlungsformen der Provinz Brandenburg.

[62] A. Krenzlin (1952), Dorf, S. 38f., Abb. 19: Althüttendorf (Uckermark). Flurkarte von 1746: Blockflur mit Weiler.

[63] Dies. (1952), Dorf, Abb. 2: Schönfeld (Barnim). Flurkarte von 1836. Hufengewannflur mit Angerdorf.

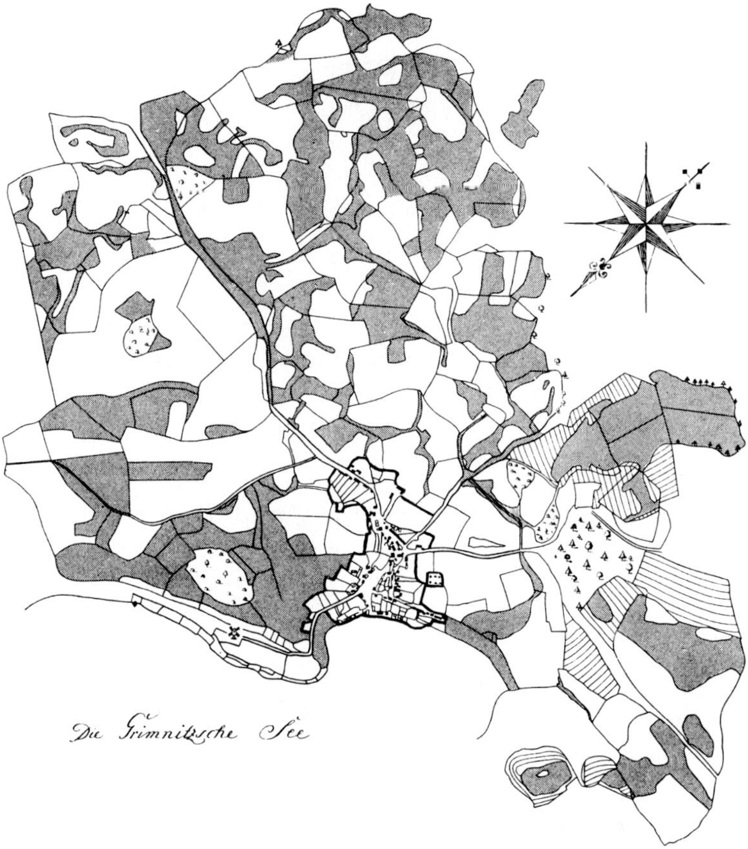

Abb. 10a: Dorf mit Blockflur

Wasser heranzukommen.[64] Diese Kombination von Flur und Dorf finden wir vor allem in bereits relativ gut besiedelten Gegenden, wo durch die Neusiedlung nur die Lücken zwischen den Altsiedlungen ausgefüllt werden konnten.

Dort, wo noch keine Altsiedlung vorhanden war, wo riesige Waldflächen gerodet werden mußten, trat die zweite Idealform auf: das sogenannte Hagen- oder Waldhufendorf (vgl. Abb. 10d). Die zu einem Bauernhof gehörenden Hufen schlossen unmittelbar hinter jedem

[64] Dies. (1952), Dorf, Abb. 16: Langenfeld (Sternberger Land). Flurkarte von 1840. Rechteckangerdorf.

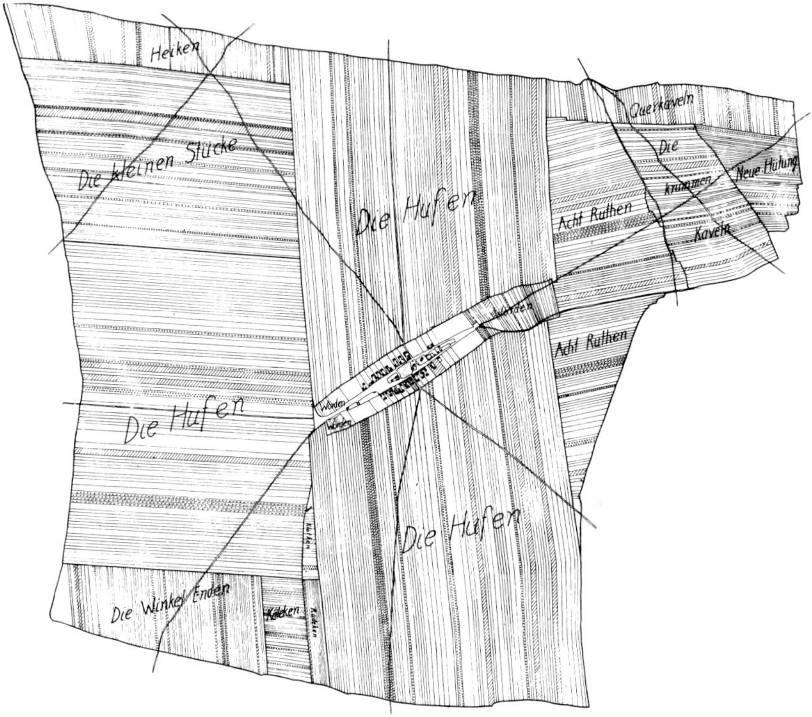

Abb. 10b: Dorf mit regelmäßiger Gewannflur

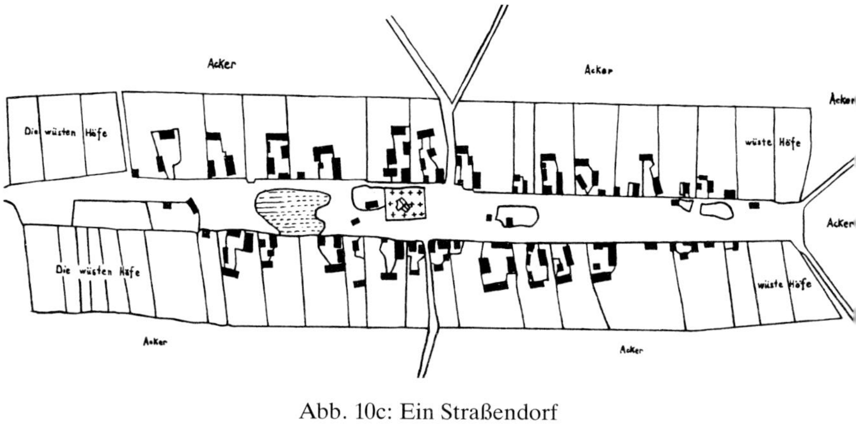

Abb. 10c: Ein Straßendorf

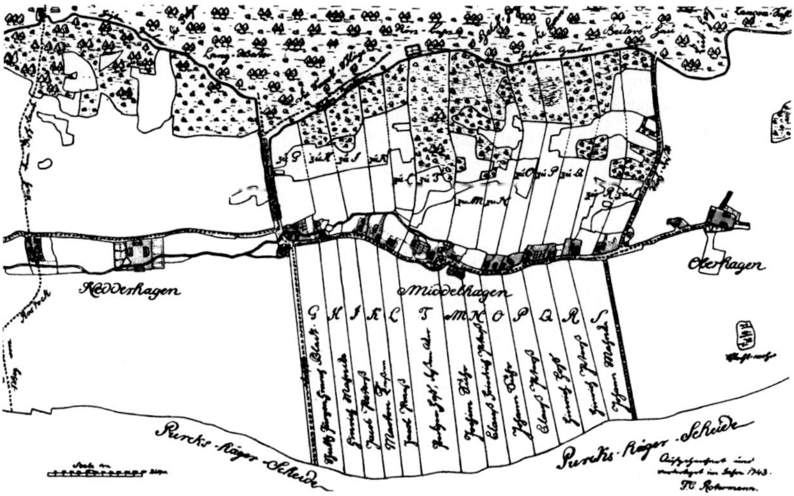

Abb. 10d: Ein Waldhufendorf

Hof an. Sie waren mehr oder weniger tief in den Wald gerodet.[65] In dieser Weise ist beispielsweise das Erzgebirgsvorland um 1150 in kürzester Zeit mit deutschen Bauern besiedelt worden.[66]

Die städtische Siedlung

Die Kombination von dörflicher und städtischer Siedlung ist ein weiteres wesentliches Kennzeichen der deutschen Kolonisation. In Ostmitteleuropa war schon vorher das nichtagrarische, das städtische, das Handelselement vorhanden. Aber es war rechtlich nicht vom ländlichen Sektor geschieden. Mit der Siedlungsbewegung wurde einerseits über diese vorhandenen städtischen Elemente eine neue Verfassung gestülpt, und andererseits neue Städte gleich in neuer Weise loziert. Damals entstand in Ostmitteleuropa die sogenannte Rechtsstadt.[67]

Sehen wir uns dafür zwei Beispiele an; zunächst die Neugründung

[65] W. Krallert (Hrsg.) (1958), Atlas zur Geschichte, Karte 13b. (Mittel-Rövershagen nö Rostock).

[66] K. Zernack (1975), Zusammenfassung, S. 784f.

[67] Vgl. die oben Anm. 1 und 25 angegebene Literatur.

Im Namen der heiligen und ungeteilten Dreifaltigkeit. Wichmann, von Gottes Gnaden Erzbischof der heiligen Kirche von Magdeburg. Damit Unser guter Wille und Unser Fleiß, die Wir zum Ausbau der Landschaft Jüterbog haben, ertragreicher und freier sich entwickle und der Erfolg dieses Unseres guten Willens bei den Bewohnern dieser Landschaft und besonders bei allen Neusiedlern um so klarer hervortritt, wollen Wir, es möge allen jetzigen und künftigen (Leuten) bekannt sein, daß Wir den Bürgern von Jüterbog und all ihren Nachfolgern die *Freiheit des Rechts* geschenkt haben, dessen sich Magdeburg in Ehren erfreut. Und damit die Gnade Unserer Huld sich ihnen um so voller zeige, haben Wir ihnen dies Recht insofern gemildert und verbessert, daß sie von der Verpflichtung, die man gemeinhin vare nennt, immer befreit bleiben sollen und ihr Recht nach Form und Inhalt dem Recht der Stadt Magdeburg entsprechen soll. Und wenn *Marktorte in der Landschaft Jüterbog* angelegt werden, sollen sie sich nach dem Marktrecht in Jüterbog richten. Wir wollen auch und bestimmen, daß jeder, der aus *Magdeburg, Halle,* Calbe, Burg und Taucha, um Geschäfte zu machen, nach Jüterbog kommt, von dem dort zu zahlenden Zoll frei sein soll. Und gleichfalls brauchen die Bürger von Jüterbog in den zuvor genannten Orten keinen Zoll zu zahlen. Da es jedoch mit Hilfe der Gnade Gottes und durch Unsere Bemühungen dahin gekommen ist, daß in der Landschaft Jüterbog, wo das Heidentum im Schwange war und oft Verfolgung über die Christen kam, jetzt der christliche Glaube herrscht, Schutz und Schirm der Christenheit stark und gesund ist und Gott dort in den meisten Orten dieser Gegend der schuldige Dienst erwiesen wird, ist es Unser brennender Wunsch, aus Liebe zur Christenheit, Schutz und Wohlfahrt all derer, die in diese Landschaft gekommen sind und noch kommen wollen, mit nicht geringerem Eifer zu fördern als den Ertrag zu Unserem eigenen Nutzen. Da nun die Stadt Jüterbog Anfang und Haupt(-ort) dieser Landschaft ist, wollen Wir rechtmäßig und mit der gütigen Gnade Unserer Huld gern alles übertragen, was Wir denen, die in ihr wohnen, oder um in ihr zu wohnen zu Uns ihre Zuflucht nehmen, an Ehre und Nutzen übertragen können. ...

Abb. 11: Lokationsurkunde von Jüterbog

der Stadt Jüterbog (vgl. Abb. 11). Sie ist als Fernhandelsmarkt im Jahr 1174 durch den uns schon vertrauten Erzbischof Wichmann begründet und mit Magdeburger Recht ausgestattet worden.[68] Die Urkunde nennt den Grund für die Rechtsbewidmung: den Ausbau der Landschaft Jüterbog. Um ihn zu gewährleisten, wurde die Stadt zu einem lokalen, bevorzugten Markt erhoben, der gleichzeitig mit den anderen städtischen Besitzungen des Erzbischofs bzw. mit den überlokalen Handelszentren Magdeburg, Halle, Calbe, Burg und Taucha durch gegenseitige Zollfreiheit verbunden war.

Wie vorbildhaft dieses Magdeburger Recht wirkte, dafür gibt es ein Beispiel, das erheblich aus dem Rahmen der strengen Urkundlichkeit in der Ostsiedlung fällt. Der polnische Herzog Heinrich von Schlesien wollte im Jahr 1211 den Bürgern der Stadt Goldberg dieses Recht verleihen. Um sich über dessen Inhalt zu informieren, schrieb seine Kanzlei der Stadt an der Elbe und erbat eine Abschrift des 1188 von Wichmann der Stadt erteilten Rechtes. Die Magdeburger kamen der Bitte auch nach. Herzog Heinrich zeigte sich nun als ein sehr praktisch denkender Mann. Auf die erste Seite der Abschrift ließ er schreiben: „Wissen soll man aber, daß Wir diese Bestimmungen, die vom Herrn Wichmann, dem Erzbischof von Magdeburg aufgezeichnet worden sind, Unseren Gästen von Goldberg übergeben haben, damit sie sie für immer und ewig beachten."[69] Das in der fernen altsächsischen Metropole geltende Recht wurde für Goldberg in keinem Punkt verändert, es wurde nicht den speziellen Belangen der schlesischen Stadt angepaßt, sondern direkt übertragen. Der Herzog oder seine Kanzlei stellten keine eigene Urkunde aus, wie das üblicherweise der Fall war, sondern benutzten die Vorlage. Dieses Vorgehen lag nicht unbedingt an ihrer Bequemlichkeit, möglicherweise war ihnen nur gerade das Pergament ausgegangen.

Die rechtlichen Aussagen der Lokationsurkunde für Posen

Als zweites Beispiel soll die Lokationsurkunde der Stadt Posen aus dem Jahr 1253 herangezogen werden.[70] Damals beauftragten die Herzöge Przemisl und Boleslaw von Polen den Lokator Thomas, Posen

[68] H. Helbig/L. Weinreich (Hrsg.) (1968/70), Urkunden, I, Nr. 13.

[69] Dies. (1968/70), Urkunden, II, Nr. 8.

[70] Zur Geschichte der Stadt vgl. G. Rhode (Hrsg.) (1953), Geschichte der Stadt Posen.

als eine Stadt nach Magdeburger Recht zu besetzen.[71] Der Lokator und die zukünftigen Bürger erhielten acht Freijahre. Während dieser Zeit brauchten sie beim Verlassen bzw. beim Betreten des Landes mit Waren keinen Zoll zu zahlen. Nach Ablauf der Achtjahresfrist hatten sie ihr Handelsgut zwar zu verzollen, sie brauchten aber nur die Hälfte des landesüblichen Satzes zu bezahlen. Der Fluß, die Warthe, wurde auf eine bestimmte Strecke den Bürgern zum Fischfang bzw. zum Mühlenbau freigegeben. Der Stadt wurden verschiedene Dörfer überlassen, in denen der Vogt, dieses Amt bekam der Lokator, und die Bürger 30 bzw. 20 Hufen Besitz erhielten. Dem Lokator wurde in diesen Dörfern nach der Besetzung mit Deutschen und nach Ablauf der Freijahre jede fünfte Hufe zugewiesen.

Im Anschluß an die Begünstigungen werden in der Urkunde die Belastungen angegeben und verkündet: „Die Bürger dieser Stadt mögen sich dessen freuen, daß sie das Recht nach dem Muster der Stadt Magdeburg . . . auf immer rechtens und unbeschränkt besitzen – wobei sie (nur, L. D.) die Hälfte (der in Magdeburg üblichen, L. D.) Gerichtswetten verantworten sollen . . ." Die Stadt wurde darüber hinaus vom herzoglichen Gericht befreit. Es sollte durch den Vogt/Lokator und die Bürger an drei Terminen im Jahr abgehalten werden. Weiter wurde die Einrichtung eines Jahrmarktes durch die Herzöge versprochen und die Freiheit vom Heeresaufgebot für die Bürger verkündet. Diese galt allerdings nur, sofern der Feldzug außer Landes geführt wurde. Zur Landesverteidigung waren sie verpflichtet. Gerichtsstand für Posener sollte ausschließlich Posen sein. Sie konnten vor keinem anderen Gericht verklagt werden.

Die Posener bekamen also die Gerichtsbarkeit und das Befestigungsrecht zugestanden. Das Amt des Vogtes, des Richters, war in der neuen Stadt erblich. In der weiteren Entwicklung kauften die Bürger einer Stadt gewöhnlich das Vogtamt zu einem günstigen Zeitpunkt auf. Es entwickelte sich dann neben dem städtischen Gericht mit den Schöffen die kommunale Selbstverwaltung, der Rat der Stadt.

An der Posener Urkunde ist noch eine weitere Eigentümlichkeit zu erkennen. Die Stadt war juristisch gesehen der Vorort für die ihr zugesprochenen Dörfer. Das städtische Vogteigericht galt als Obergericht für die dörflichen Schulzengerichte. Diese Bestimmung, die wir auch bei vielen kleinen Landstädten in Schlesien und Polen oder in den Sudetenländern finden, macht eine städtische Neugründung

[71] H. Helbig/L. Weinreich (Hrsg.) (1968/70), Urkunden, II, Nr. 62.

nicht nur zum wirtschaftlichen und militärischen, sondern auch zum Rechtsmittelpunkt eines ganzen Distrikts, eines sogenannten Weichbildes. Walter Kuhn hat bei seinen Forschungen festgestellt, daß in Schlesien derartige Weichbildsysteme – Stadt und Dörfer – in einem Zug geschaffen worden sind. Dabei legte man fest, daß die Fahrt von der Peripherie eines Weichbildes bis zur zentralen Stadt und zurück nicht länger als einen Tag dauern durfte. Die Weichbildstädte wurden deshalb in Abständen von 15 bis 20 km angelegt und hatten jeweils ein Gebiet von 250 bis 400 Quadratkilometern zu betreuen.[72]

Die geplante Stadt

Wie schon beim Dorf, so haben wir auch bei der städtischen Siedlung in Ostmitteleuropa eine materielle Manifestation der Planmäßigkeit dieses Vorgangs in den Grundrissen der neuen Städte oder der zu deutschem Recht umgelegten älteren nichtagrarischen Zentren. Am Beispiel von Stadtgrundrissen läßt sich der Europäisierungsprozeß, der Angleichungsprozeß an den alteuropäischen Westen besonders bildhaft deutlich machen.

Der erste Grundriß zeigt das antike Pompeji (vgl. Abb. 12a). Die Stadt war, davon kann sich noch heute jeder Tourist überzeugen, außerordentlich regelmäßig angelegt worden.

Der zweite Grundriß stellt die römische Stadt *Augusta Treverorum* dar; uns heute besser bekannt als Trier (Abb. 12b). Auch bei ihm heben sich deutlich der *decumanus maximus* und der *cardo maximus* von den übrigen Straßen ab.

Von den ersten zwei Grundrissen weicht der dritte völlig ab. Es handelt sich bei ihm um die aus einem Haufendorf natürlich gewachsene mittelalterliche deutsche Stadt Soest (Abb. 12c).

Der vierte Grundriß schließt wiederum an die ersten Grundrisse an, es handelt sich um die Kolonialstadt Breslau (Abb. 12d). Ihr Grundriß ist ein Paradebeispiel für eine große, vollkommen regelmäßige Zentralmarktanlage. Die Stadt ist ganz eindeutig ebenso rational geplant worden wie ihre altrömischen Schwestern. Der Breslauer Grundriß ist typisch für die Stadtgründungen in der Zeit der mittelalterlichen Ostsiedlung.

Es ist eine weiträumige Anlage, und diese Großzügigkeit, die auch bei den dörflichen Siedlungen schon deutlich geworden ist, ist eines

[72] W. Kuhn (1975), Westslawische Landesherren, S. 248.

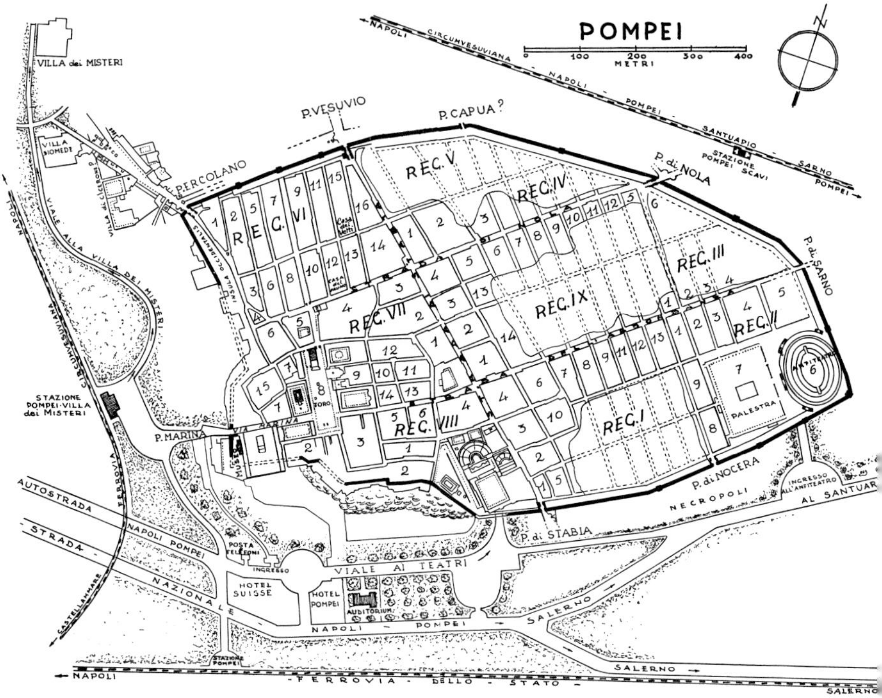

Abb. 12a: Pompeji

der hervorstechendsten Merkmale der Rechtsstadt. Sie brauchte daher im Vergleich zu ihren slawischen Vorgängerinnen erheblich mehr Platz. Jeder Hausplatz maß etwa 500 Quadratmeter. Die Menschen in den slawischen Vorgängerinnen, in den altpolnischen Grod-(Burg-)städten etwa, hatten sich mit einem Zehntel davon begnügen müssen.[73]

Auch bei der Stadt haben wir wieder, wie beim Dorf, noch einen zweiten Idealtypus. Seine Ausprägung ist jedoch nicht abhängig davon, ob die Stadt in purem Neuland oder in einem schon einigermaßen dicht besiedelten Gebiet errichtet worden ist. Der zweite Stadttypus ist eine bloß geographische Variante. In den südosteuropäischen Gebieten ist die sogenannte süddeutsche Straßenmarktanlage weit verbreitet (vgl. Abb. 12e).

[73] Ders. (1975), Westslawische Landesherren, S. 241.

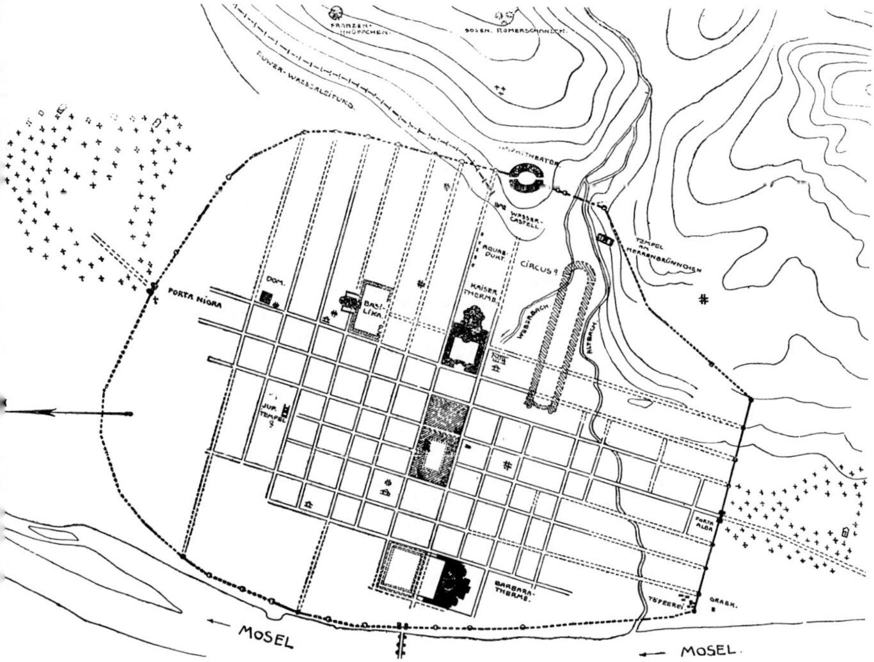

Abb. 12b: Das römische Trier

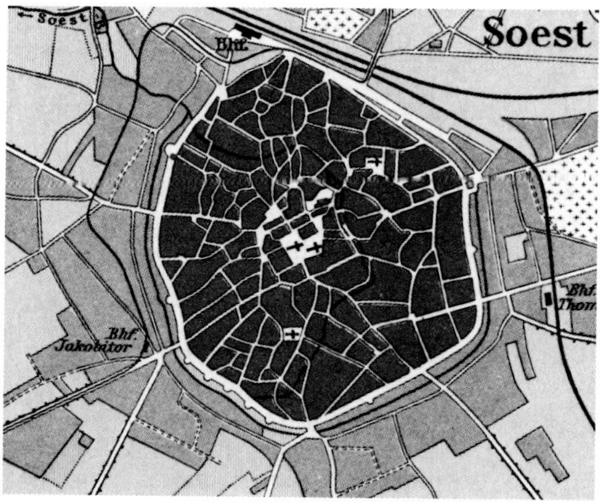

Abb. 12c: Das mittelalterliche Soest

Abb. 12d: Die Kolonialstadt Breslau mit Zentralmarkt

Abb. 12e: Koloniale Straßenmarktanlage in Windischgraz

Der Zeitraum des Landesausbaus

Ganz so einfach, wie sich die geographische Reichweite der Ostsiedlung abstecken ließ, können wir den chronologischen Rahmen nicht beschreiben. Probleme bereitet uns vornehmlich der südliche Bereich. Vor der Ostgrenze Bayerns kennen wir schon aus karolingischer Zeit eine Art Landesausbau, eine Siedlung Deutscher in ethnisch fremden Gebieten. Die Ungarnzüge des ausgehenden 9. und vor allem des 10. Jahrhunderts unterbrachen hier zwar die Siedlungsbewegung. Aber schon das ausgehende 10. Jahrhundert brachte im Gefolge einer stabileren Markenverfassung östlich und südlich Großkarantaniens den Anfang der eigentlichen großen, deutschen Ostkolonisation.[74]

Damit eilt der Süden mit etwa 50, vielleicht sogar 100 Jahren den weiter nördlich gelegenen Gebieten voraus. Östlich der Elbe-Saale-Böhmerwald-Linie setzt ein merklicher Landesausbau mit erheblicher Beteiligung Deutscher tatsächlich erst ein, nachdem in Alteuropa die materiellen und demographischen Voraussetzungen dafür geschaffen worden waren. „Denn die Kolonisation des Ostens ist in erster Linie ein wirtschaftlicher Vorgang, sowohl in ihrem Ursprung wie in ihrer Durchführung, sie erforderte vor allem wirtschaftliche Kräfte und Fähigkeiten. Solange es daran fehlte, so lange – das dürfte zugestanden werden – war sie nicht möglich. Drei Dinge, so wird man sagen müssen, waren vor allem erforderlich: ein gewisser Stand der technischen Fertigkeiten, Kapital und endlich Menschen in genügender Zahl.“[75] Diese drei Voraussetzungen waren in ausreichendem Maß erst Mitte des 12. Jahrhunderts gegeben.[76] Östlich der Elbe-Saale-Linie erreichte die Kolonisationstätigkeit in der 2. Hälfte des 12. und vor allem im 13. Jahrhundert „nach Umfang und Intensität einen einzigartigen Gipfel“[77]. Für die östlich davon liegenden Länder, für Polen und Ungarn also, ist das 13. Jahrhundert die Zeit der Masseneinwanderung deutscher Bauern und Bürger.[78]

Das Gebiet zwischen Saale und Elbe, ja, eigentlich bis hin zur

[74] S. Vilfan (1975), Deutsche Kolonisation, S. 578.

[75] H. Dannenbauer (1966), Politik und Wirtschaft, S. 9.

[76] Vgl. aber ders. (1966), Politik und Wirtschaft, S. 8f.: Er fragt dort: „. . . ob und wie weit vor dem Ausgang des 12. Jahrhunderts eine Kolonisation größeren Stils im Osten überhaupt möglich war, ob die wirtschaftlichen und kulturellen Zustände Deutschlands sie vorher erlaubt hätten.“

[77] K. Zernack (1975), Zusammenfassung, S. 802.

[78] B. Zientara (1975), Die deutsche Einwanderung, S. 334.

Oder war bereits seit 929 mehr oder weniger fest in deutscher Hand. Trotzdem haben wir dort keineswegs, wie weiter im Süden, schon im 10. Jahrhundert eine Ostsiedlung. Der norddeutsche Raum, das heutige Niedersachsen und Thüringen, war noch nicht so weit entwickelt, daß er, wie Bayern, Menschen an den Osten hätte abgeben können. Strukturgeschichtlich gesehen hinkte der Nordosten Alteuropas hinter dem Süden im 10. und auch im 11. Jahrhundert noch immer hinterher. Er stand in jener Zeit wohl noch auf gleichem Niveau mit den Territorien im Osten.

Das Ende des Massenprozesses „deutsche Ostkolonisation“, verstanden als Kolonisation, die von deutschen Bauern, Handwerkern und Kaufleuten getragen worden ist, wird von den Historikern recht einhellig in die Mitte des 14. Jahrhunderts gesetzt. Die Gründe, die für das Auslaufen angeführt werden, sind sehr unterschiedlich. Weit verbreitet ist das demographische Motiv; es erscheint sogar in zwei Varianten. Zum einen wird der ‘schwarze Tod’, also die Pestwelle, die um die Mitte des 14. Jahrhunderts Europa heimsuchte, dafür verantwortlich gemacht. Andererseits spricht man aber auch von einer biologischen Erschöpfung Alteuropas. Dritte schließlich verweisen darauf, daß die in den Ansiedlungsgebieten Alteingesessenen, Herren wie Bauern, Widerstand gegen den andauernden Zuzug Deutscher geübt hätten.

Das alles sind sicherlich gute Gründe für das Auslaufen der Siedlungswelle. Waren sie aber wirklich entscheidend? Man darf doch nicht vergessen, daß in Neueuropa um 1350 Wald, in dem nahezu allein noch Neusiedlung angesetzt werden konnte, bereits anfing knapp zu werden. Und der Wald war schon im Mittelalter ein wichtiger Wirtschaftsfaktor. Er hatte nach wie vor Bedeutung für die Landesverteidigung, und er war nicht zuletzt Jagdgebiet der Herren.[79]

Ausschlaggebender für das Abflauen deutscher Siedlung war aber wohl die Tatsache, daß um die Mitte des 14. Jahrhunderts ein Verfall der Getreidepreise einsetzte.[80] Auf dem Land, das in den beiden vorhergehenden Jahrhunderten neu unter den Pflug genommenen worden war, hatten die Bauern fast ausschließlich Getreide produziert. Jetzt herrschte in weiten Teilen Europas daran ein relatives Überangebot. Es löste nicht nur die Agrarkrise des Mittelalters aus, sondern ließ auch einen weiteren Landesausbau als nicht mehr lohnend erscheinen.[81]

[79] F. Graus (1975), Die deutsche Ostsiedlung, S. 62ff.
[80] W. Abel (1964), Drei Epochen, S. 32 (Grafik).
[81] F. Graus (1975), Die deutsche Ostsiedlung, S. 62ff.

4. DIE FOLGEN DER MITTELALTERLICHEN OSTSIEDLUNG

Will man ein Fazit der mittelalterlichen deutschen Ostsiedlung ziehen, dann gilt es festzuhalten, daß die bäuerliche deutsche Kolonisation im Westen um 1300, in den am weitesten im Osten gelegenen Gebieten, also etwa der Slowakei oder Galizien, spätestens um 1400 zu Ende gegangen ist. Aber „... im fremden Medium der Nachbarvölker, der Polen, Litauer, Weißreußen und Ukrainer pflanzen sich die deutschen Siedlungswellen in gewandelter Form fort, teilweise bis ins 18. Jh.“ [1]. An dieser Siedlungsetappe sind Deutsche nur noch sporadisch, je später und je weiter im Osten um so weniger stark, beteiligt.

Nachdrücklich ist darauf hinzuweisen, daß es sich bei der von Deutschen getragenen Siedlung, anders als das der Altmeister der Erforschung der deutschen Ostsiedlung, Walter Kuhn, etwa noch 1955 formulierte, nicht einmal streckenweise um einen planmäßigen, von nationalen deutschen Gesichtspunkten geleiteten Vorgang gehandelt hat. Auch die Siedlung in den Marken unmittelbar östlich von Elbe und Saale oder etwa in Ostpreußen war nicht national im Sinne des 19. und 20. Jahrhunderts begründet.[2] Es handelt sich bei der deutschen Ostkolonisation um einen Prozeß struktureller Angleichung Neueuropas an Alteuropa.

Wer immer östlich der Elbe-Saale-Böhmerwald-Linie Siedlung veranlaßte, der tat das vor allem aus wirtschaftlichen Gründen. Er wollte mit Hilfe des weiterentwickelten Westens seine Einnahmen steigern. Dieser ökonomische Grund steckt letztlich auch hinter den mit tschechischen und ungarischen Beispielen belegten ideellen Motiven – im Sinne eines: Was sollen denn die Nachbarn von uns halten? –, die die ostmitteleuropäischen Landesherren mitunter in den Lokationsurkunden verlautbarten.

Wer aber aus Alteuropa kam und in Neueuropa ansässig wurde, der wollte für sich und seine Kinder eine bessere Existenz aufbauen, als ihm das in seiner Heimat möglich gewesen wäre. Keiner von ihnen hat daran gedacht, polnischen, böhmischen oder auch ungari-

[1] W. Kuhn (1955), Ostsiedlung in der Neuzeit, I, S. 34.

[2] Ders. (1955), Ostsiedlung in der Neuzeit, I, S. 77.

schen Boden für das deutsche Volk zu erobern und zu sichern. Weder die Initiatoren noch die Träger der Siedlung waren von völkischen oder gar nationalistischen Vorstellungen getragen. Man muß jedoch auf einen Prozeß hinweisen, der durch den Siedlungsvorgang ungewollt in Gang gesetzt worden ist: das Entstehen von neuen deutschen Stämmen.

Die deutschen Neustämme

Weder Völker geschweige denn Stämme waren von Anbeginn der Geschichte an vorhanden, noch existierten sie in einer einmal vorgegebenen Struktur über einen längeren Zeitraum hinweg, wie Reinhard Wenskus in seiner Untersuchung über die Entstehung der Stämme gezeigt hat. Vielmehr sind Völker und Stämme bloße geschichtliche Größen.[3] Sie entstehen irgendwann, und sie können sich nicht nur ändern, sie können auch in Prozessen untergehen, die, wie Walter Schlesinger gesagt hat, „. . . nicht nur unter dem Zwang äußerer Umstände ablaufen, sondern auch vom geschichtlichen Selbstverständnis dieser Gruppen abhängen, ganz abgesehen von der Willensentscheidung des einzelnen . . .“[4].

Die Bildung der deutschen Stämme der (Ost-)Preußen, der Pommern, der Mecklenburger, der Brandenburger, der Obersachsen und der Schlesier ist das Ergebnis eines langen Ausgleichsprozesses gewesen. Slawen, Prußen, Flamen, Holländer, Westfalen, Friesen, Thüringer, Franken, Bayern und Angehörige anderer deutscher Altstämme, die gar nicht so selten in einem Dorf miteinander lebten,[5] verschmolzen langsam zu neuen Gemeinschaften, die den alten deutschen Stämmen durchaus vergleichbar sind.

Das Gebiet dieser neuen Stämme, dieser neustammlich geprägte Umwandlungsbereich ist nach dem Krieg, in Anerkennung seines slawischen Anteils, in der wissenschaftlichen Literatur als *Germania slavica* bezeichnet worden. Auf diese Mischung von Angehörigen der unterschiedlichsten Stämme und – im Fall der Slawen und Balten – auch Rassen, ist tatsächlich erst nach dem Zweiten Weltkrieg mit Nachdruck hingewiesen worden.[6] Wenn die Tatsache, daß die mei-

[3] R. Wenskus (1961), Stammesbildung und Verfassung.

[4] W. Schlesinger (1975), Zur Problematik, S. 23.

[5] Vgl. etwa W. Vogel (1960), Verbleib der wendischen Bevölkerung; W. Schich (1987), Das Verhältnis.

[6] W. Schlesinger (1975), Zur Problematik, S. 22.

sten deutschen Stämme, und zwar alte wie neuere, keineswegs rein germanisch geprägt, sondern ausgesprochene Mischbildung sind, früher allgemein bekannt gewesen wäre, dann wäre uns möglicherweise viel von dem Unglück erspart geblieben, das der Rassenwahn der Nationalsozialisten, die menschenverachtende Unterscheidung zwischen dem rein arisch-deutschen Herrenmenschen und dem slawischen Knecht, über die Europäer gebracht hat.

Für das Entstehen der deutschen Neustämme ist die absolute Anzahl der deutschen Siedler offensichtlich von geringerer Bedeutung gewesen. Finden wir doch, zum Teil sogar unmittelbar an deutsches Neustammgebiet angrenzend, Landstriche, in die Deutsche in größerer Zahl eingewandert sind. Trotzdem wuchsen sie dort mit den Einheimischen nicht zu einem deutschen Neustamm zusammen. So besiedelten zwar deutsche Bauern, Bürger und Handwerker kompakte, großflächige Landstriche in Böhmen und Altungarn, aber weder die Sudetendeutschen in der Tschechoslowakei noch die Deutschen in Ungarn und dem späteren Rumänien formierten sich zu einem Neustamm. Möglicherweise lag das daran, daß es sich bei Böhmen und Ungarn, anders als bei den ostelbischen und den polnisch-schlesischen Landschaften, um Territorien mit geschlossener und starker, autochthoner Fürstenherrschaft handelte.

Der zeitliche Ablauf, die einzelnen Etappen und vor allem das Ende des Verschmelzungsprozesses der Neustämme ist in der Überlieferung nicht deutlich und vor allem nicht eindeutig zu erkennen. Im allgemeinen wird die Auffassung vertreten, daß das 15. Jahrhundert die Zeit des sprachlichen Ausgleichs bzw. der sprachlichen Angleichung ist. Damals sollen die festen Sprachgrenzen entstanden sein.[7] Das ist aber mehr eine globale, generalisierende Festlegung. Es gibt einzelne Daten, die uns signalisieren, daß die Bedeutung der nichtdeutschen Bevölkerungssubstrate, besser wohl der nicht deutsch sprechenden Bevölkerungsteile, erheblich früher gegen Null tendierte.

So wurde beispielsweise in Magdeburg schon im Jahr 1290 das Slawische als Gerichtssprache aufgehoben. Rechnet man mit der damaligen Lebenserwartung der Menschen, dann geschah gleiches im Altenburgischen, im Zwickauischen und am Landgericht Leipzig, also im Gebiet des deutschen Neustammes der Obersachsen, erst zwei Generationen später, nämlich im Jahr 1327. In nicht allzu weiter

[7] W. Kuhn (1955), Ostsiedlung in der Neuzeit, I, S. 36; interessant in diesem Zusammenhang auch W. Schich (1986), Braunschweig.

Entfernung von Leipzig, im Meißnischen, wurde Slawisch als Gerichtssprache dagegen erst 1424 aufgehoben.[8]

Doch amtliche Verfügungen hinken häufig der tatsächlichen Entwicklung erheblich hinterher. Am signifikantesten für den Abschluß des ethnischen Ausgleichsprozesses in den Neustammgebieten ist immer noch das Verschwinden der slawischen bzw. prussischen Sprache. Urteilt man an Hand dieses Kriteriums, dann ist beispielsweise im Gebiet zwischen Saale und Elbe, also in großen Teilen Obersachsens, die völlige Germanisierung der dort siedelnden sorbischen Slaven schon im 14. Jahrhundert abgeschlossen worden.[9] Von der Insel Rügen ist uns überliefert, daß auf der Halbinsel Jasmund die letzte noch Slawisch sprechende Frau 1404 gestorben sei.[10] Andernorts, etwa im hannoverschen Wendland, hat das Verschwinden der slawischen Sprache erheblich länger gedauert. Im Gebiet der Lausitzer Sorben oder in vielen Teilen Schlesiens ist das Slawische überhaupt nicht ausgestorben.

Das Prussische dagegen war schon im 16. Jahrhundert in Ostpreußen auf kleine Sprachinseln zurückgedrängt worden, und im 17. Jahrhundert sprach es niemand mehr.[11] Trotzdem ist sein Verschwinden gerade kein schlagendes Indiz dafür, daß damals die Neustammbildung der (Ost-)Preußen abgeschlossen gewesen sei. Das liegt daran, daß seit dem 15. Jahrhundert in großer Zahl Masowier – also Polen – und Litauer – also Balten – in die östlichen und nördlichen Landstriche Ostpreußens eingewandert und dort, zunächst vom Deutschen Orden und später dann vom preußischen Herzog, angesiedelt worden sind. Für Ostpreußen liegt in dem sehr komplizierten und sehr langgestreckten bevölkerungsgeschichtlichen Angleichungsprozeß ein Sonderfall der kolonisatorischen Neustammbildung vor. Mit großer Wahrscheinlichkeit war er zum Zeitpunkt der Vertreibung der Ostpreußen aus ihrer angestammten Heimat und ihrer Versprengung über das ganze restliche Deutschland noch immer nicht völlig abgeschlossen.[12]

Der Prozeß der Neustammbildung ist bisher bedauerlicherweise noch in keinem Fall von der Wissenschaft eingehend erforscht worden. Bedenkt man, daß die deutschen Neustämme der Ostpreußen,

[8] W. Kuhn (1955), Ostsiedlung in der Neuzeit, I, S. 96.
[9] K. Zernack (1975), Zusammenfassung, S. 784.
[10] W. Kuhn (1955), Ostsiedlung in der Neuzeit, I, S. 106.
[11] R. Wenskus (1975), Deutsche Orden, S. 430.
[12] K. Zernack (1975), Zusammenfassung, S. 786.

der Pommern und der Schlesier heute praktisch verschwunden sind, dann werden die Aussichten dafür, ihren Entstehungsprozeß wissenschaftlich exakt zu ergründen, leider von Tag zu Tag schlechter.

Die deutschen Neustämme unterscheiden sich von den deutschen Altstämmen aber nicht nur durch ihr geringeres Alter und ihre deutlicher zu erkennende anthropologische Buntheit. Für die deutsche Geschichte bedeutsamer war die strukturelle Verschiedenartigkeit des deutschen Ostens und des deutschen Westens.[13] Die Territorien jenseits von Elbe und Saale waren siedlungsmäßig und sozial gekennzeichnet durch große Dörfer, die eindeutig geplante Grundrisse besitzen. Ihre Bewohner standen in einer allgemeinen Abhängigkeit von ihrem Grundherrn. Größere, von der gesamten Dorfgemeinschaft gemeinsam benutzte Flächen, die Marken des Altsiedellandes, gab es nicht. Weiter existierte hier, anders als im Westen, ein in vielen Landschaften sehr gleichmäßig angelegtes Netz wieder sehr planvoll und regelmäßig erbauter, meist kleinerer Städte. Sie stehen in engem Zusammenhang mit den um sie herum lozierten Dörfern. Wir finden weiter an den Handelsstraßen und Seewegen die große Fernhandelsstadt und, im erzführenden Gebirge, die Bergbaustadt. Was wir jedoch vergeblich suchen, sind die Kleinterritorien, die etwa die Karte des deutschen Südwestens wie einen bunten Fleckerlteppich erscheinen lassen. Wir kennen dafür aber auch nicht das Institut der freien Reichsstadt.

Diese Unterschiede verwischten sich zwar im Laufe der Zeit. Zum Teil werden sie aber von der Forschung verantwortlich gemacht für neue Unterschiede, die sich später zwischen dem Osten und dem Westen herausgebildet haben. So wird das Entstehen der Gutsherrschaft östlich der Elbe häufig in Verbindung gebracht mit dem Rechtsstatus der Bauern. Das unbestreitbare Obereigentumsrecht der ostdeutschen Grundherren, das in den Lokationsurkunden eindeutig festgehalten worden war, erleichterte es ihnen später, bäuerlichen Landbesitz dem eigenen Gut zuzuschlagen.

In den Teilen Ostmitteleuropas, in denen die Deutschen weniger zahlreich als bäuerliche oder städtische Siedler in Erscheinung traten als unmittelbar östlich von Elbe und Saale, in Mecklenburg, Pommern, Schlesien und Ostpreußen oder auch in Böhmen, verlief die Entwicklung natürlich anders als im Bereich der Neustammbildung. Im dichtbesiedelten Inneren Großpolens beispielsweise war keine starke Fremdsiedlung notwendig. Dorthin wurden nur in Ausnahme-

[13] W. Kuhn (1955), Ostsiedlung in der Neuzeit, I, S. 33f.

fällen deutsche Bauern gerufen.[14] Wo Deutsche und Slawen kunterbunt durcheinander siedelten und die Slawen in der deutlichen Mehrheit waren, glichen sich die deutschen Zuwanderer den Einheimischen an. Sie assimilierten sich, sie taten genau das, was heute von unseren Gastarbeitern oftmals so beredt gefordert wird. Nicht selten wurde ihnen ihre Anpassungsfähigkeit von späteren Generationen in Deutschland als 'Verrat' am eigenen Volk vorgeworfen.

Nichts ist weniger zutreffend als eine solche Vorhaltung. Der deutsche Bauer, der sich etwa in Innerpolen niedergelassen hatte, und sein polnischer Nachbar, sie waren beide europäische Christen. Der Deutsche und der Pole lernten sich zwangsweise näher kennen. Sie mußten sich über den Zeitpunkt des Pflügens, Säens und Erntens absprechen. Da die Mehrheit der Bauern polnisch sprach, lernte der Zugewanderte, wenn er bestehen wollte, die Sprache seiner Nachbarn. Hatte er Kinder, waren für deren Generation deutsch-polnische Ehen nahezu unausweichlich. So wurde, mitunter sehr schnell, aus einer ursprünglich deutschen Familie eine polnische. Anderswo, in Böhmen oder Ungarn, spielte sich gleiches ab. Dieser Prozeß wurde durch die allgemeine politische und wirtschaftliche Entwicklung in diesen Ländern noch erheblich befördert. Waren Polen, Tschechen, Slowaken oder Ungarn während der Zeit des Landesausbaus durch die Verleihung deutschen Rechts in ihrer sozialen Stellung gehoben worden,[15] so wurde im ausgehenden Mittelalter dann beiden, dem Bauern deutscher wie slawischer Herkunft, das Recht gemindert. Sie glichen sich noch stärker einander an.

Auf Grund der Prozesse im deutschen Neustammgebiet und der andersartigen Entwicklung in Polen, Böhmen oder Ungarn entstand zu Beginn der Neuzeit statt des jahrhundertelang existierenden Gürtels gemischtsprachiger Bevölkerung die deutlich erkennbare Sprachgrenze in Ostmitteleuropa. Sie hat in ihrem Verlauf fast unverändert – später gibt es noch einmal eine leichte Ostverschiebung – bis zum Ende des Zweiten Weltkriegs bestanden.

Die Siedlerzahlen

Im Zusammenhang mit der Neustammbildung ist noch ein anderer Aspekt betrachtenswert. Das Gebiet des ehemaligen zweiten deut-

[14] Ders. (1955), Ostsiedlung in der Neuzeit, I, S. 49.
[15] Ders. (1955), Ostsiedlung in der Neuzeit, I, S. 77f.

schen Staates, der DDR, ist – *cum grano salis* – deutsches Neustammgebiet. Dort leben gegenwärtig rund 16 Millionen Menschen. Zählt man die ehemaligen Schlesier, Pommern und Ostpreußen dazu, dann ergibt das zusammen eine stattlich große Zahl. Das zwingt uns die Frage auf, wie viele Millionen Deutsche sind im Mittelalter nach Osten gezogen? Die Antwort bereitet der Wisenschaft Kopfzerbrechen. Es fehlt uns an gesicherten Grundlagen für eine einigermaßen zuverlässige Schätzung dieser Zahl. Doch von fehlenden Voraussetzungen haben sich Historiker auf Dauer selten bremsen lassen.

Walter Kuhn hat 1963 weniger eigentlich Berechnungen als eher begründete Mutmaßungen vorgelegt, nach denen im 12. und 13. Jahrhundert jeweils 200 000 Menschen aus dem deutschen Altsiedelland in die Länder östlich von Elbe–Saale–Böhmerwald gezogen sind.[16] Den Südosten schließt er bei seiner Vermutung aus. Zu den 200 000 Altdeutschen des 13. Jahrhunderts soll dann noch einmal eine etwa gleich große Zahl von Neusiedlern aus dem bereits im 13. Jahrhundert besiedelten Gebieten hart östlich der Elbe-Saale-Linie hinzugekommen sein. Die zweite, dritte, vierte Generation der ersten Ostwanderer zogen, das ist vielfach urkundlich belegt, noch weiter nach Osten.

Karlheinz Blaschke hat sich 1967 gleichfalls an einer Berechnung der Siedlerzahlen versucht. Er nennt für den gesamten Siedlungsvorgang zwar höhere Zahlen als Kuhn, kommt aber ungefähr auf die gleiche Größenordnung für die Abwanderung aus dem deutschen Altsiedelland.[17] Rechnet man die von beiden Wissenschaftlern angegebenen Zahlen auf das einzelne Jahr um, so sind durchschnittlich während des 12. und 13. Jahrhunderts nur 2000 Menschen jährlich aus dem deutschen Altsiedelland in Richtung Osten abgewandert. Setzt man, um eine runde Rechnung aufmachen zu können, für Deutschland eine Einwohnerzahl von zehn Millionen Menschen an, dann repräsentieren diese zweitausend Bauern, Kaufleute oder Handwerker etwa 0,02 Prozent der deutschen Gesamtbevölkerung. Dieser Anteil liegt innerhalb der Grenzen der Mobilität, die man generell bei den Menschen des 12. Jahrhunderts festgestellt hat. Sie entspricht auch etwa dem Teil der Bevölkerung, der in Deutschland vom Land in die aufblühenden Städte abgewandert ist.

Diese erstaunlich niedrigen Zahlen lassen es verständlich erscheinen, daß wir in der zeitgenössischen erzählenden Überlieferung aus Deutschland kaum etwas von einer ‘Ostsiedlung der Deutschen’

[16] Ders. (1963), Die Siedlerzahlen.

[17] K. Blaschke (1967), Bevölkerungsgeschichte.

lesen können. Die Chronisten haben diese Bewegung, um die im 19. und der ersten Hälfte des 20. Jahrhunderts so viel Wirbel gemacht worden ist, einfach nicht wahrgenommen. Sollten sie von ihr doch etwas erkannt haben, dann schien ihnen dieses Geschehen mehr oder weniger belanglos, auf jeden Fall nicht erwähnenswert zu sein. Diese Zahlen machen aber auch deutlich, daß sich in der mittelalterlichen deutschen Ostkolonisation die Deutschen keineswegs nach Osten 'drängten'.

Die rechtliche Angleichung – Stadtrechtsfamilien

Trotz der zahlenmäßig bedeutungslosen Ausprägung des vermeintlichen Dranges der Deutschen nach Osten hat der Siedlungsprozeß – abgesehen von der Bildung deutscher Neustämme – erhebliche Auswirkungen gehabt. Neueuropa, das Land zwischen Elbe und Weichsel, hat sich im Verlauf dieses Prozesses den Verhältnissen im Westen, in Alteuropa, strukturell angeglichen. An der Nordseeküste wie am Fuß des Riesengebirges fanden Siedler, die Neuland der See oder dem Wald abzuringen bereit waren, in etwa die gleichen rechtlichen Bedingungen vor.

Diese rechtliche Vereinheitlichung wird eindrucksvoll bestätigt, wenn man sie für den städtischen Bereich kartiert (vgl. Abb. 13). Neben den oben angeführten Beispielen für die Rechtsverleihungen nach Magdeburger Recht, das am häufigsten benutzt wurde, gab es auch andere Vorbilder. Neben ihm spielten eine größere Rolle im Norden das Lübecker und im Süden das Nürnberger Recht. Dort, in den südlichen Regionen, hat auch das Wien-Brünner Recht noch eine gewisse Bedeutung erlangt.[18] Die Ausbreitung dieser drei oder vier Stadtrechte führte zu deutlich voneinander abgegrenzten Stadtrechtslandschaften. Im Norden, entlang der Ostseeküste, liegt das Verbreitungsgebiet des lübischen Rechts. Über das auf der Karte dargestellte Gebiet hinaus finden wir es auch noch etwa in Riga, in Dorpat, in Reval oder im russischen Nowgorod. Die große Mitte Neueuropas wird vom Magdeburger Stadtrecht bestimmt. Auch hier sind auf der Karte – im Osten – bei weitem nicht alle Städte dargestellt, die es erhalten haben. Dazu gehören unter anderen noch Witebsk, Smolensk, Minsk, Kiew oder Poltawa. Nürnberger Stadtrecht war stark in Böhmen verbreitet und das Wiener in Mähren.

[18] G. Schubart-Fikentscher (1942), Die Verbreitung der deutschen Stadtrechte.

Dieser Akkulturationserfolg ist nicht allein das Verdienst der Deutschen. Sie müssen ihn in zweifacher Weise mit anderen teilen. Zunächst dadurch, daß sie selbst große Teile der rechtlichen Regelungen von Nachbarn im Westen übernahmen. Eigenständig fügten sie dann die materiellen Bestandteile des sogenannten 'deutschen Rechts' hinzu. Zum anderen aber löste ihr Erscheinen in Neueuropa „eine entsprechende slawische Innenkolonisation aus oder gab einer schon im Gang befindlichen erhöhte Stoßkraft“ [19]. Wie zuerst die Deutschen waren später auch die Slawen in der Lage, sich die neuen Institutionen anzuverwandeln, sie zu benutzen und weiterzutragen. Sie bedurften ihrer deutschen Lehrmeister, als die ausblieben, auch nicht mehr. Selbst bei der Gründung neuer Städte traten seit dem 14. Jahrhundert mehr und mehr Polen, Tschechen, Ungarn an die Seite oder an die Stelle der Deutschen. Der einstmals deutlich vorhandene strukturelle Niveauunterschied zwischen Alt- und Neueuropa war weitgehend ausgeglichen.

Die technische Angleichung

Neben dieser rechtlichen Angleichung steht auch eine Übernahme des technischen 'Know-hows' durch Neueuropa. Davon betroffen war in erster Linie der ländliche Bereich; dort lebten in jenen Jahrhunderten die meisten Menschen. Und sie benutzten nun auch in großer Zahl den eisernen Pflug, die eiserne Egge, die Sense und den zweigeteilten Dreschflegel. Sie bebauten ihre Felder gleichfalls im Dreijahresrhythmus und sie mahlten das Getreide, das sie nun in weitaus größeren Mengen ernteten, meist in Wassermühlen.

Aber die technische Angleichung hat nicht allein den ländlichen Raum Neueuropas gefördert. Wassermühlen wurden im Mittelalter keineswegs nur benutzt, um Getreide zu Mehl zu vermahlen. Wasser war der Antrieb für vielfältige Tätigkeiten. So finden wir jetzt in Neueuropa wie in Alteuropa Mühlen zum Tuchwalken, zum Lohestampfen, zum Antrieb von Schleifrädern, zum Brettsägen, und sie arbeiten auch im städtischen Handwerk.[20] Am Ende dieses mittelalterlichen Angleichungsprozesses stehen dann bereits technische Großanlagen, etwa die sogenannten Eisenhämmer und Glashütten.[21]

[19] W. Kuhn (1955), Ostsiedlung in der Neuzeit, I, S. 74.
[20] Ders. (1975), Deutschrechtliche Siedlung, S. 393.
[21] Ders. (1975), Deutschrechtliche Siedlung, S. 394.

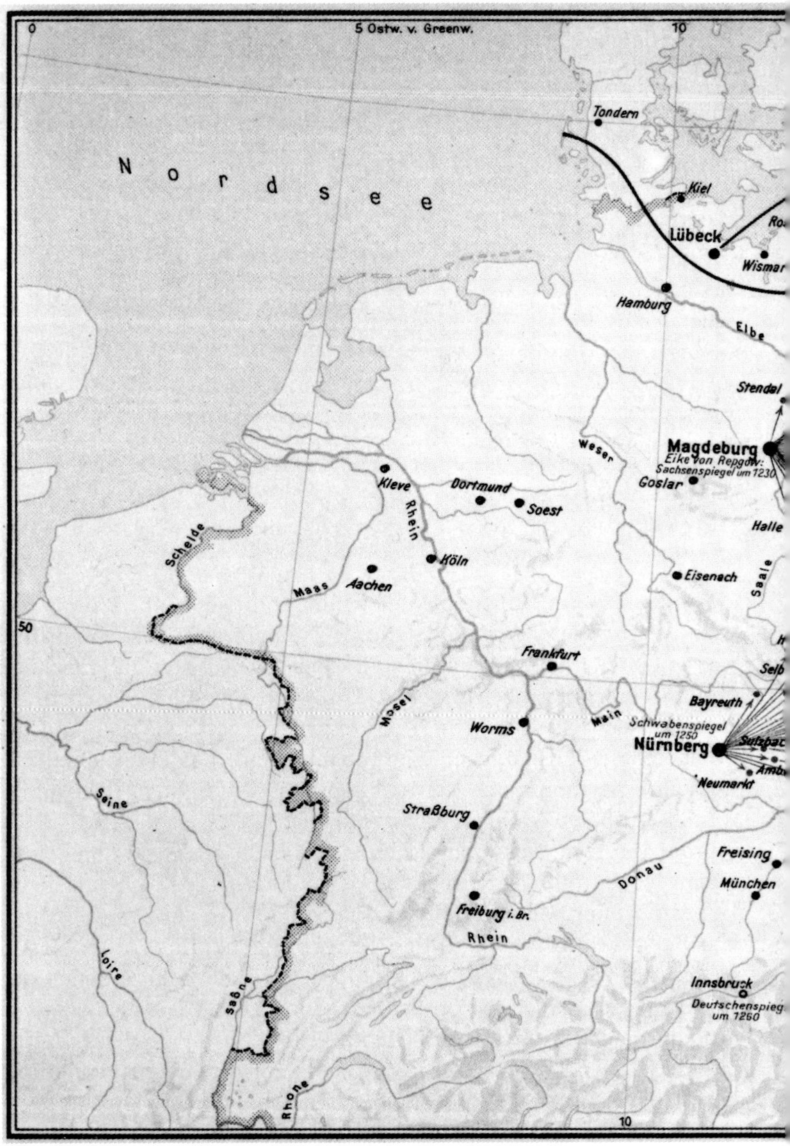

Abb. 13: Die großen Stadtrechtsfamilien

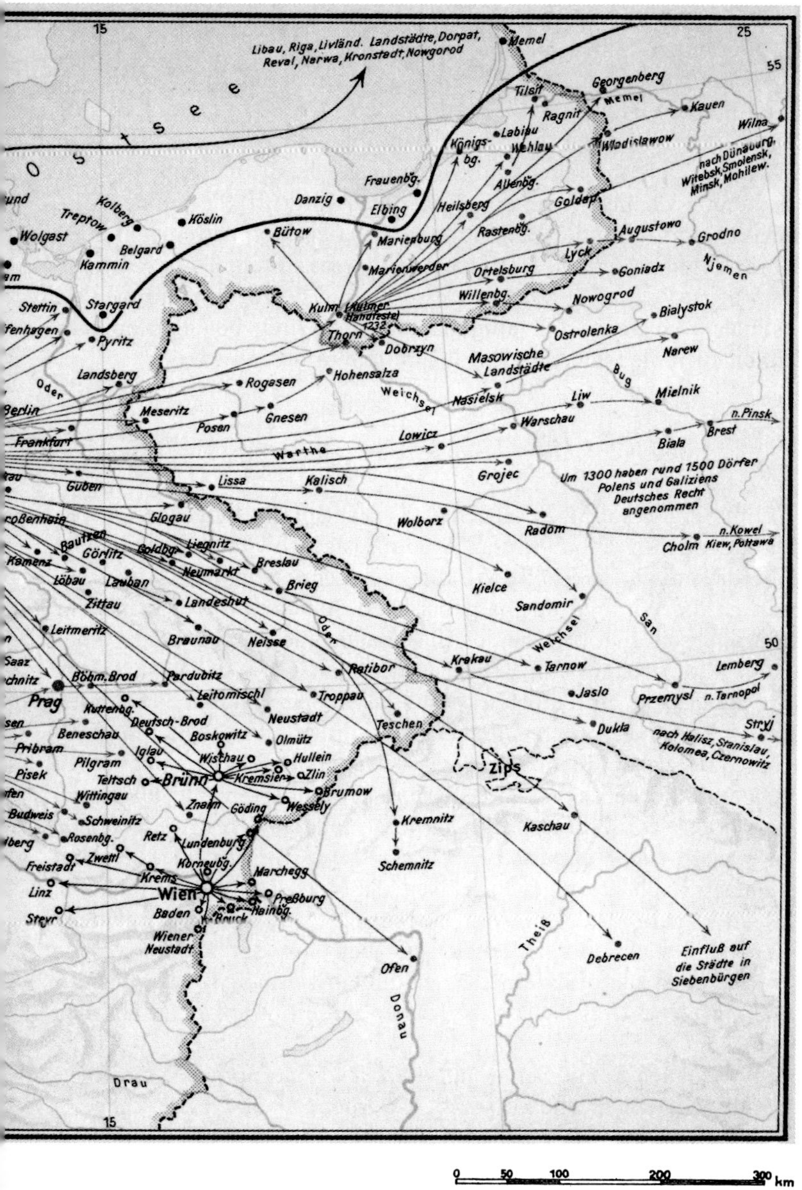
Libau, Riga, Livländ. Landstädte, Dorpat, Reval, Narwa, Kronstadt, Nowgorod
Memel
Tilsit
Georgenberg
Ragnit
Kauen
Wilna
Labiau
Wehlau
Königsbg.
Wladislawow
nach Dünaburg, Witebsk, Smolensk, Minsk, Mohilew.
Allenbg.
Frauenbg.
Danzig
Elbing
Heilsberg
Goldap
Kolberg
Treptow
Köslin
Wolgast
Belgard
Kammin
Bütow
Marienburg
Rastenbg.
Augustowo
Grodno
Lyck
Marienwerder
Ortelsburg
Goniadz
Njemen
Stettin
Stargard
Willenbg.
Nowogrod
Kulm
Kulmer Handfeste 1232
Bialystok
Pyritz
Thorn
Ostrolenka
Dobrzyn
Narew
Masowische Landstädte
Landsberg
Hohensalza
Bug
Oder
Rogasen
Weichsel
Nasielsk
Mielnik
Berlin
Meseritz
Gnesen
Liw
Posen
n. Pinsk
Warschau
Brest
Frankfurt
Lowicz
Biala
Warthe
Grojec
Um 1300 haben rund 1500 Dörfer Polens und Galiziens Deutsches Recht angenommen
Lissa
Kalisch
Guben
Glogau
Wolborz
Radom
n. Kowel
Cholm
Kiew, Poltawa
Bautzen
Görlitz
Liegnitz
Goldbg.
Breslau
Kamenz
Neumarkt
Löbau
Lauban
Brieg
Kielce
Zittau
Landeshut
Sandomir
San
Leitmeritz
Braunau
Neisse
Weichsel
Saaz
Böhm. Brod
Pardubitz
Ratibor
Krakau
Tarnow
Lemberg
Prag
Leitomischl
Jaslo
Przemysl
n. Tarnopol
Kuttenbg.
Deutsch-Brod
Neustadt
Troppau
Teschen
Beneschau
Boskowitz
Olmütz
Dukla
Stryj
Pribram
Iglau
Hullein
nach Halisz, Stanislau, Kolomea, Czernowitz
Pilgram
Wischau
Zlin
Zips
Pisek
Teltsch
Brünn
Kremsier
Brumow
Wittingau
Znaim
Göding
Wessely
Budweis
Schweinitz
Kremnitz
Kaschau
Rosenbg.
Retz
Lundenburg
Freistadt
Zwettl
Korneubg.
Marchegg
Schemnitz
Krems
Linz
Wien
Preßburg
Baden
Hainbg.
Bruck
Steyr
Wiener Neustadt
Theiß
Debrecen
Einfluß auf die Städte in Siebenbürgen
Ofen
Donau
Drau
15
25
55
50
0
50
100
200
300 km

In den mährischen wie in den ungarischen Edelmetallgruben verhalfen die Organisation und die Erfahrungen der deutschen Bergleute zu einer hohen Silber- und Goldproduktion.[22]

Solche Angleichungsvorgänge haben auch im militärischen Sektor stattgefunden. Heinrich von Lettland berichtet uns in seiner Livländischen Chronik, welch furchtbare Wirkung eine Waffe auf die Liven und Letten, auf die Esten und Kuren hatte, die die baltischen Völker bis dahin noch nicht kannten. Es war die Armbrust. Sie war dem einfachen Handbogen der Balten, aber auch dem der Slawen weit überlegen. Beide hatten natürlich nichts Eiligeres zu tun, als ihre veralteten Waffensysteme flugs zu modernisieren. Die Ritterheere, wie sie erstmals von Heinrich I. aufgebaut worden sind, bevölkerten sehr schnell auch die Schlachtfelder Ostmitteleuropas.

Gab es keine Sprachbarriere?

Zum Schluß soll noch auf einen Gesichtspunkt hingewiesen werden, dem heute schon für den bloßen Austausch von Gedanken eine außerordentlich hindernde Wirkung zugeschrieben wird. Angesprochen ist die Wirkung der babylonischen Sprachverwirrung, mit der Gott uns, seit dem von ihm als Blasphemie aufgefaßten Versuch des Wolkenkratzerbaues von Babel, gestraft hat.[23] Wie haben sich deutsche Siedler, die mittelhochhessisch, mittelhochfränkisch oder mittelhochsächsisch gesprochen haben, mit ihren lutizischen, pommerschen, prußischen, polnischen, mährischen, böhmischen, ungarischen oder auch koratischen Landesherren, Grundherren und Nachbarn verständigt? Das Problem, das uns heute auf dem Weg in die Vereinigten Staaten von Europa so erhebliches Kopfzerbrechen bereitet, hat es damals auch schon gegeben. Nur, die Menschen des Mittelalters, das wir so gern als das 'finstere' apostrophieren und das wir gemeinhin als sehr rückständig ansehen, sie haben diese Sprachunterschiede offensichtlich nicht als eine schier unüberwindbare Barriere angesehen. Welche Umstände haben ihnen diese optimistische Haltung ermöglicht?

Es gab auch damals eine *lingua franca,* eine Sprache, die (fast) überall gesprochen und verstanden wurde. Für uns heute Lebende spielt diese Rolle das Englische. Im Mittelalter war man etwas an-

[22] E. Fügedi (1975), Königreich Ungarn, S. 504f.

[23] 1. Mos. 11, 9.

spruchsvoller und bediente sich des Lateins. Außerdem, so meinten die Menschen im Mittelalter, könne man ja auch die Sprache des jeweils anderen lernen. Wenn dann aber die Bewohner des einen Dorfes polnisch, die des Nachbarortes deutsch sprachen, so störte das lange Zeit niemanden. Es fand sich immer ein Nachbar, der zwischen zwei Menschen, die sich nicht verständigen konnten, dolmetschte.

Spät erst änderte sich das. Die Initiative dazu ging nicht von den Bauern oder Bürgern aus, sondern von der Verwaltung, die mehr und mehr zu wuchern begann. Den frühen Bürokraten bereitete es schweren Verdruß, weil erhebliche Mühe, wenn sie nicht allen von ihnen verwalteten Untertanen in der gleichen Sprache vorschreiben konnten, was diese zu tun oder häufiger noch was sie zu unterlassen hatten. Sie setzten den groben Hobel einer sprachlichen Gleichmacherei an. Vom Ende des 15. Jahrhunderts, einer Zeit, in der das ehemals piastische, polnische Schlesien bereits völlig eingedeutscht war, besitzen wir einen rüden Brief des Bischofs von Breslau, Johann Roth, an die Bauern des Dorfes Woitz. Darin wird diese neue Bewertung altüberkommener Mehrsprachigkeit deutlich. Der geistliche Herr hielt seinen Bauern eine regelrechte Gardinenpredigt. Barsch verkündete er ihnen, sie, die sich unter den umliegenden Dörfern allein „der fremden polnischen Sprache“ bedienten, hätten gefälligst binnen fünf Jahren Deutsch zu lernen. Man müsse sich mit ihnen schließlich verständigen können. Sollten sie nach Ablauf dieser Zeit die Sprache des Herrn Bischofs nicht beherrschen, so drohte Roth, hätten sie das Land zu verlassen. Der Bischof übte solchen Germanisierungsdruck aber keineswegs nur auf seine Bauern aus. Drei Jahre später verbot er die Aufnahme von Polen in das Domkapitel. Im Kreise seiner Domherren solle, so begründet er seine unchristliche Haltung, nur eine Sprache und eine Sitte, die deutsche, herrschen. Außerdem nähme man in Polen in die Domkapitel auch keine Deutschen auf.[24]

Diese Intoleranz treffen wir erst spät, am Ende des 15. Jahrhunderts, an. Vorher hat ein Sprachenwirrwar offensichtlich niemanden sonderlich gestört. In Ungarn ist eine sehr aussagekräftige Quelle erhalten, die uns plastisch vor Augen führt, welche geringe Bedeutung man dem Sprachproblem einst beigemessen hat. Folgende Ereignisse haben sich abgespielt: Eine ungarische Grundherrin weilte auf der Burg ihres mährischen Besitzes. Während ihres Besuches fühlte sie ihr Ende nahen. Als gläubige Christin schickte sie ins Dorf nach dem Pfarrer. Er sollte ihre Beichte hören, die Sakramente spenden und ihr

[24] C. Grünhagen (1884), Geschichte Schlesiens, Bd. I., S. 393.

Testament entgegennehmen. Die Aufforderung versetzte den Dorfpfarrer beinahe in Verlegenheit, denn er sprach nur Mährisch und Latein und wußte, daß die Sterbende nur magyarisch sprach und verstand. Da traf es sich gut, daß er einen Amtsbruder aus dem Ungarischen zu Besuch hatte. Den bat er auf die Burg zu gehen und die geistlichen Pflichten an seiner Statt zu erfüllen. Sein Besucher tat ihm den Gefallen und erledigte auf der Burg alles, wie es sich für einen geistlichen Herrn geziemte. Zum Schluß ließ er sich die testamentarische Verfügung der Dame über ihren Besitz erzählen: auf ungarisch. Danach wanderte er wieder zurück ins Dorf. Der Dorfpfarrer rief seinen Vikar und trug dem auf, seine Ohren aufzusperren und gut zuzuhören. Der ungarische Pfarrer erzählte nun auf mährisch, was die Verstorbene auf ungarisch testamentarisch verfügt hatte. Sein mährischer Amtsbruder schrieb es in Latein auf.

Dann geschah, was bei Testamenten häufiger passiert. Die Nichtbedachten fühlten sich zurückgesetzt und fochten den letzten Willen der Verblichenen vor Gericht an. Weil es zu einer Gerichtsverhandlung gekommen ist, wissen wir überhaupt von diesem Vorgang. Wir kennen ihn nur aus den Gerichtsakten. Der Prozeß war, wie alle Erbauseinandersetzungen, schwierig und kompliziert, er dauerte lange. Die gegnerischen Parteien führten alle nur erdenklichen Argumente für und wider die Rechtmäßigkeit des Testamentes in den Prozeß ein, nur eines nicht: die Vielsprachigkeit, durch die das Testament gegangen war, ehe es den Erben und den Nichterben zu Gesicht kam.[25]

[25] So J. Bák in einem Diskussionsbeitrag auf der Tagung ›Demographischer und sozialer Strukturwandel in Ostmitteleuropa im Mittelalter‹, die von der Historischen Kommission zu Berlin vom 4.–6. April 1989 in Berlin veranstaltet worden ist.

II. DIE NEUZEITLICHE OSTSIEDLUNG

5. VON DER WÜSTUNGSPERIODE DES SPÄTMITTELALTERS BIS ZUR WIEDERAUFNAHME DER SIEDLUNGSTÄTIGKEIT

Die Länge der Unterbrechung zwischen der mittelalterlichen und der neuzeitlichen Siedlung Deutscher im Osten wird in der Forschung auf mindestens 100 Jahre angesetzt. Für die meisten Gebiete dauerte sie jedoch nachweisbar erheblich länger. Häufig traten Pausen von 150 bis 200 Jahren auf.[1]

Als dann, um 1500 etwa, die Siedlungstätigkeit wiederaufgenommen wurde, begann ein Prozeß, der bis weit über die Mitte des 19. Jahrhunderts hinein andauern sollte. Dabei brachte erstaunlicherweise auch der Dreißigjährige Krieg, der erhebliche Verwüstungen und hohe Bevölkerungsverluste im Gefolge hatte, nur einen leichten Rückschlag. Er konnte schnell überwunden werden. Daraus können wir schließen, daß er mitten in einer Zeit des Siedlungswachstums, in einer Phase des Bevölkerungswachstums, geführt worden ist.[2]

Bei der neuzeitlichen Siedlung Deutscher in Ostmittel- und nun auch in Osteuropa lassen sich zahlreiche unterschiedliche Abschnitte oder Wellen erkennen. Der Prozeß war zeitlich und räumlich vielfach gestaffelt. Walter Kuhn hat sie in drei Phasen gegliedert und damit sehr genau die wichtigsten Merkmale der jeweiligen Siedlungsetappe erfaßt. Er unterscheidet zunächst die sogenannte Frühkolonisation. Sie beginnt nach seiner Meinung um das Jahr 1500 und endet 1683 bzw. um 1700. Das Jahr 1683 wählte er deshalb, weil in jenem Jahr die Türken vor Wien vom Reichsheer unter der Führung des polnischen Königs Jan Sobieski vernichtend und endgültig geschlagen worden sind. Der Sieg bedeutete für Wien, wie Kuhn formuliert, ein Aufstoßen der Tore zu neuen Aufgaben und neuen Räumen.[3] Die Hauptinitiatoren der Frühkolonisation waren die großen Grundherren.

Die zweite Phase der neuzeitlichen Siedlungsbewegung bezeichnet Kuhn als Hochkolonisation. In dieser Etappe nahm sich der absoluti-

[1] W. Kuhn (1955), Ostsiedlung in der Neuzeit, I, S. 34f.

[2] Ders. (1955), Ostsiedlung in der Neuzeit, I, S. 34f.

[3] Ders (1955), Ostsiedlung in der Neuzeit, I, S. 116.

stische Staat des Siedelwerkes an. Mit diesem Träger ist auch der zeitliche Rahmen abgesteckt; etwa von 1700 bis 1815 dauerte dieser Abschnitt. Die letzte Etappe schließlich nennt er Spätkolonisation. Sie füllt den verbleibenden Rest des 19. Jahrhunderts aus[4] und bringt „nochmals eine größere Welle von deutschen Stadt- und Industriegründungen im Osten“[5]. Es war also vor allem städtische und das heißt schon industrielle Siedlung. Zu dieser Etappe gehörte beispielsweise, daß städtische Tuchmacher und dörfliche Leineweber Schlesiens gemeinsam das Lodzer Textilindustrierevier aufbauten, oder daß sich in Oberschlesien Eisenhütten und Kohlebergbau zur Schwerindustrie, zu großstädtischer Siedlung vereinigten.

Die drei Phasen der neuzeitlichen Siedlung setzten sich aus einer Vielzahl einzelner Vorgänge zusammen. Das allen Gemeinsame zu beschreiben, ist verhältnismäßig einfach, die individuellen Züge nachzuzeichnen würde dagegen sehr viel Platz in Anspruch nehmen. Deshalb sollen hier einzelne Siedlungsvorgänge exemplarisch dargestellt und detailliert auf ein besonders eindrucksvolles Beispiel der Hochphase, der Siedlung des absolutistischen Staates, eingegangen werden: Die Siedlung Deutscher in Rußland.

Die Wüstungsperiode

Zuvor sollen jedoch dem Hiatus zwischen mittelalterlicher und neuzeitlicher Siedlung einige Bemerkungen gewidmet werden. Er hat, je nach Landschaft, ein bis zwei Jahrhunderte angedauert. Es handelt sich dabei um einen Vorgang, den man als eine Art negativer Siedlung bezeichnen kann. Was geschah damals?

Seit dem 14. Jahrhundert läßt sich im Westen und spätestens seit dem 15. Jahrhundert auch im deutschgewordenen Osten ein Siedlungsrückgang erkennen. Natürlich fehlen uns für diese Zeit noch immer Bevölkerungsstatistiken, aber Siedlungsarchäologen und Geographen vermögen doch zu erkennen, daß zahlreiche Dörfer kleiner wurden. Sie schrumpften oder verschwanden ganz und gar, sie wurden wüst.[6] Dieser Wüstungsprozeß war keineswegs allein auf

[4] Ders. (1955), Ostsiedlung in der Neuzeit, I, S. 114f.

[5] Ders. (1955), Ostsiedlung in der Neuzeit, I, S. 120.

[6] Allgemein W. Abel (1955), Wüstungen; ders. (1967), Wüstungen in historischer Sicht, S. 1ff.; H. Jäger (1967), Dauernde und temporäre Wüstungen, S. 16ff.; A. Krenzlin (1959), Das Wüstungsproblem, S. 153ff.

Deutschland beschränkt. Er war vielmehr, gleich wie der vorhergehende Landesausbau, zunächst eine westeuropäische Erscheinung.[7] Sein Höhepunkt lag im Westen etwa um die Mitte des 15. Jahrhunderts. Im Osten erreichte er seinen Gipfel kurz vor der Wende vom 15. zum 16. Jahrhundert. Er trat in sehr verschiedener Ausprägung auf. Teils wurden ganze Dörfer für Jahrhunderte wüst, teils nur für ein paar Jahrzehnte. In anderen Landschaften wurden dörfliche Siedlungen für ein, zwei Generationen oder auch wieder für Jahrhunderte nur deutlich kleiner. Wegen der vielfältigen Formen, in denen uns der Wüstungsprozeß entgegentritt, läßt sich sein tatsächlicher Umfang nur schlecht abschätzen. Es wird vermutet, daß ein Drittel bis zur Hälfte des mittelalterlichen Bestandes an Bauernhöfen in diesen Jahrhunderten verschwunden sind.[8] Für das Gebiet der deutschen Ostsiedlung, etwa dem Nordosten mit seinen geringwertigen oder schwer zu bebauenden Böden oder in klimatisch ungünstigen Gebieten, auf den Sandern der Ebenen, in den Niederungen der Weichsel und in Gebirgslagen über 500 Meter Meereshöhe reichte die Wüstungsdichte mitunter bis an die Grenze völliger Entsiedlung heran.[9]

Wo liegen die Gründe für diese zu den vorhergehenden Jahrhunderten so scharf kontrastierende Entwicklung? Bei dem Versuch, sie zu entdecken, tappt die Wissenschaft im dunkeln. Die Historiker wie die Siedlungsgeographen oder die Archäologen können nur Vermutungen anstellen.

Zu diesen Mutmaßungen zählt beispielsweise der Hinweis der Klimatologen, daß Mitte des 15. Jahrhunderts eine vorübergehende Klimaverschlechterung eingetreten sei, die, nach einer Pause von rund 100 Jahren, nach der Mitte des 16. Jahrhunderts in eine endgültige Klimaverschlechterung übergegangen sei. Präzise haben die Klimaforscher festgestellt,[10] daß es zwischen 1420 und 1450 sowie zwischen 1465 und 1560 heiße Sommer gegeben hat. Noch im Januar 1541 haben, so wird berichtet, die Burschen bei Basel im Rhein gebadet. Die durchschnittlichen Temperaturen lagen um 0,4 Grad über

[7] W. Kuhn (1955), Ostsiedlung in der Neuzeit, I, S. 55.

[8] Ders. (1955), Ostsiedlung in der Neuzeit, I, S. 55.

[9] Ders. (1955), Ostsiedlung in der Neuzeit, I, S. 69.

[10] Vgl. E. Le Roy Ladurie (1967), L'histoire du climat depuis l'an mil.; Journal of Interdisciplinary History, Bd. 10 (1979/80) (Bericht über eine Tagung zu klimageschichtlichen Forschungen), New York; H. Lehmann (1986), Frömmigkeitsgeschichtliche Auswirkungen der „Kleinen Eiszeit"; C. Pfister (1988), Klimageschichte der Schweiz.

denen der heutigen Zeit, die Niederschlagsmengen sind dagegen erheblich geringer gewesen. Zwischen 1450 und 1465 sowie nach 1560 wurden Sommer wie Winter deutlich kälter, überspitzt wird von einer kleinen Eiszeit gesprochen. In unseren Tagen werden solche Entwicklungen flugs als Klimakatastrophe apostrophiert. Den Kontrast zum Badejahr des Jahrhunderts von 1541 bildet das Jahr 1572; sechzig Tage blieb der Bodensee damals mit Eis bedeckt. Das Jahr 1588 soll sogar das regenreichste der Neuzeit gewesen sein, während 1608 den Luzernern ganze fünf Sonnentage brachte.

Die präzisen Jahresangaben der Klimatologen zeigen uns aber, daß die Klimaveränderungen wohl nur wenig mit der Wüstungsperiode zu tun gehabt haben können. Als es dauerhaft kälter wurde, war die Frühphase der neuzeitlichen Siedlung gerade im vollen Gange. Auch war es vielfach so, daß wüstgewordene Siedlungen vor dem Klimaumschwung ein bis zwei Jahrhunderte bestanden haben und später, in der Neuzeit, nach Eintritt der Klimaverschlechterung, wiederauflebten. Die natürlichen Faktoren, zumindest die klimatologischen, haben, so scheint es, als auslösende Faktoren des Phänomens Wüstungen schlechte Karten.

Die Wissenschaft hat sich deshalb nach anderen Erklärungen umgesehen. Die Forscher sind auf eine Reihe zeitbedingter Ursachen verfallen. Beispielsweise, so eines der Argumente, seien in der Wüstungsphase relativ viele Kriege geführt worden. Andere weisen daraufhin, daß offenbar verstärkt Menschen vom Land in die Stadt wanderten. Dabei sei angemerkt, daß die hygienischen Bedingungen in der Stadt so miserabel gewesen sind, daß dort zu allen Zeiten mehr Menschen starben als geboren wurden. Zudem wirkten in den Städten Hungersnöte und Seuchen besonders verheerend.

Der Moloch Stadt habe also, so diese Mutmaßung auf ihren kurzen Nenner gebracht, die Menschen gefressen. Dadurch sei zunächst, so wird postuliert, die Zahl der Verbraucher landwirtschaftlicher Produkte stärker gesunken als die der Produzenten. Die Nachfrage nach Getreide sei also zurückgegangen, was wiederum dazu geführt habe, daß die Getreidepreise im 15. Jahrhundert eine stark sinkende Tendenz besessen hätten. Dagegen hätten die Preise der städtischen Waren, wegen der geringeren Produktion auf Grund der zunächst geringeren Zahl von Produzenten, die entgegengesetzte Tendenz besessen. Sie seien abrupt gestiegen. Dadurch habe sich die ländliche Bevölkerung einer Preisschere gegenübergesehen. Ihre Produktion sei unrentabel geworden. Die Bauern seien vom Land in die Stadt geflohen. Dadurch habe die städtische Bevölkerung wieder wachsen können.

Das gravierendste Problem bei diesen Erklärungsversuchen ist nun, daß die einzelnen Vorgänge alle vor der Wüstungsperiode auch schon vorhanden gewesen sind. Nur haben sie damals keinen Wüstungsprozeß ausgelöst. Eine bloße Landflucht hätte zudem nur eine Umschichtung der Bevölkerung zwischen Dorf und Stadt zur Folge gehabt, während es doch so gewesen zu sein scheint, daß die Bevölkerungszahl insgesamt, also auch die der Städte, absolut gesunken ist. Dafür gibt es aus vielen europäischen Ländern recht gut begründete Zahlen.[11] Frankreich soll zwischen dem letzten Drittel des 14. Jahrhunderts und dem letzten Drittel des 15. etwa ein Drittel seiner Gesamtbevölkerung verloren haben. Das ist eine globale Schätzung. Kleinere Räume sind präziser untersucht worden. So lebten in Teilen Brabants 1437 rund 93 000 Menschen. Knapp sechzig Jahre später, 1496, hat man für dasselbe Gebiet nur noch etwa 75 000 Bewohner gezählt.

Besonders drastische Entwicklungen sind auch für einige kleinere Gebiete Italiens, für die Territorien von Volterra und San Gimignano in der Toskana, festgestellt worden (vgl. Abb. 14a). In Volterra wurden zum Jahr 1326/27 3142 Feuerstellen gezählt. Ein Jahrhundert später, 1426, gab es nur noch 966, d. h. weniger als ein Drittel.

Für Deutschland haben die Demographen festgestellt, daß in 29 Städten, aus denen zumindest zwei Nachrichten über die Bevölkerung aus dem 14. und 15. Jahrhundert vorliegen, die städtische Bevölkerung in diesen 100 Jahren um knapp 20% zurückgegangen ist. Diese Berechnung widerlegt die Vermutung der Historiker, daß die Einwohnerzahl der Städte zugenommen hat. Rechnet man zu diesem Verlust der städtischen Bevölkerung noch den der ländlichen hinzu, dann, so urteilt Wilhelm Abel, „mag der Schluß erlaubt sein, daß auch in Deutschland die Bevölkerung um ein Viertel oder mehr von der ersten Hälfte des 14. Jahrhunderts bis zum letzten Viertel des 15. Jahrhunderts abnahm“[12].

Warum aber nahm die Bevölkerung ab? Auch auf diese Frage sind viele Antworten gegeben worden. Man kann bei nahezu keiner sagen, sie sei falsch. Aeneas Silvio Piccolomini, der spätere Papst Pius II., beobachtete, als er um 1440 in Wien weilte, daß sich die ökonomisch und sozial führenden Wiener Familien nur über wenige Generationen hielten. Gleichartige Beobachtungen liegen auch aus anderen Städten vor. Für Wien erklärte Piccolomini das damit, daß

[11] W. Abel (1966), Agrarkrisen, S. 93ff.

[12] Ders. (1966), Agrarkrisen, S. 95.

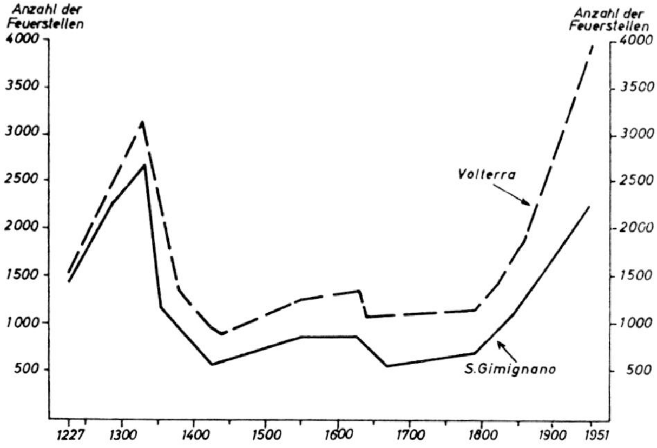

Abb. 14a: Bevölkerungsentwicklung in der Toskana

junge Männer in erster Ehe reiche alte Frauen heirateten, mit denen sie keine Kinder mehr hatten. Nachdem die reiche, aber alte erste Frau das Zeitliche gesegnet hätte, habe der Witwer zwar flugs ein junges, knuspriges Mädchen geheiratet. Doch auch aus dieser Ehe seien häufig keine Nachkommen mehr entsprossen. Nun sei nämlich der Mann wieder zu alt dafür gewesen. Die zu geringe Kinderzahl, die zu niedrige Geburtenrate wird aber andererseits auch damit in Verbindung gebracht, daß im 15. Jahrhundert die Prostitution einen besonders großen Umfang angenommen habe.[13]

Mit exakten Zahlen zu belegen sind diese beiden letzten Erklärungen nicht. Trotzdem können derartige Kleinigkeiten mitunter große Wirkungen gehabt haben. Wenn ein auch nur leichtes Ansteigen der Sterberate verbunden war mit einem gleichzeitigen ebenso leichten Absinken der Geburtenrate, dann kann das Jahr für Jahr zu einem leichten Rückgang der Bevölkerung führen. Dieser für das einzelne Jahr nahezu bedeutungslose Rückgang kann sich, auf ein Jahrhundert gerechnet, zu einer ganz erheblichen Größe summiert haben (vgl. Abb. 14b).

Sicher wird ein ganzes Bündel von Gründen und nicht ein oder zwei Hauptphänomene zu den Wüstungen geführt haben. Anfang des 16. Jahrhunderts sind sie aber alle bedeutungslos geworden. In den zwanziger und dreißiger Jahren dieses Jahrhunderts beobachten wir das erste Wiedereinsetzen einer Kolonisation. So tauchen beispiels-

[13] Ders. (1966), Agrarkrisen, S. 95.

Periode I (Rodungsperiode, 11.—13. Jahrhundert)		*Periode II* (Wüstungsperiode, 14.—15. Jahrhundert)	
Geburtlichkeit	42 v. T.	Geburtlichkeit	39 v. T.
Sterblichkeit	36 v. T.	Sterblichkeit	41 v. T.
Geburtenüberschuß	6 v. T.	Sterbefallüberschuß	2 v. T.

Abb. 14b: Sterberate und Geburtenüberschuß

weise 1527 die ersten niederländischen Kolonisten im Herzogtum Preußen auf. Sie wurden vom ehemaligen Hochmeister des Deutschen Ordens, Albrecht von Hohenzollern, der gerade zum Herzog gekrönt worden war, ins Land gerufen.[14] Schon um 1550 war dann – im ganzen deutschen Osten – die Siedlungsbewegung wieder in vollem Gang. Zuerst wurden die teilweisen bzw. völligen Wüstungen wiederbesetzt, und schließlich entstanden erneut Dörfer aus wilder Wurzel.[15]

Ebenso wie bei der Erklärung für die Wüstungsperiode tappt die Wissenschaft auch bei der Suche nach Gründen für das Wiedereinsetzen des Siedlungsprozesses im dichten Nebel herum. Teilweise läßt man bei der Suche nach Erklärungen in ähnlicher Weise der Phantasie die Zügel schießen wie bei der Motivsuche für die Wüstungen. So wird bei der Benennung politischer Gründe beispielsweise darauf verwiesen, daß Preußen 1525 zum Herzogtum in der Hand der Hohenzollern geworden sei. Man übersieht dabei nur, daß gerade in Preußen eine Siedlungsunterbrechung nie stattgefunden hat. Wenn keine Deutschen zur Hand waren, dann hatten der Deutsche Orden wie der hohenzollernsche Herzog Polen und Litauer genommen. Außerdem wurde Preußen mit dem Kurhaus der Hohenzollern, mit Brandenburg, erst 1618 verbunden, und ein machtvolles Gebilde wird Brandenburg-Preußen gar erst unter dem Großen Kurfürsten in der 2. Hälfte des 17. Jahrhunderts. Unter den politischen Gründen wird auch die Schlacht von Mohács angeführt, durch deren Ausgang die Jagiellonen als böhmische und ungarische Herrscher von den Habsburgern abgelöst werden. Nur, die Habsburger hatten anschließend alle Hände voll zu tun, sich der Türken zu erwehren. Und das war

[14] W. Kuhn (1955), Ostsiedlung in der Neuzeit, I, S. 110; H. u. G. Mortensen (1937/38), Die Besiedlung.

[15] W. Kuhn (1955), Ostsiedlung in der Neuzeit, I, S. 110; B. Schulze (1939), Neue Siedlungen.

alles andere als eine die Bevölkerungsvermehrung fördernde Tätigkeit.

Erklärungen aus dem ökonomischen Bereich wirken überzeugender. Das 16. Jahrhundert brachte das Ende der Getreidekrise. Die westeuropäischen Länder deckten ihren ständig wachsenden Getreidebedarf durch Vermittlung des holländischen Handels in den Ostseeanrainerländern.[16] Die Möglichkeit, dort durch verstärkten Getreideanbau wieder gutes Geld zu verdienen, ist ein einsehbarer Anreiz dafür, wüstgewordenes Ackerland erneut unter den Pflug zu nehmen. Wo jedoch die Menschen plötzlich herkommen, die die vergrößerte Ackerfläche bearbeiten, das ist damit jedoch nicht erklärt. Vermutlich ist es auch jetzt so, daß eine durch vermehrte Nachfrage steigende agrarische Produktivität mehr Menschen zu ernähren vermag, die wiederum die Produktivität steigern können. Beides wird sich gegenseitig aufgeschaukelt haben.

Die frühe Phase der Kolonisation in der Neuzeit

Die erste Etappe der neuzeitlichen Siedlungsbewegung begann mit der erneuten Kultivierung aufgelassener Siedlungen, die durch Krieg, Seuchen oder ähnliche Ursachen zerstört und wüst geworden waren. Erst danach nahm man die Ersterschließung einer Landschaft in Angriff, in der niemals vorher Menschen gesiedelt und ihre Äcker bestellt hatten.[17]

Unter sozialgeschichtlichen Kriterien betrachtet trug diese Siedlungsperiode eindeutig den Stempel der Gutsherrschaft.[18] Seit dem 15. Jahrhundert hatten sich Veränderungen im agrarischen Gefüge des Ostens angebahnt, die eine entscheidende Voraussetzung für die neuzeitliche Siedlung bilden sollten.[19] Der adlige Grundbesitzer im Osten nahm damals den Aufbau einer Eigenwirtschaft in Angriff. Sein Ziel war es, selbst Getreide zu produzieren, weil dafür auf den Märkten Westeuropas gute Preise zu erzielen waren. Um diese Absicht realisieren zu können, brauchte er zwei Dinge: Land und Arbeitskräfte.

[16] W. Kuhn (1955), Ostsiedlung in der Neuzeit, I, S. 112f.

[17] Ders. (1955), Ostsiedlung in der Neuzeit, I, S. 37; H. v. d. Wee (1976ff.), Die Niederlande.

[18] F. L. Carsten (1964), Die Entstehung des Junkertums; H. v. zur Mühlen (1951), Kolonisation und Gutsherrschaft.

[19] W. Kuhn (1955), Ostsiedlung in der Neuzeit, I, S. 37.

Die Notwendigkeit für den adligen Eigenbetrieb, Land zu beschaffen, führte im Osten zu einem anderen Verhalten des grundbesitzenden Adels, als das im Westen Deutschlands der Fall gewesen war. Während der Wüstungsperiode war es häufig vorgekommen, daß die Fluren eines wüstgewordenen Ortes von den Bauern in den Nachbardörfern als Ackerland, oder – häufiger – als Weide genutzt wurden. Als sich um 1500 wieder günstigere wirtschaftliche Bedingungen einstellten, überließen die Grundherren im Westen Deutschlands dieses Land in der Regel endgültig den Bauern. Die Bauern des deutschen Altsiedellandes hatten im allgemeinen ein so günstiges, d. h. meist unübersichtliches Besitzrecht, daß es langwieriger Prozesse mit sehr ungewissem Ausgang bedurft hätte, um sie von den Zusatzfluren wieder zu vertreiben. Der Adel Westdeutschlands begnügte sich deshalb mit der sogenannten Rentengrundherrschaft.

Anders verfuhren seine Standesgenossen im Osten. In den Lokationsurkunden war wieder und wieder schriftlich festgehalten worden, daß dem Grundherrn das Obereigentum an dem Land zustand, welches er an die Bauern während der mittelalterlichen Siedlung ausgegeben hatte. Jetzt erzwangen die Grundherren unter Hinweis auf ihr Obereigentum die Herausgabe der Wüstungsfluren von den Bauern und nutzten diese Flächen selbst. Zunächst legten sie in alter Form Dörfer an, sehr bald gingen sie jedoch dazu über, eigene Gutsbetriebe, die sogenannten Vorwerke, auf dem von den Bauern zurückgewonnenen Land aufzubauen.[20]

Die für den adligen Gutsbetrieb benötigten Arbeitskräfte beschaffte sich der Adel auf zwei Wegen. Einmal wurden den altansässigen Bauern immer höhere Scharwerksleistungen für den Eigenbetrieb des Grundherrn abgefordert. Zum anderen wurde eine völlig neue Schicht von Siedlern geschaffen, die sogenannten 'gutsherrlichen Leute', die Gärtner und Häusler. Ihre Klein- und Kleinstbetriebe und die Siedlungen, in denen es ausschließlich solche Stellen gab, traten, je länger die neuzeitliche Siedlung andauerte, um so stärker in den Vordergrund.[21]

Hauptträger dieser Frühkolonisation war der große Grundherr. Er verfolgte rein privatwirtschaftliche Ziele. Bestenfalls mag daneben hier und da noch das Motiv der Sicherung eines umstrittenen Grenzgebietes eine Rolle gespielt haben. Neben den adligen Grundherrn traten aber auch Territorialherren als Träger von Siedlung in Erschei-

[20] Ders. (1955), Ostsiedlung in der Neuzeit, I, S. 59.
[21] Ders. (1955), Ostsiedlung in der Neuzeit, I, S. 119.

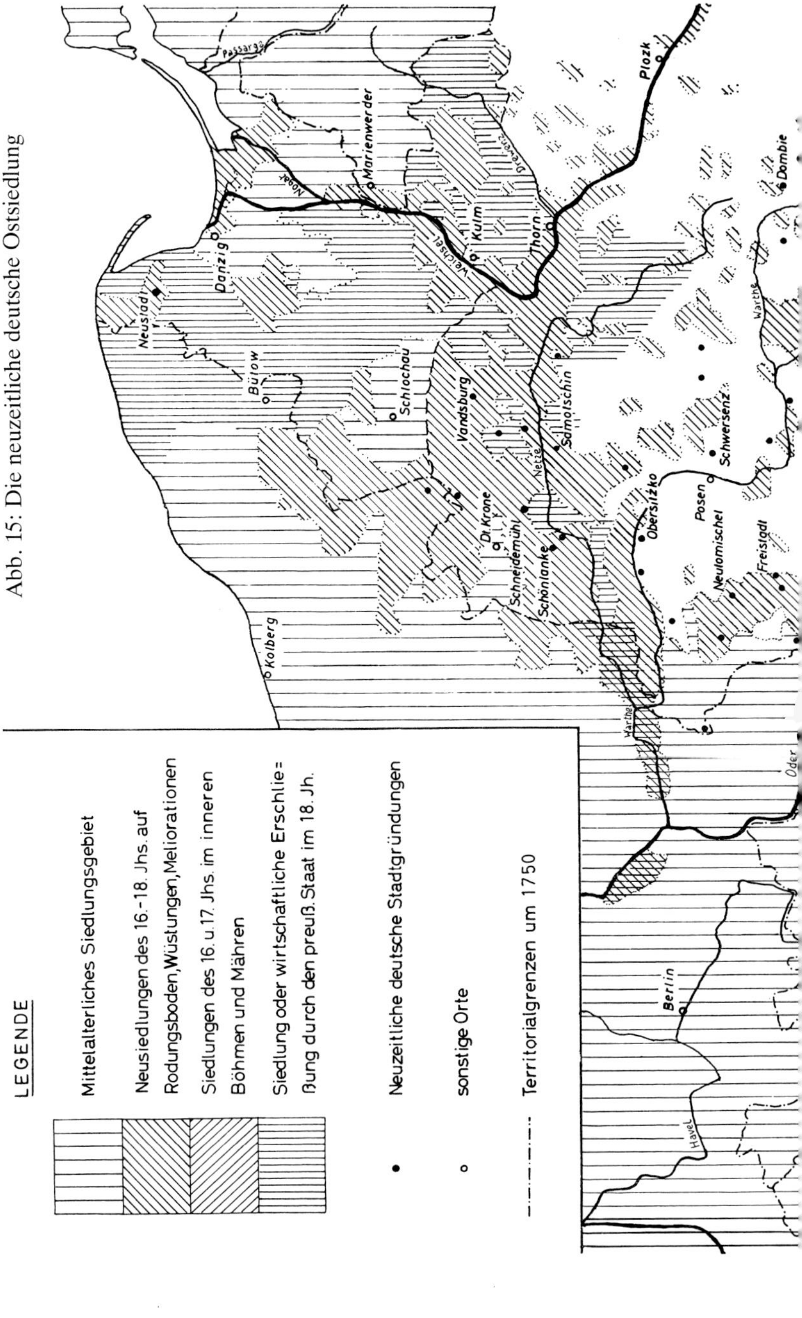

Abb. 15: Die neuzeitliche deutsche Ostsiedlung

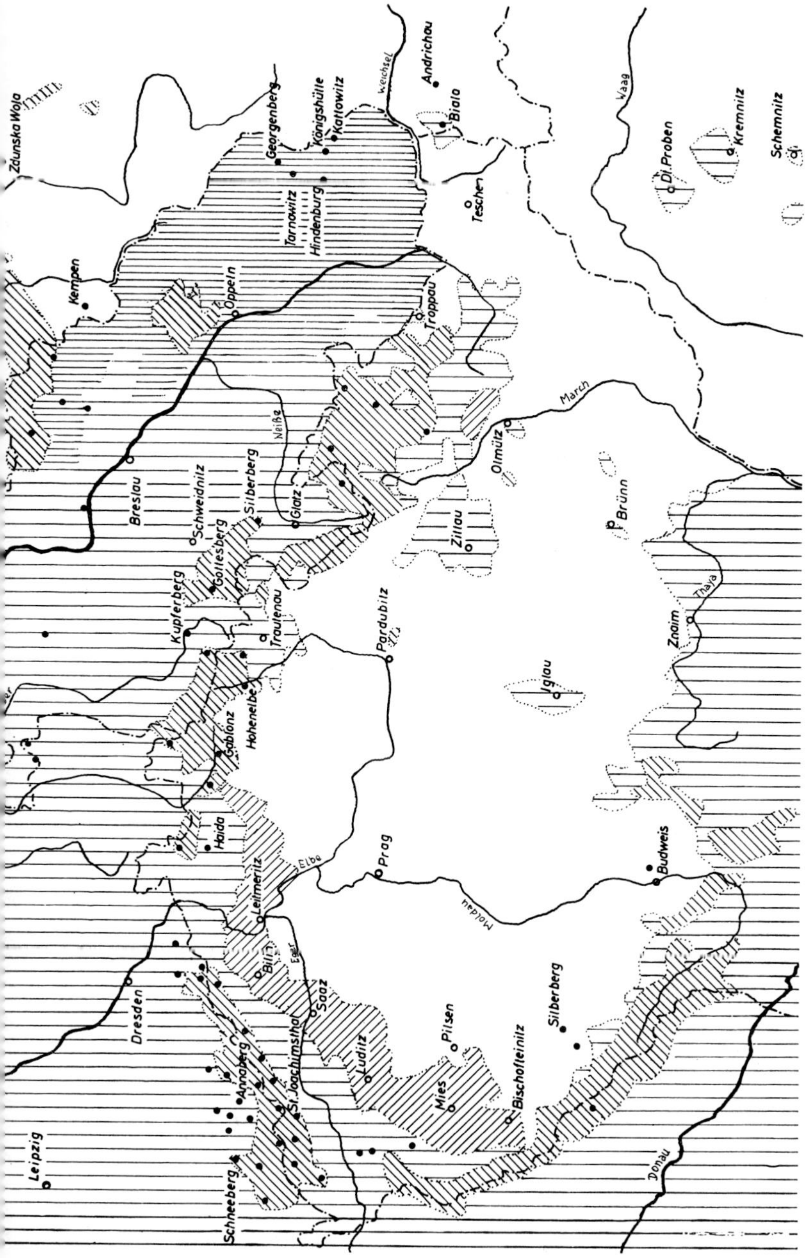
Zdunska Wola
Kempen
Georgenberg
Königshütte
Kattowitz
Tarnowitz
Hindenburg
Weichsel
Andrichau
Biala
Teschen
Waag
Dt. Proben
Kremnitz
Schemnitz
Oppeln
Troppau
Breslau
Schweidnitz
Silberberg
Neiße
Glatz
Olmütz
March
Brünn
Zittau
Gottesberg
Kupferberg
Trautenau
Pardubitz
Thaya
Znaim
Iglau
Gablonz
Hohenelbe
Haida
Prag
Elbe
Budweis
Moldau
Leitmeritz
Bilin
Eger
Saaz
Dresden
Annaberg
St. Joachimsthal
Schneeberg
Leipzig
Luditz
Pilsen
Mies
Bischofteinitz
Silberberg
Donau

nung. Freilich waren es meist nur die kleineren unter ihnen. Bischöfe gehörten dazu oder die vielen kleinen Teilherzöge Schlesiens. Sie und in wenigen Fällen auch größere Territorialherren, die Kurfürsten von Brandenburg etwa, die Herzöge von Mecklenburg und Sachsen oder die Habsburger, richteten ihr Interesse jedoch weniger auf die Anlage agrarischer Siedlungen, sondern eher auf etwas, das man als eine frühe industrielle Siedlung zu bezeichnen hätte. Sie errichteten mit Hilfe fremder Siedler Bergwerke; sie bauten mit Hilfe der Fremden Salzsiedereien oder auch Glashütten auf. Vor allem zur Unterstützung dieser frühindustriellen Siedlung fundierten sie auch Waldarbeitersiedlungen. Denn Holz in jeder Form, als Stützen im Bergwerk oder als Holzkohle, wurde in den neuen protoindustriellen Anlagen dringend und massenweise gebraucht.

Der Raum, von dem diese erste Siedlungsphase erfaßt worden ist, war ein 150 bis 450 km breiter Streifen von Ostpreußen im Norden bis zum slowenischen Karst im Süden (vgl. Abb. 15).[22] Als Siedler waren an ihr zunächst Menschen aus den deutschen Ostgebieten selbst beteiligt, später aber auch Zuwanderer aus Westdeutschland, aus Westeuropa, vor allem aus Holland.[23] Durch die Frühkolonisation wurde die Grenze des geschlossenen deutschen Sprachraumes noch einmal ein paar Kilometer (bis zu 75 km) nach Osten vorgeschoben.[24]

Als Beispiel für die Frühphase soll eine der holländischen Siedlungen im Osten vorgeführt werden, durch die im 16. Jahrhundert die bis dahin ständig überflutete Weichselniederung in eine ertragreiche Agrarregion verwandelt worden ist.

In Holland hatte während des Hoch- und Spätmittelalters ein erstaunlicher Wirtschaftsaufschwung stattgefunden.[25] Die Menschen dort hatten sich in bestimmten Gewerbezweigen hochspezialisiert, vor allem in der Tuchproduktion. Die Tuche wurden zu ihrem großen Exportschlager. Sie bildeten die Grundlage ihres außerordentlich erfolgreichen Handels, den sie mit den Ländern Ostmitteleuropas unterhielten. Dem holländischen Handel gelang es im 16. Jahrhundert nicht nur, den der Hanse völlig auszuschalten, sondern er konnte sich auch noch deren Kapazitäten dienstbar machen. Die Handelsaktivität der Holländer hatte für ihr Land das Aufblühen vieler und großer Städte teils zur Voraussetzung, teils zur Folge.

[22] Ders. (1955), Ostsiedlung in der Neuzeit, I, S. 114f.
[23] Ders. (1955), Ostsiedlung in der Neuzeit, I, S. 121.
[24] Ders. (1955), Ostsiedlung in der Neuzeit, I, S. 115.
[25] H. Wee (1976ff.), Die Niederlande, S. 564ff.; W. Kuhn (1957), Ostsiedlung in der Neuzeit, II, S. 44ff.

Eine Spezialisierungstendenz finden wir nicht nur im Gewerbe, sondern auch in der Landwirtschaft. Die Bauern des Landes waren schon im Mittelalter als erste am besten mit der Entwässerung von sumpfigem Land und der Sicherung des der See abgerungenen Landes zurechtgekommen. Diese Fertigkeiten hatten sie systematisch weiterentwickelt. Gleichzeitig hatten sie sich, je nach der Güte ihrer Ackerböden, auf den Gartenbau oder auf Wiesen- und Viehwirtschaft spezialisiert. Ihre Produkte konnten sie in den aufblühenden großen und kleinen holländischen Städten mit Leichtigkeit und vor allem mit gutem Gewinn absetzen. Da holländische Bauern auch besonders gute Rinderrassen, die einen hohen Milchertrag brachten, gezüchtet hatten, wurde in Holland Butter, bis dahin nur ein Lebensmittel auf den Tischen der Reichen, zur Volksnahrung. Ein ähnlicher Entwicklungssprung kann noch auf anderen Gebieten beobachtet werden. Holland wurde damals führend in der Pferdezucht, es exportierte früh schon Käse, Zwiebeln, Knoblauch, Birnen, Äpfel, Pflaumen und andere gärtnerische Produkte in erheblichen Mengen.

Die gut verdienenden holländischen Bauern waren demzufolge daran interessiert, der See noch mehr Land abzugewinnen, schon gewonnenes Land gegen das Meer noch besser zu sichern. Von der Mitte des 16. Jahrhunderts an deichten sie für anderthalb Jahrhunderte Jahr für Jahr rund tausend Quadratkilometer Land ein. Kurz vorher, zu Beginn des 15. Jahrhunderts, waren auch die sogenannten Pumpmühlen erfunden worden. Mit deren Hilfe konnte von den unter dem Meeresspiegel liegenden Gebieten das Wasser abgesaugt werden. Auch ihre Dammbautechniken verfeinerten sie von Jahrzehnt zu Jahrzehnt.

Diese zweite Auflage der 'agrarischen Revolution' hatte nicht nur wirtschaftliche, sondern auch soziale Folgen. Es gab Bauern, die überaus erfolgreich waren, und es gab andere, die sich nur mühsam über Wasser hielten. Bei den einen sammelte sich nach und nach Kapital an, bei den anderen wuchsen Jahr für Jahr die Schulden. Wurden sie zu hoch, wechselte das Land der Erfolglosen in den Besitz der Erfolgreichen über. Die Folge war, daß einerseits die Zahl der Bauernhöfe sank, andererseits aber der einzelne Hof immer größer wurde.

Da in der Landwirtschaft so offenkundig viel Geld zu verdienen war, drängte auch städtisches Kapital in diesen Wirtschaftszweig, vor allem in die Landgewinnung. Die bürgerlichen Unternehmer sicherten sich durch den Einsatz ihrer großen Kapitalien, die sie im Fernhandel gewonnen hatten, den Besitz riesiger Landflächen. Ihre Äcker wollten sie aber weder selbst bewirtschaften noch mit Gewinn verkaufen. Vielmehr verfielen sie auf die Idee, sie an erfolgreiche Bauern zu verpachten. Die Zeitpacht wurde dadurch zur dominierenden Besitzform.

Schließlich ist noch ein ideologisches Moment zu bedenken. In Holland entwickelte sich die Reformation in besonderen Ausprägungen. Einige dieser Besonderheiten wurden seit 1537 durch den Westfriesen Menno Simons zu einem Lehrgebäude verbunden. Gleichzeitig faßte er die seinen Lehren Anhängenden zu einer lockeren kirchlichen Organisation zusammen.[26] Die Mennoniten, so nannten sie sich nach ihrem Meister, lehnten die Eidesleistung und den Kriegsdienst ab. Daraus folgte, daß sie die Übernahme öffentlicher Ämter ablehnten und nicht als Soldaten dienen wollten. Solche Verhaltensweisen mußten sie dem Staat verdächtig machen. Verdächtigungen zogen sehr bald Behinderungen, dann gar Verfolgungen nach sich. Deshalb waren die Mennoniten einer Auswanderung meist nicht abgeneigt. Doch konnten sie dadurch ihre Probleme nur selten lösen, denn in ihren Aufnahmeländern hatten sie häufig unter einer weitaus größeren Intoleranz zu leiden als in der Heimat. Vielfach wurden sie dort als eine Gefahr, als eine Bedrohung angesehen. Die Behörden drangsalierten und verfolgten sie. Mitunter wurden sie des Landes verwiesen.

Solches geschah auch einer Gruppe Mennoniten im Jahr 1543 im Herzogtum Preußen.[27] Herzog Albrecht hatte 1527 die ersten Holländer als Kolonisten ins Land gerufen. Aus unerfindlichen Gründen setzte er sie aber im Binnenland, in den großen Waldgebieten, an. Rodung war jedoch etwas, das die holländischen Meliorationsspezialisten nicht besonders gut beherrschten. Als die streng lutherisch gesinnten Ostpreußen unter den Holländern dann auch noch Mennoniten entdeckten, die in ihren Augen richtiggehende Heiden waren, warfen sie die Weitgereisten kurzerhand aus ihrem Land.

Der Hinauswurf sollte den Mennoniten indes nicht zum Nachteil gereichen. Die Westpreußen, die Danziger, hatten schon seit längerem erhebliche Probleme, die Weichsel so einzudeichen, daß sie nicht ständig die weiten Niederungen an ihrem Unterlauf überschwemmte. Als die Probleme just um 1543 den Danzigern wieder einmal über

[26] Vgl. K. Krahn (1936), Menno Simons; Mennonite Encyclopedia (1955ff.).

[27] W. Kuhn (1950), Die niederländisch-nordwestdeutsche Siedlungsbewegung.

den Kopf zu wachsen drohten, da tauchte – wie es in der Überlieferung heißt – „durch einen glücklichen Zufall" eine Gruppe von Holländern auf und bot an, die Entwässerung auf eigene Kosten durchzuführen.[28] Die mißtrauischen Danziger überließen den Hergelaufenen versuchsweise das völlig abgesoffene Dorf Landau. Was die Neusiedler dort anfingen, versetzte sie alsbald in helles Erstaunen. „Diese Holländer", so heißt es in einem Brief des Danziger Rates, „erzielten in kurzer Zeit eine bewundernswürdige Trockenheit der Äcker, so daß wir anstelle der verlorenen Felder nun 27 zinshafte Hufen hatten."[29]

Derart überzeugend mit der Nase auf die großen Fähigkeiten der Holländer gestoßen, machten die Danziger schnell Nägel mit Köpfen. Sie riefen mehr und mehr Holländer ins Land. Schon 1574, nach noch nicht einmal 30 Jahren, erreichten holländische Siedler, die in der Thorner Niederung vom Stadtrat angesiedelt worden waren, die Grenzen des königlichen Preußen und begannen, weiter nach Polen vorzudringen. Von Elbing im Norden bis Thorn im Süden verwandelten sie die Weichselniederung in fruchtbares Acker- und Weideland, das reiche Erträge brachte.

Über diese Zeit berichtet ein Schutzbrief des polnischen Königs für die Holländer, der 1642 ausgestellt wurde. In ihm heißt es: „Mit Wissen und Willen des Durchlauchtigsten Königs Sigismund August" – er regierte von 1548 bis 1572 – „haben sich eure Vorfahren hierher rufen lassen, in Gegenden, die damals öde, versumpft und ungenutzt lagen; mit heißer Mühe und gewaltigem Kostenaufwand haben sie diese Gegend fruchtbar und nutzbringend gemacht, indem sie das Gesträuch rodeten und, um das Wasser aus den überfluteten und verschlammten Gründen zu entfernen, Pumpwerke anlegten und Dämme gegen die Überschwemmungen der Weichsel, der Nogat usw. errichteten."[30] Ein französischer Diplomat, der die Gegend 1635/36 bereiste, notierte sich: „Nirgend sonst kannst du so viel fettes Vieh mit prallen Eutern sehen. Es sind Holländer, die jenes Gelände ausgetrocknet und nutzlose Sümpfe durch lange Gräben und künstliche Wasserläufe in Äcker, Wiesen und fruchtbare Gärten verwandelt haben".[31]

[28] O. Kossmann (1978), Die Deutschen, S. 83ff.
[29] Zitiert nach W. Kuhn (1957), Ostsiedlung in der Neuzeit, II, S. 61.
[30] Zitiert nach O. Kossmann (1978), Die Deutschen, S. 83f.
[31] Zitiert nach ders. (1978), Die Deutschen, S. 84.

Die Hochphase

Der Träger dieses Siedlungsabschnittes ist der absolute Staat. Seine Ziele bei der Erschließung neuer Kulturflächen oder der Wiederbesiedlung wüstgewordener Gebiete lagen nicht, wie beim grundbesitzenden Adel, in der schnellen Gewinnerzielung. Er hatte vielmehr auf längere Sicht die Förderung dessen im Sinn, was er als Staatswohl definierte. Durch die Peuplierung, wie man damals sagte, wurde die Zahl der Menschen, die man vor allem als Steuerzahler und Soldaten ansah, erhöht. Mit der Heranziehung fremder Spezialisten konnten der Ackerbau gehoben und neue Industrien – besser wohl noch neue Gewerbe – etabliert werden. Und das alles geschah nach wissenschaftlich unterfütterten Theorien, unter der einheitlichen Leitung zentraler staatlicher Behörden. In dieser Phase erreichte die Fürsorge für die Neusiedler, der staatliche Einfluß auf die Gestaltung der neuen Kolonien in jeder Hinsicht ein Höchstmaß. Jetzt finden wir Siedlungsformen, die mit Lineal, Zirkel und Dreieck am Reißbrett konstruiert worden sind (vgl. Abb. 16).[32]

Für Preußen beispielsweise begann diese Phase mit der Berufung der Schweizer und der Hugenotten in den Jahren 1684 und 1685.[33] Das sogenannte Retablissement Ostpreußens nach 1709, das Land war in jenem Jahr durch eine schwere Seuche stark entvölkert worden, bildete einen ersten Höhepunkt staatlicher preußischer Siedlungstätigkeit.[34] Die eigentliche Spitze der Neusiedlung des absoluten preußischen Staates lag aber erst in den Jahren nach 1745, nach dem Ende des Zweiten Schlesischen Krieges. Damals erfolgte unter anderem auch die Urbarmachung des Oderbruches.[35]

Für den anderen großen deutschen absoluten Staat, für Österreich, läuteten die Jahre 1761/1763 die Hochphase der neuzeitlichen Siedlungsbewegung ein. Das Jahr 1761 steht dabei für die Gründung des Staatsrates[36] und 1763 für das von Maria Theresia am 25. März 1763 erlassene Kolonisationspatent. An Österreich und seinen Siedlungsbemühungen in Südosteuropa wird indes die Problematik einer

[32] W. Kuhn (1955), Ostsiedlung in der Neuzeit, I, S. 116f.

[33] R. v. Thadden/M. Magdelaine (Hrsg.) (1985), Die Hugenotten.

[34] F. Terveen (1954), Gesamtstaat und Retablissement 1714–1740.

[35] Vgl. M. Beheim-Schwarzbach (1874), Hohenzollernsche Colonisationen; U. Froese (1938), Das Kolonisationswerk Friedrichs des Großen; B. Schulze (1939), Neue Siedlungen in Brandenburg 1500–1800; H. Ost (1939), Die zweite deutsche Ostsiedlung.

[36] W. Kuhn (1955), Ostsiedlung in der Neuzeit, I, S. 116.

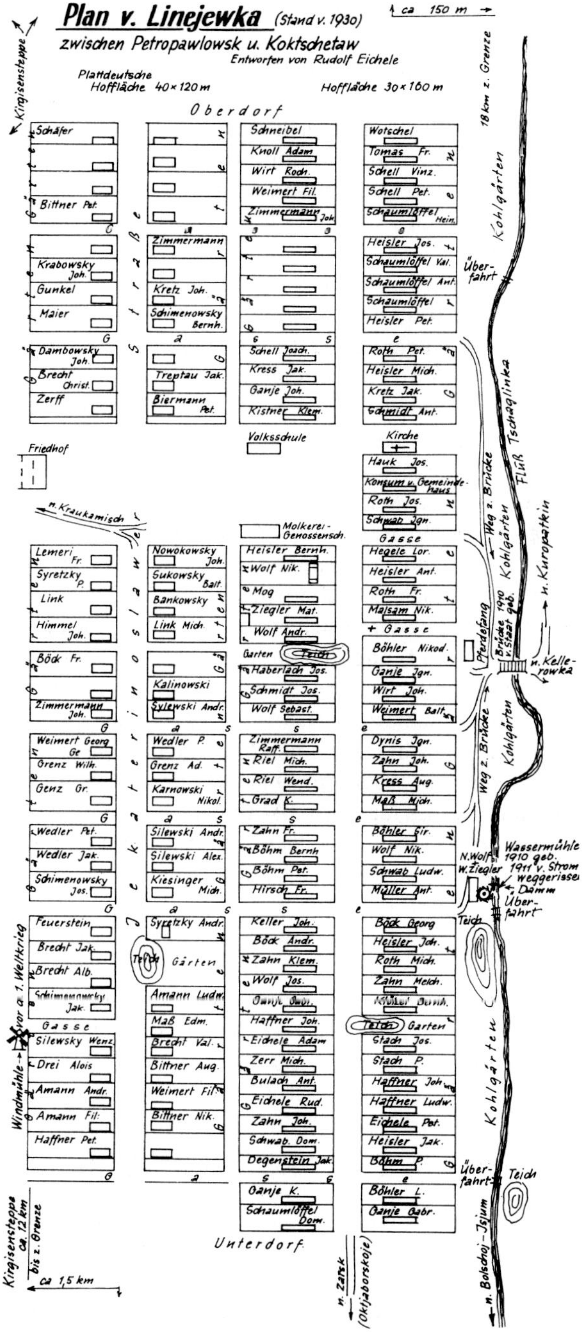

Abb. 16: Dorfgrundrisse in der Epoche der Siedlungstätigkeit des absolutistischen Staates

solchen relativ starren zeitlichen Rahmensetzung deutlich. Die als Abgrenzung herangezogenen Ereignisse sind nur unter dem rein formalen Gesichtspunkt des Dorfgrundrisses als echte Einschnitte zu werten, da die neuzeitliche Siedlungstätigkeit des absoluten österreichischen Staates erheblich früher, praktisch mit der Befreiung des ungarischen Reichsteiles von der Herrschaft der Türken, begonnen hatte.

Erinnern wir uns: im – zumindest später – ungarischen Gebiet lassen sich bis zur Neuzeit zwei Siedlungswellen feststellen, an denen Deutsche an hervorragender Stelle beteiligt gewesen sind. Bayern und Franken waren im Frühmittelalter die ersten, die die Siedlung nach Südosten vorangetrieben hatten. Diese Phase war nur von kurzer Dauer. Die zahlenmäßig stärkste Einwanderung Deutscher erfolgte während des Hoch- und Spätmittelalters. Sie schuf zum einen das ungarische Städtewesen und zum anderen die geschlossenen Siedlungsgebiete Deutscher in der Zips und in Siebenbürgen. Ein Blick auf die Karte belehrt uns, daß kluge ungarische Könige in dieser Zeit mit den neuen städtischen und dörflichen Siedlungen vor allem die Randgebiete ihrer Herrschaft sicherten. Die Siedler, die in besonders großer Zahl nach dem Mongoleneinfall von 1241/42 ins Land gerufen wurden, stammten aus Österreich, den Sudeten und – gegen Ende dieser Etappe – aus Schlesien.

Das 15. Jahrhundert brachte einen ersten Rückschlag. Die Gründe lagen einerseits in den Hussitenkriegen, andererseits in den Verheerungszügen der Türken, die seit 1420 einsetzten. Die Deutschen in der Zips gerieten 1412 für mehr als drei Jahrhunderte unter polnische Herrschaft, da ihr Gebiet von den ungarischen Königen verpfändet wurde.

Doch auch innerungarische Entwicklungen trugen zu einer Schwächung der deutschen Siedlung bei. Wie überall in Europa so waren auch in Ungarn dem Adel die Privilegien der Städte ein Dorn im Auge. Besonders in städtischen Siedlungen, die sich nicht in einem stark deutsch geprägten Umland befanden, konnten wegen der Manipulationen des Adels damals rasch Ungarn, Slowaken oder Kroaten die Bevölkerungsmehrheit erringen. Sehr bald wuchs ihnen danach auch die wirtschaftliche sowie – eingeschränkt freilich – die politische Führung zu.

Vom Schicksal wirklich hart mitgenommen wurden viele Deutsche in Südosteuropa aber erst im 16. Jahrhundert. Die Schlacht von Mohács 1526 und die Ereignisse des Jahres 1541 ließen zwar Ungarn als Staat nicht untergehen, zerrissen ihn aber in drei Teile. Der Westen war mit den Habsburgern verbunden. Die Mitte des Landes geriet unter türkische Herrschaft, während Siebenbürgen zu einem eigenständigen Fürstentum wurde, das allerdings zur Tributzahlung an die Pforte verpflichtet war. Die Folgen für die Deutschen in diesen Gebieten waren unterschiedlich. In der Slowakei ging deutsche Siedlung stark zurück. Im türkisch gewordenen Landesteil verschwand sie mehr oder weniger völlig. In Siebenbürgen dagegen wurden die 'Sachsen', wie man die Deutschen dort nannte, in der Verfassung von 1542 zu einem der drei Landstände, die anderen beiden waren die Magyaren und die Székler, ohne deren Zustimmung kein Gesetz erlassen werden konnte. Da die siebenbürgischen Deutschen darüber hinaus auch noch evangelisch wurden, fanden sie in ihrem Glauben einen zusätzlichen Schutz vor dem Aufgehen in einem anderen Ethnikum.

Erst gut anderthalb Jahrhunderte später, im Gefolge der beiden Türkenkriege von 1683–1699 und 1716–1718, wandelten sich die Verhältnisse für viele Deutsche zum Besseren. Das Feldherrngenie des Prinzen Eugen von Savoyen befreite ganz Ungarn, Siebenbürgen, Kroatien sowie Teile Serbiens und der Walachei von der fremden türkischen Herrschaft. War die Bevölkerung Zentral- und Südungarns schon während der Türkenzeit stark dezimiert worden, so schufen diese Kriege dort nahezu bevölkerungsleere Gebiete. Deren Wiederaufbau, und das hieß zunächst einmal deren Wiederbesiedlung, wurde bereits 1689 durch das von der ungarischen Hofkammer erlassene 'Impopulationspatent' in Angriff genommen. Damit begann die dritte große Siedlungswelle Deutscher in Ungarn (vgl. unten Abb. 22). Sie lief in mehreren Etappen ab. In der ersten Phase, seit 1689, wurden vor allem die Städte wiedererrichtet. Im wesentlichen waren es Österreicher und Bayern, die sie besiedelten.

Der zweite Siedlungsschub liegt in den Jahren zwischen 1711 und 1740. Schwaben und Elsässer, Main- und Moselfranken, Hessen und Oberfranken sowie Angehörige anderer deutscher Stämme kamen damals in die 'Schwäbische Türkei', das Land zwischen Plattensee, Donau und Drau, sowie in das kaiserliche Banat. In der Regel reisten sie zu Schiff auf der Donau in ihre neue Heimat. Den 'Donauschwaben' – so ihr nicht in jedem Fall zutreffender Sammelname in der neuen Heimat – des Banats war freilich eine wenig glückliche Zukunft beschieden. Ein großer Teil ihrer neuen Dörfer fiel nach kurzer Existenz den Verheerungen des Türkenkrieges von 1737 zum Opfer.

Nachdem Maria Theresia im Siebenjährigen Krieg die reiche Provinz Schlesien endgültig an Preußen verloren hatte, wandte sie ihre

Aufmerksamkeit verstärkt der Entwicklung der übrigen Länder zu. Wieder wurden Deutsche, vor allem aus dem Pfälzer Raum, aber auch aus Lothringen, als Siedler ins Land gerufen. Auf den kaiserlichen Domänen des Banats und in der Batschka wurden in der dritten Siedlungsphase neue Dörfer angelegt. Und sie unterschieden sich erheblich von den alten Anlagen. Nachdem sich seit 1763 der absolute Staat intensiv der Wiederbesiedlung angenommen hatte, finden wir statt des alten vertrauten Straßendorfes erstmals das riesige Schachbrettdorf, das häufig mehrere hundert Bauern zählte (vgl. Abb. 16). Diese Art der Dorfanlage sollte später, im 19. Jahrhundert, in Rußland, aber auch in Rumänien, den Normalfall der Ansiedlung deutscher Bauern bilden.

Der vierte und letzte Siedlungsschub erfolgte unter der Regierung Josephs II. zwischen 1780 und 1790. Im Banat, aber auch in Galizien und in der Bukowina, die die Habsburger 1774 gewonnen hatten, wurden nun ebenfalls Deutsche angesetzt. Anders als die Siedler der vorhergehenden Phasen durften sie nun auch dem evangelischen Glauben anhängen.

Jede dieser vier Siedlungsetappen der neuzeitlichen Siedlung in Ungarn brachte einige zehntausend Deutsche auf den Balkan. Noch immer waren sie in ihrer übergroßen Mehrzahl Bauern. Neben Deutschen wurden vor allem zu Beginn der Siedlung auch Italiener, Wallonen und sogar Spanier angesetzt; allerdings nur in geringer Zahl.[37]

Die preußische Siedlung war, wenn man es pointiert sehen will, ostdeutsche Binnenkolonisation. Abgesehen von einigen kleineren Gebieten, etwa Neusüdostpreußen, erfolgte sie nur in Landschaften, die bereits im Mittelalter deutsch geworden waren. Die von Österreich betriebene Siedlung dagegen erzeugte vor der Ostgrenze des geschlossenen deutschen Sprachraums die für die Hochphase typischen deutschen Sprachinseln.[38] Eine Veränderung der deutschen Sprachgrenze wurde durch sie jedoch nicht mehr bewirkt. Die Hochsiedlungsphase des absoluten Staates unterschied sich von ihrer Vorgän-

[37] R. Fr. Kaindl (1907ff.), Geschichte der Deutschen in den Karpathenländern, Bd. 2 u. 3; H. Zillich (1957), Siebenbürgen; K. K. Klein (1963), Transsylvanica; J. Senz (1955), Geschichte der Donauschwaben; E. Schimscha (1939), Technik und Methoden; H. Weczerka (1960), Das mittelalterliche und frühneuzeitliche Deutschtum; K. Schünemann (1935), Österreichs Bevölkerungspolitik; A. Krischan (1943), Das Kolonisationspatent Maria Theresias vom 25. III. 1763 als Beitrag zur Besiedlungsgeschichte des altungarischen Reiches; s. a. E. Beck (1966), Bibliographie; ders. (1985), Bibliographie.

[38] W. Kuhn (1955), Ostsiedlung in der Neuzeit, I, S. 117.

gerin durch die bessere Rechtsstellung, die die herbeigerufenen Siedler erhielten. Das Element, das dabei am stärksten ins Auge fällt, ist der Verzicht des Staates auf die Leistung von Scharwerkdiensten.[39]

Bisher wurden die Beispiele für Siedlung ausschließlich aus dem Teil Europas genommen, der lateinisch, römisch-katholisch geprägt gewesen ist; und zwar sowohl was seine alteuropäischen wie seine neueuropäischen Völker und Staaten betraf. Für die Siedlung des absoluten Staates soll die Siedlung Deutscher in Rußland als Beispiel stehen. Damit wechseln wir über in den Teil Europas, der nicht von Rom, sondern von Konstantinopel, von Byzanz aus beeinflußt, wenn nicht gar geformt, geschaffen worden ist. Wir begeben uns von der römischen in die griechische Sphäre Europas. Zwar bleiben wir in Europa, doch zwischen diesen beiden Teilen unseres Kontinents gab und gibt es neben vielen Gemeinsamkeiten auch einiges, was beinahe grundsätzlich verschieden ist.

[39] Ders. (1955), Ostsiedlung in der Neuzeit, I, S. 120.

6. DIE SIEDLUNG DEUTSCHER IN RUSSLAND

Um die partielle Andersartigkeit des griechischen Europa zu verdeutlichen, steht am Anfang dieses Kapitels ein kurzer Abriß der Besonderheiten russischer Geschichte.[1] Es kann und soll nur eine sehr knappe Skizze sein. Das erzwingt Verkürzungen, rasterartige Darstellungen, eine holzschnittartige Schilderung.

Kurzer Abriß der Besonderheiten russischer Geschichte

Die Keimzelle des russischen Staates ist die Flußachse Newa–Wolchow–Dnepr (vgl. Abb. 1). Entlang dieser Flüsse siedelten unter anderen die slawischen Stämme der Poljanen, der Drewljanen, der Kriwitschen, der Slowenen und noch einige mehr. Sie waren vermutlich, wie wir aus späterer Zeit zumindest für die Drewljanen sicher wissen, herrschaftlich verfaßt.

Wolchow und Dnepr waren gleichzeitig eine sehr wichtige 'internationale' Handelsstraße. Sie bildeten einen Teil des Weges von den Warägern zu den Griechen. Auf ihnen wurde der Handel zwischen Byzanz und dem Ostseeraum abgewickelt. Träger dieses Handels waren neben anderen auch die skandinavischen Waräger. Bei den warägischen Kaufleuten kann man nicht so genau unterscheiden, ob sie Kaufleute oder Räuber waren. Einen großen Teil jener Waren, die sie auf dem aufnahmefähigen Markt Byzanz absetzten, hatten sie vorher den rechts und links von Newa, Wolchow und Dnepr siedelnden Slawenstämmen gewaltsam abgenommen. In der 1. Hälfte des 9. Jahrhunderts fiel es einem weitblickenden skandinavischen Räuberkaufmann ein, daß es doch viel bequemer und vor allem einträglicher sei, sich auf Dauer in den Landschaften entlang des Weges von den Warägern zu den Griechen festzusetzen und die dort lebenden Slawen zu unterwerfen, um ihnen systematisch die Produkte ihrer Arbeit abnehmen zu können. In der sogenannten Nestorchronik ist eine

[1] Die beste Informationsquelle zur Geschichte Rußlands ist gegenwärtig M. Hellmann/G. Schramm/K. Zernack (Hrsg.) (1981ff.), Handbuch der Geschichte Rußlands.

Berufungslegende überliefert. Aus ihr können wir entnehmen, daß es sich bei diesen einfallsreichen Warägern um Rjurik und seine Brüder gehandelt hat. Sie setzten sich vermutlich um die Mitte des 9. Jahrhunderts in Nordwestrußland fest.[2] Zuerst brachten sie den Handelsmittelpunkt Nowgorod in ihre Hand. Wenig später dehnten sie ihre Herrschaft auf das weiter südlich gelegene, offensichtlich schon seit längerem bestehende Kiew aus und siedelten dorthin über. Die Stadt am Dnepr war günstiger gelegen als Nowgorod. Hier kreuzte sich die Nord-Süd-Handelsroute mit einer anderen bedeutenden Handelsstraße, die von Regensburg über Nürnberg, Prag und Krakau kam, den Dnepr überquerte und weiterführte zum Reich der Chazaren, dessen Zentrum Itil an der Wolgamündung war.

Die skandinavischen Eroberer assimilierten sich samt ihrem Gefolge überraschend schnell der einheimischen Bevölkerung. Sie wurden in kurzer Zeit zu Slawen. Die ehemaligen Nur-Kaufleute mit ihrer beinahe rein ökonomischen Potenz wurden zu einer politischen Macht, mit der das oströmische Kaiserreich rechnen mußte. Byzanz hatte, wie vordem Rom und wie jede andere Großmacht später auch, immer darauf geachtet, daß sein Vorfeld nicht nur kontrollierbar, sondern auch steuerbar war. Eines der Instrumente, deren man sich dabei bedienen konnte, war die Verbreitung des Christentums. Die getauften Fürsten der Völker wurden in die Familie der christlichen Könige aufgenommen, als deren Oberhaupt sich der Basileios in Byzanz betrachtete. Bei solchen Voraussetzungen verwundert es nicht, daß auch die Fürsten und das Volk der Kiewer Rus, so nannte sich das Herrschaftsgebilde zwischen Kiew und Nowgorod, im Jahr 988 das Christentum in seiner griechischen Gestalt annahmen. Die griechische Kirche wurde zur Mutterkirche Rußlands, das hatte in mindestens drei Bereichen Folgen, deren Wirken noch in unseren Tagen beobachtet werden kann.[3]

Die griechische Kirche war um die Jahrtausendwende eindeutig dem Basileios, dem Staat, untergeordnet. Das ursprüngliche Ideal eines harmonischen Zusammenwirkens, der Symphonie der weltlichen und der geistlichen Gewalt, war damals längst zu einem Staatskirchentum, zu einem sakralen Absolutismus, zu einem Cäsaropapismus pervertiert. Das Erbe des sich an der weltlichen Macht Orientierens, des sich ihr Unterordnens vermochte die russische Kirche nicht abzuschütteln. Nie hat es zwischen der russisch-orthodoxen Kirche und

[2] L. Dralle (1985), Artanija – Rus' – Varjagi.

[3] Ders. (1982), Die Wurzeln, S. 364ff.

dem russischen Staat Konflikte gegeben, die man mit denen zwischen den Päpsten und den Kaisern oder mit denen zwischen Bischöfen, Domkapiteln, Äbten und Landesherren deutscher Territorien vergleichen könnte. Die 'Staatsfrömmigkeit' der russisch-orthodoxen Kirche verhinderte, daß die Geistlichkeit durch die Austragung von Konflikten mit der weltlichen Gewalt, durch Ansprüche auf politische Mitgestaltung u. ä. zum Vorbild für andere Schichten der russischen Bevölkerung werden konnte. Die Anpassungsfähigkeit der orthodoxen Kirche überdauerte auch den 25. Oktober 1917. Sie hat den Einmarsch sowjetischer Truppen 1968 in die Tschechoslowakei ebenso gutgeheißen wie den Einfall nach Afghanistan 1979. Durch ihr Verhalten hat sie ihren Gläubigen von Beginn an bis in die Gegenwart ein hohes Maß an Staatsfrömmigkeit, an Untertanengeist vermittelt.

Die zweite, weitreichende Folge der byzantinischen Missionierung Rußlands wurzelt in den Meinungsverschiedenheiten zwischen der Kirche des Westens und der des Ostens. Zwar war es im Jahr 988 noch nicht zum Schisma, zum Bruch, zwischen Rom und Byzanz gekommen, aber die Differenzen zwischen beiden Kirchen gingen doch bereits so tief, daß die Ereignisse von 1054 wohl gar nicht mehr abzuwenden waren. Die byzantinische Abwehrhaltung gegenüber dem Lateinertum, gegenüber dem Westen, hat auch die russische Kirche übernommen. Ein frühes Beispiel soll das belegen.

Der Kiewer Metropolit Ionnis II., er amtierte zwischen 1080 und 1089, hat seinem Herrscher vorgehalten, daß es für einen orthodoxen Fürsten unwürdig und sehr unziemlich sei, wenn er seine Tochter an Leute gibt, die mit ungesäuertem Brot kommunizierten. Ionnis verkündete seiner Herde auch, daß man „die, welche . . . in der großen Fastenzeit nicht kommunizieren und Fleisch und Unreines essen . . . als wahrhafte Heiden und Feinde der Frömmigkeit ansehen . . .“[4] soll. Nun war es in der Frühzeit so, daß sich die weltliche Herrschaft in Kiew, die Großfürsten von Kiew und ihre fürstlichen Brüder, Onkel und Vettern in der Rus wenig um die ideologischen Bedenken ihrer Geistlichkeit kümmerten. Die Rus des 10., 11. und 12. Jahrhunderts war ein weltoffener Handelsstaat und ihre Herrscher betrieben, wie die Herrscher der westlichen Staaten auch, eine das Ansehen der Dynastie hebende Heiratspolitik mit ihren westlichen, in den Augen der russischen Kirche heidnischen, Standesgenossen.

Mitte des 12. Jahrhunderts verschob sich jedoch das politische Zen-

[4] L. K. Goetz (1905), Kirchenrechtliche, S. 139.

trum vom Südwesten in den Nordosten des riesigen Landes. Dort oben, *za lese,* hinter den Wäldern, wie die Russen sagen, waren im Laufe einer starken Binnenkolonisation der Rus wirtschaftlich potente Teilfürstentümer entstanden. Der Herrscher des Fürstentums Suzdal'-Wladimir, Andrej Bogoljubskij, eroberte in einem der vielen Bürgerkriege des 12. Jahrhunderts 1169 auch Kiew. Anders als früher blieb Andrej nicht in Kiew, um von dort aus als Großfürst über die Rus zu herrschen, die aus einer Vielzahl sich dauernd bekriegender Teilfürstentümer bestand. Er ließ das goldene Kiew, die Mutter der russischen Städte, von seinen Truppen plündern und zog sich in den Nordosten, in sein Fürstentum Suzdal'-Wladimir zurück; die Großfürstenwürde nahm er mit in den Norden.

Im Gegensatz zur Kiewer war die Rus des Nordostens kein Handelsstaat. Sie war gegründet auf den Grundbesitz. Damit gab es keinen existentiellen Zwang zur Weltoffenheit für die Nordostrus. Die mit der Taufe übernommene Lateinerfeindlichkeit der russischen Geistlichkeit fand jetzt auch einen günstigen politischen Nährboden. Die ökonomischen, politischen und kulturellen Verbindungen Rußlands zum Westen begannen abzureißen. Das folgende Jahrhundert, das 13., brachte mit dem Mongolensturm, der 1238 über die Rus hereinbrach und das Land für zwei Jahrhunderte unter die Oberherrschaft der Tatarenkhane zwang, eine außergewöhnliche Verstärkung der Tendenz zur Abschottung. Sie schlug auch bei der weltlichen Gewalt kräftig Wurzeln. Die Abneigung der russischen Geistlichkeit gegen die Kirche des Westens, die während der zwei bis zweieinhalb Jahrhunderte dauernden Tatarenherrschaft durch die fehlende Möglichkeit, diesen 'teuflischen' Teil Europas selbst kennenzulernen, von niemanden in der Rus als Fehlurteil oder Vorurteil erkannt werden konnte, ist sicher eine der Hauptwurzeln der bei den Russen vielleicht besonders stark ausgeprägten Xenophobie. Die Fremdenfeindlichkeit äußerte und äußert sich in vielen Varianten. Die 'Spionagefurcht', die man selbst heute noch bei älteren Sowjetbürgern beobachten kann, war auch schon den Untertanen der Zaren zu eigen.

Das 'Auf-sich-selbst-Zurückziehen' der Russen, die Skepsis, wenn nicht offene Feindseligkeit gegen alles, was nicht russisch war, und besonders gegen den Westen, verstärkte die Wirkung der dritten, einigermaßen verhängnisvollen Begleiterscheinung der byzantinischen Mission. Die Rus konnte nach 988 das geistliche Schrifttum in einer Schriftsprache übernehmen, die jeder im Lande, sofern er denn lesen konnte, verstand: in Kirchenslawisch nämlich. Neben den geistlichen Schriften kamen auch größere Teile jener Überlieferung, die man als das Erbe der Antike bezeichnet, aus Byzanz nach Kiew. Die Gedanken und Vorstellungen eines Plato sind damals in Kiew bekanntgeworden. Aber entweder war das Interesse an diesem antiken Erbe in Kiew nicht sonderlich stark entwickelt, oder man gab sich mit den in kirchenslawischer Übersetzung vorliegenden Schriften zufrieden, jedenfalls fand längst nicht alles, was in Byzanz aus der Antike bekannt war, auch seinen Weg nach Rußland. Und das wenige, was diesen Weg fand, geriet alsbald, als man sich in Kiew nahezu ausschließlich auf die heiligen Schriften konzentrierte, in Vergessenheit. Weil sich die Rus seit dem 12. Jahrhundert immer stärker gegen den Westen abzuschotten begann, konnte die Geisteswelt der Antike auch nicht auf dem Umweg über den Westen, wo sie eine Vielzahl von Renaissancen erlebte, in Rußland bekannt werden. Vor allem Aristoteles, dessen Schriften im 13. Jahrhundert in Westeuropa bekannt wurden und nachhaltig auf die hochmittelalterliche Philosophie einwirkten, man denke beispielsweise an Thomas von Aquino, blieb in Rußland ein Unbekannter. Die Aristotelische Gedankenwelt aber war es gerade, die die westeuropäische Geistesgeschichte entscheidend bestimmte. Spätestens seit dem 13. Jahrhundert entwickelte sich das Denken im lateinischen und im griechisch-kirchenslawischen Teil Europas auseinander. Jedweder spekulative Denkansatz, die Frage Was wäre, wenn? oder das *cogito ergo sum* eines Descartes waren in Rußland nicht denkbar.

Eine ‹histoire des mentalitées›, eine Geschichte der Mentalitäten zu betreiben, ist immer eine heikle Angelegenheit. In keiner anderen historischen Disziplin ist der Grat zwischen tiefer wissenschaftlicher Erkenntnis und plattestem Vorurteil so schmal wie hier. Zweifelsfrei aber lassen sich von den Einstellungen der Westeuropäer abweichende Mentalitäten der Russen feststellen. Ihre letzte Begründung finden sie vermutlich in den drei oben geschilderten Begleiterscheinungen der Missionierung Rußlands durch Byzanz. Diese spezifisch russischen Verhaltensweisen legten allen weiterreichenden Reformbemühungen in Rußland große Hindernisse in den Weg. Sie waren der wohl wichtigste Grund dafür, daß tiefgehende und kühne Reformprojekte im Endergebnis immer nur kümmerliche Resultate zutage förderten.

Die griechische Kirche ist sehr schnell russifiziert worden. Bereits zwei Generationen später findet sich in den Schriften des ersten russischen Metropoliten von Kiew, Ilarion, der Keim der Idee der *svataja rossija,* des heiligen Rußlands. Sie gipfelte Anfang des 16. Jahrhunderts in der Behauptung des Mönches Filofej aus Pskow (Pleskau), daß zwei 'Rome' vergangen seien, Moskau das dritte darstelle und es ein viertes nicht geben werde. Diese Auffassung, Rußland sei etwas Besonderes, Besseres als alle anderen Völker, Länder, Staaten, war nicht nur bei den Untertanen der Zaren weit verbreitet, sie bestimmte und bestimmt vielfach noch heute das mitunter übersteigerte Selbstbewußtsein der Russen in der Sowjetunion.

Aus den Trümmern der alten Kiewer Rus, die der Tatarensturm hinterlassen hatte, stieg eine neue Macht auf: das Fürstentum Moskau. Geschaffen wurde es um die Mitte des 13. Jahrhunderts als Ausstattung für den jüngsten Sohn des Großfürsten Alexander Newskij. Als es entstand, hätte vermutlich niemand auch nur eine Kopeke darauf verwetten wollen, daß es einmal der Mittelpunkt einer Weltmacht werden würde. Ganze 10 000 Quadratkilometer Land bildeten dieses Fürstentum. Doch die Nachkommen des Newskij-Sohnes Daniil erwiesen sich als außerordentlich geschickte Politiker. Schon an ihrem Wirken hätte der Florentiner Niccolò Machiavelli jene Züge studieren können, die er in seinem ›Il principe‹ als das Credo eines Realpolitikers verkündete. Das Fürstentum Moskau, das sich durch eine geschickte Behandlung der tatarischen Oberherren schnell die Großfürstenwürde sicherte, wuchs und wuchs. Es überflügelte alle seine russischen Konkurrenten. Als eine moskowitische Armee 1380 zum erstenmal ein Tatarenheer in offener Feldschlacht schlagen konnte, lösten die Großfürsten von Moskau die russisch-orthodoxe Kirche, die bisher einziger Garant der nationalen Identität der Russen gewesen war, in dieser Funktion ab.

Das moskowitische Zartum entwickelte im Laufe seiner Existenz eine besondere staatliche Verfassung: die Autokratie.[5] Ihr Vollender war Iwan III. Sein Enkel, Iwan IV., den seine russischen Zeitgenossen 'Grosnij', den 'Schrecklichen', nannten, konnte die Worte schreiben: „Bedenke dies und überlege: der Obrigkeit widerstreben heißt Gott widerstreben, und wenn jemand Gott widerstrebt, so wird er ein Abtrünniger genannt, was die ärgste Sünde ist. Und dies nun ist gesagt von jeder Gewalt, das heißt, auch wenn man durch Blut und Streit die Gewalt erlangt hat."[6] Zar Iwan war von der Unumschränktheit und Allmacht seiner Herrschaft zutiefst überzeugt. Er fühlte sich bestenfalls den göttlichen, nicht aber den natürlichen, den historischen Gesetzen unterworfen.

Solches herrscherliche Selbstverständnis zwang zum zentralisti-

[5] G. Alef (1986), The Origins of Muscovite Autocracy.

[6] Der Briefwechsel Iwans (1921), S. 29.

schen Einheitsstaat. Auch konkurrierende politische Gewalten ließ die autokratische Herrschaftsauffassung der Moskauer Herren nicht zu. Selbst die schwachen Ansätze in Teilen der russischen Gesellschaft, politische Mitspracherechte zu verlangen, wurden mehr oder weniger gewaltsam ausgetilgt. So entwickelte sich im Laufe der Jahrhunderte in Rußland eine 'staatsbedingte Gesellschaft',[7] deren einzelne Gruppen und Schichten offenkundig nicht zu einer politischen Selbstorganisation in der Lage waren. Politische Stände, Adel, Geistlichkeit und Bürgertum, wie wir sie aus Westeuropa kennen, suchen wir in Rußland vergebens.

Das Zartum Moskau war ein Staat, dessen natürliche Ressourcen ihn befähigt hätten, bereits im 16. Jahrhundert die Rolle einer Großmacht in Europa zu spielen. Aber seine staatliche und gesellschaftliche Verfassung, seine Abschottung gegen die Umwelt, die Mentalität seiner Menschen verhinderten, daß die vorhandenen Mittel effizient organisiert werden konnten. Dieser Mangel zeichnete sich bereits in der 2. Hälfte des 16. Jahrhunderts deutlich ab. Livland wurde damals wegen seiner inneren Schwäche zum Spielball der größeren Nachbarn. Iwan IV. befand mit guten Gründen, daß der Besitz Livlands seinem Reich nützlich sein könne. 1558 eröffnete er den Krieg gegen das Nachbarland.[8] Doch er war nicht der einzige, der sich um den Besitz der baltischen Lande bemühte. Polen und Schweden traten als Mitbewerber in die Schranken. Nach einem über 20jährigen Ringen teilten sich die Konkurrenten des russischen Autokrators die livländische Beute; das Zartum Moskau ging leer aus.

Aber nicht nur der militärische Erfolg blieb Iwan versagt. In diesem Krieg waren die Kräfte des Landes nicht nur bis zum äußersten angespannt, sie waren überspannt worden. Rußland war 1582, als der Krieg beendet wurde, zu Tode erschöpft. Als wenige Jahre nach dem Ende des livländischen Abenteuers auch noch die seit dem 9. Jahrhundert in Rußland regierende Dynastie der Rjurikiden ausstarb, versank das Land in lange Jahre der Wirren. Das Zartum Moskau drohte zu einem schwedischen oder zu einem polnischen Nebenland zu werden.

Die große Krise konnte erst 1613 mit der Wahl einer neuen Dynastie, der der Romanows, beigelegt werden. Eine der Konsequenzen, die die Romanows aus dem Auseinanderklaffen von äußerem Machtanspruch und dem Stand der inneren Entwicklung zogen, bestand

[7] So der Titel von H.-J. Torke (1974), Die staatsbedingte Gesellschaft.

[8] E. Donnert (1963), Der livländische Ordensritterstaat.

darin, daß „die ständig neu ersonnenen Schlauheiten der Könige des Westens", wie es eine Moskauer Chronik formulierte, möglichst schnell auch in Rußland heimisch werden sollten. Dabei hatte man zunächst vor allem die militärischen 'Schlauheiten' im Auge. Aber schon unter den ersten Romanow-Zaren begann sich das Land langsam auch in anderen Bereichen weitaus stärker gegen den Westen zu öffnen, als das in den langen Jahrhunderten seit 1169 jemals der Fall gewesen war.

Abrupt beschleunigt wurde dieser Prozeß durch den Zaren Peter. In den Jahren der Auseinandersetzung mit Schweden um die Vorherrschaft in der Ostsee zwischen 1700 und 1721 unterwarf er sein Land und dessen Menschen einer Radikalkur. Peter, der bis 1709 ständig am Rande einer katastrophalen Niederlage balancierte, hielt die Russen mit einer Vielzahl von Reformen, die das Land auf die politische, die administrative und die technische Höhe des Westens bringen sollten, ununterbrochen in Atem. Nüchtern betrachtet scheiterten jedoch die meisten dieser in der Regel überstürzt angeordneten Projekte. Sie mißrieten aus den unterschiedlichsten Gründen. Fast immer aber spielte die Unfähigkeit seiner Untertanen, ihre mangelnde Bereitschaft, sich mit modernen westlichen Gepflogenheiten vertraut zu machen, sie den russischen Verhältnissen anzupassen und effektiv zu nutzen, eine ausschlaggebende Rolle. Trotzdem war das Land bei seinem Tod im Jahr 1725 ein anderes geworden. Auch die Anerkennung als eine der europäischen Großmächte blieb ihm erhalten. Freilich, noch immer krankte das Land daran, daß sein Machtanspruch nach außen und seine innere Verfassung weit auseinanderklafften.

Zu Peters Zeiten kamen zum erstenmal Deutsche in größerer Zahl in das russische Kaiserreich. Sie waren zwar früher schon nach Rußland gezogen, doch es hatte sich nur um einzelne gehandelt. Spezialisten, Münzmeister, Sprengmeister, Baumeister, Ärzte, Lehrer, Dolmetscher oder Offiziere treten gewöhnlich nicht in Rudeln auf.[9] Unter Peter änderte sich das. Er blies zu einer regelrechten Jagd auf ausländische Spezialisten, die er für die Modernisierung, die Europäisierung seines Landes brauchte wie die Luft zum Atmen. Zu seiner Zeit gerieten Deutsche noch auf eine zweite, allerdings unfreiwillige Art unter russische Herrschaft. Rußlands materielle Beute aus dem Großen Nordischen Krieg bestand aus Livland. Was Iwan IV. nicht gelungen war, Rußlands Abdrängung von der Ostsee durch die Okku-

[9] R. P. Bartlett (1979), Human Capital; E. Amburger (1968), Die Anwerbung; ders. (1961), Beiträge zur Geschichte.

pation Livlands zu beenden, das hatte Peter geschafft. Livlands politische und ökonomische Führungsschicht wurde nahezu ausschließlich von Deutschen gestellt. Sie wie auch ihre Landsleute aus dem Reich finden wir fortan vielfach an führender Stelle in der Petersburger Bürokratie. Drei Namen sollen stellvertretend für viele stehen. Der Kurländer Ernst Johann von Biron beherrschte als Günstling der Kaiserin Anna für ein Jahrzehnt Rußland. Die Begleiterscheinungen seines Regimes, der Bironowschtschina, wie es die Russen nannten, die einseitige Bevorzugung Deutscher bei der Besetzung einträglicher Ämter etwa, nährte noch nach Jahrzehnten das Ressentiment vieler Russen gegen die Deutschen. Ein anderer Deutscher, Burchard Christoph Münnich, wurde zu Peters Zeiten bereits Generalleutnant und mit dem Bau des Ladoga-Kanals beauftragt. Unter den Nachfolgern des großen Zaren stieg er auf bis zum Feldmarschall und Präsidenten des Kriegskollegiums. Der Bochumer Pastorensohn Heinrich Johann Ostermann schließlich kam 1704 nach Rußland. Zunächst trat er als Dolmetscher in den Sold Peters. Langsam stieg er im diplomatischen Dienst auf. Später leitete er jahrzehntelang, von 1725 bis 1741, als Vizekanzler die Außenpolitik des Russischen Reiches.

Wenn man mit einer gewissen Berechtigung sagen darf, daß seit Peter Deutsche immer wieder über viele Jahre hinweg weite Bereiche der russischen Administration und Armee in ihren Händen hielten, so muß man in Hinsicht auf die Selbstherrscher sogar festhalten, daß sie seit 1761 völlig 'germanisiert' waren.

Die Kaiserin Elisabeth, Tochter des großen Peter, hatte 1742 ihren damals 14jährigen Neffen Herzog Peter Ulrich von Holstein-Gottorp als Thronfolger nach Rußland geholt. Er wurde 1745 mit der Prinzessin Sophie Auguste Friederike von Anhalt-Zerbst verheiratet. Als Elisabeth 1761 starb, folgte ihr der Holsteiner als Peter III. auf den Thron. Er konnte sich der Herrschaft nicht lange erfreuen. Seine Frau, die als Kronprinzessin zum orthodoxen Glauben übergetreten war und nun den Namen Katharina trug, stürzte ihn mit Hilfe der kaiserlichen Garde schon ein Jahr nach seiner Thronbesteigung und ließ sich nach seinem Tod, der passenderweise kurz nach seinem Sturz eintrat, in Moskau zur Kaiserin aller Reußen krönen.

Die Ansiedlung Deutscher in Rußland

Katharina, die anhaltinische Prinzessin, war es, die in der 2. Hälfte des 18. Jahrhunderts Deutsche in so großer Zahl wie nie zuvor nach

Bild 1: Katharina II. von Rußland

Rußland holte.[10] Bereits in den ersten Monaten ihrer Selbstregierung, am 4. Dezember 1762, erließ sie ein Manifest, in dem sie alle auswanderungslustigen Menschen in den westeuropäischen Ländern aufrief, in das große und reiche Rußland einzuwandern.

Teils weil dieses Manifest in seinen Auslobungen allzu vage gehalten war, teils weil es in Westeuropa angesichts der unübersichtlichen Verhältnisse der damaligen Kriegsereignisse (man stand im letzten Jahr des Siebenjährigen Kriegs) nicht zur erwünschten Geltung kommen konnte, wurde es ein Fehlschlag. Das von Katharina erhoffte Echo blieb aus. Nachdem am 15. Februar 1763 der Frieden von Hubertusburg geschlossen worden war, erließ die Kaiserin deshalb am 22. Juli 1763 ein neues, in seinen Aussagen deutlich präziseres Manifest (vgl. Abb. 17).[11]

Drei Artikel darin sind für die Privilegien, die den Ausländern zugesichert wurden, von ausschlaggebender Bedeutung. Im Abschnitt drei versprach Katharina, daß diejenigen, die die Reise nach Rußland nicht selbst bezahlen könnten, von der russischen Regierung freigehalten werden würden. Der Artikel vier versicherte, daß die Einwanderer nach ihrer Ankunft in Rußland sich frei entscheiden können sollten, „ob sie sich unter die Kaufmannschaft oder unter Zünfte einschreiben lassen und Bürger werden wollen . . .; oder ob sie Verlangen tragen, auf freyem und nutzbarem Grunde und Boden in ganzen Colonien und Landflecken . . .“ sich niederlassen zu wollen.

Der wichtigste Artikel war jedoch der sechste. In ihm beschrieb die kaiserliche Regierung in insgesamt elf Unterpunkten die Rechte und Pflichten der zukünftigen Einwanderer. Ihnen wurde freie Religionsausübung zugesichert, und zwar nach ihren gewohnten Kirchensatzungen und Gebräuchen. Kirchen und Glockentürme durften von

[10] K. Stumpp (1964), Die Rußlanddeutschen. Zweihundert Jahre unterwegs; E. Amburger (1961), Geschichte des Protestantismus.

[11] Der vollständige Text abgedruckt bei K. Stumpp (o. J.), Die Auswanderung aus Deutschland nach Rußland, S. 14ff.

Von GOttes Gnaden

Wir Catharina die Zweyte,

Kayserin und Selbstherrscherin aller Reußen, zu Moscau, Kiow, Wlädimir, Nowgorod, Zaarin zu Casan, Zaarin zu Astrachan, Zaarin zu Sibirien, Frau zu Plescau und Groß-fürstin zu Smolensko, Fürstin zu Esthland und Liefland, Carelen, Twer, Jugorien, Permien, Wiatka, Bolgarien und mehr andern; Frau und Großfürstin zu Nowgorod des Niedrigen Landes, zu Tschernigow, Resan, Rostow, Jaroslaw, Beloserien, Udorien, Obdorien, Condinien, und der ganzen Nord-Seite Gebieterin und Frau des Iverischen Landes, der Cartalinischen und Grusinischen Zaaren und des Cabardinischen Landes, der Tscherkaßischen und Gorischen Fürsten und mehr andern Erb-Frau und Beherrscherin.

Da Uns der weite Umfang der Länder Unsers Reiches zur Gnüge bekannt; so nehmen Wir unter andern wahr, daß keine geringe Zahl solcher Gegenden noch unbebauet liege, die mit vortheilhafter Bequemlichkeit zur Bevölkerung und Bewohnung des menschlichen Geschlechtes nutzbarlichst könnte angewendet werden, von welchen die meisten Ländereyen in ihrem Schooße einen unerschöpflichen Reichthum an allerley kostbaren Erzen und Metallen verborgen halten; und weil selbige mit Holzungen, Flüssen, Seen und zur Handlung gelegenen Meeren gnugsam versehen, so sind sie auch ungemein bequem zur Beförderung und Vermehrung vielerley Manufacturen, Fabricken und zu verschiedenen andern Anlagen. Dieses gab Uns Anlaß zur Ertheilung des Manifestes, so zum Nutzen aller Unserer getreuen Unterthanen den 4ten December des abgewichenen 1762sten Jahres publiciret wurde. Jedoch, da Wir in selbigem denen Ausländern, die Verlangen tragen würden sich in Unserm Reiche häuslich niederzulassen, Unser Belieben nur summarisch angekündiget; so befehlen Wir zur bessern Erörterung desselben folgende Verordnung, welche Wir hiemit aufs feierlichste zum Grunde legen, und in Erfüllung zu setzen gebieten, jedermänniglich kund zu machen.

1.

Verstatten Wir allen Ausländern in Unser Reich zu kommen, um sich in allen Gouvernements, wo es einem jeden gefällig, häuslich niederzulassen.

2.

Dergleichen Fremde können sich nach ihrer Ankunft nicht nur in Unserer Residenz bey der zu solchem Ende für die Ausländer besonders errichteten Tutel-Canzelley, sondern auch in den anderweitigen Gränz-Städten Unsers Reichs nach eines jeden Bequemlichkeit bey denen Gouverneurs, oder, wo dergleichen nicht vorhanden, bey den vornehmsten Stadts-Befehlhabern melden.

3.

Da unter denen sich in Rußland niederzulassen Verlangen tragenden Ausländern sich auch solche finden würden, die nicht Vermögen genug zu Bestreitung der erforderlichen Reisekosten besitzen: so können sich dergleichen bey Unsern Ministern und Residenten an auswärtigen Höfen melden, welche sie nicht nur auf Unsere Kosten ohne Anstand nach Rußland schicken, sondern auch mit Reisegeld versehen sollen.

4.

So bald dergleichen Ausländer in Unserer Residenz angelanget und sich bey der Tutel-Canzelley oder auch in einer Gränz-Stadt gemeldet haben werden; so sollen dieselben gehalten seyn, ihren wahren Entschluß zu eröffnen, worinn nemlich ihr eigentliches Verlangen bestehe, und ob sie sich unter die Kaufmanschaft oder unter Zünfte einschreiben lassen und Bürger werden wollen, und zwar nahmentlich, in welcher Stadt; oder ob sie Verlangen tragen, auf freyem und nutzbarem Grunde und Boden in ganzen Colonien und Landflecken zum Ackerbau oder zu allerley nützlichen Gewerben sich niederzulassen; da sodann alle der-

X gleichen

Abb. 17: Manifest der Kaiserin Katharina II. vom 22. Juli 1763. Faksimile der ersten Abschnitte

den Einwanderern, wo immer sie sich niederließen, errichtet werden; die Stiftung von Klöstern war dagegen verboten. Desgleichen wurde untersagt, in Rußland unter der christlichen Bevölkerung zu missionieren. Nur gegenüber Moslems wurden Bekehrungsversuche ausdrücklich zugelassen. Einwanderer, die sich auf dem Lande niederließen, sollten 30 Jahre frei sein von allen Abgaben an den Staat, von allen Diensten und von Einquartierungen. Wer sich in einer Stadt ansiedelte, bekam zehn Freijahre zugesichert. Katharina versprach den Einwanderern staatliche Unterstützung bei allen den Vorhaben, „die entweder zum Kornbau und anderer Hand-Arbeit, oder aber Manufacturen, Fabriken und Anlagen" führen würden. Besondere Fürsorge sollte solchen Fabriken und Anlagen gewidmet werden, die bisher in Rußland noch nicht heimisch waren. Für den Hausbau, für die Anschaffung von Vieh und Geräten, sei es für den Ackerbau oder für ein Gewerbe, sicherte die russische Regierung den Einwanderern zinslose Kredite zu. Das Kapital mußte erst nach zehn Jahren und dann in drei Jahresraten zurückgezahlt werden. Die von den Einwanderern angelegten Kolonien oder Landflecken erhielten die gemeindliche Selbstverwaltung. Das russische Zivilrecht hatte aber auch für sie Geltung. Jeder Einwanderer durfte das Vermögen, das er mitbrachte, frei einführen. Den Einwanderungswilligen versprach man für alle Zeit, daß sie „wider Willen weder in Militär noch Civil-Dienst genommen werden". Den Immigranten wurde nach ihrer Ankunft in Rußland die freie, kostenlose Weiterreise in ihr Ansiedlungsgebiet in Aussicht gestellt. Weiter sagte man den in „Rußland etablierten" Ausländern, die „Fabriken, Manufacturen oder Anlagen" errichtet haben und „Waaren daselbst" verfertigen, „welche bis dato in Rußland noch nicht gewesen", für zehn Jahre Zollfreiheit beim Export ihrer Produkte zu. „Ausländischen Capitalisten", so heißt es, „welche auf ihre eigenen Kosten in Rußland Fabriken, Manufacturen und Anlagen errichten" wurde erlaubt, leibeigene Leute und Bauern zu kaufen. Schließlich verhieß der letzte Abschnitt des sechsten Artikels, daß in allen Kolonien und Landflecken von den Bewohnern nach Gutdünken Markttage oder Jahrmärkte abgehalten werden durften, ohne daß dafür irgendwelche Abgaben zu zahlen waren.

Diese Vergünstigungen, so versprach die russische Regierung weiter, sollten auch den Kindern und Kindeskindern der Einwanderer gewährt werden, wobei die Freijahre allerdings vom Eintreffen der ersten Familienmitglieder in Rußland gerechnet wurden. Selbstverständlich billigte Katharina den Einwanderern auch das Recht zu,

„sich aus unserem Reich zu begeben". In einem solchen Fall mußten sie freilich von dem in Rußland erworbenen Vermögen, je nach Dauer ihres Aufenthaltes dort, einen bestimmten Anteil an den russischen Staat abführen.

In der Folgezeit versah man das Manifest in Petersburg noch mit allerlei Ergänzungsbestimmungen. Es wurde zum Vorbild für Ansiedlungsaktionen, die am Ende des 18. und im 19. Jahrhundert durchgeführt worden sind. In allen europäischen Staaten bekanntgemacht, hatte es nennenswerten Erfolg allein in Deutschland.[12] Dafür gab es eine Vielzahl von Gründen. Da waren etwa die allgemeinen politischen Verhältnisse, mit denen die potentiellen Auswanderer zu Hause in Deutschland nicht zufrieden waren. Dazu zählte die Unterdrükkung durch die eigenen Fürsten in den deutschen Territorien ebenso wie der Zwang, Militärdienst zu leisten, oder die Tatsache, daß gerade wieder ein langer, zerstörerischer Krieg über weite Teile Deutschlands hinweggegangen war, der in einigen Gebieten eine mehr oder weniger lange Zeit andauernde Besatzungsherrschaft bedeutet hatte.

Aber auch ökonomische Gründe waren verantwortlich für die durchschlagende Wirkung des kaiserlichen Manifestes. Hierzu zählen Hungersnöte, Mißernten und eine drückende Steuerlast sowie nicht zuletzt die Tatsache, daß es kein freies Land für Siedlung mehr gab. Für viele Menschen in Deutschland existierten keinerlei Entfaltungsmöglichkeiten mehr.

Ein wichtiges Motiv für die Auswanderung stellten auch religiöse Gründe dar. Engstirnigkeit und Intoleranz in Glaubensfragen feierten damals in einigen deutschen Ländern wahre Triumphe. Das gilt vor allen Dingen für das südliche Deutschland und hier besonders für Württemberg (vgl. Abb. 20).[13] Schließlich wird es für einige Auswanderer auch noch persönliche Gründe für ihren Entschluß gegeben haben. Vielleicht war ein Familienangehöriger schon früher nach Rußland gezogen und hatte dort Erfolg gehabt.

Die Regierung Katharinas II. ging bei der Anwerbung der zukünftigen Kolonisten ähnlich vor wie die Fürsten Ostmitteleuropas während des Mittelalters. Sie schaltete Mittelspersonen ein. Ihre Auswanderungsagenten, die mit der russischen Regierung regelrechte Verträge abschlossen und für jeden Siedlungswilligen eine Kopfprämie bekamen, traten an die Stelle der Lokatoren der mittelalterli-

[12] I. Fleischhauer (1986), Die Deutschen im Zarenreich.

[13] G. Leibbrandt (1928), Die Auswanderung der Schwaben.

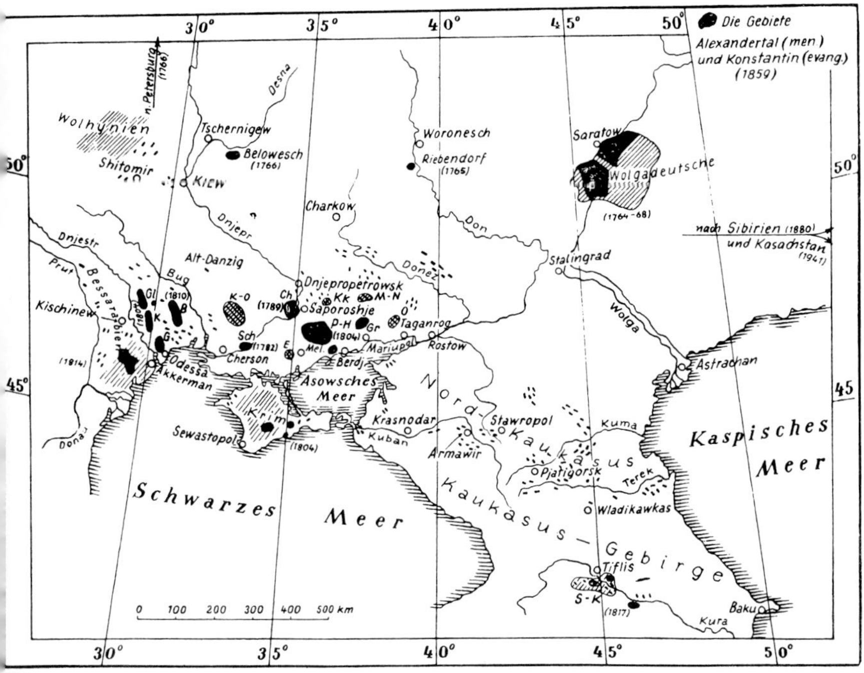

Abb. 18: Siedlungsgebiete der Deutschen in Rußland

chen Siedlung. Die von ihnen Angeworbenen wurden in Deutschland an verschiedenen Orten gesammelt. Sammelpunkte waren beispielsweise auf anhaltinischem Gebiet Roßlau an der Elbe, Lübeck oder Büdingen im Hessischen. Von dort aus wurden sie gegebenenfalls zunächst an die Ostseeküste, nach Lübeck bzw. Danzig und über See nach Petersburg transportiert.

Der größte Teil der Auswanderer, die auf Katharinas Manifest hin nach Rußland gingen, wurde ins Wolga-Gebiet weitergeleitet (vgl. Abb. 18).[14] Dabei scheinen sich die Petersburger Beamten nicht sonderlich streng an das Versprechen des Manifestes gehalten zu haben, nachdem jeder Einwanderer wählen können sollte, wo er sich niederlassen wollte. Nur wenige von denen, die als erste die Reise nach Rußland antraten, durften sich in und um die kaiserliche Residenzstadt niederlassen.

[14] G. Bonwetsch (1919), Geschichte der deutschen Kolonien; G. Beratz (1923), Die deutschen Kolonien.

Als die Deutschen im Wolga-Gebiet ankamen, mußten sie feststellen, daß dort statt des versprochenen Paradieses eine Wildnis auf sie wartete. Nichts von dem, was ihnen zugesichert worden war, fanden sie an Ort und Stelle vor. Statt eines angenehmen Lebens standen ihnen harte und schwere Jahre eines Überlebenskampfes bevor. Sie hatten nicht nur mit den Widrigkeiten der Natur zu ringen, denn in der Steppe an der Wolga herrschen heiße, trockene, fast tropische Sommer und bereits sibirisch-kalte Winter, sie mußten sich auch in blutigen Auseinandersetzungen ihrer Nachbarn, der Kalmücken, Kirgisen und Baschkiren, erwehren. Hinzu kamen die in ganz Rußland übelbeleumdeten Räuberbanden, die seit altersher im Wolgagebiet hausten. Es war durchaus ein wilder Osten, in dem die Deutschen sich unerwartet wiederfanden.

Nicht jeder der Neuankömmlinge war den Strapazen gewachsen. Einige gaben auf, andere starben. Die Mehrzahl aber biß sich durch. Sie waren vom gleichen Schlag wie die Siedler des Mittelalters. Auf den 30 Dessjatinen Land (1 Dessjatine =1, 0925 ha), die jeder Familie zugemessen worden waren, ackerten sie sehr bald statt mit dem Hakenpflug, der ihnen bei ihrer Ankunft als einziges Gerät zur Verfügung stand, mit dem aus Deutschland gewohnten Scharpflug. Statt der Sichel gebrauchten sie bei der Ernte die Sense. Die deutschen Neusiedler, die im Vergleich mit den zumeist leibeigenen russischen Bauern erhebliche Vorrechte genossen, erarbeiteten sich langsam einen erheblichen Wohlstand. Um 1850, rund 100 Jahre nach ihrer Ankunft, gab es an der Wolga bereits 104 deutsche Siedlungen (vgl. Abb. 18).[15]

Die erste Einwanderungsphase Deutscher nach Rußland spielte sich in den wenigen Jahren zwischen 1764 und 1767/68 ab. 8000 Familien mit insgesamt 29 000 Menschen kamen damals an die Ufer der Wolga. Die Gründe für das überraschend frühe Ende der Einwanderung waren vielfältig. Rußland führte seit 1768 Krieg mit der Türkei. In Deutschland erließ Kaiser Joseph II. 1768 ein allgemeines Auswanderungsverbot. Und die deutschen Landesherren machten im Zeitalter des Merkantilismus den Auswanderern alle erdenklichen Schwierigkeiten. So hielt beispielsweise der Bruder Katharinas, der anhaltinische Fürst, seine Beamten schon am 8. Oktober 1765 in einem Erlaß dazu an, darauf hinzuwirken, „daß bey Gelegenheit, da die deutschen Emigranten, die nach Rußland gehen, ihren Versamm-

[15] B. Pinkus/I. Fleischhauer (1987), Die Deutschen in der Sowjetunion, S. 39.

lungsort zu Roßlau haben, keine Leute aus unserem Land wegzugehen verleiten ... da diese Leute noch bey guten Jahren und Kräften sind und gut arbeiten können“ [16]. Derartige Maßnahmen konnten die Auswanderungswelle nur vorübergehend zum Stillstand bringen. Nachdem in den siebziger und achtziger Jahren des 18. Jahrhunderts die gesamte Nordküste des Schwarzen Meeres unter russische Herrschaft gekommen war, brauchte man Menschen, um dieses riesige neuerworbene Gebiet einerseits zu sichern und andererseits ökonomisch zu nutzen. Auf den rund 8 Millionen Hektar Land, die Katharina ihrem Reich hinzugefügt hatte, lebten nur 190 000 Menschen.

Auf Anregung des Fürsten Potemkin kam deshalb die Einwanderung erneut in Gang. Die Russen nahmen Verbindung mit den Mennoniten im Danziger Werder auf. Die waren seit 1772, seit der ersten Teilung Polens, zu preußischen Untertanen geworden. In Preußen aber galt die allgemeine Wehrpflicht. Kriegsdienst hatten die Mennoniten jedoch seit altersher verweigert. Als die preußische Regierung 1789 das sogenannte Mennoniten-Edikt erließ, als sie verfügte, daß nur noch der Land erwerben dürfe, der sich in die sogenannte Kantonsrolle, die Liste der Wehrpflichtigen, eintragen lasse, sahen die Mennoniten für sich und ihre Nachkommen in Preußen keine Zukunft mehr. Es kam deshalb bald zu einer Einigung mit der russischen Regierung.[17] Schon am 20. Juli 1789 erreichten die ersten Danziger Mennoniten Chortiza am Dnepr. So wie einst die Danziger machten jetzt auch die Russen mit ihren neuen Untertanen die allerbesten Erfahrungen. Deshalb teilten sie den Mennoniten an der Molotschna weitere 135 000 ha Land zu. Zwischen 1804 und 1806 entstanden dort 19 mennonitische Dörfer. Die Zahl wuchs in den folgenden Jahren sogar auf 56 an.

Am 20. Februar 1804 erließ Kaiser Alexander I. ein neues Einwanderungsmanifest. Er berief sich darin ausdrücklich auf das des Jahres 1763 und verkündete in etwa die gleichen Vergünstigungen. Allerdings gab es auch gravierende Veränderungen. Eine von ihnen sei hier erwähnt. Katharina hatte die Einwanderung initiiert unter dem merkantilistischen Gesichtspunkt „des Nutzens, welcher dem Staate durch die Vermehrung der Einwanderung fremder Völker in Rußland erworben werden ...“ könne. Alexander betonte, daß die Ausländer

[16] K. Stumpp (o. J.), Die Auswanderung, S. 30f.

[17] Vgl. J. Urry (1989), None but Saints; B. Unruh (1955), Die niederländisch-niederdeutschen Hintergründe; A. Ehrt (1932), Das Mennonitentum in Rußland.

Geburtsbrief
für Leonhard Bauer, Bürger u. Weingärtner in Beutelsbach d. d. 29. 3. 1819.

Wir zu dem Königlich Württembergischen Dorfgericht *Beutelsbach*, Oberamt Schorndorf verordneten Bürgermeister und Richter beurkunden hiermit, daß vor uns Leonhard *Bauer*, Weingärtner und sein Eheweib Elisabetha erschienen sey und uns eröffnet habe, welchergestalten derselbe mit Gott entschlossen seye, sich in Großliebental bei *Odessa* niederzulassen, zu Beförderung solchen Vorhabens aber eine beglaubte Urkund über Geburt, Herkommens und bisheriger Aufführung halber nöthig habe, mit angefügter Bitte, ihm solche zu erteilen.

Wenn wir nun das Ansinnen in aller Billigkeit gegründet befunden haben, und die Wahrheit zu befördern uns allzeit angelegen seyn lassen: Als bezeugen wir bey unsern tragenden Amts- und Gerichtspflichten, daß oben benannter Leonhard *Bauer*, Weing. von Beutelsbach von Johann Michael *Bauer* von Hebsack und dessen ehelicher Hausfrau Margaretha, Elisabetha als seine wahren natürlichen Eltern in rechtmäßiger Ehe erzeugt, vermög des uns vorgelegten glaubwürdigen Extractus des Taufbuchs den 27. April 1781 zur Welt geboren, sofort darauf zur heiligen Taufe befördert und in solcher von Philipp Jakob Pfahler, Küfer, Friederika Reicherts von Leonhard Eheweib und Catarina Kuhelin, Weing. Tochter vertreten worden seye, also, daß man an seinem Geschlecht und Herkommen nicht das wenigste auszusetzen weiß, sondern ihn vielmehr jederzeit vor ehe- und ehrlich erzeugt gehalten, wie wir dann auch nach seiner weiteren Erziehung, so viel uns wissend und vorgekommen ist, jederzeit einen frommen, redlichen, ehrlichen und unklagbaren Wandel geführt hat, daß wir dahero nichts Arges oder Widerwärtiges, sondern alle Ehre, Liebe und Gutes ihm nachzusagen wissen.

Nebst diesem ist auch derselbe mit keiner Leibeigenschaft beschwert, sondern von solcher Servitut ganz frei, ledig und los, kann derowegen mit Leib und Gut hinziehen, wohnen, Schutz, Schirm, Stadt- und Bürgerrecht suchen und annehmen, wie, wann und wo es demselben beliebig ist. Übrigens noch das Vermögen belangend, so besteht solches in Eintausend Siebenzig zwey Gulden.

Dessen zu wahren Urkund haben wir uns nicht nur eigenhändig unterschrieben, sondern auch das uns vorgesetzte Königlich Gottlöbliche Oberamt ersucht, daß derselbe sein führendes Amts-Signat (jedoch anderwartz ohne Praejudiz) hier vorgedruckt; so geschah und gegeben ist den 29. März 1819.

Sigillum testatur (Stempel und Unterschriften).

Abb. 19: Polizeiliches Führungszeugnis
eines württembergischen Auswanderers nach Rußland

„in ländlichen Beschäftigungen und Handwerken als Beispiel dienen sollen"[18].

Wegen dieser Vorbildfunktion, die die Einwanderer für die russische Bevölkerung übernehmen sollten, war der Kaiser auch nicht mehr bereit, jeden zu nehmen, der dem Ruf seines Manifestes folgen wollte. Alexander verlangte von den Interessenten, daß sie einen Mindestbesitz von 300 Gulden nachweisen konnten. Diese Summe war zwar mit ein bißchen Hausrat, mit Geräten, Kleidung und dergleichen nicht sehr schwer zu erreichen; aber die Ärmsten der Armen in Deutschland waren dadurch von der Auswanderung nach Rußland ausgeschlossen worden. Die Russen waren nicht nur an einem, wenn auch kleinen, Vermögen der Einwanderer interessiert. Mitunter verlangten die Emissäre des Kaisers von ihnen sogar eine Art polizeiliches Führungszeugnis.[19] Man wollte wohl sichergehen, daß keine politisch unzuverlässigen Elemente ins Land kamen und den Untertanen des Zaren womöglich revolutionäre Flausen in den Kopf setzten (vgl. Abb. 19).

Alexanders Manifest regte, anders als das seiner Großmutter Katharina, eine langandauernde Auswanderung Deutscher nach Rußland an. Dabei lassen sich verschiedene Phasen unterscheiden. Zwischen 1804 und 1810 wurden Tausende und Abertausende von Deutschen auf 30 bis 80 Dessjatinen Ackerland zunächst in Südrußland, im Schwarzerdegebiet einschließlich der Krim, angesetzt. Von 1814 bis 1831 wurden dann zahlreiche deutsche Siedler in Bessarabien angesiedelt.[20] Und schließlich wanderten in den Jahren von 1814 bis

[18] K. Stumpp (o. J.), Die Auswanderung, S. 25f.

[19] Ders. (1961), Die deutsche Auswanderung, S. XII.

[20] G. Leibbrandt (1926), Die deutschen Kolonien in Cherson.

Auswanderungszeiten	*Herkunftsländer*	*Ansiedlungsgebiete*
1763–68	*Hessen,* Rheinlande, Pfalz, Württemberg	Wolgagebiet
1765	Sulzfeld, Württemberg	Riebensdorf
1766	Hessen, Württemberg, Brandenburg	bei Petersburg
1766	Hessen	Belowesh
1782	Schweden	Alt-Schwedendorf
1786	Preußen	Alt-Danzig
1789	Preußen, Württemberg, Bayern	Josefstal, Fischerdorf, Jamburg bei Dnjepr.
1789–90	Danzig/Westpreußen	Chortitza (Mennoniten)
1804–06:		
a)	Elsaß, Pfalz, Baden	Franzfeld, Mariental, Josefstal b. Odessa
b)	*Württemberg,* Elsaß, Pfalz, Baden, Ungarn, Pfalz, Ungarn	Großliebental, Alexanderhilf, Neuburg, Peterstal bei Odessa
c)	Danzig/Westpreußen	Halbstadt, Molotschna (Mennoniten)
d)	Württemberg, Baden, Hessen	Prischib, Molotschna (Ev. und kath. Gemeinden)
e)	Württemberg, Schweiz	Krim: Neusatz, Zürichtal
1808–10:		
a)	*Württemberg,* Elsaß, Pfalz, Baden, Ungarn	Bergdorf, Glückstal, Kassel, Neudorf, Geb. Odessa
b)	*Elsaß,* Baden, Polen	Baden, Elsaß, Kandel, Selz, Mannheim, Straßburg
c)	Elsaß, Baden, Pfalz, Württemberg	Beresaner Gebiet, Geb. Odessa (ev. und kath.)
1817–18	Württemberg	Südkaukasus
1812–27	Württemberg, Baden, Hessen	Prischib, Molotschna
1814–16 und 1821–34	Württemberg, Preußen, Polen, Bayern	Bessarabien
1822–31	Württemberg	Schwabendörfer b. Berdjansk
1823–42	Danzig/Westpreußen, Rheinhessen, Baden	Grunauer Gebiet (Planer Kolonien)
1859–62	Danzig/Westpreußen (Das war die jüngste und letzte Einwanderung aus Deutschland)	Samara (Mennoniten)

Abb. 20: Auswanderungszeiten und Herkunftsgebiete deutscher Auswanderer nach Rußland

1842 Deutsche auch noch in das Kaukasusgebiet, nach Transkaukasien ein. Um die Mitte des 19. Jahrhunderts existierten in allen diesen Landstrichen insgesamt 181 deutsche Siedlungen (zur Herkunft der Siedler vgl. Abb. 20).[21]

Neben der Wolga, der Schwarzmeerküste, Bessarabien und dem Kaukasusgebiet ist noch ein weiterer Teil Rußlands zu erwähnen, in dem Deutsche in größerer Zahl angesiedelt worden sind. Es handelt sich um Wolhynien, um das Gebiet zwischen dem Dnepr im Osten und den Karpaten im Südwesten sowie der Polesje im Norden. Bis 1795, bis zur dritten Teilung Polens, hatte das Gebiet zur Adelsrepublik gehört. Schon die polnischen Magnaten hatten mit der Ansetzung Deutscher inmitten der einheimischen ukrainischen Bevölkerung begonnen. Die erste geschlossene deutsche Siedlung war 1771 durch den Fürsten Czartoryski angelegt worden. Die älteste unter russischer Ägide angelegte deutsche Kolonie stammt dann aus dem Jahr 1816.

In den dreißiger und den sechziger Jahren des 19. Jahrhunderts, jeweils nach den großen polnischen Aufständen gegen die russische Oberherrschaft, schwappten zwei große Einwanderungswellen Deutscher nach Wolhynien. Die Neuankömmlinge stammten aus Polen. Weil sie sich dem Aufstand nicht angeschlossen hatten, waren sie bei ihren polnischen Nachbarn nicht mehr wohlgelitten. Im Jahr 1860 wurden in Wolhynien 6000 Deutsche in 45 Siedlungen gezählt. Gut 20 Jahre später, 1881, war diese Zahl bereits auf mehr als 102 000 und 1911 gar auf über 200 000 Menschen angewachsen. Die Deutschen besaßen 300 000 Hektar Land.

Im Zusammenhang mit der neuzeitlichen Siedlungsbewegung wächst den Historikern endlich auch eine Quellengattung zu, die deutlich exaktere Aussagen als alle bisherigen zuläßt: Die Bevölkerungsstatistik. Die erste gesamtrussische Volkszählung fand im Jahr 1897 statt. Sie vermittelt uns ein eindrucksvolles Zahlenmaterial über die Deutschen in Rußland.[22] Damals gaben 1 790 489 Menschen zu Protokoll, nach ihrer Herkunft Deutsche zu sein. Von ihnen lebten die meisten (1 312 663) im europäischen Rußland. Im Königreich Polen, das in Personalunion mit Rußland verbunden war, wurden 407 274 Deutsche gezählt, im Kaukasus 56 729, in Sibirien 5424 und in

[21] B. Pinkus/I. Fleischhauer (1987), Die Deutschen in der Sowjetunion, S. 39.

[22] Zahlen entnommen dens. (1987), Die Deutschen in der Sowjetunion, S. 33 f.

Zentralasien schließlich immer noch 8874. Von der Gesamtzahl der Deutschen rechneten mehr als drei Viertel (1 300 000 oder 76,72 %) zur Landbevölkerung, nur ein knappes Viertel (401 960 oder 23 %) lebte in Städten. Die Bevölkerungsstatistik gibt uns noch detailliertere Aufschlüsse. In der Land- und Forstwirtschaft waren damals gut eine Million Deutsche tätig (1 033 282 oder 57,7 %), während sich nur 375 953 Deutsche (21 %) in der Industrie betätigten. Als Arbeiter oder Angestellte bekannten sich 112 453 Deutsche (6,3 %). Im Handel und Verkehrswesen fanden die Volkszähler 97 796 Deutsche (5,5 %), 11 768 gaben an, Kaufleute zu sein (0,6 %); zu den Akademikern rechneten sich 50 000, während im Zivil- und Militärdienst immerhin 35 000 Deutsche gezählt wurden.

Es gibt aus dem Rußland des letzten Viertels des 19. Jahrhunderts indes noch weitere interessante Angaben. In den achtziger Jahren fanden sich 40 % der höheren Befehlspositionen der Armee in den Händen deutschstämmiger Offiziere; im Ministerium für Post und Verkehr besetzten Deutsche 62 % aller Stellen; im Außenministerium waren es 57 % und im Kriegsministerium 46 %. Diese Zahlen erhalten ihr volles Gewicht, wenn man bedenkt, daß der Anteil der Deutschen an der Gesamtbevölkerung kaum mehr als 1 % ausgemacht hat. Eine letzte Zahl: Um das Jahr 1914 gab es in ganz Rußland 3000 deutsche Siedlungen.[23] Der Landbesitz der deutschen Bauern betrug etwa 10 Millionen Hektar.[24]

Fazit der neuzeitlichen Siedlung

Die neuzeitliche Siedlung unterscheidet sich von der des Mittelalters neben ihrem zahlenmäßigen Umfang vor allem durch die völlig anderen Umstände. Die Siedlung des Mittelalters erfaßte weite, oft nahezu menschenleere Gebiete in der näheren Nachbarschaft des deutschen Altsiedellandes. Das neuzeitliche Pendant dagegen bedeutete zwar Wiederaufsiedlung des Wüstungslandes der alten mittelalterlichen Siedlungsgebiete, es „verströmte“ sich dann aber, wie Walter Kuhn formulierte, „. . . immer mehr in die Weiten des europäischen Ostens und schuf deutsche Inseln inmitten frem-

[23] Nach K. Stumpp (1961), Die deutsche Auswanderung nach Rußland, S. IV.

[24] B. Pinkus/I. Fleischhauer (1987), Die Deutschen in der Sowjetunion, S. 39 bzw. 41.

der Völker, die politisch nie die Verbindung mit dem Reich gewinnen konnten"[25].

Die Hochsiedlung der absolutistischen Staaten kehrte zurück zur Neulanderschließung. Das war ein Werk, das augenscheinlich nur von freien Bauern geleistet werden konnte. Es mußte entsprechend der Schwere der Aufgabe honoriert werden. Die Landausstattung deutscher Bauern im Schwarzerdegebiet Südrußlands war mit 66 bis 72 Hektar die weitaus höchste, die wir in der ganzen Geschichte der Siedlung Deutscher in Ostmittel- und Osteuropa kennenlernen.[26]

[25] W. Kuhn (1955), Ostsiedlung in der Neuzeit, I, S. IX.
[26] Ders. (1955), Ostsiedlung in der Neuzeit, I, S. 119.

7. DER BEITRAG DER DEUTSCHEN SIEDLER UND IHRER NACHFAHREN ZUR EUROPÄISCHEN KULTUR

Die Gesamtleistung der vielen hunderttausend deutschen Bauern, Handwerker und Kaufleute, die zwischen dem 12. und dem 19. Jahrhundert, im Verlauf von mehr als 700 Jahren also, in Richtung Osten gezogen sind und ihrer Millionen und Abermillionen Nachkommen kann auch nicht annähernd dargestellt und gewürdigt werden. Das liegt einmal an der Größe und Vielfalt dieser Leistung. Und es liegt zum anderen daran, daß uns nur ganz sporadisch Quellen erhalten geblieben sind, aus denen wir präzise Daten entnehmen können.

Wir vermögen beispielsweise nicht, die Arbeit eines Bauern bei der Urbarmachung von Wildnis in Mark und Pfennig zu bewerten. Es ist uns auch nicht möglich, seine Verkaufsgewinne und seine Abgaben an den Grundherrn oder den Staat, weder für ein Jahr, geschweige denn für ein paar Generationen, zu berechnen.[1] Aus dem städtischen Bereich sind auf uns zwar mitunter Steuerlisten eines Magistrates oder Rechnungsbücher einzelner Kaufleute gekommen. Aber diese Quellen geben jeweils nur einen winzig kleinen Ausschnitt eines riesigen Panoramas zur Betrachtung frei. Erkenntnisse, die man aus dem Studium eines solchen Bruchstücks gewinnt, können kaum hochgerechnet werden. Wegen dieser Zwänge dürfen bei der Würdigung der Leistung der Deutschen, die zwischen dem 12. und dem 19. Jahrhundert ihr Glück im Osten suchten, nur eher allgemeine Betrachtungen, nur globale Aussagen gemacht werden.

„Es unterliegt . . . keinem Zweifel, daß bei der mittelalterlichen deutschen Ostsiedlung" – wie bei der neuzeitlichen auch – „die unternehmungslustigen", die rührigen, die tatkräftigen „Menschen stärker beteiligt gewesen sind als trägere", bequemere oder phlegmatischere „Naturen".[2] Wenn man nicht blinden Aktionismus unterstellen will, wird man zu folgern haben, daß Menschen dieser Art viel geleistet haben.

[1] W. Achilles (1983), Überlegungen zum Einkommen der Bauern.
[2] E. G. Schulz (1967), Der Anteil, S. 178.

Auch aus der Tatsache, daß die Ansiedlung Deutscher im östlichen Europa über Jahrhunderte hinweg angedauert hat, kann und darf man seine Schlüsse ziehen. Ohne sich der Leichtfertigkeit oder der Oberflächlichkeit schuldig zu machen, wird man behaupten dürfen, daß sich die Siedlung für alle Seiten, für die, die sie veranlaßten, wie für die, die sich irgendwo zwischen Elbe und Ural angesiedelt haben, gelohnt haben muß.

Der ökonomische Aspekt

Wenn wir uns überblickartig ein paar Details anschauen, dann haben wir zunächst festzustellen, daß im wesentlichen durch den Landesausbau im späten Mittelalter jene Kulturlandschaft Ostmitteleuropa, wie wir sie heute kennen, geschaffen worden ist. Dieser Prozeß umfaßt sowohl die Verstädterung als auch die Verwandlung der Agrarlandschaft. In der Art, wie damals die Verteilung von Wald und kultivierter Fläche entwickelt worden ist, so, wie sich damals bevorzugte Wirtschaftsräume, begünstigte und darum bevorzugte Standorte ökonomischer Entwicklung herausgebildet haben, so sind sie, *cum grano salis,* auch heute noch verteilt. Die industrielle Revolution, von der so gern behauptet wird, sie habe das moderne Europa geschaffen, hat an der im späten Mittelalter entstandenen Kulturlandschaft tatsächlich nichts Wesentliches mehr verändert.

Wir können weiter vermerken, daß während der Siedlungsperiode die Vermehrung der landwirtschaftlichen Produktion nicht allein dadurch zustande gekommen ist, daß die Ackerfläche erheblich vergrößert worden ist, sondern auch dadurch, daß die Erträge der Ackerfläche, der Ertrag je Hufe oder je Hektar, deutlich gesteigert worden ist. Die gewaltige Erhöhung der Nahrungsproduktion führte nicht nur dazu, daß mehr und mehr Menschen in einem bestimmten Gebiet ernährt werden konnten, sie führte auch dazu, daß Überschüsse verkauft werden konnten und mußten. Das löste die Schaffung eines Wirtschaftsraumes Europa samt der für ihn grundlegenden Arbeitsteilung aus.

Europa wurde mit einem Netz von Handelsstraßen und Handelszentren überzogen.[3] Gleichzeitig entstanden ganz bestimmte, in ihrer Zusammensetzung relativ festgelegte Warenströme. Der östliche Teil Europas, Neueuropa, exportierte vor allem Getreide, daneben aber

[3] F.-W. Henning (1967), Ostdeutsche Wirtschaftsleistungen, S. 88–117; Seehandelszentren des nördlichen Europa (1980), Der Strukturwandel.

auch Bernstein, Wachs, Pelze und Holz. Das sind Güter, die man im weitesten Sinne als Rohstoffe einzuordnen hat. Die Warenpalette zeigt, daß die Stärke des östlichen Europa trotz der starken Zuwanderung von Handwerkern nicht in der gewerblichen Produktion lag. Das Gewerbe war – trotz der Verstädterung während des mittelalterlichen Landesausbaues – dort nirgendwo so weit entwickelt, daß es exportierbare Produkte in größerer Menge hätte erzeugen können. Der Schritt vom Handwerk zur Manufaktur erfolgte nur in Ausnahmefällen.

Anders liegen die Verhältnisse dagegen in Alteuropa. Hier war in bestimmten Regionen, zum Beispiel in den Niederlanden, das Gewerbe so hoch entwickelt worden, daß es Handelsgüter zu erzeugen vermochte. Vor allem ein Produkt wurde zum bevorzugten, erfolgreichen Exportgut im Osthandel der Niederländer: die Tuche. Durch den Import der hochwertigen Tuche aus Alteuropa wurde jedoch die Entwicklung des entsprechenden Gewerbes in Ostmitteleuropa erheblich behindert. Nach oder während der Einebnung der strukturellen Niveauunterschiede zwischen Neu- und Alteuropa im Zug des Siedlungsprozesses entstand wieder ein neues Gefälle. Es konnte bis heute nicht ausgeglichen werden. Im übertragenen Sinne müssen sich die Menschen des östlichen Europas als flinke Hasen sehen, denen der westliche Igel immer um Längen voraus ist.[4]

Nun ist Neueuropa seit dem Mittelalter freilich nicht allein der Bauernhof Alteuropas gewesen. Wenn die Entwicklung seines gewerblichen Sektors auch hinter der des Westens hinterherhinkte, so stand doch in Neueuropa neben der Produktion von Exportgetreide für lange Jahrhunderte auch der Transithandel. Die Bürger der großen Hafen- und Handelsstädte entlang der Ostseeküste waren die Vermittler zwischen den Bedürfnissen Westeuropas und denen ihres eigenen Hinterlandes. Sie zogen aus dieser Tätigkeit schöne Gewinne. So lange, wie sie sich diese Position erhalten konnten, verdienten beispielsweise die Danziger Kaufleute sowohl am Export des in Polen erzeugten Getreides als auch am Import der aus dem Westen kommenden Waren. Die Rigaer oder die Revaler Kaufleute kassierten als Bindeglieder zwischen Rußland und Westeuropa gleichfalls

[4] Zur Erklärung dieses neuen strukturellen Ungleichgewichts sind interessante Theorien aufgestellt worden; eine der fundiertesten bietet I. Wallerstein (1974), The modern world-system; zur Gültigkeit seiner Thesen für das östliche Europa vgl. H. Sundhausen (1983), Zur Wechselbeziehung; H.-H. Nolte (1980), Zur Stellung Osteuropas.

erhebliche Handelsgewinne. Von Danzig bestand über Lemberg und andere podolische Städte eine gewinnbringende Verbindung zum Schwarzmeerraum. Und über die dort agierenden italienischen Kaufleute, die zunächst aus Genua und später dann vor allem aus Venedig stammten, war man auch mit dem Mittelmeerraum und dem Vorderen Orient verbunden. Es war – zeitgenössischer – Welthandel, der auf diesen Verbindungslinien, in die das östliche Mitteleuropa fest eingebunden war, abgewickelt worden ist.

Man darf indes nicht übersehen, daß in Neueuropa in einigen Bereichen doch ein wenigstens überregional bedeutsames Gewerbe entwickelt worden ist. Hierher gehörten der Bergbau Schlesiens und der Slowakei sowie im gewissen Umfang auch die Verhüttung von Gold, Silber, Kupfer und Blei. Seit der Mitte des 18. Jahrhunderts trat neben die alten Bergbaubetriebe in Schlesien der Steinkohlenbergbau. Damit war die Grundlage geschaffen worden, auf der im 19. Jahrhundert das oberschlesische Industrierevier aufgebaut werden konnte.[5]

Im 16. Jahrhundert entstand aber auch das schlesische Leinengewerbe. Es waren vor allem süddeutsche Kaufleute, die es im Verlagssystem entwickelten. die Heimarbeit, das Weben des Leinens in den schlesischen Dörfern, und die unmenschlichen Zustände, die sich in diesem Zusammenhang dann im 19. Jahrhundert ergeben haben, sind nicht zuletzt durch ihre literarische Verarbeitung allgemein bekannt. Durch das Abwandern schlesischer Weber nach Polen wurde

	Zahl	Deutsche Vermögen in Rubel	Zahl	Polnische Vermögen in Rubel
Vermögen der Aktiengesellschaften	27	123 935 162 (ca. 124 Mill.)	1	6 829 925 (knapp 7 Mill.)
Vermögen der wichtigeren Privatfirmen	95	58 345 000 (ca. 58 Mill.)	10	2 310 000 (rund 2 Mill.)
Vermögen der Grund- und Hausbesitzer		103 250 000 (103 Mill.)		31 750 000 (knapp 32 Mill.)

[5] J. Frhr. v. Braun (1959), Die ostdeutsche Wirtschaft, S. 614ff.

auch dort um die Stadt Lodz eine bedeutende Textilindustrie aufgebaut.[6]

Für diese polnische Stadt verfügen wir wieder einmal über exakte Zahlen, die, fast am Ende der Zeit eines einigermaßen friedlichen Zusammenlebens Deutscher und Polen, die Bedeutung des Anteils der Deutschen an der Wirtschaftskraft der Stadt erhellen. Die Zahlen stammen aus unserem Jahrhundert. Der Magistrat von Lodz hat sie im Jahr 1912 auf Grund des Steuerkatasters zusammengestellt[7] (siehe Tabelle auf S. 151).

Solche Zahlen sprechen für sich. Sie spiegeln für die Stadt Lodz die Bedeutung ihrer deutschen Bürger wider. Doch solche Relationen gelten selbstverständlich bei weitem nicht, um das deutlich zu betonen, für das gesamte Gebiet der mittelalterlichen wie der neuzeitlichen deutschen Ostsiedlung.

Der Aufstieg Polens zur osteuropäischen Großmacht

Die Siedlung deutscher Bauern, Handwerker und Kaufleute, die Hebung der Landwirtschaft, des Gewerbes und des Handels während des Spätmittelalters, das alles hatte nicht nur für die unmittelbar Beteiligten Folgen, sondern auch für den Staat, der das alles veranlaßte. Das auffälligste Resultat für das Königreich Polen – um es als Beispiel heranzuziehen – bestand darin, daß der Herrscher über erheblich vergrößerte Einnahmen verfügte. Ein Fürst mit wohlgefüllten Schatzkammern, ein König, der über eine große Zahl wohlhabender Untertanen herrscht, entwickelt zwangsweise politischen, machtpolitischen Ehrgeiz. Sehen wir uns ein paar Einzelheiten an, Resultate des Agierens eines erstarkenden, weil potenter gewordenen Polen.[8]

Die Zeit der Zersplitterung des Landes dauerte rund 200 Jahre. Als sie zu Ende ging, gab es zehn Teilfürstentümer in Schlesien, zwei in Masowien, vier in Kujawien, je eines in Groß- und Kleinpolen.[9] Auf dieser Basis begannen die Bemühungen um die Wiedervereinigung der Krone Polens. Sie wurden formal abgeschlossen mit der Krönung Władysław Łokieteks zum König von Polen, die am 20. Januar 1320 in Krakau erfolgte.

[6] O. Heike (1984), Polnische Forschungen, S. 393ff.
[7] Ders. (1967), Die wirtschaftliche Leistung, S. 132.
[8] Für das Folgende vgl. die oben Kapitel 1, Anm. 25 angegebene Literatur.
[9] G. Rhode (1980), Geschichte Polens, S. 59f.

Die machtpolitischen Verhältnisse westlich des neuen alten Königreichs Polen hatten sich im Vergleich zu 1138, dem Todesjahr Boleslaws, grundlegend verändert. An seiner West- und Südgrenze standen den Polen nicht nur starke deutsche Kurfürstentümer – Brandenburg und Sachsen – gegenüber, sondern auch die aufstrebenden Königreiche Böhmen und Ungarn. Im Norden hatte der Deutsche Orden gerade Pommerellen, das spätere Westpreußen, in seine Hand gebracht. Im Nordosten und Osten war ein zwar noch immer nicht christliches, aber durch die Sammlung vieler russischer Fürstentümer starkes Großfürstentum Litauen erwachsen.[10] Machtpolitischer Bewegungsspielraum für das neue Polen bestand allein noch in südöstlicher Richtung. Dort, in den südwestlichen Teilfürstentümern der alten, längst untergegangenen Kiewer Rus, war ein Machtvakuum entstanden. Doch nicht nur Polen, sondern auch viele andere Interessenten wollten es auffüllen.

Der letzte Piast auf dem polnischen Königsthron, Kasimir III., der Große, hatte, da er kinderlos zu bleiben drohte, 1339 einen Erbfolgevertrag mit dem ungarischen König Karl Robert von Anjou geschlossen. Beide gingen, als 1340 der Fürst von Halič-Vladimir, dem späteren Rotreußen, vergiftet wurde, deshalb als Verbündete daran, sich dessen Land zu sichern. Dabei waren die Litauer ihre Konkurrenten. Trotzdem glückte es Kasimir im Jahr 1349, fast das ganze Land zu gewinnen. Der *dominus terre Russie* wurde zum neuen Bestandteil seines Titels. Es sollte aber noch weitere drei Jahre dauern, ehe sich der Polenkönig endgültig mit Litauen einigen konnte. Beide Mächte schlossen 1352 einen Friedens- und Teilungsvertrag, der Kasimir den wertvolleren südlichen Teil des Landes mit Lemberg sicherte. Mit seinen rotreußischen Aktivitäten hatte Kasimir der polnischen Außenpolitik eine neue, die östliche Stoßrichtung eröffnet. Sie wurde von den Polen in den folgenden Jahrhunderten weiterverfolgt.

Die Größe des Außenpolitikers Kasimir läßt sich vielleicht an ein paar Zahlen ablesen. Als er seine Herrschaft antrat, gebot er über 120000 Quadratkilometer Land. Bei seinem Tod war das polnische Herrschaftsgebiet auf 230000 Quadratkilometer angewachsen. Die Voraussetzungen für den Aufstieg des Piastenreiches haben durch ihr Wirken auch jene Bauern, Handwerker und Kaufleute mit geschaffen, die aus Deutschland zugewandert waren.

[10] M. Hellmann (1966), Grundzüge der Geschichte Litauens.

Die Entstehung der Kulturlandschaft Ostmitteleuropas – Das Beispiel der Architektur

Mit den Menschen wanderten während des Mittelalters auch Ideen und Vorstellungen nach Osten. Ansichten beispielsweise davon, wie eine Kirche oder wie ein Abendmahlskelch auszusehen habe. Auf diese Weise hat die hochentwickelte romanische Baukunst im europäischen Westen wie im deutschen Altsiedelland und die damit eng verbundene materielle kirchliche Kultur erheblichen Einfluß auf das in diesen Bereichen noch unterentwickelte Neueuropa ausgeübt. Freilich kennen wir kaum einen der Künstler mit Namen, sieht man einmal ab von Leopard, einem Kapellan aus der Umgebung Ottos von Bamberg, *egregius artifex artis peritus*, und einem Konrad, der als Goldschmied Mieszkos des Alten nachgewiesen ist.[11] Immerhin finden sich etwa neben der Veitskapelle oder St. Georg auf dem Prager Hradschin noch zahlreiche Überreste, die Eigentümlichkeiten und Formelemente westlicher Kunstlandschaften und bestimmter Mönchsorden erkennen lassen. Die Mission und ihr bedeutsames Instrument, die Klöster, stellten einen einheitlichen romanischen Kulturraum her. Die Kloster- und Kirchenbauten der Zisterzienser stehen bekanntlich für eine erste Architekturnorm des ganzen lateinischen Europa.

Noch stärker ins Auge fällt die Verbreitung der Gotik in Ostmitteleuropa. Ohne den Prager Veitsdom und die vielen anderen böhmischen, schlesischen oder polnischen Sakralbauten geringschätzen, ohne Mathias von Arras oder Peter Parler vergessen zu wollen, soll hier auf eine nordosteuropäische Variante abgehoben werden. Wer einmal in Lübeck, Wismar oder Rostock war und dann nach Danzig, Elbing, Riga oder auch Reval kommt, der wird feststellen, daß alle Stadtbilder geprägt sind von der Backsteingotik.[12] Die gesamte südliche und östliche Ostseeküste bis tief hinein ins Hinterland ist gekennzeichnet von in Backsteinmauerwerk ausgeführten gotischen Bauten. Architektonisch von besonderer Bedeutung sind beispielsweise die Johanniskirche in Lüneburg, im deutschen Altsiedelland gelegen, die Katharinenkirche in Brandenburg und die Marienkirchen in Prenzlau, in Stargard, in Greifswald oder in Danzig. Gleich-

[11] M. Walicki (1971), Dzieje sztuki polskiej (Geschichte der polnischen Kunst), Bd. 1, S. 279.

[12] E. Nadolny (1953), Norddeutsche Backsteingotik; G. Grundmann (1953), Die abendländische Stellung der bildenden Kunst.

wohl, der Hanseraum hat die Backsteingotik nicht zum Monopol gehabt. Ein Blick auf Saint Sernin in Toulouse und auf *la ville rouge* selbst sowie auf die Backsteinbauten der Normannen auf Sizilien lehrt uns das.

Von gleicher Bedeutung ist die Beeinflussung bildender Künstler in Neueuropa durch ihre westeuropäischen Kollegen. Da immer nur auf Beispiele verwiesen werden kann, soll Veit Stoß als Exempel stehen. Er wurde in der Mitte des 15. Jahrhunderts, um 1448, irgendwo am Neckar geboren. Ab 1477 lebte er in Krakau. Sein erstes gesichertes Werk ist der riesige Hochaltar der dortigen Marienkirche. Er mißt 13 (Höhe) mal 11 (Breite) Meter. Stoß schuf auch die berühmte Grabplatte für König Kasimir IV., der im Krakauer Dom begraben liegt. 1495 kehrte er nach Deutschland, nach Nürnberg, zurück. Veit Stoß, oder polnisch Vitusz Stosz, ist unseren polnischen Nachbarn so vertraut, daß er nicht selten schlicht als Pole reklamiert wird.

Ein letzter Name sei noch erwähnt, der auch in engster Verbindung mit jenen Gebieten steht, in denen Deutsche im Verlauf der Ostkolonisation siedelten. Aus dem ungarischen Dorf Ajtos, auf deutsch 'Tür', zog 1410 ein Deutscher mit seiner Familie in die nahegelegene Stadt Gyula. Seine neuen Nachbarn nannten ihn den Mann aus Ajtos, den aus Tür. Der älteste Sohn dieser Familie, Albrecht, wanderte noch weiter in Richtung Westen. Er ist 1444 in Nürnberg ansässig geworden, ein prominentes Beispiel einer gar nicht so seltenen Rückwanderung. Auch dort war er der Mann aus Tür, der Türer, der Dürer. Es war Albrecht Dürer der Ältere, seines Zeichens Goldschmied. Bekannter als der Vater sollte der Sohn werden: der große Maler Albrecht Dürer.[13]

Architektur, Bildhauerei, jegliche Kunst ist auch Ausdruck eines bestimmten Lebensgefühles, eines bestimmten Verständnisses der und einer bestimmten Sichtweise auf die zeitgenössischen Verhältnisse. Die Menschen zwischen Lüneburg und Riga, zwischen Reval und Ajtos in der Puszta haben, wenn man den 'Überresten' trauen darf, über Jahrhunderte hinweg – und nicht nur als kurzfristige modische Erscheinung – die gleichen Vorstellungen und Ideen gehabt. Sie haben das gleiche schön gefunden. Darin unterschieden sie sich nicht von ihren Zeitgenossen im westlichen Europa.

[13] Nicht ganz richtig geschildert bei W. Kuhn (1955), Ostsiedlung in der Neuzeit, I, S. 83; F. Winkler (1957), Albrecht Dürer.

Die Universitätsgründungen

Zur Verbreitung eines europäischen 'Zeitgeistes' in Neueuropa in großem Maße beigetragen haben auch die hohen Schulen, die Universitäten. Sie sind hervorgegangen aus Kloster- und Kathedralschulen, an denen sich im 12. Jahrhundert Genossenschaften von Lehrenden und Lernenden bildeten, die *Universitas magistrorum et scholarium.* Sie waren gegliedert nach Nationen der wandernden Studenten und gestuft nach akademischen Graden. Sehr bald erhielten diese Einrichtungen eigene Verwaltungen und Gerichtsbarkeit. Vorbildhaft für ganz Europa wurden die Universitäten von Paris und Bologna. An der Pariser Universität standen die Studenten unter der Kontrolle eines geistlichen Lehrkörpers, während in Bologna ein weltlicher Lehrkörper unter der Kontrolle der Studenten existierte.

Im Jahr 1348 stiftete Karl IV., römischer und böhmischer König, in seiner Residenzstadt Prag die erste Volluniversität Mitteleuropas. Er folgte dabei dem Vorbild von Paris und Bologna. Im Gründungsprivileg, das am 7. April 1348 erlassen worden ist, ließ er verkünden, daß nunmehr seine Untertanen, „die unablässig nach dem Genuß der Wissenschaften dürsten, nicht gezwungen sind, in der Fremde um Brocken zu betteln . . ., sondern daß sie ihre Ehre darein setzen, andere aus der Fremde zum süßen Geruch und zur Teilnahme an solcher Köstlichkeit zu entbieten“ [14].

Die Prager Universität war, wie ihre Vorbilder, in 'Nationen' gegliedert. Freilich darf man in der *natio* jener Jahre und unserer heutigen modernen Nation nicht dasselbe sehen. In Prag gab es vier *nationes.* Zuvörderst selbstverständlich die *natio Bohemorum.* Ihr gehörten aber keineswegs nur Böhmen an, sondern auch Studenten aus Mähren, Zittau, Glatz, Ungarn und Siebenbürgen. Die zweite Nation war die polnische. Zu ihr wurden Studenten aus Polen gerechnet, darüber hinaus aber auch solche aus Preußen, Litauen, Schlesien, aus der Lausitz, aus Thüringen und Obersachsen. Zur *natio Bavarorum,* der dritten Nation an der Prager Universität, zählten Studenten aus Bayern als Namengeber, daneben aber auch Österreicher, Schwaben, Franken, Schweizer, Hessen, junge Menschen vom Rhein und aus den Niederlanden. In der vierten und letzten Nation, der *natio Saxonum,* sammelten sich Studenten aus Brandenburg, Mecklenburg, Niedersachsen, Westfalen, Friesland, Norwegen, Schweden

[14] Zitiert nach J. Hemmerle (1967), Die Universität Prag, S. 137.

und Dänemark.[15] Die Alma mater in Prag war, wie aus der Aufzählung der Glieder ihrer *nationes* unschwer zu erkennen ist, eine Neu- und Alteuropa überwölbende, eine europäische Veranstaltung.

Kasimir der Große, der eifrige und wie schon erwähnt auch außenpolitisch so erfolgreiche letzte Piast auf dem polnischen Königsthron, wollte hinter seinem böhmischen Kollegen nicht zurückstehen. Er gründete 1364 eine Universität in Krakau. Seiner Gründung war zunächst kein Glück beschieden. Erst 1395 ließen Hedwig und der Litauer Jagiello den Universitätsbetrieb wiederaufleben.[16] Sie folgten dem Vorbild von Paris. Das nächste Jahrhundert brachte die Blütezeit der alten neuen Hochschule. Weitere Universitätsgründungen des 14. Jahrhunderts erfolgten 1365 in Wien, 1367 in Fünfkirchen und 1389 in Ofen, beide in Ungarn gelegen. Sie alle profitierten personell von der Prager Universität und halfen mit, auch auf den Feldern des Geistes den einheitlichen Raum Europa zu schaffen.

Denker und Literaten

Wir begeben uns jetzt auf ein Feld, auf dem gründlich zu ackern viel Zeit, d. h. in unserem Fall Raum, brauchte. Das Wechselspiel zwischen geistiger Existenz einerseits und dem Genius loci andererseits allgemein erfassen und dabei dem jeweiligen Individuum auch noch umfassende Gerechtigkeit widerfahren lassen zu wollen, müßte die folgende Skizze überfordern. Hier muß sich, mehr noch als anderswo in dieser Darstellung, auf das Notwendigste beschränkt werden.

Tabellarische Zusammenstellungen deutscher Philosophen haben gezeigt, daß relativ die meisten Denker von europäischer Bedeutung aus Niederschlesien stammen. Das alte Ordensland Preußen und Livland folgen als nächste dichtauf.[17] Erklärt wird dieses Phänomen unter anderem mit günstigen biologischen Voraussetzungen. Sie sollen durch die vor allem in Schlesien besonders starke Mischung von Menschen aus verschiedenen deutschen Stämmen erwachsen sein. Jedoch wird ein entsprechender Beitrag des slawischen Anteils am Schlesiertum abgelehnt. Gleiches galt übrigens für das baltische und slawische Bevölkerungssubstrat im Fall Preußens, so wird behauptet. Für eine

[15] Ders. (1967), Die Universität Prag, S. 140.
[16] Ders. (1967), Die Universität Prag, S. 144.
[17] E. G. Schulz (1967), Der Anteil, S. 174.

Bild 2: Christian Wolff

vorteilhafte Auswirkung der Beimischung dieser beiden nichtgermanischen Rassen „gibt es kaum“, so heißt es, „einen empirischen Anhaltspunkt“ [18]. Dieses Urteil wurde formuliert, obwohl unbestritten ist, daß Immanuel Kant von der väterlichen Seite her einen gut Teil kurisch-litauischen, also baltischen Blutes in seinen Adern fließen hatte. Vor biologistischen Überlegungen dieser Art mit welcher Zielrichtung auch immer kann nicht genug gewarnt werden.

Nennen wir stellvertretend einige wenige, die aus den Gebieten stammten, in denen Deutsche im Mittelalter siedelten. Wie immer im einzelnen jenes Wechselspiel gewirkt haben mag und zu interpretieren ist, lassen wir uns bewußt von der Chronologie, dem einem Historiker angemessenen Reihungsprinzip, leiten, dann eröffnet Christian Wolff den Reigen.[19] Geboren wurde er als Sohn eines Lohgerbers 1679 in Breslau. Er war ein aufgeweckter Junge. Ab 1699 studierte er in Leipzig zunächst Theologie, dann aber Mathematik, Physik und Jura. Schon 1703 hat er sich habilitiert, und von 1706 an wirkte er als Professor für Mathematik in Halle.

Der preußische König Friedrich Wilhelm I., der Soldatenkönig, enthob ihn 1723 seines Amtes. Die Hallenser Pietisten, allen voran August Hermann Francke, hatten gegen Wolffs Lehrtätigkeit den Vorwurf des Determinismus und der Religionsfeindlichkeit erhoben. Jedoch stand der in Ungnaden entlassene Wolff keineswegs auf der Straße. Die Universität Marburg schätzte sich glücklich, ihn noch im gleichen Jahr zu ihren Lehrern zählen zu können. Später hat Preußen Wolff Gerechtigkeit widerfahren lassen. Friedrich II. rief unmittelbar nach seinem Regierungsantritt den Vertriebenen als Professor für Natur- und Völkerrecht zurück.

Wolffs Verdienste bestehen vor allem darin, daß er sich um die Entstehung der deutschen philosophischen Fachsprache bemüht hat. Als

[18] Ders. (1967), Der Anteil, S. 178.

[19] E. Utiz (1929), Christian Wolff.

seine größte wissenschaftliche Leistung gilt, daß er die philosophischen Erkenntnisse, wie sie seiner Epoche bekannt waren, mit mathematischer Methode untersucht und systematisch ausgearbeitet hat.[20] Mathematische Methodik – das ist die Herausarbeitung durchgehender Begründungszusammenhänge mittels Deduktion aus als evident angesehenen Axiomen – übertrug er auf alles wissenschaftliche Denken, um dadurch selbst in den geisteswissenschaftlichen Disziplinen den für die Mathematik geltenden Standard von Wahrheit und Gewißheit zu erreichen. Solcher Erkenntnisoptimismus weist Wolff als einen typischen Vertreter der Aufklärung aus. So nimmt es nicht wunder, daß er die Idee der bürgerlichen Gesellschaft von der freien Entfaltung des Individuums in einem nach Vernunftgesetzen geordneten Rechtsstaat vertrat. Er favorisierte die republikanische Staatsform. Wolff gilt als einer der ersten Verfechter des Völkerbundgedankens und als Mitbegründer des modernen Völkerrechts. Spötter nennen ihn den eigentlichen Vater der deutschen Gründlichkeit, „die Schwäche der Pedanterie mit eingeschlossen"[21]. Er starb, nachdem er 1745 in den Stand eines Freiherrn erhoben worden war, 1754 in Halle. Als Philosoph wurde er sehr früh und ziemlich vollkommen in den Schatten gestellt durch einen größeren Denker, durch Kant.

Bild 3: Immanuel Kant

Immanuel Kant ist am 22. April 1724 als Sohn pietistischer Eltern in Königsberg geboren worden. Sein Vater war Sattler. Kant hat den Umkreis Königsbergs niemals verlassen. Er ging in der Stadt am Pregel zur Schule, er studierte dort, und er ist an der Alma Mater seiner Heimatstadt auch Professor geworden. Trotzdem oder deswegen – wer will das entscheiden – hat in der Geschichte der Philosophie mit ihm und seinem Werk eine neue Zeitrechnung begonnen. Über ihn hier mehr zu sagen, hieße Eulen nach Athen zu tragen.

Gleichfalls aus Ostpreußen stammt Johann Gottfried Herder. Er

[20] E. G. Schulz (1967), Der Anteil, S. 165f.

[21] Ders. (1967), Der Anteil, S. 166.

Bild 4: Johann Gottfried Herder

ist 1744 in dem kleinen Städtchen Mohrungen geboren worden. Wie sein großer Landsmann absolvierte er die Universitätsstudien in Königsberg. Für die Völker Osteuropas erlangte er seiner ›Ideen zur Philosophie der Geschichte der Menschheit‹ wegen und des darin enthaltenen berühmten Slawenkapitels besondere Bedeutung. Seine Gedanken legten den Grundstein für die Identitätsfindung der slawischen Völker, wenn wohl auch seine Einschätzung der Slawen als friedliebende Tauben mit der Realität nicht viel gemein hat.[22]

Aus dem Gebiet des alten Ordenslandes entstammte noch ein weiterer der Großen auf dem Feld der Philosophie. Arthur Schopenhauer, der Metaphysiker und Anthropologe, ist Danziger. Dort wurde er 1788 geboren. Noch ein Schlesier sei genannt: der Moralphilosoph Friedrich Schleiermacher, der 1768 in Breslau geboren wurde. Doch auch aus anderen Landschaften stammen bedeutende Denker, deren überragende Leistung jeweils bahnbrechend wirkte. Sigmund Freud, der Begründer der Psychoanalyse, ist 1856 in Freiberg in Mähren geboren worden. Auch der große Verfechter der philosophischen Phänomenologie, Edmund Husserl, stammte aus Mähren. Dort wurde er 1859 in Proßnitz geboren. Und schließlich als letztes Beispiel ein Blick in den äußersten Süden deutschen Siedlungsgebietes: Rudolf Steiner, der Begründer der Anthroposophie, der Vater der Waldorfschulen, wurde 1861 in Kraljevic in Kroatien geboren.

Im Gegensatz etwa zu Kant ist bei den zuletzt Genannten das oben angesprochene Wechselspiel zwischen geistiger Existenz und *Genius loci* in besonderem Maß problematisch. Wer wollte im Werk Sigmund Freuds beispielsweise die Schichten der jüdisch-deutsch-mährischen Prägung, die er in Freiberg erfuhr, von denen abheben, die dem kosmopolitischen Wien zuzuschreiben wären?

Der erste der Literaten, der hier erwähnt werden muß, ist Johannes von Tepl, der etwa von 1378 bis 1411 als Stadtschreiber und Notar in Saaz

[22] E. Birke (1950), Herder und die Slawen.

wirkte. Er verfaßte den ›Ackermann aus Böhmen‹. Das ist ein für die Literatur des böhmischen Frühhumanismus charakteristisches Lehrgedicht über den Sinn von Leben und Tod, ein Lehrgedicht, das „in Form einer Mustersammlung die gesamte Skala der rhetorischen Mittel, wie sie der italienische Humanismus entwickelt hatte, in deutscher Sprach" durchspielt.[23] Mit dem Ackermann aus Böhmen wird die mittelalterliche Welt literarisch gleichsam gesprengt.

Bild 5: Martin Opitz

Eine erste breite literarische Blüte bringt aber erst das 17. Jahrhundert, das Zeitalter des Barock. Die deutsche Barockliteratur ist beinahe identisch mit der schlesischen.[24] An der Spitze steht Martin Opitz (Bunzlau 1597–Danzig 1639). Mit seinem ›Buch von der Deutschen Poeterey‹, das 1624 erschienen ist, wird er zum Inaugurator der modernen Poesie. Jakob Böhme (Altseidenberg 1575–Görlitz 1624), wurde als Ahnherr eines spezifisch schlesischen Mystizismus verstanden. Angelus Silesius, mit bürgerlichem Namen Johann Scheffler (Breslau 1624–1677), ist einer der bedeutendsten Epigramm-Dichter gewesen; desgleichen Friedrich von Logau (Brockuth 1604–Liegnitz 1655). Den Gipfelpunkt der schlesischen Barockliteratur bildete jedoch das dramatische und lyrische Werk des Andreas Gryphius, der am 2. Oktober 1616 in Glogau geboren wurde. Seine Jugend wurde geprägt durch die Erfahrungen des Dreißigjährigen Kriegs. So sind irdische Vergänglichkeit und christliches Heil seine und seiner Epoche große Kontrastthemen. Auch sein Name ist, der Mode der Zeit entsprechend, latinisiert, er hieß bürgerlich-schlicht Greif.

Doch nicht nur Schlesier haben einen Platz in dieser Aufzählung, sondern auch Ostpreußen. Der Text zu dem noch heute bekannten deutschen Volkslied ›Ännchen von Tharau‹ stammt aus der Feder von Simon Dach, einem Dichter der Barockzeit aus Memel. Dach war der Sohn eines 'Tolken', eines Amts- und Schloßdolmetschers für Litauisch.

[23] K. G. Just (1967), Der ostdeutsche Beitrag, S. 203.
[24] H. Heckel (1929), Geschichte der deutschen Literatur.

Ihrem großen Sohn Simon Dach zu Ehren hatten die Memeler einen Brunnen gestiftet, der vor dem städtischen Theater aufgestellt wurde. In der Mitte des Brunnens stand auf einer Säule die Figur eines jungen Mädchens, eben des Ännchen von Tharau. Brunnen nebst Abbild des Ännchen haben das Ende des Zweiten Weltkriegs nicht überlebt. Die Bürger des Memel von heute, des Klaipeda, haben nach dem Krieg ihre zerstörte Altstadt liebevoll restauriert. Als das alte Theater wiedereröffnet wurde, waren dazu auch zweihundert deutsche Gäste, meist ehemalige Memeler, eingeladen worden. Mit ihnen reiste eine neue Statue des Ännchen nach Klaipeda.[25]

Johann Christoph Gottsched, der Literaturpapst des 18. Jahrhunderts, von Lessing erbittert bekämpft, ist im ostpreußischen Juditten-kirchen im Jahr 1700 geboren worden. Zu seiner Zeit war er eine Art literarischer Gesetzgeber. Gottsched hat „Deutsch zur wendigen und allseitig verwendbaren ‚Literatursprache' gemacht"[26]. Auch E. T. A. Hoffmann war von Geburt Ostpreuße. Das Licht der Welt erblickte er 1776 in Königsberg. Er wird als Vollender der deutschen Romantik bezeichnet, als derjenige, der ihr Weltgeltung verschafft hat.

Nicht übergangen werden darf zweifelsohne Joseph von Eichendorff. Der 1788 in Lubowitz geborene Dichter wird als der größte schlesische Romantiker gefeiert. Willibald Alexis (Breslau 1798–Arnstadt 1871, Die Hosen des Herrn von Bredow) und Gustav Freytag (Kreuzberg 1816–Wiesbaden 1895, Die Ahnen) sind die wohl populärsten schlesischen Erzähler. Gerhart Hauptmann (Ober-Salzbrunn 1862–Agnetendorf 1946) war der Bahnbrecher eines konsequenten Naturalismus. Hermann Sudermann (Matziken 1857–Berlin 1928) war ein bekannter ostpreußischer Dramatiker. Der Theaterkritiker Alfred Kerr war Schlesier, er wurde 1867 in Breslau geboren und starb, aus der Emigration zurückgekehrt, 1946 in Hamburg. In der goldenen Stadt an der Moldau, in Prag, gebürtig sind Rainer Maria Rilke (1875–Val Mont 1926), Franz Kafka (1883–Kierling 1924) und Franz Werfel (1890–Beverly Hills 1945) sowie auch der rasende Reporter Egon Erwin Kisch. Vier Namen, allen voran Kafka, verbunden mit dem traditionsreichen Horizont einer Stadt zwischen den Kulturen der Slawen, Deutschen und Juden, die die deutschsprachige Literatur in ihrer ganzen Bandbreite bereichert haben.

Ernst Wiechert (Kleinort 1887–Rütlihof 1950) und Werner Bergengruen (Riga 1892–Baden-Baden 1964) waren ostpreußisch-baltische

[25] Vgl. U. Lachauer (1989), Das verlorene Ännchen, S. 49f.

[26] K. G. Just (1967), Der ostdeutsche Beitrag, S. 210.

Erzähler und Romanciers von hohem Rang. In diese Reihe gehören aber auch ein Gregor von Rezzori und seine Maghrebinischen Geschichten. Er war Bukowina-Deutscher. Der Ostpreuße Siegfried Lenz und der Danziger Günter Grass schließen die Reihe derer, die hier genannt werden sollen, leider endgültig ab. Ihr Werk ist, nicht zuletzt bedingt wohl durch ihre ostdeutsche Herkunftsregion, geprägt durch die Auseinandersetzung mit der menschenverachtenden Politik der Nationalsozialisten, deren Folgen und den Problemen des politischen Neuanfangs nach dem Ende des Krieges.

Im staatlich-politischen Bereich – politische Kultur

Der größere Teil des deutschen Neustammgebietes wurde im Laufe der Geschichte zum Staat Preußen. Diesem Staat stehen viele reserviert gegenüber. „Preußen . . .", urteilte Günter Kunert einmal, „Leitbild und Ideal aller schon subaltern eingestimmten Naturen . . ." [27] Und schon 200 Jahre zuvor meinte G. E. Lessing gegenüber Nicolai: „Sagen Sie mir von ihrer Berlinischen Freyheit zu denken und zu schreiben ja nichts. Sie reduciert sich einzig und allein auf die Freyheit, gegen die Religion soviel Sottisen zu Markte zu bringen, als man will . . . Lassen Sie einen in Berlin auftreten, der für die Rechte der Unterthanen, der gegen Aussaugung und Despotismus seine Stimme erheben wollte . . . und Sie werden bald die Erfahrung haben, welches Land bis auf den heutigen Tag das sclavischste Land von Europa ist." [28]

Solch harsche Verdikte eines Lessing oder eines Kunert hatten keineswegs zu allen Zeiten Gültigkeit. Gerade die Einwohner jenes Landes, das dem mit so bitteren Worten verurteilten Preußen seinen Namen gab, des alten Ordenslandes Preußen, des späteren Ostpreußen, gaben 1454, im Willen, politisch frei zu werden, dem Deutschen Orden den Abschied und erwählten sich einen anderen Landesherrn.[29] Sie zeigten sich auch späterhin an ihrer politischen Freiheit interessiert, und sie waren durchaus bereit, dafür einzustehen. Zwei Beispiele mögen das belegen.

Als zu Beginn des 16. Jahrhunderts in Deutschland, vor allem in seinen südlichen Teilen, der Aufstand der Bauern die weltlichen und

[27] G. Kunert (1979), Unsere Angst hat es uns gelehrt.
[28] G. E. Lessing, Lessing's Werke, Berlin 1879, Briefe.
[29] Vgl. E. Weise (1955), Das Widerstandsrecht.

geistlichen Herren in Angst und Schrecken versetzte, da blieb es im nördlichen Deutschland erstaunlich ruhig. Mit einer einzigen Ausnahme: die preußischen Bauern des Samlandes erhoben sich 1525 gegen ihre Herren. Wie ihre süddeutschen Standesgenossen mußten sie sich schließlich der verbündeten Gewalt ihrer Bedrücker beugen. Truppen des gerade zum Herzog erhobenen ehemaligen Hochmeisters des Deutschen Ordens, Albrecht von Hohenzollern, warfen im Bündnis mit polnischen Hilfsvölkern die Bewegung nieder.[30]

Ein zweites Beispiel: das Herzogtum Preußen, dessen samländische Bauern am Beginn der Geschichte dieses Staates den Aufstand geprobt hatten, wurde im Verlauf seiner Geschichte zu einem verkleinerten Abbild des polnischen Staates.[31] Es war eine Art preußischer Adelsrepublik. Mit einer gewichtigen Abweichung freilich: die preußischen Städte, insbesondere das große und reiche Königsberg, hatten Teil an der ständischen Macht. Kurfürst Friedrich Wilhelm I., der Große Kurfürst, wollte nach dem Ende des Dreißigjährigen Krieges die ständische Mitsprache nicht mehr dulden.[32] Als preußischer Herzog meinte er, unabhängig von seinen Ständen werden zu müssen. Deren Macht beruhte auf ihrem Recht, Steuern zu bewilligen. Nach dem Jahr 1660, in dem der Hohenzoller Preußen aus der Oberherrschaft der Krone Polen herausbrechen konnte und als Herzog in Preußen souverän geworden war, ging er gegen dieses Recht der Stände vor. Auf legalem Weg waren die ostpreußischen Stände ihres Rechtes nicht zu berauben. Doch Friedrich Wilhelm hatte Truppen im Lande. Sie stellten sicher, daß eine Serie von Rechtsbrüchen des Landesherrn nicht zum Aufstand der Entrechteten führte. Ohne Widerstand zu leisten gaben die Stände Preußens gleichwohl nicht klein bei. Zum Symbol ihres Kampfes wurde ein Bürger: Hieronymus Roth, der Schöppenmeister der Kneiphofs, einer der drei Teilstädte des alten Königsberg.[33] Dieser Mann nannte das gewalttätige Vorgehen des Kurfürsten bei dem Namen, der ihm zukam: Tyrannei. Der mächtige Landesherr konnte sich des kleinen Schöppenmeisters, seiner Argumente und seiner Aktivitäten nicht anders erwehren als durch einen weiteren eklatanten Rechtsbruch mit nachfolgender

[30] Vgl. H. Freiwald (1961), Die Ständepolitik; W. Hubatsch (1960), Albrecht von Brandenburg-Ansbach.

[31] Vgl. N. Ommler (1966), Die Landstände; E. Kleinertz (1972), Die Politik der Landstände.

[32] H. Rachel (1909), Der Große Kurfürst; R. Adam (1968), Der Große Kurfürst; E. Opgenoorth (1972–78), Friedrich Wilhelm.

[33] Vgl. O. Nugel (1901), Der Schöppenmeister.

Rechtsbeugung. Er ließ Roth durch seine Truppen in Haft nehmen und auf die Dreistadt Königsberg die Kanonen seiner Festung Friedrichsburg richten.

Er gab Order, den Gefangenen des Hoch- und Landesverrates anzuklagen. Die von ihm berufene Untersuchungskommission empfahl Roth jedoch der Gnade des Kurfürsten. Diese Entscheidung zeigt eindeutig, daß die Richter den Kneiphöfer Schöppenmeister der ihm vorgeworfenen Verbrechen für nicht schuldig hielten. Friedrich Wilhelm gab sich großmütig. Er wolle, so ließ er dem Gericht übermitteln, Gnade üben, wenn Roth ein förmliches Gesuch an ihn richte. Gnade erheischen kann nur, wer Schuld auf sich geladen hat. Eine solche Bitte an den Herzog zu richten hätte bedeutet, daß sich der Schöppenmeister doch als schuldig bekannte. Hieronymus Roth lehnte das nur scheinbar großmütige Angebot seines zur absoluten Macht strebenden Landesherrn ab. Der Große Kurfürst zeigte sich diesmal dem Anspruch seines ehrenvollen Beinamens nicht gewachsen; kleinlich hielt er den Kneiphöfer Schöppenmeister widerrechtlich bis zu dessen Tod im Jahr 1678, sechzehn lange Jahre, auf der Festung Peitz gefangen.

Die Reihe solcher Beispiele, die Preußen und seine Einwohner in einem anderen Licht erscheinen lassen, als wir nach den Worten Lessings und Kunerts vermuten müssen, kann erweitert werden. So stammt etwa Carl Gottlieb Svarez, der „größte preußische Gesetzgeber“, aus Schweidnitz in Schlesien.[34] Männer wie Stein, Boyen, Scharnhorst, Gneisenau, Altenstein oder Clausewitz, aber auch Yorck oder Blücher stehen, ohne immer Landeskinder zu sein, für ein Preußen, das seinen Nachbarn durchaus als Vorbild galt.

Das Beispiel Lemberg

Was beispielhaft bisher beschrieben worden ist, betraf Deutsche. Genannt wurden deutsche Baumeister, deutsche Bildhauer, deutsche Philosophen oder deutsche Dichter und Politiker. Es gilt, wenn man von der Kulturlandschaft Ostmitteleuropa spricht, jedoch noch einen anderen Aspekt zu berücksichtigen. Jenen nämlich, daß die nichtdeutschen Einwohner der Gebiete, in die Deutsche auswanderten, so stark dem Deutschen verpflichtet worden sind, daß sie sich als Künstler, als Schriftsteller und Dichter ihr Leben lang dieser Sprache oder

[34] H. Thieme (1967), Carl Gottlieb Svarez, S. 157–163.

Bild 6: Paul Celan

sogar ausdrücklich ihrer und nicht ihrer Muttersprache bedienten. Das Phänomen der Entwicklung und Blüte des Jiddischen, der Sprache der Juden in Osteuropa – die sich stark vom Mittel- und auch Neuhochdeutschen herleitet – kann hier nur genannt werden.

Ein Toter und ein Lebender sollen stellvertretend für viele stehen, deren Denken und Schreiben aus der deutschen Sprache lebten: Paul Antschel wurde am 23. November 1920 in Tschernowzy geboren. Er war der Sohn jüdischer Eltern, die Deutsch als ihre Muttersprache betrachteten. Antschel – als Dichternamen wählte er das Anagramm Celan – sollte einer der bedeutendsten Lyriker deutscher Sprache werden. Als Jude kam er 1942/43 in ein rumänisches Arbeitslager; seine Eltern wurden umgebracht. Die traumatischen Erfahrungen dieser Jahre haben sein Leben und Dichten, sein Verständnis menschlicher Existenz überhaupt geprägt. 1948 übersiedelte Celan nach Paris, wo er sich im April 1970 das Leben nahm. In Deutschland ist er einem weiteren Kreis spätestens bekannt geworden, als die jüngst verstorbene Hamburger Theaterdirektorin Ida Ehre in der Feierstunde des Deutschen Bundestages zur 50. Wiederkehr der sogenannten Reichskristallnacht sein Gedicht ›Todesfuge‹ vortrug.

Elias Canetti wurde 1905 im heutigen Russe in Bulgarien als Sohn spanisch-jüdischer Eltern geboren. Später studierte er in Wien. Im Jahr 1938 mußte er nach England emigrieren. Auch Elias Canetti hat sein dichterisches Werk, Romane, Dramen, Essays und kulturphilosophische Arbeiten, in deutscher Sprache geschrieben. Unsere Sprache ist ihm – wie Paul Celan – zur Muttersprache geworden.

Diese beiden sind keine Sonderfälle oder Einzelerscheinungen gewesen. Kürzlich hat Karl Schlögel am Beispiel Lembergs, das er als eine Art Mikrokosmos betrachtet, beschrieben, was Kulturlandschaft Ostmitteleuropa bedeutete.

Lemberg ist der deutsche Name einer Stadt, die um 1250 als Festung gegen die Mongolen gegründet worden ist. Damals hieß sie, wenn man der ersten urkundlichen Erwähnung von 1256 trauen kann, Lwiw. In den folgenden Jahrhunderten wuchs sie sich zu einem bedeutenden Handels- und Gewerbezentrum aus. 1340 von den Polen erobert, wurde sie 1352 durch den Vertrag zwischen Kasimir III. und Litauen endgültig polnisch und in der Folgezeit Lwów genannt. Sie erhielt vom polnischen König neben dem Magdeburger Stadtrecht auch große Handelsprivilegien verliehen. Der Ort wurde zur Drehscheibe des Handelsaustausches zwischen dem mittleren und dem östlichen Europa sowie dem Schwarzmeergebiet.

Bei der ersten Teilung Polens 1772 wurde die Stadt dem österreichischen Beuteanteil zugeschlagen. Aus dem polnischen Lwów wurde das deutsche Lemberg, das die Hauptstadt eines österreichischen Reichsteils, des Königreichs 'Galizien und Lodomerien', wurde. Das blieb sie bis 1918. Nach dem Ende des Ersten Weltkriegs konnte sich Polen im Besitz der Stadt behaupten. Aus Lemberg wurde wieder Lwów. Im Gefolge des Hitler-Stalin-Paktes von 1939 okkupierte die Sowjetunion ganz Ostgalizien einschließlich Lwóws. In die ukrainische SSR eingegliedert, trug die Stadt fortan den Namen Lwow.

Schlögel hat bei seiner Reise nach Lemberg nicht nur eine, sondern drei Städte vorgefunden.[35] Zuerst das neue, das sowjetische Lwow. Es ähnelt stark Trabantenstädten, wie sie auch dem Westen vertraut sind, man denke etwa an das Märkische Viertel in Berlin. Darin eingeschlossen stieß er auf das habsburgische Lemberg. Von ihm sagt er: „Wien ist hier am Werk gewesen und das Zeitalter, dessen Hauptstadt Wien einmal gewesen ist. Das große Wien hat sich zu einem kleinen Wien verdoppelt. . . . Es ist die Stadt eines Reiches, das noch am Ende die Kraft besaß, ein Abbild seiner selbst zustande zu bringen: großzügig, imposant, nicht frei von kolonialem Aufklärungsgestus." Und Schlögel spürte auch noch den ältesten Kern, das mittelalterliche Lwów auf. „Hier muß man sich in engen Gassen zurechtfinden", so notierte er, „die, obwohl im Schachbrettmuster angelegt, doch etwas Irreguläres haben. Hier wird es sinnlos, nach Sehenswürdigkeiten Ausschau zu halten, denn der ganze Ort ist eine Sehenswürdigkeit . . . Wer im Stadtkern von Lwow sich verloren hat, ist auf dem richtigen Weg: er ist unterwegs in die Urzelle aller europäischen Städte . . . Man bewegt sich im Kern der alten Stadt im harten Kern des patrizischen Lwow, das sich freizukaufen wußte, wenn Tataren, Türken oder Wallachen vor den Toren standen. Man bewegt sich in einer Umgebung, die selbst für einen König Karl XII. von Schweden oder die Sobieskis ein Inbegriff städtischer Zivilisation gewesen war. Man bewegt sich in einem Gehäuse, dem man die Arbeit von Genera-

[35] K. Schlögel (1989), Lwow war Lemberg.

tionen von Handwerkern ansieht, deren Goldschmiedearbeiten bis nach Konstantinopel und Nürnberg gelangten . . ."

Und weiter: „Die Anmut der Stadt kommt von den vielen Kulturen und Völkern, die die Stadt bevölkert haben . . . Lwow liegt auf dem Weg von den ‚Warägern zu den Griechen', von Konstantinopel nach Nürnberg und von Bologna nach Wilna. Wenn ein Feind vor Lwow stand, gab es Alarm für das übrige Europa. Lwow war ukrainisch, ungarisch, moldauisch, polnisch, österreichisch, russisch, deutsch, sowjetisch. Jeder, der die Stadt als seine Stadt betrachtete, hat ihr etwas hinzugefügt . . ."

Um die Jahrhundertwende, im Jahr 1890, umfaßte Lemberg eine Fläche von 32,02 Quadratkilometern, auf der 3322 Häuser standen. Es gab neunzehn katholische, neun griechisch-unierte, eine armenische und eine evangelische Kirche sowie zwei Synagogen und acht Klöster. In Lemberg lebten damals 123 943 Einwohner. Von ihnen gehörten 8591 zum Militär, 67 286 bekannten sich zum römisch-katholischen, 21 876 zum griechisch-unierten und 2061 zum evangelischen Glauben, 36 130 waren Juden. Als Umgangssprache bedienten sich 103 999 des Polnischen, 12 162 des Deutschen und 9067 des Ruthenischen, d. h. des Ukrainischen.[36] Das Jiddische, das zumindest die Juden allesamt sprachen, ist in dieser Aufstellung gar nicht erwähnt.

„Die Kultur", so wieder Schlögel, „ist an einem solchen Ort von Haus aus vielsprachig und kosmopolitisch. Der große ukrainische Schriftsteller Iwan Franko bewegt sich gleichzeitig in der deutschen und in der polnischen Sprache . . . Über Lemberg kommt einer der bedeutendsten Schauspieler des deutschsprachigen Theaters, Alexander Granach, nach Berlin . . . Der junge Martin Buber verbrachte dort, in der Stadt der jüdischen Aufklärung und des Chassidismus, Jahre seiner Jugend . . . In Lemberg kreuzen sich die Linien der nationalen und sozialen Konflikte, und einer ihrer beredtesten Sprecher, der aus Lemberg stammende Karl Radek, ist in der polnischen, deutschen, litauischen und russischen Arbeiterbewegung gleichermaßen zu Hause . . . Um Galizien und seine Hauptstadt kreist Joseph Roth, nicht nur, weil er aus der Gegend stammt, sondern weil hier seine mitteleuropäische Welt zusammenläuft . . ."

Und indem er das folgenschwere Gegeneinander in den Blick nimmt, das in der Neuzeit, im 20. Jahrhundert so verhängnisvoll zwischen den Nationen bestimmend werden sollte, hebt er hervor: „Hier ist der Nationalismus schon eine tödliche Gefahr, während er an-

36 Meyers Konversations-Lexikon (1897), S. 214f.

derswo gerade modern wird. Hier leuchtet ein, daß es ‚gewiß nicht der Sinn der Welt ist, aus Nationen zu bestehen und aus Vaterländern, die, selbst wenn sie wirklich nur ihre kulturelle Eigenart bewahren wollten, noch immer nicht das Recht hätten, auch nur ein einziges Menschenleben zu opfern‘."

Kurz, um ein Fazit zu ziehen, Lemberg war multinational, es war multikonfessionell und es redete in vielen Zungen. Lembergs gab es viele in Ostmitteleuropa.

III. DER RÜCKSCHLAG

8. VOM MITEINANDER ZUM GEGENEINANDER

Wir haben verfolgt, warum, wann, auf welchen Wegen und unter welchen Umständen Deutsche nach Ostmittel- und Osteuropa gelangt sind; die Umkehrung jenes Prozesses ist das zweite große Thema des Buches. Auch für den Umschlag sollen zunächst wieder die Voraussetzungen geschildert werden, die ihn ausgelöst haben. Zunächst aber eine knappe Skizze vom meist friedlichen Zusammenleben der Menschen verschiedener Völker vom Mittelalter bis zum 19. Jahrhundert.

Das Zusammenleben der verschiedenen Völker vom Mittelalter bis zum 19. Jahrhundert

Es ist schon verschiedentlich erwähnt worden, daß die mittelalterliche deutsche Chronistik von dem, was wir heute deutsche Ostsiedlung nennen, keine Kenntnis genommen hat. Das bedeutet leider auch, daß wir in den deutschen Quellen keine Nachrichten darüber finden, wie Deutsche mit Polen, Böhmen und Ungarn ausgekommen sind. Anders sieht das glücklicherweise in der Überlieferung unserer Nachbarvölker aus. Zwar wird auch hier von der eigentlichen Siedlungsbewegung keine Notiz genommen, aber das Problem der Fremden im eigenen Land, vor allem der Deutschen, taucht verschiedentlich auf.

In einem ungarischen ›Fürstenspiegel‹ des 12. Jahrhunderts können wir über die Folgen der Siedlung Fremder lesen: *unius lingue uniusque moris regnum inbecille et fragile est.* Doch die Ausländer bringen nicht nur *diversas linguas et consuetudines,* sondern auch *diversa documenta et armas*, die dem Land nützlich sind.[1]

In der polnischen Überlieferung finden wir den Niederschlag von Neidgefühlen der einheimischen Oberschichten gegenüber den Fremden, die meist Deutsche waren. Die Angehörigen der großen Geschlechter Polens hatten sich schon in den ersten beiden Jahrhunderten nach der Christianisierung ihres Landes einen Bildungsstand an-

[1] Libellus de institutione morum (1938), S. 624f.

geeignet, vor allem durch Studien im Westen, der sie in den Stand gesetzt hätte, führende Positionen in ihrem Heimatland einzunehmen. Die aber waren zum Teil von privilegierten Fremden besetzt. Deutsche Geistliche oder Ritter nahmen ihnen im eigenen Lande die besten, die einflußreichsten und einträglichsten Positionen weg.[2]

Wovon wir indes nichts hören, ist der Ausbruch von Neidgefühlen der rechtlich und wirtschaftlich schlechter gestellten polnischen Bauern gegenüber ihren reich mit Privilegien bedachten deutschen Standesgenossen.[3] Berichte über gewalttätige Zusammenstöße zwischen polnischen und deutschen Bauern fehlen völlig. Dazu hat sicher beigetragen, daß auch viele polnische Bauern mit den Vorrechten der deutschen Standesgenossen ausgestattet worden waren.

Erst als man begann, die jeweils eigene Sprache wichtiger zu nehmen, sie als Merkmal politischer Zugehörigkeit zu werten, fanden sich Menschen gleicher Sprache zusammen. Nun erst finden wir Vorbehalte der einen Gruppe gegen die andere.[4] Der Posener Annalist beispielsweise behauptet steif und fest, die deutschen Berater der Glogauer Fürsten hätten ihren Herren die Ausrottung des ganzen polnischen Volkes ans Herz gelegt: . . . *et dederunt eis consilium, ut totam gentem Polonicam exterminarent, tam ecclesiasticas personas quam seculares milites*, so heißt es in den *Annales Capituli Posnaniensis.*[5] Chorherren des Krakauer Kapitels beschuldigten 1307 ihren Bischof Johann Muskata, er würde sie eher sterben lassen, als sein Vorhaben, das polnische Volk zu vernichten, fahren zu lassen. . . . *Dixim enim (sc. Muskata): 'Si non deberem perficere, quod incepi et si non eliminarem gentem Polonicam, mallem mortem quam vitam.'*[6] Das *exterminare gentem Polonicam* taucht bei vielen auf, auch bei solchen, deren Polentum erst neueren Datums war. So beim Dekan des Kapitels von Sandomir, Herbord, und seinem Konfrater Theodoricus.[7] Die oben zitierten Aussagen waren aber, der tatsächliche Verlauf der Geschichte lehrte es uns, maßlose Übertreibungen. Nichts lag den Deutschen ferner – damals –, als die Polen auszurotten. Meist ist aus dem

[2] B. Zientara (1975), Die deutsche Einwanderung, S. 333ff.

[3] Ders. (1975), Die deutsche Einwanderung, S. 339.

[4] L. Schmugge (1982), Über „nationale" Vorurteile, S. 439ff.; B. Zientara (1981), Nationale Strukturen, S. 301ff.; ders. (1970), Nationality conflicts, S. 207ff.

[5] Annales Capituli Posnaniensis, hrsg. von Brygida Kürbis, MPH NS, Bd. 6, S. 55.

[6] MPV, Bd. 3, Nr. 121, S. 90.

[7] MPV, Bd. 3, Nr. 121, S. 80 (Herbord) und S. 82 (Theodoricus).

Kontext solcher Überlieferung auch deutlich zu erkennen, daß es sich bei diesen Vorwürfen vor allem, wenn nicht sogar ausschließlich, um propagandistische Elemente handelte, die Teil interner Machtkämpfe waren.

Anders sieht es freilich mit jenen Nachrichten aus, in denen beredt darüber geklagt wird, daß die Deutschen über die Sprache und die Sitten der Polen lachten und daß sie deren Ehre beleidigten.[8] Hier wurde tatsächlich an den empfindlichen Nerv eines völkischen Selbstbewußtseins gerührt. Niemand, weder Pole noch Deutscher, läßt sich wegen seiner Eigentümlichkeiten gern verspotten. Wird es doch getan, bauen sich schnell Ressentiments, Vorurteile auf. Unter solchen Bedingungen bilden sich negative Stereotypen, wird kritiklos das Unsinnigste geglaubt, dann nimmt man die Mär, daß Deutsche die Polen ausrotten wollen, als bare Münze. Man glaubt es, weil man es glauben will.

In besonders starkem Maß wird sich so etwas einstellen, wenn noch eine echte oder vermeintliche Bedrohung von außen hinzutritt. Das war beispielsweise der Fall, als die brandenburgischen Markgrafen 1249/50 das Lebuser Land erwarben und als sie auf Danzig und die großpolnischen Grenzburgen Zantoch, Driesen und Meseritz ausgriffen. Leider geschah das gerade in einer Zeit, als sich in Polen das erste zarte Pflänzchen einer künftigen Wiedervereinigung der Krone zeigte. Die Deutschen im eigenen Land und das offensive deutsche Fürstentum Brandenburg verschmolzen damals urplötzlich auch in den Köpfen der intelligenteren, Vorurteilen eher fernstehenden Männer zu einer Einheit, zu einer Verschwörung des Deutschtums gegen das Polentum. Jakob Świńka, Erzbischof von Gnesen, schrieb 1285 einen Brief an die Kardinäle der römischen Kurie. Darin stellt er die *gens Theutonica* der *gens Polonica* gegenüber. Leidenschaftlich klagte er alle Deutschen an, daß sie das polnische Volk bedrängen, verachten, durch Kriege erschüttern, der löblichen Rechte und Gewohnheiten berauben usw.[9] Man war sich jetzt in Polen, am Ende des 13. Jahrhunderts, dezidiert dessen bewußt, wer nicht zur eigenen *gens*, zur eigenen *lingua* gehörte. Doch den Umkehrschluß, wen diese beiden Begriffe umfassen sollten, den vermochte man noch nicht zu ziehen.

Dieses frühe, einstweilen nur negative definierte Nationalgefühl

[8] Das Gedicht des Mönchs von Leubus (1861), S. 15, in: MPH, Bd. 3, S. 708ff.

[9] H. Helbig/L. Weinrich (Hrsg.) (1968/70), Urkunden, II, Nr.71.

der Polen hat sicher viel dazu beigetragen, daß sich das geteilte Land zu Beginn des 14. Jahrhunderts überraschend schnell wieder zusammenfand. Weil es schnell an Macht und Ausdehnung wuchs, wurde Polen erst recht zu einem mehrsprachigen Land. Die *lingua* langte im Reich der Jagiellonen nicht mehr aus, um den Nicht-Dazugehörigen zu erkennen. Neue Einsichten drängten sich auf, neue Begriffe entstanden. Stanislaw Orzechowski, ein bekannter politischer Publizist des 16. Jahrhunderts (1513–1566), nannte sich *gente Ruthenus, natione Polonus*[10]; und ein Hieronymus Wietor, der aus Deutschland stammte, verstand sich als ein 'eingewohnter Pole'[11]. Polen wurde seit 1385 – für Jahrhunderte – zur toleranten und offenen Nation.

Ähnlich und doch auch etwas anders verlief die Entwicklung in Böhmen.[12] Die einheimische Dynastie der Przemysliden starb 1306 aus. Die Luxemburger folgten ihnen auf den böhmischen Thron. Die deutschen Räte des neuen Königs und die deutschen Bürger, das deutsche Patriziat der Städte, erhoben plötzlich einen politischen Mitsprache-, wenn nicht gar einen politischen Führungsanspruch. Der böhmische Adel sah ziemlich unversehens seine angestammten Positionen bedroht. Angesichts dieser Konstellation begannen viele seiner Angehörigen im vermeintlichen Eindringen der Deutschen in das eigene Land einen verhängnisvollen Fehler zu sehen. Man betrachtete es als ein schwerwiegendes Versagen der böhmischen Könige, daß sie um des schnöden Mammons wegen die Fremden ins Land gerufen hatten. Diese in der böhmischen Adelsgesellschaft des 14. Jahrhunderts weit verbreitete Auffassung fand sehr bald ihren literarischen Niederschlag in der sogenannten böhmischen Reimchronik des Dalimil. Auf deren antideutschen Aussagen sollten später alle tschechischen Nationalisten aufbauen.

Ein anderer, anonymer Verfasser behauptete im selben Jahrhundert dann schon, die Deutschen seien als Unfreie in das schöne Böhmen gekommen. Sie seien bloße Gäste in allein dienender Funktion gewesen. Später erst hätten sie begonnen, sich als Herren aufzuspielen. Weil das so sei, forderte der Verfasser – sicher in Übereinstimmung mit vielen Adligen –, könnten sie keine Gleichstellung mit den Einheimischen verlangen. Als Gäste – so geht der Argumentationsgang lapidar weiter – hätten sie nur eine beschränkte Rechtsfähigkeit und damit basta.

[10] W. H. Fritze: K. Zernack (Hrsg.) (1976), Grundfragen, S. 29, Anm. 58.
[11] B. Zientara (1975), Die deutsche Einwanderung, S. 3437.
[12] F. Graus (1975), Die Problematik, S. 31ff.

Der unbekannte Verfasser hatte bei seinen Urteilen und Schlußfolgerungen ausschließlich die Städte und das Bürgertum im Auge, denn die oben beschriebenen Antagonismen waren auf die Städte beschränkt. Hier fanden in den folgenden Jahrhunderten auch weiterhin die üblichen Reibereien, der Konkurrenzkampf zwischen einzelnen statt. Weil ein möglicherweise vorhandener sprachlicher Unterschied soziale Friktionen jederzeit beliebig verschärfen konnte, haben solche Querelen immer die Tendenz besessen, sich zu 'nationalisieren'.[13] Trauriges Beispiel dafür bieten die Vorgänge, die 1409 zum Auszug der deutschen Professoren und Studenten aus der Prager Universität führten.[14] Für das flache Land ist ähnliches nicht berichtet worden. Hier lebten deutsche und tschechische Bauern in deutlich getrennten Siedlungsgebieten nebeneinander, ohne sich gegenseitig sonderlich zu stören.

An diesen Formen eines Miteinander- oder auch Nebeneinanderlebens, das sich nur in Ausnahmesituationen zu einem Gegeneinander verschärfte, änderte sich für die nächsten Jahrhunderte nichts Wesentliches. Erst das ausgehende 18., vor allem aber das 19. Jahrhundert brachten einen grundlegende Wandel. Er rührte vom Aufkommen des Nationalismus her.

Die modernen Nationalstaaten und der Nationalismus – das Beispiel des deutsch-polnischen Verhältnisses[15]

Der Nationalismus ist eine Ideologie, durch die sich soziale Großgruppen gegeneinander abgrenzen. Als typisch für diese Ideologie gilt das Bewußtsein eines Anders- und Besonderssein. Es gründet sich auf die ethnische, sprachliche oder religiöse Homogenität, auf die Gemeinsamkeit soziokultureller Einstellungen und historischer Erinnerungen. Zu den Merkmalen gehört weiter ein mehr oder weniger stark ausgeprägtes Sendungsbewußtsein sowie das Streben nach

[13] Ders. (1980), Die Nationenbildung, S. 88.

[14] H. Zatschek (Hrsg.) (1938), Die Reichsuniversität in Prag; W. Weizsäkker (1953), Geschichte der Prager Universität; H. Helbig (1961), Universität Leipzig.

[15] Das deutsch-polnische Verhältnis zwischen 1772 und 1871 ist Thema des ersten Aufsatzteiles im ›Jahrbuch für Geschichte Mittel- und Ostdeutschlands‹ (35 [1986]); W. W. Hagen (1980), Germans, Poles and Jews; eine Übersicht über die Problemstellung bei K. Zernack (1976), Das Jahrtausend deutsch-polnischer Beziehungsgeschichte.

historischer Legitimation und die Geringschätzung fremder Nationalitäten.

Eine Entwicklungsstufe des Nationalismus ist die Herausbildung eines Nationalgefühls, eines Nationalbewußtseins. Häufig speisen sich solche Emotionen primär aus der Aggression gegen äußere Feinde.[16] So jedenfalls war das in Deutschland. In breiteren Schichten unseres Volkes reifte ein Nationalgefühl zu Beginn des 19. Jahrhunderts heran, als Deutschland, wie man damals sagte, unter der Knute des korsischen Eroberers, unter dem Stiefel Napoleons schmachtete. Jena und Auerstedt, Aspern und Austerlitz, die Synonyme für den Zusammenbruch der beiden deutschen Großmächte Preußen und Österreich, sowie Napoleons Versuch, im Rheinbund ein Instrument französischer Politik zu schaffen, ließen im Badener, im Württemberger, im Österreicher wie im Sachsen und im Mecklenburger oder Preußen das Bewußtsein wachsen, einem, dem deutschen, Volk anzugehören.

Ein in solcher Art gewecktes Nationalbewußtsein, emotional bestimmt durch Bedrohungssyndrom und kriegerischen Gestus, konnte eigentlich nur in einem militanten Nationalismus enden. Dazu hat nicht unwesentlich beigetragen, daß die Ideologie des Nationalismus wesentlich auf den souveränen Nationalstaat als einen zentralen Wert bezogen war.[17] Einen Nationalstaat aber besaßen die Deutschen nicht. Er fehlte auch anderen Völkern. Weder die Polen noch die Tschechen hatten, wie man das damals zu empfinden begann, das historische Glück, in einem solchen Staat leben zu können. Bei ihnen entwickelte sich folgerichtig das Nationalgefühl, ähnlich wie bei den Deutschen, vor allem als Aggression gegen äußere Feinde. Es mag im Fall der Polen und Tschechen vielleicht besonders stark geworden sein, weil es deren Feinden gelungen war, beider Staatlichkeit zu eliminieren.

Mit dem Beginn des 19. Jahrhunderts entsteht in der Mitte unseres Kontinents und in Ostmitteleuropa eine konfliktträchtige, wie sich schließlich sogar zeigen sollte, katastrophenträchtige Situation. Die Deutschen begannen der Ideologie des Nationalismus zu erliegen,

[16] Zu den unterschiedlichen Wurzeln des Nationalgefühls die interessante, jüngst wiederaufgelegte Arbeit H. Hintze (1989), Staatseinheit und Föderalismus.

[17] Zum Gesamtproblem Th. Schieder/P. Burian, (hrsg.) (1974), Sozialstruktur und Organisation; dies. (Hrsg.) (1974), Staatsgründungen und Nationalitätsprinzip; H. Mommsen/A. Martiny (1966ff.), Nationalismus, Nationalitätenfrage.

ohne einen Nationalstaat zu besitzen. Aber diejenigen Deutschen, die in den Großmächten Preußen und Österreich staatlich organisiert waren, beherrschten ihrerseits Menschen fremder Nationalität: Polen, Tschechen, Mährer, Slowaken, Ungarn und – pauschal – Südslawen.

Selbst die Polen begannen der Ideologie des Nationalismus zu erliegen.[18] Zwar hatten sie seit 1795 keinen 'Nationalstaat' mehr, aber sie besaßen und pflegten die Erinnerungen an die Großmacht, die ihr Land einst gewesen war. Sie vergaßen die Grenzen, in denen dieses Reich bis 1772, bis zur ersten Teilung des Landes, existiert hatte, zu keinem Zeitpunkt. Ihnen war immer gegenwärtig, daß Deutsche vor Jahrhunderten als Gäste in ihr Reich gekommen waren. Nun aber wurden sie, zu einem Teil jedenfalls, von Berlin und Wien aus, von Deutschen regiert. Das schuf eine emotionale Gemengelage, die bei der kleinsten Ungeschicklichkeit der Herrschenden zum Pulverfaß werden mußte. Leider ist es jedoch so, daß jeder Fehler, der gemacht werden kann, auch tatsächlich begangen wird.

Die erste Phase preußischer Polenpolitik 1815–1830[19]

Preußen hatte seine riesige Beute aus den ersten drei Teilungen Polens in den Jahren 1772, 1793 und 1795 nur kurze Zeit halten können. Napoleon hatte ihm den größeren Teil, bis auf Westpreußen, wieder abgenommen. Freilich war man in Berlin sicher gewesen, alles Verlorene wiederzubekommen, wenn Napoleon geschlagen sein werde. In der sogenannten ›Nassauer Denkschrift‹ des Freiherrn vom Stein, die für die Reorganisation des preußischen Staates bedeutsam gewesen ist, formulierte der große Reformer deshalb auch, der Entwicklung vorausgreifend: „Die polnische Nation ist stolz auf ihre Nationalität, sie trauert, ihre Sprache, ihren Namen erlöschen zu sehen, und feindet den Staat an, der ihr dieses Leid zufügt. Sie würde zufriedengestellt werden, sie würde diesem Staat anhängen, wenn man ihr eine Verfassung gäbe, bei der ihr Nationalstolz beruhigt und der Besitz ihrer Individualität gesichert wird. Diese nicht zu zerstören, sondern auszubilden, wird jeder für einen Gewinn halten, der nicht

[18] Zu den Einzelheiten der Geschichte Polens im 19. Jahrhundert vgl. die Literaturangaben oben Kapitel 1, Anm. 25.

[19] K. H. Streiter (1985), Die nationalen Beziehungen; K. Zernack (1983), Die Geschichte Preußens.

Bild 7: Freiherr vom Stein

mechanische Ordnung, sondern freie Entwicklung und Veredelung der eigentümlichen Natur jeden Völkerstammes für den Zweck der bürgerlichen Gesellschaft hält.“ [20]

Dieses modern anmutende tolerante Steinsche Programm konnte der preußische Staat nach der Niederwerfung Napoleons indes nur gegenüber wenigen Polen zu realisieren versuchen. Denn die Russen, die Befreier vom französischen Joch, die starken Freunde eines schwachen Preußen, erhoben Anspruch auf den größten Teil Polens als Lohn für ihren Blutzoll im Kampf gegen Frankreich. Das kam in gewissem Sinn sogar den in der Zwischenzeit veränderten preußischen Intentionen entgegen. Der preußische Staatsrat Hoffmann äußerte 1813/14, daß es für Preußen wünschenswerter sei, seine Macht in Deutschland zu befestigen und daß es deshalb nur „so viel von Polen besitzt, als es deutsch zu machen hoffen darf“ [21].

Gemäß den Hoffmannschen Gedanken taktierte Preußen auf dem Wiener Kongreß. Die ›Berliner Zeitung‹ beschrieb das Vorgehen der preußischen Diplomaten auf dem Kongreß am 16. Februar 1815 mit folgenden Sätzen: „Es schien wünschenswert, in Zeiten, wo die Eigentümlichkeit des Volksgeistes sich so kräftig und achtbar gezeigt hat, auch Polen – soweit es ohne Verletzung der Rechte und Sicherheit der benachbarten Staaten möglich ist – in eine der Entwicklung seiner Nationalität günstige Lage zu bringen. Preußen hat nicht angestanden, diese wohltätige Absicht seinerseits dadurch zu unterstützen, daß es sich gegen angemessene Entschädigung des Anspruchs auf den Wiederbesitz derjenigen Teile von Polen begeben hat, die nicht ganz unentbehrlich sind, um zweckmäßige Verbindungen zwischen seinen älteren Staaten zu bewirken.“ [22]

[20] Zitiert nach H. Glück (1979), Die preußisch-polnische Sprachenpolitik, S. 203.

[21] Zitiert nach M. Broszat (1963), 200 Jahre, S. 57.

[22] Zitiert nach R. Cromer (1932/33), Die Sprachenrechte, S. 614.

So fiel denn bei der vierten Teilung Polens, die der Wiener Kongreß vornahm, für Berlin neben Westpreußen nur noch das Großherzogtum Posen ab. Damit betrug der preußische Teilungsanteil etwa acht Prozent der Fläche des alten Polens. Dort lebten rund anderthalb Millionen Menschen. Für den polnischen Restbesitz akzeptierte Preußen, wenn auch sehr verklausuliert, so etwas wie ein Selbstbestimmungsrecht. Im preußisch-russischen Vertrag vom 3. Mai 1815, dessen diesbezügliche Regelungen sinngemäß in die Wiener Schlußakte übernommen wurden, heißt es kryptisch: „Die Polen werden als Untertanen der jeweiligen hohen vertragschließenden Parteien Institutionen erhalten, welche die Regierungen, zu denen sie gehören, für nützlich und angebracht halten, ihnen zu gewähren."[23] Ursprünglich hatte man im Sinn gehabt, daß Preußen seinen Polen in irgendeiner Form Autonomie zugestehen sollte. Aber diesen Satz konnte man auch erheblich anders interpretieren.

Die menschliche Teilungsbeute Berlins bestand keineswegs allein aus Polen. Westpreußen besaß seit der Herrschaft des Deutschen Ordens einen starken deutschen Bevölkerungsanteil.[24] Das gleiche galt für das Großherzogtum Posen, vor allem für seine westlichen Teile. Deutsche und Polen standen sich zu Beginn des 19. Jahrhunderts weder in Westpreußen noch im Großherzogtum feindlich gegenüber. Man hatte seit Jahrhunderten in meist guter Nachbarschaft gelebt. In dieser Zeit waren nicht wenige Deutsche zu Polen, aber auch viele Polen zu Deutschen geworden.

Die Berliner Regierung trug diesen Verhältnissen durchaus Rechnung. Der preußische König Friedrich Wilhelm III. ließ 'seinen' Polen am 15. Mai 1815 einen 'königlichen Zuruf' zukommen, der von den Empfängern späterhin, neben der oben zitierten Formulierung der Wiener Schlußakte, als eine völkerrechtlich verbindliche Garantie polnischer nationaler Rechte interpretiert wurde. Wohl nicht zu Unrecht, denn Friedrich Wilhelm III. formulierte überschwenglich: „Auch Ihr habt ein Vaterland und mit ihm einen Beweis Meiner Achtung für Eure Anhänglichkeit an dasselbe erhalten. Ihr werdet Meiner Monarchie einverleibt, ohne Eure Nationalität verleugnen zu dürfen . . . Eure Sprache soll neben der deutschen in allen öffentlichen Verhandlungen gebraucht werden und jedem unter Euch soll nach Maßgabe seiner Fähigkeiten der Zutritt zu allen öffentlichen

[23] Zitiert nach M. Broszat (1963), 200 Jahre, S. 59.

[24] Zu den Verhältnissen in Westpreußen vgl. P. Böhning (1973, Die nationalpolnische Bewegung.

Bild 8: Kultusminister von Altenstein

Ämtern und Würden Meines Reiches offenstehen. . ."[25] Dem Großherzogtum bescherte Berlin sogar einen eigenen Statthalter. Fürst Anton Radziwiłł, ein Mitglied des polnischen Hochadels, wurde dazu berufen. Allerdings bekam er einen preußischen Oberpräsidenten an die Seite gestellt.

Der preußische Unterrichtsminister von Altenstein, einer der Reformer Preußens, erließ am 13. Dezember 1822 eine Verordnung über die Organisation des Volksschulwesens im Großherzogtum Posen. Darin finden sich unter anderem die beachtenswerten Sätze: „Was die Ausbreitung der deutschen Sprache betrifft, so kommt es hierbei zunächst darauf an, daß man sich selber klarmache, was man in dieser Hinsicht eigentlich wolle und solle, nämlich, ob nur auf ein allgemeines Verstehen der deutschen Sprache unter den polnischen Einwohnern dortiger Provinzen hingewirkt werden solle oder ob man etwa die Absicht habe, die ganze Nation zwar allmählich und unvermerklich, aber nichtsdestoweniger so vollständig wie möglich zu germanisieren. Nach dem Urteil des Ministers ist nur das erstere nötig, ratsam und ausführbar, das andere aber unratsam und unausführbar, denn um vollkommen gute Untertanen zu sein, an dem Vorteil der Staatseinrichtungen teilnehmen zu können, ist zwar für die Polen wünschenswert und nötig, daß sie die Landesregierungssprache verstehen und sich in ihr verständlich zu machen wissen; es ist aber nicht nötig, daß sie deshalb ihre Stammessprache aufgeben oder auch nur hintansetzen müssen. Der Besitz zweier Sprachen ist so wenig für einen Nachteil zu erachten, daß er vielmehr als ein Vorzug betrachtet werden darf, da er in der Regel mit größerer Beweglichkeit der Verstandeskräfte und einer leichteren Auffassungsgabe verbunden zu sein pflegt. . . Religion und Sprache sind die höchsten Heiligtümer einer Nation. . . Eine Obrigkeit, die diese aner-

[25] Zitiert nach H. Glück (1979), Die preußisch-polnische Sprachenpolitik, S. 205.

kennt, achtet und schätzt, darf sicher sein, die Herzen der Untertanen zu gewinnen. . ." [26]

Im Jahr 1824 bekam das Großherzogtum Posen einen ständisch gegliederten Landtag zugestanden. Er trat drei Jahre später zu seiner ersten Sitzung zusammen. Man verhandelte zweisprachig, deutsch und polnisch, obwohl der Posener Landtag eine polnische Mehrheit hatte, da der erste Stand, der Adel, das Übergewicht gegenüber den beiden anderen Ständen besaß.

Als Fazit der ersten Jahrzehnte des 19. Jahrhunderts ist festzuhalten: Berlin betrieb eine ungemein rücksichtsvolle, kluge Politik gegenüber seinen polnischen Untertanen. Sämtliche Verwaltungs-, Ministerial- und auch Polizeierlasse wurden zweisprachig veröffentlicht. Die wichtigeren älteren Gesetze Preußens, die nun auch in Posen galten, so das Allgemeine Preußische Landrecht, wurden ins Polnische übersetzt. Polnisch war im Posenschen gleichberechtigte Gerichtssprache, gleichberechtigte Amtssprache der Provinzbehörden und Unterrichtssprache in den polnischen Schulen. Ja, Berlin war sogar bereit, dem Wunsch der Polen nach einem nationalpolnischen Posener Armeekorps innerhalb der preußischen Armee mit ausschließlich polnischen Offizieren und mit polnischer Kommandosprache in wohlwollende Erwägung zu ziehen.

Allein aus edlem innerem Antrieb und eigener besserer Einsicht sind die Preußen freilich nicht auf diese philanthropische Linie ihrer Polenpolitik gekommen. Sie standen in Konkurrenz zu den anderen Teilungsmächten. Alexander I., der russische Zar, hatte dem mit Rußland in Personalunion verbundenen Königreich Polen eine liberale Verfassung verliehen. Seine Polen konnten ihre Angelegenheiten weitgehend autonom regeln. Allenfalls in außenpolitischer Hinsicht hatten sie sich der russischen Oberhoheit zu beugen. Sehr viel weniger als selbst die Russen den Polen gewährten, konnten auch die Preußen ihnen nicht bieten. Liefen sie doch sonst Gefahr, daß sich ihre Polen nach russischer Herrschaft sehnten. Zweck aller Bemühungen der Berliner Regierung war natürlich, die Polen für den preußischen Staat zu gewinnen. Sie sollten nicht mehr an die Zeiten einer glorreichen polnischen Eigenstaatlichkeit zurückdenken. Auf die Länge der Zeit gesehen aber sollten die preußischen Politiker dieses Ziel völlig verfehlen.

[26] Zitiert nach dems. (1979), Die preußisch-polnische Sprachenpolitik, S. 204.

Die Ära Flottwell 1830–1841[27]

Die Gründe für dieses Scheitern sind vielfältig. Der wichtigste dürfte darin zu sehen sein, daß der preußische König sein Verfassungsversprechen von 1815 weder Posen noch seinen anderen Landen gegenüber gehalten hat. Hätte Friedrich Wilhelm III. es eingelöst, wäre das Großherzogtum weitgehend autonom geworden. Nicht minder wichtig für das Mißlingen der völligen Integration der Polen war die Tatsache, daß das Preußen der Reaktionszeit nicht nur für Polen keinen attraktiven Staat darstellte. Das zeigte sich im November 1830, als im russischen Beuteteil ein Aufstand ausbrach, der auf die Wiederherstellung Polens als Staat zielte. Er hatte – unter anderem – zwei wichtige Folgen. Zum ersten zeigten die preußischen Polen durch ihre Unterstützung des Aufstandes mit Geld und Freiwilligen sehr deutlich, daß auch ihr Ziel das Polen der Jahre vor 1772 war und nicht das Aufgehen im preußischen Staat. Zum anderen entstand nach seiner Niederschlagung durch die russischen Truppen eine politisch ungemein aktive polnische Emigration.[28] In zwei Lager, die Konservativen, die Weißen, und die Demokraten, die Roten, gespalten, wirkten die Emigranten in den folgenden Jahrzehnten beharrlich im Sinne einer Wiederherstellung des Staates Polen. Die Weißen, die sich vor allem in Paris, und die Roten, die sich in Brüssel sammelten, konnten das weitgehend ungehindert tun. Sie fanden in den Teilungsgebieten zu allen Zeiten begeisterte Gefolgsleute. „Damit war aber zugleich eine ideologische Versteifung des Nationalbewußtseins verbunden. Romantische Vergangenheitsverklärung und revolutionärer nationaler Messianismus durchdrangen sich.“[29]

Der Polenaufstand von 1830 und die Reaktion der polnischen Untertanen Preußens auf ihn löste die erste preußische Ungeschicklichkeit aus. Der unheilvollen Regel folgend: ‘Wenn ihr nicht im Guten Preußen werden wollt, dann werdet ihr dazu gezwungen’ zog man die Zügel an. Das konnte sich die Berliner Regierung um so eher leisten, als die Russen in ihrem Teil Polens die liberale Verfassung schon 1825, mit dem Regierungsantritt Nikolaus’ I., kassiert hatten und nun, seit 1830/31, eine ausgesprochen gewalttätige Politik gegenüber ihren slawischen Brüdern, den widerspenstigen Polen, betrieben. Das Königreich wurde in der Praxis auf den Status einer russischen Provinz

[27] Vgl. die Beiträge in: Die deutsch-polnischen Beziehungen (1979).

[28] J. Zubrzycki (1952/53), Emigration from Poland.

[29] M. Broszat (1963), 200 Jahre, S. 71.

herabgedrückt. Dieser Schwenk in der russischen Polenpolitik ermöglichte auch für Preußen eine schärfere Gangart.

Im Dezember 1830 ernannte Berlin für das Großherzogtum einen neuen Oberpräsidenten. Er hieß Eduard Flottwell. Das erklärte Ziel des neuen Mannes war es, den überragenden politischen Einfluß des polnischen Adels unter der polnischen Bevölkerung des Herzogtums zu brechen. Was das bedeutete, läßt sich einer Denkschrift des preußischen Generals von Grolman, der in Posen kommandierte, entnehmen. Unter dem Titel ›Bemerkungen über das Großherzogtum Posen‹ beurteilte er am 25. März 1832 darin die bisherige Politik gegenüber den Polen als „unglaubliche Torheit" und befürchtete, daß „noch Generationen darüber hingehen, ehe ihre polnische Natur sich zu einer menschlichen ausgebildet haben kann" und man das Ziel, Posen „gut gesinnt – das heißt teutsch zu machen" erreicht habe.[30]

Um dieses Ziel um so gewisser zu verwirklichen, gab er vier Empfehlungen. Erstens solle man den polnischen Grundbesitz aufkaufen. Das war nicht schwer zu bewerkstelligen, weil ein großer Teil des polnischen Adels hochverschuldet war. Zweitens sollte das Polnische als Unterrichtsfach in den höheren Schulen abgeschafft werden. Drittens empfahl er die staatliche Regelung und Kontrolle der Ausbildung katholischer Geistlicher und viertens verlangte er die Einberufung polnischer Rekruten in deutsche Regimenter in deutschen Garnisonsorten.

Flottwell, der neue Oberpräsident, versuchte in der Folge dieses bornierte, von wenig Toleranz geprägte Programm des Generals in politische Praxis umzusetzen. Am 14. April 1832 wurde das ›Regulativ über die Geschäftssprache der Administrationsbehörden in Posen‹ erlassen. Darin wurde der Vorrang der deutschen Sprache als Amtssprache festgelegt. Polnisch war zwar noch im mündlichen Verkehr zugelassen, im Schriftverkehr aber wurde das Deutsche nun zwingend vorgeschrieben. Das gleiche galt für den inneren Amtsverkehr. Im Jahr 1833 wurde den Kreistagen per königlicher Verordnung das Recht genommen, Kandidaten für den Landratsposten zu präsentieren. Statt wie bisher meist Polen wurden von nun an fast ausschließlich Deutsche Landräte. Im gleichen Jahr richtete man auch den sogenannten Güterbetriebsfonds ein. Er kaufte zwangsweise versteigerte Güter des polnischen Adels an und veräußerte sie wieder an deutsche Interessenten.

[30] Zitiert nach M. Broszat (1963), 200 Jahre, S. 74f.

In die Ära Flottwell, die von 1830 bis 1841 dauerte, fiel auch eine Art erster, kleiner Kirchenkampf. Der Erzbischof von Gnesen-Posen hatte seine Pfarrer am 27. Februar 1838 in einem Hirtenbrief angewiesen, Eheschließungen nur dann vorzunehmen, wenn sich die künftigen Eheleute darauf festlegten, ihre Kinder katholisch zu erziehen. Eine solche Erziehung führte bei Mischehen zwischen Protestanten und Katholiken, vor allem also bei Ehen zwischen Deutschen und Polen, häufig dazu, daß schon die nachfolgende Generation polonisiert wurde. Gegen die erzbischöfliche Anordnung wandte sich der preußische Staat. Erzbischof Dunin-Sulgustowski war jedoch nicht bereit nachzugeben. Im Oktober 1839 wurde er verhaftet und interniert.

Die Politik der Versöhnung Friedrich Wilhelms IV.

Alle diese für den einzelnen sehr unerfreulichen Maßnahmen kann man freilich noch nicht eine brutale Germanisierungspolitik nennen, wenn sich auch handfeste Ansätze dazu nicht übersehen lassen. Es war vorerst wohl nur eine Art Konfrontationspolitik, die den Polen zeigen sollte, wie nützlich es für sie sein könnte, wenn sie denn vielleicht doch den preußischen Staat zu lieben begännen. Als eine kluge Politik aber können die einzelnen Maßnahmen der Flottwell-Zeit keinesfalls bezeichnet werden. Ihr Ziel, die polnischen Bauern und Bürger statt des widerspenstigen polnischen Adels auf die preußische Seite zu ziehen, verfehlte sie jedenfalls.

Preußen bekam jedoch noch einmal eine Chance für eine vernünftige, tolerante Nationalitätenpolitik. Im Jahre 1840 trat Friedrich Wilhelm IV. seine Regierung an. Seine Gefühlslage war auf Versöhnung gestimmt, auch mit den Polen im Großherzogtum. Wieder sollten, wie zwischen 1815 und 1830, polnischer Adel und katholische Geistlichkeit für Berlin gewonnen werden. Im Juli 1840 schon konnte der Erzbischof von Gnesen-Posen im Triumph aus der Internierung in sein Erzbistum zurückkehren. Er hatte seinen Erlaß nicht zurückgenommen. Der Mischehenstreit war für die polnische Seite entschieden worden. Im gleichen Jahr verkündete der König eine Amnestie für die Teilnehmer am Aufstand von 1830. Außerdem erneuerte er das Auslieferungsabkommen mit Rußland nicht mehr.

Ebenfalls im Jahr 1840, einige Monate vor der Abberufung des Oberpräsidenten Flottwell, die am 15. März 1841 erfolgte, gründete der polnische Arzt Marcinkowski die polnische 'Gesellschaft für wissenschaftliche Hilfe'. Sein Ziel war es, im Großherzogtum eine Bildungsschicht des polnischen Mittelstandes aufzubauen. Dafür wurden Stipendien für weniger bemittelte polnische Jugendliche bereitgestellt. Ihnen sollte der Besuch höherer Schulen und der Universität ermöglicht werden. Marcinkowskis Verein wurde unter den gewandelten Verhältnissen zeitweise von den preußischen Behörden gefördert. Im Februar 1841 richtete man im Berliner Kultusministerium sogar eine katholische Abteilung ein. Durch deren Arbeit kam fast das gesamte Volksschulwesen im Großherzogtum unter den Einfluß der katholischen, also der polnischen Geistlichkeit. Die aber war in ihrer überwiegenden Mehrheit nationalbewußt gestimmt.

Die Entspannung des Verhältnisses zwischen Deutschen und Polen war leider nur oberflächlich. Das wurde bereits in dem Landtagsabschied, den Friedrich Wilhelm IV. am 6. August 1841 dem Posener Landtag erteilte, deutlich. Darin heißt es: „In der untrennbaren Verbindung mit Unserer Monarchie hat das Nationalgefühl der polnischen Untertanen Unserer Provinz die Richtung seiner ferneren Entwicklung, die feste Schranke seiner Manifestation zu erkennen. Die Verschiedenheit der Abstammung, der Gegensatz der Namen Polen und Deutsche findet seinen Vereinigungspunkt in dem Namen der einen Monarchie, des Staates, dem sie gemeinsam und für immer angehören, in dem Namen Preußen.“ [31]

Zwei Jahre später, 1843, erhielt der Preußenkönig von den posenschen Ständen die Antwort: „Sie (die Stände, L. D.)“, so schrieben sie, „haben die Tatsache nicht verkennen wollen, daß das Großherzogtum ein Teil Ew. Majestät Monarchie ist. Aber dieser politischen Verbindung ungeachtet, war ihnen die Erhaltung und Bewahrung ihrer Nationalität als Polen, war ihnen ihr Vaterland, der Gebrauch ihrer Sprache in allen öffentlichen Verhandlungen zugesichert. Sollen sie ... ihren Vereinigungspunkt in dem Namen Preußen finden, so erblicken sie hierin eine Gefährdung jener Verheißung; sie fürchten nicht mehr zu sein und sich nennen zu dürfen, was sie nach ihrer Sprache, ihren Sitten, ihren geschichtlichen Erinnerungen, was sie nach feierlich abgeschlossenen Verträgen und erteilten Zusicherung sind – Polen.“ [32] Diese Aussage macht die Position der Polen deutlich: Die von Berlin geforderte Loyalität gegenüber Preußen war für die Polen im Großherzogtum kein Ersatz für das polnische Nationalbewußtsein.

Alle Polen waren als nationalbewußte Menschen seit langem nicht

[31] Zitiert nach dems. (1963), 200 Jahre, S. 78f.

[32] Zitiert nach dems. (1963), 200 Jahre, S. 79.

Bild 9: Ludwik Mierosławski (poln. Freischärler 1848)

nur theoretisch fasziniert von der Idee, ihren eigenen Staat wiederzuerrichten; sie wirkten auch sehr praktisch darauf hin. Insbesondere im österreichischen und russischen Teilungsgebiet waren seit dem fehlgeschlagenen Aufstand des Jahres 1830 eine Reihe von Geheimorganisationen aufgebaut worden, die dieses Ziel durch Vorbereitung eines gesamtpolnischen Aufstandes verwirklichen wollten. Ihre konspirative Tätigkeit hatten die Polen auf Dauer vor den jeweiligen Behörden nicht geheimhalten können. Österreicher wie Russen hatten wiederholt gegen die Untergrundorganisationen zugeschlagen und dabei viele ihrer Angehörige verhaften können. In der Ära der Versöhnung, die für das Großherzogtum 1840 angebrochen war, verfielen die Polen auf die Idee, es wäre am sichersten und erfolgversprechendsten, ihre Geheimorganisationen nach Posen zu verlegen und die Vorbereitung des Aufstandes von dort aus zu betreiben.

Wenn die Preußen auch, wenigstens vordergründig, auf Versöhnung gestimmt waren, so hieß das noch lange nicht, daß sie gegenüber dem polnischen Vorgehen blind waren. Die preußische Polizei bekam sehr schnell Wind von dem, was die Polen im Schilde führten. Anfang 1846 wurde der Kopf der Organisation, Mierosławski, und eine große Zahl weiterer Verschwörer verhaftet.

Vom August 1847 bis zum Dezember standen 254 der Verschwörung verdächtige Männer in Berlin im großen Polenprozeß vor Gericht. Er wurde öffentlich geführt. Die Angeklagten, Mierosławski vor allem, bekamen dadurch ein Podium, von dem sie ihre patriotischen Ziele einer weiteren Öffentlichkeit darlegen konnten. Geschickt verbanden sie in ihren Verteidigungsreden die deutsche und die polnische Frage miteinander. Wenn die deutsche Frage damals wie in unseren Tagen ‘Wie kommen die Deutschen zu einem Nationalstaat?’ lautete, so hieß die polnische: ‘Wie kommen die Polen wieder zu ihrem Nationalstaat?’ Diese Ausführungen fanden in der deutschen Öffentlichkeit weitgehend ein positives Echo. Auch das Gericht scheint sich vielen Argumenten nicht ganz verschlossen zu haben. Es fällte jedenfalls, gemessen an der Schwere der Anklage, einigermaßen milde Urteile. Mehr als die Hälfte der Beschuldigten wurde freigesprochen. Der Rest erhielt mehr oder weniger hohe Haftstrafen. Acht Verurteilte, darunter auch Mierosławski, sollten allerdings durch den Tod bestraft werden.

Keiner von ihnen brauchte jedoch zu sterben. In der Revolution des Jahres 1848 wurden sie von den Berlinern am 20. März aus dem Gefängnis Moabit geholt und konnten im Triumphzug nach Posen zurückkehren. Die Polen hatten in Berlin noch eine Dankadresse an ihre Befreier gerichtet. Darin heißt es: „Der gesunde Sinn des Volkes sieht die Dinge und beurteilt sie besser als die Weisheit der Politik. Ihr fühlt es, daß nicht nur die Zeit gekommen ist, in welcher die verhängnisvolle That der Theilung Polens wieder gesühnt werden mußte, sondern die Zeit auch gebiete, daß zur Sicherstellung eines freien Deutschlands ein unabhängiges Polen als Vormauer gegen den Drang der Asiaten errichtet werden muß." [33] Die Revolution in Berlin, in Deutschland, setzte die Wiederherstellung Polens auch auf das Programm der deutschen Demokraten.

Mierosławski und die anderen Rückkehrer stellten sich im Großherzogtum an die Spitze von etwa 10000 polnischen Freiheitskämpfern. Deren Ziel war es, an einem gemeinsamen deutsch-polnischen Krieg gegen Rußland, dem Inbegriff vormärzlicher Reaktion und gleichzeitig der Macht, die den Löwenanteil Polens besaß, teilzunehmen. Dabei wollten sie ihren alten Staat wiederherstellen. Doch aus dem Krieg wurde nichts. Den preußischen Behörden im Großherzogtum schienen 10000 Polen, auch wenn sie völlig unzureichend bewaffnet waren, eine erhebliche Gefahr darzustellen. Vorsichtshalber wurde am 3. April der Belagerungszustand verkündet. Beide Seiten standen sich Gewehr bei Fuß gegenüber. Es kam zu vereinzelten Übergriffen, zu vereinzelten Gefechten. Da keine der beiden Parteien eine bewaffnete Auseinandersetzung wollte, fand man den Weg zu Verhandlungen.

Aus Berlin kamen jedoch am 14. und 26. April zwei königliche Kabinettsordern. Sie teilten das Großherzogtum Posen. Der eine Teil sollte reorganisiert, d. h. von den Polen mehr oder weniger selbst verwaltet werden. Der König hatte unter dem Druck der Revolution versprochen, daß „der zur nationalen Reorganisation ausersehene Teil Posens eine eigene konstitutionelle Verfassung erhalten" sollte, die

[33] Zitiert nach dems. (1963), 200 Jahre, S. 81.

garantieren würde, „daß der Schulunterricht und die Gerichtsverfassung eine nationale sein, daß die Beamtenstellen mit Polen besetzt, das zur Armee zu stellende Kontingent aus Eingeborenen gebildet, und daß die polnische Sprache die Geschäftssprache sein solle“[34]. Der andere Teil, der westliche und größere Teil des Großherzogtums mit der Stadt Posen freilich sollte, so lautete die königliche Order, in den Deutschen Bund aufgenommen werden. Damit wurden sehr tiefgreifende Maßnahmen verfügt. Das Großherzogtum Posen hatte bisher zwar zum Staat Preußen, nicht aber zum Deutschen Bund gehört, es war kein Teil Deutschlands gewesen. Für den größeren Teil sollte das jetzt geändert werden.

Diese königliche Anweisung löste nun doch den bewaffneten Kampf zwischen beiden Gruppen aus. Gegen die bestens ausgerüsteten und gut gedrillten preußischen Truppen hatten die polnischen Freischärler keine Chance. Am 9. Mai schon mußten sie in Wreschen kapitulieren. Politische Klugheit gebot den Preußen, nicht nur den Mannschaften, sondern auch den Anführern die freie Rückkehr in ihre Wohnungen zu gestatten.

Preußen hatte damit zwar wieder Ruhe in seiner polnischen Provinz. In Deutschland aber wurde die Polenfrage weiter diskutiert. An drei Tagen im Juli 1848 (24.–26.) beriet die Nationalversammlung in der Frankfurter Paulskirche das Problem. Bei dieser Debatte zeigte sich, daß viele der dort versammelten Politiker sich im wesentlichen darüber einig waren, daß Polen als Staat wiedererstehen sollte. Aber, und auch darüber war man sich weitgehend einig, Posen müsse dann selbstverständlich bei Deutschland bleiben, ohne das Großherzogtum sei der künftige deutsche Nationalstaat nicht lebens-, nicht verteidigungsfähig. Der demokratische Abgeordnete Jordan sagte am 24. Juli in Frankfurt: „Soll eine halbe Million Deutscher unter deutscher Regierung leben und zum großen deutschen Vaterland gehören oder sollen sie in der sekundären Rolle naturalisierter Ausländer in die Untertänigkeit einer anderen Nationalität gegeben und hinausgestoßen werden in die Fremde? Wer da sagt, wir sollen diese deutschen Bewohner von Posen den Polen hingeben und unter polnische Regierung stellen, den halte ich mindestens für einen unbewußten Volksverräter. Polen bloß deswegen herstellen zu wollen, weil sein Untergang uns mit gerechter Trauer erfüllt, das nenne ich eine schwachsinnige Sentimentalität. Die Politik, die uns zuruft: ‚Gebt

[34] H. Glück (1979), Die preußisch-polnische Sprachenpolitik, S. 229, Anm. 1.

Bild 10: Debatte in der Paulskirche

Polen frei, es koste, was es wolle', ist eine kurzsichtige, eine selbstvergessene der Schwäche, eine Politik der Furcht, eine Politik der Feigheit. Es ist wohl Zeit für uns endlich einmal zu erwachen aus jener träumerischen Selbstvergessenheit, in der wir schwärmten für alle möglichen Nationalitäten, während wir selbst in schmachvoller Unfreiheit darniederlagen, zu erwachen zu einem gesundem Volksegoismus."[35] Hinter Jordans 'gesundem Volksegoismus' grinst für

[35] Stenographischer Bericht über die Verhandlungen der deutschen constituierenden Nationalversammlung (1848), II, S. 1101.

jedermann erkennbar die Fratze eines extremen Nationalismus, des Chauvinismus, hervor.

Für das Großherzogtum brachte das Fiasko vom Mai 1848 zwar keineswegs eine strikte Germanisierungspolitik der Berliner Regierung. Doch die Kabinettsordern vom April wurden auch nicht aufgehoben. Im Gegenteil, von Jahr zu Jahr äußerte man weiterreichende Gebietsvorstellungen bezüglich des dem Deutschen Bund zugeschlagenen Teils. Seit 1848 sprach man im offiziellen Berlin nicht mehr vom Großherzogtum Posen, sondern nur noch von der Provinz Posen. Und die Reorganisation für den anderen Teil wurde *ad calendas graecas*, auf den Sankt-Nimmerleins-Tag, verschoben. „Die einheitsstaatliche Organisation Preußens ließ nicht mehr den Begriff ‚preußische Polen', sondern nur noch die Bezeichnung ‚polnische Preußen' zu."[36] In der Provinz Posen standen sich für die weitere Zukunft zwei voneinander abgesetzte nationale Lager gegenüber.

Auch die Sprachenpolitik Berlins verschärfte sich wieder. Seit 1852 wurden alle offiziellen Schriftstücke, Bekanntmachungen, Verordnungen oder Gesetze nur noch in deutscher Sprache veröffentlicht. Im Jahr 1856 wurde für die polnischen Gymnasien angeordnet, daß die Übersetzung der lateinischen Klassiker schon in der Unterstufe nur noch ins Deutsche erfolgen dürfe. Zwei Jahre später, 1858, wurde per Erlaß festgelegt, daß in den städtischen (Bürger-)Schulen in den Oberklassen alle Fächer außer Gesang und Polnisch in Deutsch zu unterrichten seien. Das Polnische wurde langsam aber sicher in eine bedeutungslose Stellung gedrückt. In Berlin erinnerte man sich nicht mehr an die klugen Einsichten eines Freiherrn vom Stein oder eines Kultusministers von Altenstein.

Deutschland auf dem Weg zum einheitlichen Nationalstaat

Die Politik der Germanisierung wurde noch verstärkt, als sich Preußens machtpolitische Stellung in der zweiten Hälfte des 19. Jahrhunderts veränderte. In den Kriegen von 1866 gegen Österreich und 1870/71 gegen Frankreich wurden die Grundlagen gelegt für ein (Klein-)Deutsches Reich unter der Führung Preußens. Die polnischen Abgeordneten protestierten 1867 im Norddeutschen Bundestag vehement gegen die Einbeziehung der Provinz Posen in den Norddeutschen Bund. Das bedeute einen Bruch der ihnen 1815 eindeutig

[36] M. Broszat (1963), 200 Jahre, S. 86.

zugesagten Sonderstellung. Der polnische Abgeordnete Kantak fragte: „Was um Himmels willen, haben wir Gemeinschaftliches in einem auf nationaler Grundlage gebildeten Bunde, den ein gemeinschaftliches Deutsches Band umschlingen, der gemeinschaftliche Deutsche Interessen vertreten, wahren, pflegen und fortbilden, der einem gemeinschaftlichen Deutschen Ziele entgegengehen soll?«[37] Als loyale Preußen, das bedeutet diese Argumentation, hätten sich die Polen notfalls fühlen können, nie aber würden sie Deutsche sein, sich zur deutschen Nation bekennen können.

Den gleichen Protest legten sie am 1. April 1871, bei der Beratung der Reichsverfassung im Reichstag des Bismarckreiches, ein. Der Sprecher der polnischen Fraktion sagte bei dieser Gelegenheit: „Wir wollen, meine Herren, bis Gott anders über uns bestimmt, unter preußischer Herrschaft bleiben, aber dem Deutschen Reich wollen wir nicht einverleibt sein.“[38]

Bismarcks Polenpolitik[39]

Genützt haben den Polen ihre Proteste nichts. Die Provinz Posen war und blieb Teil des Deutschen Reiches. Die Gegensätze zwischen den polnischen und deutschen Einwohnern verschärften sich.[40] Eine nachdrücklicher als früher betriebene Germanisierungspolitik des Reiches, dessen Staatsvolk abzudriften begann in den Chauvinismus und das sich Großmachtallüren beilegte, trug Wesentliches dazu bei. Nach 1871 begannen Jahrzehnte eines harten Nationalitätenkampfes.

Verschärfend wirkte sich ein Vorgang aus, den man ‘deutsche Westsiedlung’ nennen könnte und der ein erstes deutliches Anzeichen für die Umkehr der Siedlungsrichtung war. Im Jahr 1860 waren die ersten amtlichen Erhebungen zur Bevölkerungsverteilung in der Provinz Posen erfolgt. Preußens Beamte hatten festgestellt, daß 44,4 Prozent der 1,4 Millionen Einwohner Deutsche seien. Dieses Zählergebnis wurde allgemein und wohl auch mit Recht angezweifelt. Wenn man die Konfessionsstatistik zu Hilfe nimmt, dann ergab sich für 1864, selbst bei völliger Zurechnung der jüdischen Bevölkerung zu den

[37] Th. Schieder (1961), Das deutsche Kaiserreich, S. 18f.

[38] Ders. (1961), Das deutsche Kaiserreich, S. 19.

[39] Einen interessanten Teilaspekt untersucht R. Jaworski (1986), Handel und Gewerbe.

[40] Vgl. H.-U. Wehler (1968), Die Polenpolitik im deutschen Kaiserreich.

Deutschen, ein Bevölkerungsanteil von bestenfalls 43 Prozent. Als man 1871 erneut zählte, da war dieser Anteil zurückgegangen auf 41 Prozent. Wie konnte es dazu kommen?

Aus dem Posenschen, wie auch aus Westpreußen, hatte eine Abwanderung in die sprunghaft wachsenden Städte der Industriegebiete Westdeutschlands begonnen. Vor allem Deutsche waren es zunächst, die sich dort die besseren Möglichkeiten für ihre Existenz ausrechneten. In Berlin schrillten die Alarmglocken. Wie sollte man den polnischen Bevölkerungsteil der Provinz Posen germanisieren können, wenn einem der deutsche unter den Händen dahinschwand? Wie sollte man begründen, daß deutsch gesprochen werden mußte, wenn die, deren Muttersprache das war, immer weniger wurden. Die Schlußfolgerung, die man in Berlin aus solchen Überlegungen zog, hieß: zielstrebige Germanisierung.

Zwei bestens geeignete Instrumente meinte man dafür zu besitzen: die Sprachenpolitik und den Kampf gegen den Katholizismus. Denn „die Verbindung von politischem Katholizismus und polnisch-nationalen Bestrebungen (galt) gleichsam als potenzierte Form ‚reichsfeindlicher' Haltung“ [41].

Im Jahr 1872 wurde ein preußisches Schulaufsichtsgesetz erlassen, das die polnische Geistlichkeit vor allem ihres Einflusses auf die Volksschulen beraubte. Mit der Oberpräsidialverfügung vom 27. Oktober 1873 oktroyierte Berlin Zehntausenden polnischer Schüler Deutsch als nunmehr alleinige Unterrichtssprache. Die Schule wurde als Kampfinstrument gegen die Muttersprache vieler ihrer Zöglinge benutzt. Hatten die Polen im Posenschen, aber auch in Westpreußen die preußischen Schulen bisher als Mittel kultureller Hebung durchaus anerkannt, so mußten sie sie von jetzt an als Instrumente einer Entnationalisierung werten. Als Folge schossen bürgerliche polnische Bildungsvereine wie Pilze aus dem Boden. Durch sie begannen sich die Polen der „preußisch-deutschen Kulturfürsorge“ [42] mehr und mehr zu entziehen. Jetzt erst wurden auch die polnischen Unterschichten, auf deren Germanisierung man in Berlin so recht eigentlich gesetzt hatte, für ihr Polentum aktiviert.

Besonders abträglich war der preußisch-deutschen Regierung in den Augen ihrer polnischen Untertanen das Vorgehen gegen Priester und Bischöfe während des Kirchenkampfes. Auf Anweisung des Papstes hatten sich die Geistlichen der Ausführung der Bismarckschen

[41] M. Broszat (1963), 200 Jahre, S. 101.

[42] Ders. (1963), 200 Jahre, S. 103.

Kulturkampfgesetze zu widersetzen. Wenn sie das taten, wurden sie vom Staat aus ihren Ämtern entlassen und – nicht einmal so selten – verhaftet. Von solchen Maßnahmen wurden fast einhundert Geistliche betroffen. Unter ihnen waren der Bischof und die Weihbischöfe von Kulm.[43] Im Jahr 1874 widerfuhr eine solche Behandlung sogar dem polnischen Erzbischof von Posen-Gnesen, Ledochowski. Er wurde gewaltsam seines Amtes entsetzt und zu einer zweijährigen Gefängnisstrafe verurteilt. Anschließend hinderte man ihn daran, in seine Kirchenprovinz zurückzukehren. Ledochowski blieb schließlich nichts anderes übrig, als im Jahr 1886 als Oberhirte des Gnesen-Posener Erzbistums zu resignieren. Solche Vorgänge zeigten auch dem einfachsten und schlichtesten Polen, der – wie auch heute noch – seiner, der katholischen, Kirche treu anhing, wo der Feind stand.

Diese von der Berliner Führung augenscheinlich nicht vorhergesehene Folge ihrer Politik rieb ihnen denn auch der polnische Abgeordnete Jazdzewski im preußischen Abgeordnetenhaus genüßlich unter die Nase: „Durch diese Maßnahme haben sich bei uns im Lande alle Parteien geeinigt, durch dieses Vorgehen gegen den Oberhirten haben sich alle Zwistigkeiten gelegt und das Ganze ist heute stärker als je. Unter diesen Umständen können wir in gewisser Beziehung diese ganze Kollision zwischen Staat und Kirche nicht beklagen, um so weniger, weil wir in diesem Augenblick nicht mehr so vereinsamt dastehen wie früher."[44]

Wenn Bismarck den Kirchenkampf schließlich auch einstellen mußte, seine antipolnische Sprachenpolitik setzte er fort. Am 28. August 1876 wurde das ›Gesetz betreffend die Geschäftssprache der Behörden, Beamten und politischen Körperschaften‹ erlassen. Ergänzt wurde es ein Jahr später durch das Reichsgerichtsverfassungsgesetz. Beide hatten zur Folge, daß die polnische Sprache vor Gericht, bei den Provinzial- und Landratsämtern, in den Kommunalverwaltungen, den Kreistagen usw. völlig ausgeschaltet wurde. Die seit 1815 praktizierte Zweisprachigkeit war dadurch endgültig aufgegeben worden. Die Polen mußten sich im Deutschen Reich danach endgültig als Menschen zweiter Klasse fühlen.

Parallel zu all diesen fatalen Maßnahmen hielt eine Bewegung an, die erstmals in den sechziger Jahren die Aufmerksamkeit der Behörden geweckt hatte: Das Absinken des deutschen Bevölkerungsanteils in Posen und das zahlenmäßige Anwachsen der polnischen Bevölke-

[43] G. Rhode (1980), Geschichte Polens, S. 421.
[44] Zitiert nach M. Broszat (1963), 200 Jahre, S. 104.

rung. Nach der Sprachenstatistik gab es 1880 eine Gesamtbevölkerung von 1,7 Millionen in der Provinz Posen, von ihnen sprachen gut 705000 deutsch und knapp eine Million polnisch. 1885 war die Gesamtbevölkerung um fast 13000 Köpfe angewachsen. Der deutsche Anteil war dabei aber um 5000 zurückgegangen, während der polnische dementsprechend um 18000 zugenommen hatte. Der Grund dafür war, daß aus den deutschen Ostgebieten, nicht nur aus der Provinz Posen, mehr und mehr Menschen, Deutsche wie Polen, nach Westen, nach Berlin, vor allem aber in die neuen Industriegebiete an Rhein und Ruhr abwanderten. Anders als der deutsche Bevölkerungsanteil, der dadurch auf Dauer dezimiert wurde, erhielt der polnische Nachschub aus dem Osten. Viele Polen aus den russischen und österreichischen Teilungsgebieten zogen nach Posen oder Westpreußen, weil sie dort günstigere Erwerbsmöglichkeiten fanden. Auf diese Entwicklung reagierte Bismarck am 22. Februar 1885 mit der Weisung, den 'eingerissenen Übelständen' mit umfassenden Ausweisungen zu begegnen. Zwischen 1885 und 1887 wurden daraufhin rund 26000 Menschen, vor allem Polen, unter ihnen ein Drittel Juden, aus Preußen abgeschoben. Es handelte sich dabei meist um Menschen, die schon seit Jahrzehnten in Preußen gelebt und gearbeitet, die dort ihre Heimat gefunden hatten.[45]

Zwar kritisierte die Reichstagsmehrheit diese Anweisung Bismarcks auf das heftigste, doch war ihre Stellung gegenüber dem Kanzler viel zu schwach, als daß sie ihn zur Rücknahme des Ausweisungsbefehls hätte veranlassen können. Doch nicht nur politische Gegner, sondern auch konservative Parteigänger Bismarcks, wie beispielsweise der deutsche Botschafter in Petersburg, General von Schweinitz, meinten damals, die Aktion sei „eine unkluge und nutzlos grausame Maßregel" gewesen.[46] Die Anweisung Bismarcks war zwar formalrechtlich nicht anfechtbar, in ihrem Gehalt aber eindeutig inhuman. Doch nicht nur das. Sie erwies sich auch als widersinnig. Wenige Jahre später strömten polnische 'Saisonarbeiter' in weit höherer Zahl nach Deutschland, als man Ende der achtziger Jahre ausgewiesen hatte.

Der ungute Ausweisungsbefehl war freilich nur eine Folge der Bevölkerungsentwicklung. Gleichzeitig begann man nämlich in Berlin von der Notwendigkeit einer 'inneren Kolonisation' zwecks Stärkung des Deutschtums zu sprechen. Am 26. April 1886 wurde das ›Gesetz

[45] H. Neubach (1976), Die Ausweisung von Polen.
[46] v. Schweinitz (1927), Denkwürdigkeiten, Bd. 2, S. 313.

betreffend die Beförderung deutscher Ansiedlungen in den Provinzen Westpreußen und Posen‹ mit der deutlichen Mehrheit von 214:120 Stimmen verabschiedet. Die entscheidende Passage dieses Gesetzes lautet: „Der Staatsregierung wird ein Fonds von 100 Millionen Mark zur Verfügung gestellt, um zur Stärkung des deutschen Elements in den Provinzen Westpreußen und Posen gegen polonisierende Bestrebungen durch Ansiedlung deutscher Bauern und Arbeiter Grundstücke käuflich zu erwerben.“ [47] Der Betrag wurde bis 1914 auf insgesamt 500 Millionen aufgestockt. Außerdem beschloß man für die praktische Durchführung der Siedlungsmaßnahmen die Gründung einer königlich-preußischen Ansiedlungskommission. Sie hatte ihren Sitz in Posen.

Der Erfolg dieser einigermaßen hysterischen Bemühungen war indes eher dürftig. Die deutsche Bevölkerung wuchs durch die Arbeit der Ansiedlungskommission in dreißig Jahren scheinbar zwar um 22000 Familien, d. h. um 150000 Menschen, aber – von ihnen stammte etwa ein Viertel aus Westpreußen und Posen selbst.

Auch nach der Entlassung des ‘weißen Revolutionärs’ [48] wurde die Polenpolitik im gleichen Stil weitergeführt. Zwar gab es unter dem unmittelbaren Nachfolger Bismarcks, Caprivi, eine kurze Tauwetterperiode. Doch sie war schon 1894 wieder zu Ende. Die Konfrontationspolitik lebte wieder auf. Vom ursprünglichen Ziel einer langsamen und friedlichen Assimilation entfernte man sich immer mehr. Der preußische Innenminister v. Bethmann Hollweg gestand das sogar ein, wenn er auch die falschen Schlußfolgerungen zog. Am 22. Dezember 1906 formulierte er in einer Aktennotiz: „Wenn man gegenüber den zahlenmäßigen Erfolgen der Deutschtumspolitik die steigende Entfremdung zwischen Deutschen und Polen und den wachsenden nationalen Widerstand der letzteren als Beweis für die geringen Erfolge im Osten anführt, so vergißt man, daß ein energisches Zurückdrängen der Polen den Widerstand naturgemäß steigern muß. Eine Beruhigung kann nicht eher eintreten, bis dem Deutschtum in politischer wie in wirtschaftlicher Beziehung die Übermacht endgültig gesichert ist. Dann, aber auch erst dann, wird der Assimilierungsprozeß beginnen. Bis dahin ist allerdings noch ein weiter Weg, und die bisherigen Ergebnisse der Ostmarkenpolitik bedeuten bis jetzt nur einen ersten Schritt, aber sie beweisen, daß der Weg der richtige

[47] Zitiert nach H. Jablonski (1964), Die Preußische Polenpolitik, S. 15.

[48] So der Untertitel der bekannten Bismarck-Biographie von L. Gall (1980), Bismarck. Der weiße Revolutionär.

ist, wenn er ohne Schwanken mit fester Entschlossenheit in einer langen Zeitperiode fortgesetzt wird."[49]

'Ohne Schwanken mit fester Entschlossenheit' tappte Berlin weiter von einer verhängnisvollen Maßnahme zur anderen. So verordnete man beispielsweise, daß Deutsch als Unterrichtssprache allmählich auch im Religionsunterricht der polnischen Schüler eingeführt werden sollte. Das wurde zum Anlaß für einen ausgedehnten Schulstreik, zu dem es 1901 in Wreschen erstmals und dann 1906/07 in der ganzen Provinz Posen sowie in Westpreußen kam. Auf dem Höhepunkt des Streiks im November 1906 beteiligten sich daran etwa 47000 Kinder. Das Echo, das dieser Schulstreik in der polnischen, der deutschen und der internationalen Öffentlichkeit fand, war lebhaft und für Deutschland keineswegs erfreulich.[50]

Noch unkluger war jedoch das, was sich Berlin 1908 leistete. Die Ansiedlungskommission in Posen hatte, wie zu erwarten war, eine polnische Reaktion hervorgerufen. Die Polen gründeten ihrerseits Banken, die sich mit dem Ankauf von Land beschäftigten. Und ein Pole verkaufte, wenn er verkaufen wollte, seinen Grund und Boden nur an die eigenen Einrichtungen. Die Ansiedlungskommission ihrerseits konnte nur noch von Deutschen Land erwerben. Das war aber nicht ihr Zweck, sie sollte und wollte ehemals polnisches Land an deutsche Bauern ausgeben.

Die Beamten in den Berliner Ministerien grübelten darüber nach, wie man aus dieser Malaise hinaus und auch fürderhin an polnisches Land kommen könnte. Man verfiel auf die folgenschwere Idee, eine Novelle zum Ansiedlungsgesetz auszuarbeiten, in der vorgesehen werden sollte, daß in bestimmten Fällen polnischer Grundbesitz nicht mehr nur gekauft, sondern auch enteignet werden dürfe.

Zur Ehre der deutschen Beamtenschaft sei erwähnt, daß diese Eingebung der Berliner Bürokraten auf die schärfsten Einwände vor allem aus dem preußischen Justizministerium und dem Justiz-Reichsamt stießen. Drei Jahr lang stritten sich Beamte mit nationalistischen Scheuklappen und weitsichtigere oder auch nur gerechter denkende Kollegen über den Enteignungsgedanken. Dann aber setzten sich die nationalistischen Betonköpfe mit dem Argument durch, daß bei einem Fallenlassen des Projekts, das vor der Öffentlichkeit natürlich nicht hatte geheimgehalten werden können, ein Sturm der Entrüstung in Deutschland ausbrechen werde. Nur weil man glaubte, das

[49] Zitiert nach M. Broszat (1963), 200 Jahre, S. 120.

[50] J. J. Kulczycki (1981), School Strikes.

Gesicht nicht verlieren zu dürfen, erlangte die Novelle 1908 Gesetzeskraft. Sie war zwar weitgehend entschärft worden, doch ihre psychologische Wirkung auf die Polen war trotzdem verheerend. Der preußisch-deutsche Staat hatte mit ihr eindeutig das Prinzip der Rechtsgleichheit aller seine Bürger verletzt.

Der Schaden des heillos törichten Aktes war ebenso unermeßlich wie sein Erfolg dürftig war. Angewendet wurde das Gesetz wegen der allgemeinen Entrüstung jahrelang gar nicht. Erstmals 1912 wurde nach ihm verfahren: in vier Fällen. Enteignet wurden damals 1700 Hektar polnischer Grundbesitz – gegen Entschädigung. Eine Vermögensminderung haben die von diesem 'Rechtsakt' betroffenen Polen vermutlich nicht erlitten. Der psychologische Schaden jedoch, den gerade dieses Gesetz und seine vier Anwendungsfälle anrichteten, war irreparabel. Kurz vor Ausbruch des Ersten Weltkrieges standen sich in der Provinz Posen, aber auch in Westpreußen und Teilen Schlesiens, Deutsche und Polen in unversöhnlicher nationaler Feindschaft gegenüber.

Solche aus der Emotion, aus der ethnischen Zugehörigkeit begründete Feindschaft trennte nun aber nicht nur Preußen-Deutsche und Polen. Sie schied scharf auch Österreich-Deutsche von den Tschechen, den Polen und den Südslawen. Sie stand zwischen Russen und Polen, und nicht zuletzt auch zwischen Russen und Deutschen.

Slawophile – Panslawisten – großrussische Chauvinisten

Russischer Nationalismus wird meist mit einem Etikett versehen: Panslawismus.[51] So ganz zutreffend ist diese Einordnung jedoch nicht. Dieser Begriff wurde außerhalb Rußlands geboren. Zum erstenmal verwendete ihn 1826 der Slowake J. Herkel. Er kennzeichnete damit eine postulierte gemeinslawische Sprache und Literatur. Herkel stand mit seinem Denken ganz in der Tradition der Ideen Johann Gottfried Herders und der deutschen Romantik. Die Überlegungen, die er anstellte, waren durchaus geeignet, das Selbstbewußtsein der vielen kleinen slawischen Völker in Europa zu heben. Sie hatten das auch bitter nötig, denn ihnen allen fehlte ein Staat, an dem sich ihr Selbstbewußtsein hätte aufrichten können.

Trotzdem hörte man von diesem Terminus nach seiner Geburt lange nichts. Als es Anfang der vierziger Jahre des 19. Jahrhunderts

[51] Vgl. H. Lemberg (1966ff.), Panslawismus.

dann zu heftigen Auseinandersetzungen zwischen der tschechischen und der slowakischen Nationalbewegung auf der einen Seite und den Ungarn sowie den Deutschen auf der anderen kam, da tauchte das Wort plötzlich in den Publikationen der Deutschen und der Ungarn wieder auf. Es wurde als Chiffre benutzt für die vermeintliche Bedrohung durch die russische Großmacht. Mit diesem gefährlichen und als bedrohlich empfundenen Rußland gedachten sich die Westslawen zu verbinden; so jedenfalls glaubte man in Deutschland, in Österreich und auch in Ungarn.

In Rußland selbst spielte dieser Begriff zunächst überhaupt keine Rolle. Die Russen hatten im Gegensatz zu allen anderen Slawen ihren Staat, und er war alles andere als bedeutungslos.[52] Es gab keinen Anlaß, nach kleinen slawischen Völkern als potentiellen Verbündeten Ausschau zu halten. Was die Russen, genauer, was die Mitglieder der russischen Intelligenz, in Hinsicht auf die nationale Frage sehr viel stärker bewegte, waren die Auseinandersetzungen zwischen den Westlern, den Zapadniki, und den Slawophilen, den Slawjanofily. Die einen sahen im Westen das Vorbild für ihr Land. Sie verlangten, ihn nicht nur einzuholen, sondern zu überholen. Die anderen dagegen forderten, das Land, seine Menschen sollten sich gefälligst auf die eigenen russischen Werte besinnen, sie sollten zurückkehren zur Orthodoxie und der alten Gemeindeverfassung, der *Mir* oder *Obschtschina*. Das Nachäffen des Westens, so erklärten sie lebhaft, sei ein gefährlicher Irrweg.

In dieser Argumentation findet sich nichts von einer gemeinslawischen Sicht. Die Slawophilen engen ihr Blickfeld allein auf Rußland ein. Panslawisten sind sie damals, in der ersten Hälfte des 19. Jahrhunderts, gewiß nicht gewesen. Das änderte sich erst, als die Großmacht sui generis Rußland im Krimkrieg (1853–56) eine weniger schwere als peinliche Niederlage hinnehmen mußte. Jetzt wurden Bündnispartner plötzlich interessant. Und zwar weniger, um Rußland machtpolitisch wieder zu stärken – Großmacht war das Land auch nach 1856 noch –, als vielmehr aus psychologischen Gründen, aus Gründen einer inneren Kompensation für die Niederlage gegen die Westmächte und die so verachteten Türken. Die russischen Slawophilen schwenkten ein auf die panslawistische Bahn. Nach der Niederlage im Krimkrieg erhielt der Panslawismus in seiner russischen Gestalt auch eine sehr machtpolitische Ausprägung. Er wurde zur

[52] Zu den Details der Geschichte Rußlands vgl. die Literaturangaben oben Kapitel 6, Anm. 1.

Ideologie für die Expansionsgelüste der russischen Gesellschaft. Sie sollten sich, so meinte man, vor allem in Richtung auf die Balkanvölker entwickeln. Dabei muß klar gesehen werden, daß Panslawismus von den Russen immer verstanden worden ist als Panrussismus, „als ein das gesamte Slawentum einbeziehender großrussischer Nationalismus“ [53]. Alle slawischen Ströme sollten, wie Alexander Puschkin es einst ausgedrückt hatte, im russischen Meer münden.

In Rußland wie außerhalb des Landes erregte das Buch Nikolaj Danilewskijs ›Rußland und Europa‹, in dem die russische Variante des Panslawismus zusammengefaßt worden war, in den siebziger Jahren des 19. Jahrhunderts beträchtliches Aufsehen.[54] Danilewskij hatte an der Petersburger Universität Naturwissenschaften studiert. Die wissenschaftlichen Kategorien, die er sich dabei angeeignet hatte, wendete er auch auf die Geschichte an. In seiner ziemlich langatmig angelegten Kulturtypenlehre meinte er den Beweis dafür zu führen, daß der germanisch-romanische Kulturtypus seine historische Aufgabe erfüllt habe; er sei nun erschöpft. An seine Stelle müsse der slawische Kulturtyp treten. Mit Rußland als Vorhut werde er fortan die Weiterführung der Weltgeschichte übernehmen. Grundlegende Voraussetzung dafür aber sei, daß Rußland das Slawentum politisch einige.[55]

Was von Danilewskij dargeboten wurde, war eine der sogenannten Sendungsideologien,[56] die absolut gesetzte Form einer bestimmten Überzeugung. Derartige Einstellungen verlangen, daß die in einem sozialen, religiösen oder politischen Verband ausgebildeten Wertvorstellungen auch für andere Menschen, andere Gruppen oder ganze Völker verbindlich sein sollen. Sie entstehen immer dann, wenn sich eine Gruppe oder ein Volk allen anderen überlegen fühlt und meint, zur Vermittlung der eigenen Errungenschaften, der Ordnungs- und Wertvorstellungen nicht nur berechtigt, sondern im Sinn einer historischen Aufgabe auch verpflichtet zu sein. Es liegt auf der Hand, daß man mit einer solchen Denkweise auf das trefflichste eigene Expansionsabsichten kaschieren kann. Eine Sendungsideologie ist immer auch eine Verschleierungsideologie. Was Danilewskij seinen russischen Lesern bot, das war die modernisierte Variante jenes Wahns,

[53] G. Stökl (1965), Geschichte Rußlands, S. 509.

[54] N. Danilewskij (1920), Rußland und Europa.

[55] Zu Danilewskij D. Tschizewski (1961), Rußland zwischen Ost und West, S. 102f.

[56] Dazu Meyers Enzyklopädisches Lexikon (1977), Bd. 21, S. 574.

den der Pskover Mönch Filofej Anfang des 16. Jahrhunderts in die Welt gesetzt hatte, als er verkündete, daß zwei 'Rome' vergangen, Moskau das dritte sei und daß es ein viertes nicht mehr geben werde. In Deutschland wurde etwa zur gleichen Zeit Emanuel Geibels vorsichtig formulierte Möglichkeit 'Und es mag am deutschen Wesen einmal noch die Welt genesen' beispielsweise von den Alldeutschen verkürzt zur schlagwortartigen Gewißheit 'Am deutschen Wesen wird die Welt genesen', und auch sie verschleierte Expansionsabsichten.

Die russische Variante des Panslawismus, die in der ihr von Danilewskij gegebenen Form sogar das Recht für sich beanspruchte, alle Dinge der ganzen Welt zu regeln, wurde jedoch keineswegs zur Richtschnur russischer Außenpolitik. Die verlief im wesentlichen entlang den traditionellen Pfaden autokratisch-legitimistischer Staats- und Herrschaftsauffassung. In starkem Maße eingewirkt hat der Panslawismus in dieser militanten Variante jedoch auf die russische Innenpolitik. Und hier decouvrierte er sich sehr schnell als das, was er eigentlich war: großrussischer Chauvinismus. Zum Prüfstein dafür wurde das Königreich Polen. Die Art und Weise, wie die Russen den Aufstand von 1863 niederwarfen und wie sie die Polen für deren Verlangen nach nationaler Unabhängigkeit bestraften, machte allen anderen slawischen Völkern deutlich, was sie gegebenenfalls von Rußland zu erwarten hatten.

Die Insurrektion, der Aufruhr des polnischen Nationalismus, provozierte erstmals eine Welle heftigen russischen Nationalismus. Dabei gingen die russischen Panslawisten sogar so weit, den Polen ihr Slawentum abzusprechen. Man stellte abwertend fest, Polen gehöre zur Gemeinschaft des Westens und sei praktisch ein Glied der lateinisch-germanischen Völkerfamilie geworden. Es habe, so schlußfolgerte man, die slawischen Ideale verraten. Dabei wurde stillschweigend unterstellt, daß die russischen, die großrussischen Ideale auch die Wunschträume aller Slawen seien.

Wer so dachte, der konnte nur den Schluß ziehen, daß die Polen sich gründlich ändern müßten, wenn sie als Slawen wieder anerkannt werden wollten. Das hieß aber auch, daß die Ukrainer, durch deren Reihen damals gleichfalls eine erste Welle des Nationalismus ging, die slawischen, d. h. natürlich die russischen Ideale zu verraten im Begriffe waren. So etwas war nur aufzuhalten, besser noch, rückgängig zu machen, wenn alle diese slawischen Völker, zumindest die, die man unter seiner eigenen Fuchtel hatte, russifiziert werden würden. Behandelte man dann auch noch alle die anderen Völker, die im großen Rußland zwangsweise oder halbfreiwillig ihre Heimat gefunden hatten, in gleicher Weise, hätte man endlich den großrussischen Nationalstaat. Im täglichen Leben Rußlands schlug sich das in der zweiten Hälfte des 19. Jahrhunderts in einem harten Russifizierungsdruck nieder.

Der Nationalitätenkampf in Rußland, der Kampf der großrussischen Nation gegen alle anderen im Lande, trieb – wie anderswo auch – seltsame Blüten. Als Rußland die Einigung Deutschlands 1870/71 nicht mehr verhindern konnte, als das Bismarck-Reich zur Großmachtkonkurrenz aufrückte, da bestrafte man die Deutschen, die man hundert Jahre früher beinahe händeringend ins Land gerufen hatte, damit sie Wildnis urbar machten und den eigenen russischen Bauern als Vorbild dienten. Die Privilegien, die man ihnen erteilt hatte, wurden ihnen 1871 wieder entzogen. Als am 1. Januar 1874 in Rußland die allgemeine Wehrpflicht eingeführt wurde, da mußten auch die jungen deutschen Burschen aus dem Wolgagebiet, aus Südrußland, Wolhynien oder aus dem Kaukasus die russische Uniform anziehen.[57]

Im großen Russischen Reich gab es seit 150 Jahren noch eine zweite, relativ große Gruppe Deutscher, die Baltendeutschen. Peter der Große hatte die baltischen Lande 1710 den Schweden entrissen und in sein Reich eingegliedert. Dabei hatte er den Deutschen, der ökonomischen, politischen und kulturellen Führungsschicht Livlands, eine weitgehende Autonomie zugestanden. Er garantierte ihnen nach ihrer freiwillig vorgenommenen Unterwerfung ihre eigene lutherische Kirche, ihr eigenes Gericht und Deutsch als Amtssprache. Von den Rechten der autochthonen Bevölkerung, den Esten, Letten und Kuren, war natürlich keine Rede. Die Sonderstellung der Deutschen wurde in den Artikeln neun und zehn des Friedens von Nystadt, der am 30. August 1721 zwischen Rußland und Schweden geschlossen worden war, völkerrechtlich verbindlich festgeschrieben.

Ein erstes Zeichen, daß sich die Verhältnisse änderten, übersahen die Baltendeutschen im Jahr 1832 noch völlig. Nikolaus I. erließ ein Kirchengesetz, das die russisch-orthodoxe Staatskirche auch im Baltikum zur herrschenden Kirche erklärte. Die evangelische Landeskirche wurde damit zu einer bloß geduldeten Religionsgemeinschaft degradiert. Die russisch-orthodoxe Kirche ging sehr bald zum Angriff über. Sie, die als Missionskirche bisher noch keine großen Meriten gesammelt hatte, begann, unter der einheimischen Bevölkerung zu missionieren. Sie bekehrte Esten, Letten und Kuren vom evangeli-

[57] B. Pinkus/I. Fleischhauer (1987), Die Deutschen, S. 43.

schen zum russisch-orthodoxen Glauben. Damit die Zahl der Konvertiten recht stattlich wurde, stellte sie dabei neben den paradiesischen auch eine ganze Reihe sehr irdischer Vorteile in Aussicht.

Was sich in diesem Zusammenhang abspielte, war aber nur ein schwacher Vorgeschmack der Ereignisse, die seit den späten sechziger und in den siebziger Jahren über die Baltendeutschen hereinbrechen sollten. Denn als sich die Einigung Deutschlands durch Preußen abzuzeichnen begann, erhob die nationalistische russische Presse lauthals die Forderung nach der vollständigen Verschmelzung der baltischen Provinzen mit dem Russischen Reich. Alle den Deutschen jemals zugestandenen Privilegien sollten endlich kassiert werden.[58]

Bereits 1867 erklärte Kaiser Alexander II. bei einem Besuch in Riga den Vertretern der livländischen Ritterschaft, den deutschstämmigen Adligen: „Ich wünsche, meine Herren, daß auch Sie zu der einen russischen Familie gehören.“[59] 1877 wurde die Ratsverfassung der livländischen Städte aufgehoben. Sie wurden jetzt in der gleichen Weise wie die Städte Rußlands verwaltet. Alexander III., bei dem ‹la fibre russe› ungemein hitzig war,[60] forcierte dann die Russifizierungsmaßnahmen im Baltikum. Er war der erste Kaiser, der bei seinem Regierungsantritt 1881 die Privilegien der Baltendeutschen nicht bestätigte. 1885 wurde Russisch als Amtsprache in allen Behörden, in denen bis dahin das Deutsche dominiert hatte, eingeführt. Ihm folgte die Einführung des Russischen als Unterrichtssprache in den Schulen. Ausgenommen davon waren nur die unteren Klassen der Volksschulen. 1889 wurde die alte deutsche Gerichtsverfassung beseitigt. Die deutsche Oberschicht der baltischen Provinzen Rußlands sollte – das war das für jedermann erkennbare Ziel aller dieser Maßnahmen – russifiziert werden.

Die Frontstellung Russen – Deutsche war im Baltikum nicht der einzige nationale Konflikt. Neben dem zwischen deutscher Oberschicht und russischem Staatsvolk entwickelte sich in der zweiten Hälfte des 19. Jahrhunderts auch noch der zwischen deutscher Oberschicht und der angestammten Bevölkerung Livlands. Esten und Letten erwachten damals zu eigenem nationalem Bewußtsein. Und sie vermochten nicht mehr einzusehen, warum sie in ihrem eigenen Land so gar nichts zu sagen haben sollten. Sie forderten die Befreiung von

[58] Die Reaktion der Baltendeutschen war nicht zurückhaltend, vgl. etwa C. Schirren (1869), Livländische Antwort.

[59] Zitiert nach J. v. Hehn (1961), Die baltischen Lande, S. 15.

[60] Zitiert nach R. Wittram (1954), Das Nationale, S. 244.

der deutschen Führung und Bevormundung sowie Gleichberechtigung in allen wirtschaftlichen, politischen und nationalen Fragen. Unterstützung für ihr Verlangen suchten sie bei den Russen. Und die Petersburger Regierung ließ sich diese Möglichkeit zur Nutzung des alten Prinzips *divide et impera* nicht entgehen.

So standen sich denn im August 1914, als der Erste Weltkrieg begann, nicht wie bis dahin üblich, Staaten, Mächte, Armeen einander gegenüber, sondern Völker, Nationen. Der Nationalismus und der Nationalstaatsgedanke entwickelten in Ostmittel- und Osteuropa während der Kriegsjahre eine Kraft und Aggressivität, wie wir sie im Westen nicht kennen. Vermutlich lag das daran, daß im Westen Nation und Nationalstaat sich in einem langen Prozeß in aller Ruhe hatten entwickeln können. Die Völker des Ostens, das deutsche hier eingeschlossen, durchliefen diese Entwicklung dagegen mit rasender Geschwindigkeit. Und viele von ihnen hatten 1914 noch nicht einmal einen Nationalstaat. Sie waren Teile der großen Vielvölkerstaaten: Rußland, Österreich-Ungarn, das Osmanische Reich und – in gewissem Sinne – auch das Deutsche Reich (Dänen, Franzosen, Polen).

9. DER ERSTE WELTKRIEG UND SEINE BEVÖLKERUNGSPOLITISCHEN FOLGEN

Die besondere, neuartige Gefühlslage der Menschen im Ersten Weltkrieg bekamen als erste Deutsche zu spüren. Nicht die in Deutschland oder in Österreich-Ungarn, sondern die in Rußland. Dort waren sie in den Schlüsselstellungen des Reiches stark überrepräsentiert. Das war von den Russen schon in den achtziger Jahren nur mit Stirnrunzeln hingenommen worden. Während des Krieges hatte die Abneigung der Russen gegen ihre deutschstämmigen Mitbürger weitergehende Folgen. Einige illustrative Details sollen das belegen.

Die Zwangsumsiedlung der Wolhyniendeutschen

Der russische Oberbefehlshaber Nikolaj Nikolaevič sah in jedem Deutschen einen Agenten oder Spion des Reiches. Die Loyalitätserklärung, die der Dumaabgeordnete Fölkersahm zu Beginn des Krieges abgegeben hatte, stieß, besonders nach dem 30. August 1914, der Niederlage der Russen bei Tannenberg, auf eine unüberwindbare Mauer des Mißtrauens.[1]

Das zeigte sich, noch folgenlos für die Menschen, erstmals darin, daß die Russen ihre Hauptstadt, die über 200 Jahre den Namen St. Petersburg getragen hatte, einen Tag nach Tannenberg, am 31. August, in Petrograd russifizierten. Am 3. Februar 1915 trat das sogenannte Liquidationsgesetz in Kraft, das die Enteignung des Grundbesitzes von Untertanen feindlicher Staaten verfügte. Es bildete die Basis für den Befehl des russischen Oberbefehlshabers Nikolaj Nikolaevič, alle deutschen Siedler als potentielle Spione aus dem polnischen Kampfgebiet auszusiedeln. In Polen, westlich der Weichsel, rückten die deutschen Truppen zu schnell vor, als daß die Russen ihre Absicht dort noch in die Tat hätten umsetzen können. Anders war das

[1] Einen knappen, aber guten Abriß der militärischen Vorgänge gibt Schramm in: M. Hellmann / G. Schramm / K. Zernack, Handbuch III, S. 489ff.

aber weiter östlich, in Ostpolen und Wolhynien.[2] Vom 1. Juli 1915 an wurden alle deutschen Kolonisten mit Mann und Maus, mit Kind und Kegel per Schiff, per Bahn oder im Pferdewagentreck, ob sie wollten oder nicht, und sie alle wollten nicht, Tausende von Kilometern nach Osten versetzt. Die meisten von ihnen landeten in Sibirien oder in der Steppe Baschkiriens. Es handelte sich hier nicht um eine Maßnahme zum Schutz der Bevölkerung, die durch Kriegshandlungen hätte gefährdet werden oder die militärische Aktionen vielleicht hätte behindern können. Nein, hier wurden Deutsche aus ihrer Heimat gewiesen, nur weil sie Deutsche waren.

Diese Maßnahme war die erste Umsiedlungsaktion großen Stils, deren eigentliche Ursache in den nationalistischen Vorurteilen zu suchen ist, die seit der Mitte des 19. Jahrhunderts so stark zu wuchern begonnen hatten. Aktionen dieser Art sollte das 20. Jahrhundert noch viele bringen. Die Russen hatten ähnliches wie mit den Wolhyniendeutschen beispielsweise auch mit den Baltendeutschen vor. Glücklicherweise hinderte sie der Kriegsverlauf daran, ihre Absicht auch durchzuführen. Für die Baltendeutschen war der Verlust der Heimat damit allerdings nur für eine Generation aufgeschoben worden. Solche Umsiedlungspläne sind in jenen Jahren nicht allein von den Russen ersonnen worden. Sie waren bei fast allen an diesem Krieg Beteiligten in dieser oder jener Form zumindest im Planungsstadium vorhanden.

Das Selbstbestimmungsrecht der Völker als neuer Teil des Völkerrechts

Wenden wir uns den großen Veränderungen zu, die dieser Krieg bewirkte. Einer der überraschendsten und wohl auch folgenschwersten Vorgänge dieses großen Krieges war die Revolution in Rußland. Sie lief in zwei Stufen ab. Zunächst wurde im Februar 1917 die autokratische Herrschaft der Romanows beseitigt. An ihre Stelle trat eine labile Zweierherrschaft von Provisorischer Regierung und Sowjet. Die eindeutig stärkere Kraft war der Sowjet. Die Provisorische Regierung Rußlands konnte sich gegen Vorstellungen des Sowjets im allgemeinen nicht durchsetzen. Aus ideologischen Bedenken, die Sozialisten im Sowjet meinten, in Rußland müsse alles schön nach dem marxistischen Schema ablaufen, weshalb nun erst einmal eine bürgerliche Regierung an der Reihe sei, scheute der Sowjet der Arbeiter- und Solda-

[2] J. Schleuning (1967), Die Rußlanddeutschen, S. 288.

tendeputierten in Petrograd davor zurück, selbst offen die Herrschaft in Rußland an sich zu reißen.

Lenin, der Führer der Bolschewiki, lebte zu Beginn des Jahres 1917 noch im Exil in der Schweiz. Er kehrte erst Anfang April 1917 durch das feindliche Deutschland in seine Heimat zurück. Der Heimkehrer verblüffte in Petrograd Anhänger wie Gegner damit, daß er in der Frage, wem denn das Recht zur Machtausübung zustehe, keinerlei ideologische Skrupel hatte. Er wollte die bürgerliche Revolution unmittelbar in die sozialistische übergehen lassen. Der Führer der Bolschewiki war Persönlichkeit genug, diese Vorstellung zunächst bei seinen engeren Genossen, dann aber auch in der Petrograder Machtzentrale, dem Sowjet, durchzusetzen. Das geschah am 25. Oktober 1917 nach dem damals in Rußland geltenden Julianischen Kalender bzw. am 7. November gemäß dem Gregorianischen Kalender, nach dem sich die Menschen im restlichen Europa richteten. Die Aktion der Bolschewiki war ein bloßer Coup d'état, der erst später von Stalin zur Großen Sozialistischen Oktoberrevolution emporstilisiert wurde.

In der Nacht vom 8. auf den 9. November nahm der Petrograder Sowjet das von Lenin formulierte ›Dekret über den Frieden‹ an. Sein Kernpunkt war das Angebot eines 'sofortigen Friedens ohne Annexionen und ohne Kontributionen'. Das war eine Aussage, die auch der noch nicht bolschewistische Sowjet früher bereits getätigt hatte. Lenin ging jetzt noch einen Schritt weiter. Der Bolschewikenchef erklärte genau, was er unter Annexion verstand. Eine Annexion war nach seinen Vorstellungen dann gegeben, „wenn eine beliebige Nation mit Gewalt in den Grenzen eines Staates festgehalten wird, wenn ihr entgegen dem von ihrer Seite ausgesprochenen Wunsch . . . nicht das Recht zugestanden wird, in freier Wahl bei völligem Abzug des Heeres der annektierenden oder überhaupt der stärkeren Nation ohne die geringste Nötigung die Frage der Formen ihrer staatlichen Existenz zu entscheiden". Diese Entscheidung sollte unabhängig davon getroffen werden können, „wann dieser gewaltsame Anschluß vollzogen wurde", „wie entwickelt oder rückständig" die betroffene Nation war und ob sie „in Europa oder in fernen Ländern jenseits des Ozeans lebt".[3]

Mit diesem Dekret führte Lenin – *cum grano salis* – das Selbstbestimmungsrecht der Völker in das Völkerrecht ein. Damit war jener Dreiklang komponiert, der als Motiv in der europäischen wie in der Geschichte der Welt in der Zukunft vielfach variiert werden sollte:

[3] Zitiert nach G. Stökl (1965), Geschichte Rußlands, S. 651.

Nationalismus, Nationalstaat und Selbstbestimmungsrecht der Völker. Das politische Postulat des Selbstbestimmungsrechts der Völker hatte sich in der Folge der Französischen Revolution von 1789 entwikkelt.[4] Die französischen Revolutionäre proklamierten zunächst das von den Aufklärern schon seit langem geforderte Recht auf die freie Entfaltung der Persönlichkeit jedes einzelnen Menschen. Dieses Recht des Individuums wurde dann übertragen auch auf die Nationen, und zwar in der Verbindung des Prinzips der Volkssouveränität mit dem des Nationalstaats. Jede Nation sollte das Recht haben, einen eigenen und geeinten Staat zu bilden, sich in ihm zu verwirklichen und frei von fremdnationaler Bestimmung zu sein.

Das waren zunächst nur politische Forderungen. Aber sie führten im 19. Jahrhundert immerhin zur Einigung Deutschlands und Italiens. Sie verhalfen vorher schon Griechenland zur Loslösung von der Türkei und beflügelten Bestrebungen nach Unabhängigkeit in Südamerika. Aber – sie waren auch Sprengstoff für die Vielvölker-Reiche Europas; für Österreich-Ungarn, für das Osmanische Reich, für Rußland. Daher verwundert es nicht, wenn dieses Selbstbestimmungsrecht der Nationen keineswegs zu einem allseits anerkannten Teil des Völkerrechts wurde.

Jetzt, in der Nacht vom 8. zum 9. November 1917, war es aber vom Sowjetkongreß für die Völker des Vielvölkerstaats Rußland wie die der ganzen Welt verkündet worden. Und als der amerikanische Präsident Woodrow Wilson am 8. Januar 1918 seine berühmte Botschaft an den Kongreß richtete, in der er seine bekannten vierzehn Punkte verkündete, die den großen Krieg beenden sollten, wurde auch von den Vereinigten Staaten das Selbstbestimmungsrecht der Völker zu einem Grundsatz staatlichen Handelns erklärt.[5]

Am Ende des Krieges stand deshalb folgerichtig der Versuch, unter der „Parole des Selbstbestimmungsrechtes der Völker die Idee des einheitlichen Nationalstaats ... in ganz Europa durchzuführen"[6]. Ein Blick auf die Karte der Sprachenverteilung im Europa jener Jahre hätte die Mächtigen eigentlich belehren müssen, welche unerhörten Schwierigkeiten man zu überwinden haben würde, wenn man für die neuen Nationalstaaten Grenzen ziehen wollte, in denen jeweils nur Menschen einer Nation lebten. Durchführbar war so etwas nur, wenn man entweder viele Millionen Menschen umsiedelte oder

[4] K. Rabl (1973), Das Selbstbestimmungsrecht.
[5] K. Schwabe (1971), Deutsche Revolution.
[6] E. Viefhaus (1960), Die Minderheitenfrage, S. VII.

wenn man statt der großen Vielvölker-Reiche der Vorkriegszeit nunmehr kleine Vielvölker-Staaten in der Nachkriegszeit in Kauf nähme. Die Siegermächte, die Europa 1919 in Versailles neu ordneten, wählten den zweiten Weg.

Das System von Versailles[7] *– das Beispiel des wiedererstandenen Polen*

Die Neugestaltung des östlichen Mitteleuropa nach den Prinzipien des Selbstbestimmungsrechtes der Völker war nicht durchführbar. Das läßt sich wieder einmal am Beispiel Polens am eindrucksvollsten darstellen. Polen entstand im Gefolge des Krieges als Staat neu.[8] Es besaß zwei Väter. Der eine war Józef Piłsudski, der für die politischen und militärischen Kräfte im Lande selbst stand. Er und seine Partei, seine Armee, hatten noch während des Krieges Deutschland und Österreich-Ungarn Stück für Stück der polnischen Souveränität abringen können, da diese beiden Teilungsmächte polnische Truppen brauchten. Der andere war Roman Dmowski, der Kopf der polnischen Exilpolitiker, die zusammengefaßt waren im Pariser Nationalkomitee.

Beide Männer, Piłsudski und Dmowski, standen auch für zwei voneinander abweichende außenpolitische Programme. Das wichtigste Problem für das neue Polen war die Festlegung der Grenzen des Landes. Piłsudski plädierte für Maßhalten im Westen und – notfalls militärisches – Ausgreifen im Osten. Dmowski und mit ihm das Nationalkomitee wollten dagegen mit Hilfe der Alliierten die Grenze auf Kosten der Ostprovinzen des Deutschen Reiches so weit wie möglich nach Westen verlegen und im Osten auch noch die Grenzen des Jahres 1772 wiederherstellen.

Beide Seiten mußten sich einigen, und sie fanden auch einen Kompromiß. Im Januar 1919 verbanden sich die Abgesandten Piłsudskis und das Nationalkomitee in Paris zur offiziellen polnischen Friedensdelegation.[9] Dmowski als ihr Chef erhielt freie Hand, die Angliederung ganz Oberschlesiens, Posens, Westpreußens und Masurens sowie des Ermlands an Polen zu verlangen. Piłsudski seinerseits durfte die militärischen Kräfte des neuen Staates auf Eroberungen im

[7] Zur reichhaltigen Literatur über die Versailler Friedenskonferenz vgl. M. Gunzenhäuser (1970), Die Pariser Friedenskonferenz.

[8] H. Roos (1961), Geschichte der polnischen Nation 1916–1960.

[9] G. Königk (1952), Der Kampf.

Osten, im weißruthenischen und im ukrainischen Siedlungsgebiet konzentrieren. Der polnische Kompromiß war tatsächlich eine Maßlosigkeit: Expansion nach Westen wie nach Osten.

Am 25. Februar 1919 überreichte die polnische Delegation der 'Kommission für polnische Angelegenheiten' der Friedenskonferenz ihre territorialen Ansprüche als offizielle Stellungnahme. Bei ihren Gebietsansprüchen argumentierten die Polen nicht allein mit ethnischen, sondern auch – und beinahe vor allem – mit historischen und wirtschaftlichen Überlegungen. Sie forderten: fast ganz Oberschlesien,Teile Mittelschlesiens, die Provinzen Posen und Westpreußen abgesehen von einigen rein deutsch besiedelten schmalen Grenzstreifen, die Ostspitze Pommerns, Danzig und Masuren. Das ergab zusammen 84 198 Quadratkilometer Land, die vom Deutschen Reich abgetrennt werden sollten. Darüber hinaus verlangte man, daß Ostpreußen vom Reich, zu dem es völkerrechtlich erst seit 1871 gehörte, wieder getrennt und polnischer Oberhoheit unterstellt werden sollte.

Die Kommission entsprach zunächst weitgehend den polnischen Vorstellungen. Doch der sogenannte 'Oberste Rat' verfügte nach Einspruch des britischen Premiers Lloyd George immerhin noch einige Änderungen zugunsten Deutschlands. Danach sollte Danzig, da es einerseits fast rein deutsch besiedelt, gleichzeitig aber auch auf das engste mit dem polnischen Hinterland wirtschaftlich verbunden war, zu einem Freistaat werden. Für die Gebiete in Ost- und Westpreußen, die das wiedererstandene Polen für sich gefordert hatte, wurden Volksabstimmungen vorgesehen (vgl. Abb. 21).

Die deutsche Seite lehnte diese Regelungen, nachdem sie ihr am 7. Mai überreicht worden waren, am 29. Mai als unvereinbar mit den 'ethnographischen Prinzipien', sprich dem Selbstbestimmungsrecht der Völker, ab. Sie unterbreitete gleichzeitig ihre Gegenvorschläge. Auf Initiative wiederum von Lloyd George wurden diese wenigstens zum Teil berücksichtigt. Für Oberschlesien wurde nun gleichfalls eine Volksabstimmung festgelegt und die Grenzführung in Westpreußen wurde an einigen wenigen Stellen zugunsten Deutschlands verändert.

Der Vertrag von Versailles, der am 28. Juni 1919 abgeschlossen wurde, gab demzufolge in seinen Artikeln 87 bis 98 an Polen: fast die ganze Provinz Posen, Grenzgebiete von Mittelschlesien, den überwiegenden Teil von Westpreußen einschließlich eines Zugangs zum Meer westlich von Danzig. Über die Zugehörigkeit von Oberschlesien[10] sowie der Gebiete von Marienwerder in Westpreußen und

[10] F. G. Campbell (1970), The Struggle.

Abb. 21: Die Westgrenze des wiedererstandenen Polen 1918

Litauen
Memel
Memelgebiet
an die Alliierten 1919
Jan. 1923 von Litauen besetzt
Memel
Königsberg
Danzig
Söldau
Thorn
Westpreußen (Poln. Korridor) u. Posen
1920 ohne Abstimmung an Polen
Warschau
Weichsel
Bug
Polen
Poleneinfall 1921
Königshütte
Kattowitz
Krakau
Oberschlesien
besetzt. Febr. 1920, an Polen
Przemysl
Lemberg
Tarnopol
Galizien
Czernowitz
Bukowina
Budapest
Großwardein
Theiß
Donau
Rumänien
Siebenbürgen
Hermannstadt
Kronstadt
Banat
Belgrad
Serbien
Sarajewo
Cattaro
Bukarest
Galatz
Donau
Warna
Bulgarien
Sofia
Maritza
Üsküb
Albanien
Tirana
Griechenland
Saloniki
Adrianopel
Istanbul
(Konstantinopel)
Skutari
Türkei
Sowjet-
Rußland
Ukraine
Dnepr
Pripet
Kiew
Bug
Pruth
Dnestr
Odessa
Schwarzes Meer
20
25
30
35
40
45
50
0 50 100 200 300 400 500 600 km

Allenstein in Ostpreußen zu Polen sollten Volksabstimmungen entscheiden.[11] In den Artikeln 100–108 wurde Danzig zur Freien Stadt erklärt. Ihre außenpolitische Vertretung übernahm Polen. Sie gehörte auch zum polnischen Zollgebiet. Außerdem durften die Polen ihren Hafen, ihre Eisenbahnen und ihre Wasserwege frei benutzen.

Der Versailler Vertrag trat am 10. Januar 1920 in Kraft. Polen erhielt durch seine Bestimmungen von Deutschland ein Gebiet von 42927 Quadratkilometern; also nur die Hälfte von dem, was ursprünglich gefordert worden war. Nach den Ergebnissen der preußischen Volkszählung des Jahres 1910 lebten in diesen Gebieten insgesamt 2962000 Menschen. Von ihnen sprachen 1714000 Polnisch, 1080000 Deutsch, 105000 Kaschubisch und 9000 Masurisch. Nach der Religionszugehörigkeit waren 2017000 Menschen katholische und 904000 evangelische Christen. Polen wurde somit ein Gebiet mit stark gemischter Bevölkerung zugeschlagen. Ein ethnisch einheitlicher Nationalstaat war Polen damit nicht.

In den Gebieten von Marienwerder und Allenstein wurde die Volksabstimmung, die über die Zugehörigkeit zu Deutschland oder Polen entscheiden sollte, am 11. Juli 1920 durchgeführt. In Allenstein stimmten nur 2,2 Prozent für den Anschluß an Polen, in Marienwerder waren es 7,6 Prozent. Nach der Volkszählung von 1910 lag der Anteil der Einwohner dieser beiden Gebiete, die polnisch als ihre Muttersprache angegeben hatte, erheblich höher. Trotz des für Polen nicht gerade schmeichelhaften Abstimmungsergebnisses wurden acht Dörfer, fünf westpreußische und drei ostpreußische, in denen sich Mehrheiten für Polen ergeben hatten, durch Beschluß der alliierten Botschafterkonferenz Polen zugeschlagen.

Die Volksabstimmung in Oberschlesien wurde am 20. März 1920 durchgeführt. Vorher kam es dort jedoch zu Aufständen, durch die Polen ein fait accompli schaffen wollte. Doch sie waren schließlich fehlgeschlagen. Im März 1920 entschieden sich 59,6 Prozent der Oberschlesier für den Verbleib bei Deutschland, 40,4 Prozent wollten dagegen zu Polen gehören. In 597 Gemeinden gab es eine polnische und in 664 Gemeinden eine deutsche Mehrheit. Nur in drei Kreisen, Pleß, Rybnik und Tarnowitz, votierte eine Mehrheit für Polen. Deutschland verlangte, nachdem diese Zahlen bekanntgeworden waren, entsprechend dem Prinzip des Selbstbestimmungsrecht der Völker und der Auffassung von der Unteilbarkeit Schlesiens, die Rückgliederung des ganzen Gebietes an das Reich. Die Botschafterkonferenz plädierte im Gegen-

[11] H. G. Marzian (Hrsg.) (1970), Selbstbestimmung für Ostdeutschland.

satz dazu für eine Teilung. Die Polen versuchten mit einem Gewaltstreich eine Lösung allein zu ihren Gunsten herbeizuführen.

Am 3. Mai begannen sie den dritten Aufstand. Er brachte binnen drei Tagen das ganze von den Polen beanspruchte Gebiet in die Hände der Aufständischen. Deutsche Freikorps rückten gegen die Polen aus. Ihre Erfolge und die Tatsache, daß der alliierte Botschafterrat den Aufstand verurteilte, führten dazu, daß der polnische Aufstand Ende Juni schlicht und einfach erlosch. Der Botschafterrat verfügte am 20. Oktober 1921 die Teilung des Landes. Dadurch fielen an Polen zwar nur 3213 Quadratkilometer Land mit rund einer Million Einwohner. Aber in diesem Gebiet lagen 85 Prozent aller oberschlesischen Kohlevorräte und 75 Prozent aller Industrieanlagen.

Das Prinzip des Selbstbestimmungsrechts der Völker vertrug sich mit derartigen Entscheidungen des alliierten Botschafterrates nur schwer. Hier war ganz offenkundig fast jede Möglichkeit genutzt worden, die dem Verlierer des Ersten Weltkriegs, Deutschland, schadete. Damit wurde in der deutschen Gesellschaft eine antidemokratische Haltung geschürt. Denn alle diese kleinen Schäbigkeiten, jede dieser kleinen Demütigungen, die sich die Sieger gegenüber dem Unterlegenen meinten leisten zu können und unter dem Gesichtspunkt der Eindämmung des bolschewistischen Rußland sowie der Kontrolle Deutschlands auch meinten leisten zu müssen, wurde von der Mehrzahl der Deutschen auf das Konto des ihnen so ungewohnten politischen Systems der Demokratie geschrieben.

Die Grenzen des neuen Polen wurden im Westen im wesentlichen durch die Alliierten festgelegt. Die Ostgrenze aber war das Ergebnis militärischer Auseinandersetzungen mit der jungen Sowjetmacht in Rußland. Piłsudski und alle, die so dachten wie er, wollten ihr Polen um beinahe jeden Preis in den Grenzen von 1772 wiedererstehen lassen. Das schafften sie zwar nicht ganz. Doch sehr weit entfernt von diesem Ziel waren sie nicht, als am 18. März 1921 der Friedensvertrag mit Sowjetrußland in Riga unterzeichnet wurde.

Als sich die Polen am Ende des Jahres 1921 ihren neuen Staat betrachteten, da hätten sie erschrecken müssen. Sie, die 120 Jahre lang unter fremder Herrschaft hatten leben müssen, sie, die einer harten Politik der Russifizierung wie der Germanisierung unterworfen worden waren, sie hatten in den Grenzen ihres Staates nun auch große Minderheiten.

Am 30. September 1921 lebten in Polen [12]:

[12] Dazu W. Markert (Hrsg.) (1959), Osteuropa-Handbuch Polen, S. 37.

Polen	18 814 000	69,2
Ruthenen	3 898 000	14,3
Juden	2 110 000	7,8
Weißruthenen	1 060 000	3,9
Deutsche	1 059 000	3,9
Litauer	69 000	0,3
Russen	56 000	0,2
Tschechen	31 000	0,1

An Polen zeigt sich in eklatanter Weise, daß das Prinzip des Selbstbestimmungsrechts der Völker – mechanisch angewendet – den verzwickten ethnischen Verhältnissen Ostmitteleuropas in keiner Weise gerecht werden konnte. Was in Ostmitteleuropa im Gefolge des Ersten Weltkriegs an Nationalstaaten entstand, war in keinem Fall im strengen Wortsinn ein Staatsgebilde, in dessen Grenzen jeweils nur eine Nation lebte. In den drei baltischen Staaten Estland, Lettland und Litauen, von denen es den estnischen und den lettischen zum erstenmal in der Geschichte dieser Völker gab, lebten mindestens drei Völker nebeneinander: das jeweilige Staatsvolk und Deutsche sowie Russen. In der Tschechoslowakei lebten neben Tschechen und Slowaken auch Deutsche sowie Ungarn und im äußersten Osten sogar noch Ukrainer. Alle neuen und alten Staaten hatten teils sogar große nationale Minderheiten in ihren Grenzen.

Natürlich meinten die Sieger des Ersten Weltkriegs, die Schöpfer des Versailler Systems, die Probleme, die sich aus dieser ethnischen Buntscheckigkeit im östlichen Mitteleuropa ergeben mußten, nicht nur erkannt, sondern auch bewältigt zu haben. Zwei Instrumente hatten sie zu diesem Zweck entwickelt. Das erste, dem sie die weitgehende Lösung von Minderheitenproblemen zutrauten, waren die sogenannten Minderheitenschutzverträge. Das zweite Instrument war der Völkerbund, der nach dem Kriegsende geschaffen wurde.

Werfen wir einen Blick auf die Idee der Minderheitenschutzverträge. „Die nationalen Minderheiten, denen nach dem Krieg das Selbstbestimmungsrecht versagt blieb oder versagt bleiben mußte, sollten durch diesen vertraglich garantierten Schutz mit ihrer Lage ‚versöhnt' werden."[13] Die Idee an sich, die vor allem auf jüdische Einwirkung hin von amerikanischer Seite stark forciert wurde, war gut. Doch den neuen Staaten Ostmitteleuropas mußten diese Verträge aufgezwungen werden. Alle, mit der einen Ausnahme der

[13] E. Viefhaus (1960), Die Minderheitenfrage, S. 225.

Tschechoslowakei, sahen diese Verträge als eine Verletzung ihrer Souveränität und als eine Einmischung in ihre inneren Angelegenheiten an. Sie waren freiwillig nicht bereit, sich gegenüber ihren Minderheiten so zu verhalten, daß diese sich nicht diskriminiert zu fühlen brauchten. Sie mußten sich jedoch den Wünschen der Großmächte beugen.

Aber dieser vermeintlich wohltätige Zwang löste das eigentliche Problem nicht einmal ansatzweise. Die Nationalstaatsidee war 1919 so mächtig, daß das Ziel dieser Minderheitenschutzverträge nicht die Errichtung oder die Schaffung nationaler Autonomien innerhalb der neuen Staaten war. Nein, durch die Verträge sollten vielmehr ausdrücklich die Voraussetzungen für eine umfassende Assimilierung der jeweiligen Minderheiten geschaffen werden. Den Minderheiten sollte ihre Assimilierung, d. h. ihre Polonisierung, ihre Tschechisierung, ihre Rumänisierung oder ihre Magyarisierung mithin nur erträglich gemacht werden. Wenn die neuen Nationalstaaten Zwischeneuropas selbst dazu nur unter Druck verpflichtet werden konnten, dann hätten sich die Schöpfer dieser Verträge die Frage vorlegen müssen, wie ihre Bestimmungen wohl in der praktischen Politik interpretiert werden würden. Es zeigte sich sehr schnell, daß durch die Hypertrophie der Nationalstaatsidee, durch Nationalismus, Chauvinismus und nationale Unterdrückung eine Reihe von heftig schwelenden Krisenherden entstand. In ihrem Gefolge kam es zur ersten großen Welle von Bevölkerungsverschiebungen in Europa.[14] Deutsche waren davon in erheblichem Umfang betroffen. Zwischen 1919 und 1923 wanderten vor allem aus den ehemaligen Provinzen Posen und Westpreußen rund 700000 Deutsche ab. Die meisten taten es aus 'freiem' Entschluß. Sie, die von den Polen als ehemalige Germanisierer angesehen wurden, glaubten in ihrer alten Heimat, in der sie meist seit Jahrhunderten ansässig waren, keine Zukunft mehr zu haben. Dieser 'freiwilligen Flucht' der Deutschen hat die polnische Regierung mitunter auch durch Ausweisungen nachgeholfen. Davon waren meist Deutsche betroffen, die erst nach 1908 in den beiden Provinzen ansässig geworden waren.[15] Sie alle, die sich meist ihrer Heimat beraubt fühlten, suchten irgendwo im Deutschen Reich einen neuen Anfang.

Doch nicht nur Deutsche im wiedererstandenen Polen sind nach dem Ende des Ersten Weltkriegs, ausgelöst durch die unglücklichen

[14] E. M. Kulischer (1948), Europe on the Move; G. Rhode (1959), Phasen und Formen.

[15] Dazu ders. (1952), Völker auf dem Wege, S. 9f. und Anhang.

Friedensregelungen, auf die man in Versailles verfallen war, zum Verlassen ihrer alten Heimat getrieben worden. Dieses Schicksal traf auch Angehörige anderer Völker. So waren beispielsweise auch Bulgaren betroffen. Bulgarien war Verbündeter der Mittelmächte. Nachdem der Krieg verloren und das Selbstbestimmungsrecht der Völker, verbunden mit dem Streben nach dem geschlossenen Nationalstaat, zur offiziellen, für jeden Staat verbindlichen Doktrin geworden war, wanderten zwischen 1919 und 1923 mehr oder weniger freiwillig 250000 Bulgaren in ihren Nationalstaat ein. Sie kamen aus der Türkei, aus Griechenland, aus Jugoslawien und Rumänien. Diese Zuwanderer trafen auf eine bulgarische Gesamtbevölkerung von nur acht Millionen Einwohnern.

Noch härter betroffen vom unvermuteten Zustrom seiner Landsleute wurde Ungarn. Das Land wurde als Teil der österreichisch-ungarischen Monarchie in Versailles als Feindstaat behandelt. Es verlor zwei Drittel seines alten Staatsgebietes und über die Hälfte seiner Bevölkerung an die Nachbarn. 400000 Ungarn zogen es vor, aus den Abtretungsgebieten abzuziehen. Allein aus dem rumänisch gewordenen Siebenbürgen wanderten damals über 200000 Menschen nach Ungarn aus. Sie kamen in ein Land, das nur etwa achteinhalb Millionen Einwohner hatte.

Auch die Deutschen, die teilweise seit dem Mittelalter in Ungarn gesiedelt hatten, wurden von den neuen Grenzziehungen betroffen. Die Siebenbürger Sachsen, die Deutschen der Bukowina und die Donauschwaben eines Teils des Banats sowie die ehemals russischen Bessarabiendeutschen fanden sich in Rumänien wieder. Der Rest des Banats, der größere Teil der Batschka und ein kleines Stück der schwäbischen Türkei kam einschließlich seiner deutschen Bevölkerung an Jugoslawien. Die in der Slowakei siedelnden Deutschen fanden sich in der Tschecholoswakei wieder. Rechnet man Österreich und das so drastisch verkleinerte Ungarn hinzu, dann befanden sich die deutschen Siedler auf dem Balkan seit 1919 unter der Herrschaft von fünf Staaten.

Es waren jedoch nicht nur der Erste Weltkrieg und seine unmittelbaren, durch die Friedensverträge ausgelösten Folgen, die erhebliche Bevölkerungsverschiebungen in Gang gesetzt haben. Auch die Revolution in Rußland und deren Folgen, d. h. die Machtergreifung der Bolschewiki und der Aufbau des Sowjetstaates, hat etwa zwei Millionen Menschen dazu gebracht, ihre angestammte Heimat in Richtung Westen zu verlassen. Davon waren knapp eine Million Russen, die anderen kamen aus den vielen Völkern des alten Zarenreiches. Es handelt sich bei ihnen vor allem um Angehörige der bisher 'herrschenden' Schicht des Landes.

Insgesamt wechselten im Gefolge des Ersten Weltkriegs und des ihn beendenden Friedens von Versailles etwa 12,5 Millionen Menschen unfreiwillig ihren Wohnsitz. Ein knappes Zehntel davon (1,1 Millionen) waren Deutsche. Eine so starke Bevölkerungsverschiebung innerhalb so kurzer Zeit hatte Europa, hatte die Welt bis dahin noch nicht erlebt. Und trotzdem waren diese Vorgänge, verglichen mit denen, die der Zweite Weltkrieg auslösen sollte, beinahe unerheblich.

10. DER ZWEITE WELTKRIEG UND SEINE AUSWIRKUNGEN AUF DIE BEVÖLKERUNGSVERTEILUNG IN EUROPA

Zu den Wurzeln des Zweiten Weltkriegs gehört zweifelsohne der Friedensvertrag von Versailles. Er schloß, wie sich zeigen sollte, den großen Krieg nicht wirklich ab, sondern räumte den Menschen in Europa nur eine Pause von knapp zwanzig Jahren ein. Weshalb war das so?

Bewertung des Versailler Friedens

Die Deutschen haben in ihrer überwiegenden Mehrzahl die militärische Niederlage im Ersten Weltkrieg nicht akzeptiert. Seit Jahrzehnten war ihnen von den Medien und von den führenden Männern des Reiches, an der Spitze vom Kaiser, eingehämmert worden, daß die deutschen Kanonen die gewaltigsten, die deutschen Gewehre die treffsichersten, die deutschen Soldaten die tapfersten seien, daß dem deutschen Heer niemand widerstehen könne. Vom Spaziergang nach Paris werde der Landser schon Weihnachten wieder an den heimischen Herd, zu Weib und Kind zurückgekehrt sein; so die großspurige Verkündung im August 1914.

Als dann vier Jahre später die deutsche Heeresleitung der Regierung die Niederlage des Reiches in diesem Völkerringen eingestehen mußte, da standen die deutschen Armeen noch immer tief in Feindesland. Kein einziger feindlicher Soldat hatte bis zu diesem Zeitpunkt auch nur einen Fuß auf deutschen Boden gesetzt, sieht man einmal von der Episode des russischen Vorstoßes nach Ostpreußen ab. Im Osten, mit dem vor 1914 so gefürchteten Rußland, war man in Brest-Litowsk sogar zu einem für das Deutsche Reich sehr einträglichen Siegfrieden gekommen. Die kaiserlichen Militärs haben ihre Niederlage nie in der deutschen Öffentlichkeit eingestehen müssen. Im Gegenteil, sie haben es sehr geschickt verstanden, die Niederlage nicht den tatsächlichen Kräfteverhältnissen der Kontrahenten zuzuschreiben, sondern dem angeblichen Verrat durch die Revolution zu Hause. Sehr schnell entstand die Legende vom Dolchstoß, den die Heimat in den Rücken des siegreich kämpfenden Heeres geführt haben sollte.[1] Und als die deutschen Soldaten in die Heimat zurückkamen, da sahen sie häufig auch nicht geschlagen und vernichtet aus. So manches Regiment rückte – wie vier Jahre früher beim Ausmarsch – auch bei seiner Rückkehr mit klingendem Spiel in seine Garnisonorte ein. In Berlin sprach Friedrich Ebert zu den heimkehrenden Truppen; er sagte: „Eure Opfer und Taten sind ohne Beispiel. Kein Feind hat euch überwunden."[2] Ein Deutscher mußte im Herbst des Jahres 1918 schon sehr gut informiert gewesen sein, um erkennen zu können, daß Deutschland militärisch am Ende war. Doch nur wenige Menschen in Deutschland verfügten über so weitreichende Kenntnisse.

Dem ersten Schock der Niederlage, die man nicht glauben konnte und wollte, folgte sehr schnell der zweite: die Bedingungen des Friedens. Ungeschlagen, nur durch den Verrat der Heimat bezwungen, muteten die Sieger den Deutschen derartige Demütigungen zu? War das noch der Wilson-Frieden, der Frieden zwischen Gleichberechtigten, der den Deutschen versprochen zu sein schien?

Er war es und er war es auch wieder nicht. Natürlich entsprach der Versailler Vertrag bzw. die sogenannten Pariser Vorortverträge, der eigentliche Versailler Vertrag ist ja nur ein Teil des gesamten Friedensinstrumentes, den von Wilson vertretenen Prinzipien: Selbstbestimmungsrecht der Völker; bestmögliche Identifikation von Staats- und Volksgrenze; Volkssouveränität; Gleichberechtigung jeder Nation, gleich, ob sie groß oder klein sei; Ablehnung der überkommenen Politik des Gleichgewichts. Diese Prinzipien und ihre Konsequenzen galten – wenn auch nur für die Sieger und für die kleinen Nationen Europas. Für die Deutschen hatten sie keine Gültigkeit. Hätte man die genannten Prinzipien, vor allem das Selbstbestimmungsrecht und die Deckung von Volks- und Staatsgrenzen, für Deutschland anwenden wollen, dann hätte das Reich gewiß Elsaß-Lothringen an Frankreich zurückgeben müssen und der fast rein polnisch besiedelte Teil des preußischen Polens wäre ebenso gewiß Polen gekommen. Aber: das deutschbesiedelte Kernland Österreichs, einschließlich Südtirols, die geschlossen deutsch besiedelten Randgebiete der neu entstandenen Tschechoslowakei, das alles hätte dem Deutschen Reich zugeschlagen werden müssen. Die Provisorische Nationalversammlung Österreichs beschloß am 12. November 1918 sogar einstimmig, daß das Land ein Bestandteil der Deutschen Republik sei. Der Vertrag

[1] F. Frhr. v. Gaertringen (1963), „Dolchstoß"-Diskussion.

[2] F. Ebert (1926), Schriften, S. 127.

von Saint-Germain bestimmte am 10. September 1919 in seinem Artikel 88 kühl, daß Österreich die Aufgabe seiner Unabhängigkeit verboten sei.[3] Mit anderen als deutschen Augen gesehen war das auch zu verstehen: denn ein Deutsches Reich, dessen Grenzen bestimmt worden wären durch die konsequente Anwendung des Selbstbestimmungsrechtes, dessen Grenzen sich gedeckt hätten mit den Volkstumsgrenzen, ein solches Deutsches Reich wäre die unbestrittene Vormacht des alten Kontinents gewesen.

Ein derartiges Ergebnis des Weltkriegs, wenn es denn überhaupt wünschenswert gewesen wäre, hätten allenfalls die USA zugeben können; England hätte sich, befangen in seinem Gleichgewichtsdenken, mit einer Zustimmung schon sehr viel schwerer getan, Frankreich aber konnte es nicht akzeptieren. Abgesehen davon hatte man sich in den Staaten des Westens auch durch die Propaganda der vier Kriegsjahre den Weg zu einem solchen Frieden verbaut. Er hätte den Unterschied zwischen Siegern und Besiegten verwischt. Das war der Öffentlichkeit weder in Frankreich noch in England oder den USA zumutbar. Wichtiger noch: Frankreich, der große Nachbar im Westen, wollte Sicherheit vor Deutschland, er wollte sie um beinahe jeden Preis und möglichst für alle Zeiten.

Clemenceau, der französische Kriegspremier, hatte einmal gesagt, daß die Deutschen einen großen Fehler hätten, nämlich den, daß es zwanzig Millionen zuviel von ihnen gebe. Er vor allem sorgte dafür, daß aus dem Vertrag, der den Frieden begründen sollte, eine Art Strafurteil wurde. Das Strafmaß sollte den Sünder auf absehbare Zeit an weiteren Straftaten hindern. Der europäischen Machtfrage, die dieser Vertrag eigentlich beantworten sollte, wurde ein moralisches Mäntelchen umgehängt.

Deutsche Gegnerschaft – Revisionsbestrebungen

Philipp Scheidemann, schon Reichskanzler auf Abruf, prophezeite am 12. Mai 1919 vor der Nationalversammlung bei der Debatte über das Diktat der Sieger pathetisch: „Die Hand, die diesen Vertrag unterzeichnet, muß verdorren." Nun, das Diktat der Sieger wurde von den Deutschen unterschrieben. Am 7. Mai 1919 war das Vertragswerk dem deutschen Außenminister, dem Grafen Brockdorff-Rantzau, überreicht worden. Mündliche Einwendungen der Deutschen wur-

[3] H. Fischer/G. Silvestri (Hrsg.) (1970), Texte, S. 118, 132.

den nicht zugelassen, nur schriftliche Gegenvorschläge waren ihnen erlaubt. Damit erreichten sie freilich nur wenige Verbesserungen. Die Alliierten bestanden darauf, daß der Vertrag, so wie er sei, angenommen werden müsse. Am 16. Juni stellten sie den Deutschen ein Ultimatum. Entweder ihr unterschreibt, oder, so die Drohung, der Krieg geht weiter.

Es ist müßig, heute darüber zu spekulieren, was wohl geschehen wäre, wenn die Deutschen damals nicht unterschrieben hätten. Von fataler Wirkung aber waren auf jeden Fall zwei Dinge im Zusammenhang mit diesem Vertrag. Erstens, daß Reichsaußenminister Müller und Verkehrsminister Bell am 28. Juni 1919 den Vertrag nur unter Vorbehalt unterschrieben haben. Der deutsche Außenminister erklärte in der Debatte der Nationalversammlung am 23. Juli 1919: „Wir lassen keinen Zweifel darüber, daß es uns mit dem Willen zur Erfüllung der Vertragsverpflichtungen bis zur Grenze unserer Fähigkeiten ernst ist, aber auch darüber nicht, daß wir mit allen loyalen Mitteln die Revision dieses Vertrages erstreben werden." [4]

Die zweite Fatalität des Vertrages lag darin, daß die Sieger auch nicht geschlossen hinter ihrem Werk standen. Die Amerikaner zogen sich damals aus Enttäuschung über die Europäer, vor allem über Frankreich, sehr schnell vom alten Kontinent zurück. England versuchte permanent an dem Vertrag herumzuverbessern, und nur Frankreich klammerte sich an jeden einzelnen Buchstaben des Friedensinstruments. Alle aber, die dieses Vertragswerk zu verantworten hatten, peinigte gleichermaßen ein schlechtes Gewissen. Sie wußten, auch die Franzosen, daß sie kein Jahrhundertwerk geschaffen hatten, daß sie sich gröblichst nicht nur gegen den Zeitgeist, auf dessen Fahne nun einmal das Selbstbestimmungsreht der Völker stand, sondern auch gegen die politische Vernunft versündigt hatten. Einen Karthago-Frieden, einen Frieden, nach dem es Deutschland als Macht nicht mehr gegeben hätte, den hatten sie sich in Versailles nicht getraut zu erzwingen. Deutschland blieb auch weiterhin eine erhebliche Macht, es behielt die Chance, eine Revision des Vertrages zu erreichen, gegebenenfalls auch zu erzwingen. Diese psychologisch schlechte Position der Westmächte hat später Adolf Hitler sein Spiel erheblich erleichtert.

Zu den größten emotionalen Problemen, die den Deutschen durch den Versailler Vertrag bereitet wurden, gehörte das wiedererstandene Polen und dessen Westgrenze. Als 1920, während des polnisch-

[4] Zitiert nach M. Broszat (1963), 200 Jahre, S. 160.

sowjetischen Krieges, die Truppen der Roten Armee bis in die Nähe Warschaus vorgestoßen waren und die Polen vor einer militärischen Niederlage zu stehen schienen, die sie im Osten mindestens auf ihre 'ethnographische Basis' zurückwerfen mußte, da erklärte der Osteuropahistoriker und Reichstagsabgeordnete Otto Hoetzsch, er war der Ostexperte der Deutschnationalen Volkspartei, am 27. Juli im Reichstag: „Ich für meine Person sage ruhig, daß ich diesem russischen Kriegsziel mit voller Sympathie gegenüberstehe ... Eine Brücke kann Polen erst bilden, wenn auch das Selbstbestimmungsrecht der vergewaltigten Deutschen in Westpreußen und Posen wiederhergestellt ist ... Bis dahin besteht Todfeindschaft zwischen uns und Polen.“ [5]

Der Rassismus als 'höchste' Form des Nationalismus – die Rassenideologie der Nazis

Solche Verkündungen selbst von der Tribüne des Parlaments konnten nicht zu einer Abkühlung des schon grotesk überhitzten Nationalismus führen. Ganz im Gegenteil heizten sie ihn an. Und so nimmt es nicht wunder, daß die Nationalsozialisten, ohne auf den energischen Widerspruch der Mehrheit der Deutschen zu treffen, dem Ganzen noch eine Krone aufzusetzen vermochten. Sie reihten nicht nur die Polen als Nation, wie die meisten politischen Kräfte in Deutschland auch, unter die deutschen Todfeinde ein, sondern sie stuften sie auch als Rasse herab.

Die Rassenideologie war keine Erfindung der Nazis. Sie gehörte – wie die Sendungsideologien – zur großen Gruppe der Rechtfertigungsideologien. Ende des 18. Jahrhunderts, nachdem die Aufklärer die Postulate Freiheit, Gleichheit, Brüderlichkeit der Welt verkündet hatten, bedurfte die Herrschaft der Europäer über die Kolonialvölker einer neuen Rechtfertigung. Deshalb wurde versucht, unter Hinweis auf die Siege der Germanen und die Ausdehnung der abendländischen Kultur, die Überlegenheit der europäischen Rassen über den Rest der Welt nachzuweisen. Charles Darwin und seine Theorien gaben den Rassenideologen starken Aufwind. Sie übernahmen Darwins Vorstellungen von der natürlichen Zuchtwahl, vom Überleben der Tüchtigen im 'Kampf ums Dasein' und übertrugen sie auf die Menschenrassen. Der Franzose Graf Gobineau war der erste, der auf an-

[5] Zitiert nach dems. (1963), 200 Jahre, S. 161.

gebliche Ungleichheiten auch innerhalb der weißen Rasse hinwies. Er kreierte in einem vierbändigen Werk[6] die 'arische' Rasse, die sich als weiße Rasse allein rein erhalten habe. Das Wort 'arisch' übernahm er dabei aus der Sprachwissenschaft. Dort wurde darunter eine Sprachgruppe zusammengefaßt, zu der man die romanischen, slawischen und germanischen Sprachen zählte. Der Engländer Houston Stewart Chamberlain setzte dann gegen Ende des Jahrhunderts in seinen zweibändigen ›Grundlagen des 19. Jahrhunderts‹[7] den Begriff 'arisch' gleich mit 'germanisch' und dieses wiederum mit 'deutsch'. Ihm galt die arische, d. h. die germanische, also die deutsche Rasse als weltweit einzige kulturträchtige Rasse. Die Nazis fügten dem, vor allem durch die Arbeiten Rosenbergs, nur noch eine Rangordnung der Rassen hinzu. Ganz oben standen die Arier, an deren Spitze die Germanen/Deutschen, am Ende der Skala rangierten die Juden. Sie waren die 'minderwertigste' fremde Rasse.

Solche Einordnungen, mochten sie auch noch so simpel sein, mußten vielen Deutschen, die sich schlecht behandelt fühlten, einleuchten. Verbunden mit einer heftigen Propaganda gegen den sogenannten 'Schandfrieden von Versailles' und das 'System der Novemberverbrecher', wie die Nazis die Weimarer Republik verächtlich nannten, deren Vertreter diesen 'Schandfrieden' nicht nur akzeptiert, sondern durch die Revolution gar erst verursacht hätten, stiegen die Nationalsozialisten zur stärksten politischen Macht in Deutschland auf. Am 30. Januar 1933 wurde ihr Führer Adolf Hitler zum Reichskanzler ernannt.

Auf dem Weg in den Zweiten Weltkrieg

Die übergroße Mehrzahl der Deutschen wußte es an jenem Wintertag des Jahres 1933 noch nicht, aber das Deutsche Reich nahm seinen Weg letztlich in die Fortsetzung des Ersten Weltkriegs. Die Nazis hatten sich nicht nur die Revision, die Aufhebung der Fesseln des 'Schandvertrages' als politisches Ziel gesteckt. Sie wollten darüber hinaus auch noch Grund und Boden, mehr 'Lebensraum für das deutsche Volk', erwerben.

Hitler hatte dazu in seinem Buch ›Mein Kampf‹ schon 1924 geschrieben: „Wollte man in Europa Grund und Boden, dann konnte

[6] Gobineau (1853–55), Versuch über die Ungleichheit der Menschenrassen.

[7] H. S. Chamberlain (1899), Die Grundlagen.

dies im großen und ganzen nur auf Kosten Rußlands geschehen, dann mußte sich das neue Reich wieder auf der Straße der einstigen Ordensritter in Marsch setzen, um mit dem deutschen Schwert, dem deutschen Pflug die Scholle, der Nation aber das tägliche Brot zu geben."[8] Allein eine so definierte Bodenpolitik war für ihn eine Politik der Zukunft. Bei ihre Umsetzung aber konnte man in erster Linie nur an Rußland und – wie er formulierte – „die ihm untertanen Randstaaten denken"[9].

Heim ins Reich – Österreich und die Sudetendeutschen

Die ersten Schritte auf dem Weg in den Krieg wurden freilich auf einem anderen Feld unternommen. Zunächst wurde mit dem Selbstbestimmungsrecht der Völker hantiert, um Deutschland das zu holen, was ihm vorgeblich schon 1919 zugestanden hätte. Im März 1938 wurde Österreich, die Heimat des 'Führers', dem Reich angeschlossen. Die Westmächte mit ihrem – bedingt durch Versailles – schlechten Gewissen akzeptierten das stillschweigend. Es war der erste große außenpolitische Erfolg Hitlers. Er machte ihn kühn. Schon im Herbst des gleichen Jahres gelang es ihm, auch die Sudetendeutschen 'heim ins Reich' zu holen. Dieser Maßnahme stimmten die Westmächte nun nicht mehr nur stillschweigend zu. Diesen Akt haben sie im Münchner Abkommen vom 29. September 1938 sogar in aller Öffentlichkeit gutgeheißen.

Im Frühjahr 1939 schon, am 15. März, brach Hitler-Deutschland das Münchner Abkommen. Der Westen der Rest-Tschechoslowakei wurde besetzt und in der Folge zum Protektorat Böhmen und Mähren degradiert. Jetzt endlich begannen die Westmächte ihren Schuldkomplex aus dem Jahr 1919 zu überwinden. Hitler mußte erkennen, daß ihm nun nicht mehr viel Zeit bliebe, wenn er die Gegner möglichst ungerüstet finden wollte.

Um einen erneuten Zweifrontenkrieg auszuschließen, verhandelte er sogar mit den 'jüdisch-bolschewistischen Untermenschen' in Moskau, mit jener Macht, deren Territorium er als den zukünftigen Lebensraum des deutschen Volkes ansah. Die Verhandlungen zwischen den beiden in ihren geistigen Grundlagen so ungleichen, in ihrer Herrschaftspraxis aber so ähnlichen Mächten wurden schon sehr bald

[8] A. Hitler (1937), Mein Kampf, S. 154.
[9] Ders. (1937), Mein Kampf, S. 742.

nach der Besetzung der Rest-Tschechoslowakei aufgenommen;[10] sie verliefen zäh. Im August 1939 schien es, als liefe Hitler die Zeit fort. Er fragte brieflich bei seinem Diktatorkollegen Stalin nach, ob man die Verhandlungen nicht schnell zu Ende bringen könnte. Der Georgier stimmte nach kurzem Zögern dem Verlangen des Deutschen schließlich zu. Am 23. August 1939 traf Joachim von Ribbentrop, Hitlers Außenminister, in Moskau ein. Die Verhandlungen zwischen der deutschen Delegation und den Sowjets wurden sofort aufgenommen und schritten außerordentlich zügig voran. Ihr Ergebnis war ein 'Nichtangriffsvertrag zwischen Deutschland und der Union der Sozialistischen Sowjetrepubliken'. Ein deutliches Zeichen für die beispiellose Eile, die wohl beide vertragschließenden Parteien hatten, ist in der Vereinbarung zu sehen, daß der Vertrag sofort mit seiner Unterzeichnung in Kraft treten sollte.

Beide Seiten verabredeten im August 1939, sich 'jedes Angriffs gegeneinander' zu enthalten und absolute Neutralität für den Fall, daß eine der beiden vertragschließenden Parteien von dritter Seite angegriffen werden würde. Sie wollten sich auch nicht an Bündnissen beteiligen, die gegen den anderen Partner gerichtet waren. Sie vereinbarten weiter ständige Konsultationen in allen gemeinsam interessierenden Fragen und einen freundschaftlichen Meinungsaustausch in Konfliktfällen zwischen beiden Ländern. Jedweder Streit zwischen Deutschen und Sowjets sollte freundschaftlich-schiedlich beigelegt werden.

Nach der Unterzeichnung wurde der Vertragsabschluß der Öffentlichkeit bekanntgemacht. Er schlug in den europäischen Hauptstädten wie eine Bombe ein. Die englischen und französischen Diplomaten, die, ohne auch nur zu ahnen, daß deutsch-sowjetische Verhandlungen stattfanden, gleichfalls in Moskau einen Bündnisvertrag erörterten, dürften am Wert ihrer diplomatischen Erfahrungen gezweifelt haben. In ihrem politischen Kalkül war ein Bündnis zwischen Adolf Hitler und Josef Stalin unter dem Stichwort 'unmöglich' abgelegt. Was hätten sie erst denken müssen, wenn ihnen nicht nur der öffentliche Teil des Abkommens, sondern auch das geheime Zusatzabkommen, das Deutsche und Sowjets zudem noch geschlossen hatten, zur Kenntnis gelangt wäre?

In diesem 'Geheimen Zusatzprotokoll' zum Nichtangriffsvertrag vereinbarten die unheiligen Alliierten, daß Estland, Lettland und

[10] Vgl. die Schilderung Schramms in M. Hellmann/G. Schramm/K. Zernack (1981 ff.), Handbuch, III, S. 885 ff.

Polen östlich einer Linie Narev–Weichsel–San sowie das rumänische Bessarabien zum sowjetischen Interessengebiet gehören sollten. Die Sowjetunion schloß darin, wie sich alsbald zeigen sollte, stillschweigend auch Finnland mit ein. Polen westlich dieser Demarkationslinie und Litauen betrachteten sie als deutsche Interessensphäre.

Die deutsche Polenpolitik

Noch am Tag des Vertragsschlusses mit Stalin setzte Hitler den Angriffstermin auf Polen für den 25. August fest. Er verschob ihn noch einmal, als er erfuhr, daß Großbritannien und Polen einen Beistandspakt geschlossen hatten. Am 1. September 1939 um 4.45 Uhr aber begannen die deutschen Truppen mit dem Einfall in Polen.[11] Vorweggegangen war die Farce eines angeblichen polnischen Überfalls auf den deutschen Reichssender Gleiwitz. Am 3. September erklärten England und Frankreich den Krieg an Hitler-Deutschland. Am 17. September begannen die Truppen der Roten Armee in den Teil Polens einzurücken, der der Sowjetunion zugefallen war. Am 27. September kapitulierte die polnische Hauptstadt Warschau, am 6. Oktober 1939 ergaben sich die letzten polnischen Truppen.

Und am 12. Oktober schon gliederte der Führer und Reichskanzler Adolf Hitler dem Deutschen Reich ein: die Freie Stadt Danzig; die durch den Vertrag von Versailles an Polen abgetretenen Gebiete des Kaiserreiches, aus ihnen wurden die Reichsgaue Danzig-Westpreußen und Wartheland gebildet; das Gebiet um Lodz, das in Litzmannstadt umgetauft wurde; ein in Richtung Osten vergrößertes Ostoberschlesien und den Bezirk von Ciechanów. Der Rest Polens wurde zum Generalgouvernement deklariert mit dem Generalgouverneur Hans Frank an der Spitze. Er hatte seinen Sitz in Krakau zu nehmen, da die polnische Hauptstadt Warschau aus dem Bewußtsein der Polen verschwinden sollte. Das Deutschland angegliederte und unter deutsche Oberherrschaft geratene Gebiet hatte rund 21 Millionen Einwohner, davon war die Hälfte dem Reich direkt eingegliedert worden. Etwa 17 Millionen der Gesamtzahl waren Polen.

Hitler hatte bei seinem politischen Ziel, Lebensraum für die Deutschen zu gewinnen, bis zum Kriegsausbruch zwar ausschließlich an Rußland als Opfer gedacht, doch er zögerte jetzt keinen Augenblick,

[11] Für das folgende H. Roos (1961), Geschichte der polnischen Nation, S. 167ff.

auch das Territorium Polens unter diesem Gesichtspunkt zu betrachten. Was die Deutschen in den okkupierten Gebieten an Bevölkerungspolitik betrieben, war, der von Hitler nicht vorhergesehenen und plötzlichen Umorientierung wegen, keineswegs sorgfältig und von langer Hand vorbereitet, sondern wurde hastig improvisiert und überstürzt in Szene gesetzt. Einige Einzelheiten dieser besonders inhuman praktizierten Aktionen sollen an dieser Stelle angeführt werden.

Auf Befehl Hitlers wurde das polnische Gesamtterritorium, soweit es in deutsche Hand geraten war, „zum Gegenstand einer umfangreichen völkisch-nationalen 'Flurbereinigung'" gemacht.[12] Dabei bildeten die sogenannten rassengesetzlichen Grundprinzipien die Basis des deutschen Vorgehens. Bei der Anwendung dieser wirren Vorstellungen war es von ausschlaggebender Bedeutung, wie die Polen darin eingeordnet wurden. Als Slawen gehörten sie – wie die Germanen auch – zur arischen Rasse. Hitler selbst aber gab nun einen anderen Stellenwert vor. Seinem rassenpolitischen Spezialisten, Alfred Rosenberg, erklärte er Ende September 1939, daß die Polen, abgesehen von „einer dünnen germanischen Schicht", aus einem „furchtbaren Material" beständen, und die polnischen Juden seien einfach „das grauenhafteste, was man sich überhaupt vorstellen kann".[13] Der Führer attestierte den Polen 'Schädlichkeit' und 'Minderwertigkeit'. Dieses vernichtende Verdikt schlug sich zunächst in einer gnadenlosen Hatz auf die polnische Führungsschicht nieder. Sie sollte möglichst völlig liquidiert werden. Hitler befahl seinem Generalgouverneur Hans Frank ausdrücklich: „Unbedingt sei zu beachten, daß es keine polnischen Herren geben dürfe", wo diese vorhanden seien, „sollten sie, so hart das klingen möge, umgebracht werden".[14]

Über die Masse des polnischen Volkes legte das Rassenpolitische Amt der NSDAP am 25. November 1939 eine umfangreiche Denkschrift vor. Darin wurde postuliert, daß sich die Polen vom deutschen Volk rassisch erheblich unterschieden. Sie enthielten nur wenig 'nordisches Blut'. Zu einer Assimilierung und Eindeutschung seien daher nur wenige, nach vorheriger gründlicher und strenger Überprüfung, zu gebrauchen. Der übergroße Rest der polnischen Bevölkerung müsse von den Deutschen im Reich – dazu gehörten nun auch der Reichsgau Wartheland und der Reichsgau Danzig-Westpreußen –

[12] Nach M. Broszat (1963), 200 Jahre, S. 214.
[13] Zitiert nach dems. (1963), 200 Jahre, S. 218.
[14] Zitiert nach dems. (1963), 200 Jahre, S. 220.

abgesondert, am besten aber entfernt werden. Himmler, der Reichsführer SS, bestimmte im Dezember 1941 sogar, daß das polnische Volk nicht mehr als 'artverwandt' bezeichnet werden dürfe, sondern daß für die Polen die Termini 'nichtgermanisch' und 'fremdvölkisch' benutzt werden müßten. In einer Publikation des Rassenpolitischen Amtes der NSDAP aus dem Jahr 1942 stand: „Das Fernziel rassepolitisch ausgerichteter Fremdvolkpolitik kann nur die restlose Entfernung des größten Teils der Polen aus dem Reich sein.“ [15]

'Restlose Entfernung' – das bedeutete Zwangsdeportation der polnischen Bevölkerung. Zuerst, gleich nach der Besetzung der Gebiete im September, begann sie wild und planlos. Ab Dezember 1939 wurde sie im Warthegau dann aber wohlorganisiert, nach genauen Plänen, die man in der Zwischenzeit ausgearbeitet hatte, in Szene gesetzt. Im letzten Monat des Jahres 1939 wurden aus allen Kreisen des Reichsgaues Wartheland innerhalb von 17 Tagen rund 90000 Polen zwangsausgesiedelt. Sie wurden ins Generalgouvernement abgeschoben. Diese Maßnahmen wurden periodisch bis zum Frühjahr 1941 fortgesetzt. Dann wurden sie eingestellt. Insgesamt sind 1,2 Millionen Polen und 300000 Juden zwangsweise deportiert worden.[16] Die Motive für die Einstellung dieses grausamen Vorgehens waren aber nicht in Anwandlungen von Humanität begründet. Die Aufgabe der Aussiedlungspolitik erzwangen praktische Notwendigkeiten. Einerseits wurde damals Transportkapazität knapp und andererseits brauchte man die Polen als billige Zwangsarbeiter notwendig in den Industriegebieten des Reiches.

Die Umsiedlungsverträge des Dritten Reiches

Warum vertrieben die Nazis die Polen aus ihrer Heimat? Vordergründig aus den sogenannten rassenpolitischen Gründen. Man befürchtete einen „schädigenden Einfluß von solchen volksfremden Bevölkerungsteilen“, die „eine Gefahr für das Reich und die deutsche Volksgemeinschaft bedeuten“.[17] Zum anderen aber hatte man auch feststellen müssen, daß, anders als das im Mittelalter der Fall war, der vermeintlich neugewonnene Lebensraum für das deutsche Volk kein Vakuum, keine Leere war, sondern daß dort viele Menschen ihre Hei-

[15] Zitiert nach dems. (1963), 200 Jahre, S. 219.
[16] Vgl. G. Rhode (1952), Völker auf dem Wege, S. 16.
[17] Zitiert nach M. Broszat (1963), 200 Jahre, S. 219.

mat hatten. Vor allem glaubte man, dieses Land für Deutsche zu brauchen. Gab es denn überhaupt ein deutsches Volk ohne Raum? Hat es 1939/40 oder in den Jahren vorher in Deutschland eine Bevölkerungsexplosion gegeben? Woher kamen die vielen Deutschen, für die man den Polen ihr Land meinte stehlen zu müssen?

Als im August 1939 Nazis und Sowjets in Moskau ihren Teufelspakt geschlossen hatten, war auch vereinbart worden, daß die Menschen der jeweils anderen Nationalität aus den Gebieten, die der Sowjetunion bzw. dem Deutschen Reich zugesprochen worden waren, zur 'Bereinigung' der europäischen Nationalitätenverhältnisse umgesiedelt werden sollten.[18] Auf Initiative des Deutschen Reiches schlossen am 15. Oktober 1939 das Reich und Estland und am 30. Oktober Deutschland und Lettland einen Vertrag über die Umsiedlung der baltischen Deutschen. Bis Jahresende 1939 verließen etwas mehr als 66000 Menschen ihre Heimat, in der ihre Familien häufig seit dem frühen 13. Jahrhundert ansässig gewesen waren. Es handelte sich um 52583 Deutsche aus Lettland und um 13700 Deutsche aus Estland. Die Initiative für diese Art der Vertreibung ging – wohlgemerkt – nicht von den baltischen Staaten, sondern von Deutschland aus.

Anfang 1941, die kleinen Staaten des Baltikums waren bereits von ihrem großen Nachbarn, der Sowjetunion, annektiert worden, folgten den schon 1939 umgesiedelten Menschen noch einmal 18000 Deutsche aus Estland und Lettland. Eine Region, die 700 Jahre lang in allen ihren wesentlichen Zügen von Deutschen geprägt worden war, war damit 'deutschenfrei'. Die Deutschbalten wurden vor allem in den 'polenfrei' gemachten Gebieten des Reichsgaues Wartheland angesiedelt. Die ehemaligen Einwohner von Riga oder Dorpat beispielsweise wurden meist in die Städte Gdingen und Posen gesetzt.

Die nächsten Deutschen, die auf Initiative der deutschen Reichsregierung ihre alten Heimatgebiete zu verlassen hatten, stammten aus den ostpolnischen Gebieten, die entsprechend den Vereinbarungen des Hitler-Stalin-Paktes von der Sowjetunion okkupiert worden waren (zu den Siedlungsgebieten der Deutschen vgl. Abb. 22). In langen Wagentrecks kamen aus Ostgalizien 57000 deutsche Bauern, aus Wolhynien und Polesien zogen 67000 Menschen nach Westen und aus dem Narew-Gebiet um Bialystok machten sich 11000 Personen auf die Wanderung. Auch sie wurden im Warthegau und im Gau Danzig-Westpreußen angesiedelt. Nachdem Rumänien 1940 Bessarabien und die Bukowina an die Sowjetunion abtreten mußte, wurden von dort

[18] G. Rhode (1967), Umsiedlungen, S. 297f.

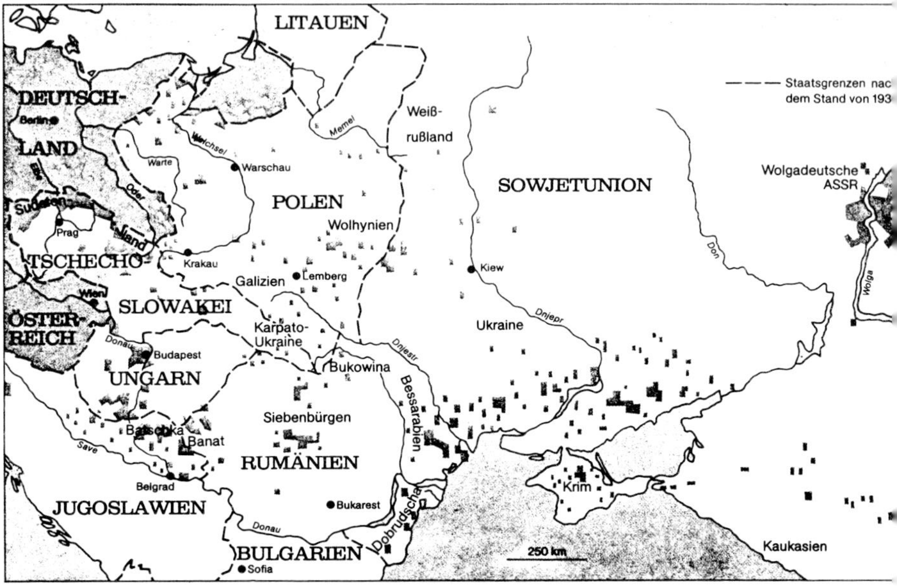

Abb. 22: Deutsche Siedlungsgebiete in Ost- und Südosteuropa

189000 Deutsche 'heim ins Reich' geholt. Auch ihnen wurden vor allem die ehemals von Polen bewohnten Dörfer des Warthelandes und Westpreußens als neue Wohnsitze angewiesen. Einige wurden auch in Oberschlesien und in den westlichen Gebieten des Generalgouvernements angesetzt.

Rund 400000 Menschen sind auf Grund der deutsch-sowjetischen Verträge aus ihrer angestammten Heimat in Gebiete des ehemaligen Polens umgesiedelt worden, die vom Reich annektiert worden waren. Die deutschen Volksgruppen im Baltikum, in Ostpolen, in Bessarabien und der Bukowina gab es schon im Jahr 1940 nicht mehr. Für den alten Zusammenhalt der Auslandsdeutschen in der neuen Heimat taten die Machthaber des Dritten Reiches allerdings sehr wenig. Sie wurden möglichst kunterbunt durcheinander angesetzt. So ließen sie sich, das dachten jedenfalls die Nazis, problemloser lenken.

Doch nicht nur auf Grund der deutsch-sowjetischen Abmachungen sind damals Deutsche 'heimgeholt' worden. Auch solche deutschen Volksgruppen, die in ihrer heimatlichen Umgebung als isoliert galten, die in ihrem ethnischen Bestand gefährdet schienen, sind damals auf Initiative des Deutschen Reiches hin umgesiedelt worden. Dazu zählten 156000 Deutsche aus der Norddobrudscha und 10000 aus dem alten Staatsgebiet Rumäniens ebenso wie 53000 Deutsche aus Litauen, 15000 Deutsche aus dem Krainer Raum, 2000 Bulgariendeutsche, 18000 Bosniendeutsche und 2900 Serbiendeutsche. Auch sie wurden in den 'neugewonnenen' Gebieten des Reiches angesetzt.

Die Deportation der Rußlanddeutschen

Doch nicht nur Deutsche raubten ihren Landsleuten die angestammte Heimat, sowjetische Behörden standen ihnen dabei nicht nach.[19] Die Sowjetunion hatte zwischen 1939 und 1941 alle Verlangen der Regierung des Dritten Reiches, ihre Deutschen, die Menschen, die zwischen 1763 und 1862 etwa nach Rußland ausgewandert waren, freizugeben und nach Deutschland ausreisen zu lassen, abgelehnt. In den Augen der Sowjets waren diese Deutschen Staatsbürger der Sowjetunion.

Neun Wochen, nachdem die Armeen Nazi-Deutschlands am 22. Juni 1941 die Sowjetunion überfallen hatten, sah der Oberste Sowjet der UdSSR das plötzlich mit anderen Augen. Am 28. August faßte das nominell höchste Staatsorgan der Sowjetunion den Beschluß, die Wolgadeutschen als potentielle Diversanten und Spione nach Sibirien und Kasachstan umzusiedeln und die seit Anfang der zwanziger Jahre bestehende 'Autonome Sowjetrepublik der Wolgadeutschen' abzuschaffen (Text des Erlasses s. Abb. 23). Erst dreiundzwanzig Jahre und einen Tag später raffte sich die Führung der Sowjetunion zum 'Erlaß des Präsidiums des Obersten Sowjets über die Abänderung des Erlasses des Präsidiums des Obersten Sowjets vom 28. August 1941, die Umsiedlung der Deutschen des Wolgagebiets betreffend' auf. Nachdem dieser Erlaß vier Monate später endlich veröffentlicht worden ist, wußten die Deutschen in der Sowjetunion und mit ihnen die Menschen in aller Welt, daß „das Leben gezeigt" habe, „daß diese pauschalen Beschuldigungen unbegründet und ein Ausdruck der Willkür unter den Bedingungen des Personenkults Stalins waren". „In Wirklichkeit", so hieß es in diesem Dekret, „hat die überwältigende Mehrheit der deutschen Bevölkerung in den Jahren des Großen Vaterländischen Krieges zusammen mit dem ganzen Sowjetvolk durch ihre Arbeit zum Sieg der Sowjetunion über das

[19] B. Pinkus/I. Fleischhauer (1987), Die Deutschen; B. Pinkus (1981), Die Deutschen.

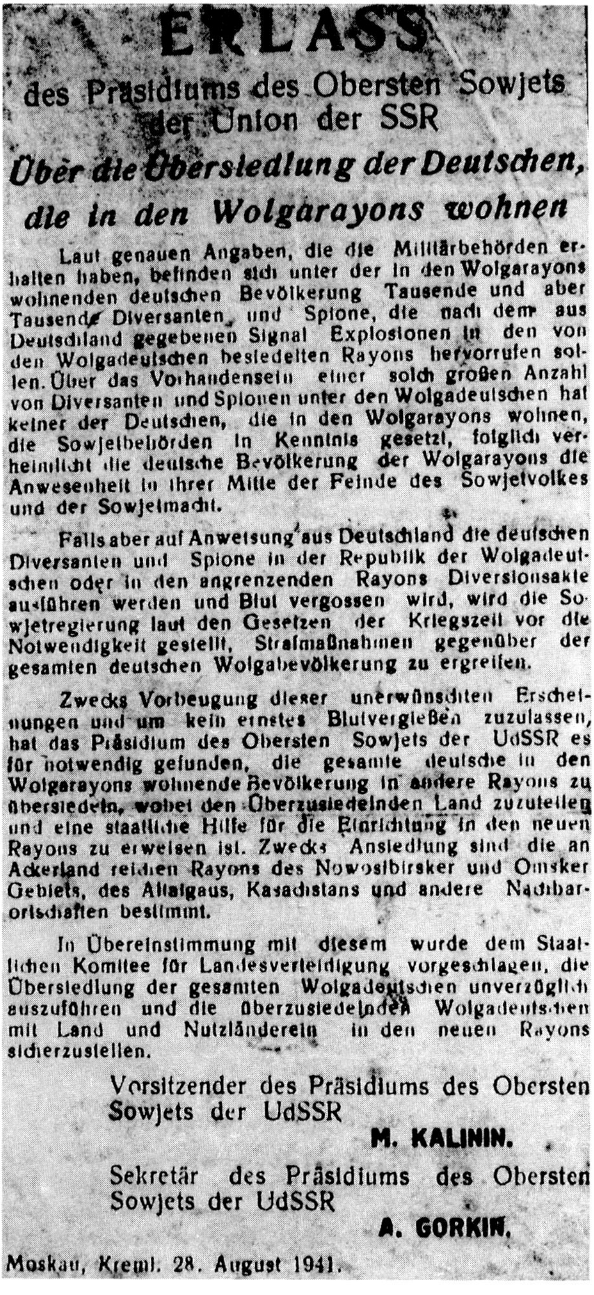

ERLASS

des Präsidiums des Obersten Sowjets der Union der SSR

Über die Übersiedlung der Deutschen, die in den Wolgarayons wohnen

Laut genauen Angaben, die die Militärbehörden erhalten haben, befinden sich unter der in den Wolgarayons wohnenden deutschen Bevölkerung Tausende und aber Tausende Diversanten und Spione, die nach dem aus Deutschland gegebenen Signal Explosionen in den von den Wolgadeutschen besiedelten Rayons hervorrufen sollen. Über das Vorhandensein einer solch großen Anzahl von Diversanten und Spionen unter den Wolgadeutschen hat keiner der Deutschen, die in den Wolgarayons wohnen, die Sowjetbehörden in Kenntnis gesetzt, folglich verheimlicht die deutsche Bevölkerung der Wolgarayons die Anwesenheit in ihrer Mitte der Feinde des Sowjetvolkes und der Sowjetmacht.

Falls aber auf Anweisung aus Deutschland die deutschen Diversanten und Spione in der Republik der Wolgadeutschen oder in den angrenzenden Rayons Diversionsakte ausführen werden und Blut vergossen wird, wird die Sowjetregierung laut den Gesetzen der Kriegszeit vor die Notwendigkeit gestellt, Strafmaßnahmen gegenüber der gesamten deutschen Wolgabevölkerung zu ergreifen.

Zwecks Vorbeugung dieser unerwünschten Erscheinungen und um kein ernstes Blutvergießen zuzulassen, hat das Präsidium des Obersten Sowjets der UdSSR es für notwendig gefunden, die gesamte deutsche in den Wolgarayons wohnende Bevölkerung in andere Rayons zu übersiedeln, wobei den Überzusiedelnden Land zuzuteilen und eine staatliche Hilfe für die Einrichtung in den neuen Rayons zu erweisen ist. Zwecks Ansiedlung sind die an Ackerland reichen Rayons des Nowosibirsker und Omsker Gebiets, des Altaigaus, Kasachstans und andere Nachbarortschaften bestimmt.

In Übereinstimmung mit diesem wurde dem Staatlichen Komitee für Landesverteidigung vorgeschlagen, die Übersiedlung der gesamten Wolgadeutschen unverzüglich auszuführen und die überzusiedelnden Wolgadeutschen mit Land und Nutzländereien in den neuen Rayons sicherzustellen.

Vorsitzender des Präsidiums des Obersten Sowjets der UdSSR

M. KALININ.

Sekretär des Präsidiums des Obersten Sowjets der UdSSR

A. GORKIN.

Moskau, Kreml. 28. August 1941.

Abb. 23: Das Deportationsdekret des Obersten Sowjet vom 28. August 1941

faschistische Deutschland beigetragen und beteiligte sich in den Nachkriegsjahren aktiv am kommunistischen Aufbau.“[20]

Durch diese Rehabilitierung aller in der Sowjetunion lebenden Deutschen wurde indirekt auch eingestanden, daß nicht nur die Wolgadeutschen in den Kriegsjahren unter schwersten pauschalen Beschuldigungen aus ihrer alten Heimat vertrieben worden sind, sondern alle anderen Gruppen der Rußlanddeutschen auch, jedenfalls soweit die Sowjetunion über sie noch verfügen konnte. Nur, weder für die Deutschen der Krim oder Südrußlands noch die des Kaukasus gab es einen vergleichbaren Erlaß wie den für die Wolgadeutschen vom 28. August 1941. Sie waren, wie man in der Sowjetunion sagte, ‘administrativ’ deportiert worden.

Als erste Gruppe mußten die Deutschen der Krim ihre Heimat verlassen. Am 20. August 1941 erklärten Angehörige des NKWD den dortigen Deutschen: „Wir bringen euch ins Hinterland, damit ihr nicht unter den Kriegshandlungen zu leiden habt.“[21] Die geheuchelte Fürsorge der sowjetischen Behörden bedeutete in Wahrheit: Transport der Deutschen auf Leiter-, Last- oder Güterwagen bis zum Schwarzen Meer; Verfrachtung auf ein Schiff, das Kurs auf den Nordkaukasus nahm; Zeitweiliger Aufenthalt in der Stadt und im Gebiet Ordžonikidze, und schließlich endgültige Deportation nach Zentralasien und Sibirien.

Betroffen von dieser ersten Deportation waren vermutlich fast 40000 Menschen. Nicht wenige von ihnen sind schon auf dem Transport gestorben, und zwar zuerst sogar durch deutsche Einwirkung. Denn die deutsche Luftwaffe bombardierte die Zug- und Schiffstransporte, solange sie in ihrer Reichweite waren, schwer.[22] Auch die Juden und die Krimtataren sind deportiert worden. Von allen drei Bevölkerungsgruppen waren allein die Juden der Krim tatsächlich gefährdet.

Auch die Deutschen der Ukraine sind schon Anfang des Krieges zwangsverschickt worden, jedenfalls jene, auf die sowjetische Behörden noch zugreifen konnten. Der Eile wegen, zu der die schnell vorrückenden deutschen Truppen zwangen, beschränkte sich der NKWD hier meist auf die männlichen Bewohner der deutschen Kolonien. Betroffen waren von dieser Maßnahme vermutlich rund 100000 Menschen. Sie landeten in Zentralasien, in der kazachischen, der kirgisischen und der tadžikischen Republik.

[20] Zitiert nach B. Pinkus/I. Fleischhauer (1987), Die Deutschen, S. 363f.
[21] Dies. (1987), Die Deutschen, S. 304.
[22] B. Pinkus (1981), Die Deutschen in der Sowjetunion, S. 10, Anm. 10.

Die Deportation der Wolgadeutschen begann schon erheblich vor dem Erlaß des Dekrets vom 28. August. Nach persönlichen Zeugnissen mußten die ersten Menschen bereits im Juli ihre alte Heimat verlassen. Die Masse der Deutschen wurde dann im September abtransportiert. Rund 400000 Wolgadeutsche steckte man in Güterzüge und brachte sie in wochenlanger Fahrt nach Sibirien, ins Altai-Gebiet oder nach Zentralasien, hier besonders nach Nordkazachstan. In diesen Gebieten trafen sie Ende September bzw. Anfang Oktober ein.

Im Oktober 1941 wurden dann die Deutschen des Kaukasusgebietes von der Deportationswelle erfaßt. Sie fanden sich plötzlich und unvermutet in Kazachstan wieder. Insgesamt sind damals in der kurzen Zeitspanne von vier Monaten vermutlich rund 640000 Deutsche nach Zentralasien bzw. nach Sibirien zwangsumgesiedelt worden.[23] Alle mußten die Reise ins Unbekannte unter unmenschlichen Umständen antreten und hinter sich bringen.

Eine zweite Deportationswelle lief in den Jahren zwischen 1943 und 1944 über die Sowjetunion hinweg. Sie erfaßte 26000 Deutsche aus dem Raum Leningrad (17. März 1942), einige tausend Kaukasusdeutsche (Juli 1942) und in Leningrad internierte deutsche Staatsbürger nach dem Ende der Belagerung der Stadt (März 1944). Insgesamt betrug die Zahl der davon betroffenen Deutschen 50000.

Die Flucht der Deutschen aus Ostmitteleuropa und den deutschen Ostprovinzen

Aber nicht nur die Rußlanddeutschen, deren Heimat unter sowjetischer Herrschaft blieb, verloren in dieser grausamen Art ihr Zuhause. Das widerfuhr auch jenen, die in Gebieten lebten, die von der Wehrmacht erobert worden waren. Und ihr Schicksal war vielleicht sogar noch schlimmer als das ihrer nach Osten deportierten Landsleute.

Als sich mit der Katastrophe der 6. Armee vor Stalingrad die Niederlage Deutschlands im Zweiten Weltkrieg auch für berufsmäßige Optimisten deutlich abzeichnete, als die deutsche Front zunächst Monat für Monat, dann Woche für Woche und schließlich Tag für Tag nach Westen zurückverlegt wurde, da wurden auch die unter deutsche Herrschaft geratenen Rußlanddeutschen im Zuge der sogenann-

[23] B. Pinkus/I. Fleischhauer (1987), Die Deutschen, S. 311.

ten Administrativumsiedlung in den Warthegau evakuiert. Betroffen waren davon vermutlich 350000 Menschen.

Nicht alle von ihnen hatten, als der deutsche Rückzug aus Rußland mitunter zur kopflosen Flucht wurde, den Warthegau schon erreicht. Viele waren in den langen Trecks der Flüchtlinge, die damals das Verkehrsbild Osteuropas prägten, noch auf dem Weg nach Westen. Sie wurden von der stürmisch vordringenden Roten Armee überrollt. Die sowjetischen Soldaten, die im Vorrücken sahen, wie die Nazis in ihrer Heimat gewütet hatten, waren dadurch schon von einem tiefen Haß gegen alles Deutsche erfüllt.[24] Die Rußlanddeutschen in den Trecks waren für sie 'Vaterlandsverräter' und 'engste Kollaborateure des Nazi-Regimes'. Diese gefährliche Stimmung der einfachen Soldaten wurde noch angeheizt durch die sowjetische Propaganda. Einen unrühmlichen Höhepunkt bildete dabei ein sowjetisches Flugblatt, das aus der Feder Ilja Ehrenburgs stammte und den barbarischen Titel 'Töte' trug (Text s. Abb. 24).

Mit der 'Wiedererlangung' der noch auf dem Treck gen Westen erwischten Rußlanddeutschen begnügte sich die Sowjetunion jedoch keineswegs. Nach der Eroberung Polens, Ostpreußens, der östlichen Teile Österreichs und der späteren SBZ wurden dort sehr sorgfältig alle Bewohner registriert. Die Sowjets wollten dadurch vor allem wohl deren Staatsangehörigkeit feststellen. Stieß man auf Umsiedler, dann interessierten sich die sowjetischen Militärbehörden besonders für zwei Gruppen: Erstens für die früheren Sowjetbürger im engeren Sinne, für die Rußlanddeutschen. Die sowjetische Regierung hatte sie kraft Siegerrecht zu Sowjetbürgern erklärt, die von den Nazis aus der Sowjetunion deportiert worden waren. Diese Menschen hatten in der Zwischenzeit aber im allgemeinen von den Behörden des Dritten Reiches die deutsche Staatsbürgerschaft erhalten. Die Bundesrepublik betrachtet sie als deutsche Staatsbürger. Die Sowjetunion sah in ihnen dagegen Sowjetbürger.

Die zweite Gruppe, die die sowjetischen Militärstellen stark interessierte, waren die Vertragsumsiedler der Jahre 1939–1941. Es waren Deutsche aus dem Baltikum, aus Polen und Rumänien. Auch sie wurden jetzt kurzerhand ebenfalls zu Sowjetbürgern erklärt. Die Angehörigen beider Gruppen wurden in die Sowjetunion 'repatriiert'.[25]

[24] Zu den sowjetischen Verlusten M. Heller/A. Nekrich (1982), Geschichte der Sowjetunion, II, S. 129ff.

[25] Zu den Repatriierungen insgesamt vgl. M. Heller/A. Nekrich (1982), Geschichte der Sowjetunion, II, S. 139–141.

СМЕРТЬ НЕМЕЦКИМ ОККУПАНТАМ!

УБЕЙ!

Вот отрывки из трех писем, найденных на убитых немцах:

Управляющий Рейнгардт пишет лейтенанту Отто фон Шираху:

„Французов от нас забрали на завод. Я выбрал шесть русских из Минского округа. Они гораздо выносливей французов. Только один из них умер, остальные продолжают работать в поле и на ферме. Содержание их ничего не стоит и мы не должны страдать от того, что эти звери, дети которых может быть убивают наших солдат, едят немецкий хлеб. Вчера я подверг легкой экзекуции двух русских бестий, которые тайком пожрали снятое молоко, предназначавшееся для свиных маток...“

Матаес Цимлих пишет своему брату ефрейтору Генриху Цимлиху:

„В Лейдене имеется лагерь для русских, там можно их видеть. Оружия они не боятся, но мы с ними разговариваем хорошей плетью...“

Некто Отто Эссман пишет лейтенанту Гельмуту Вейганду:

„У нас здесь есть пленные русские. Эти типы пожирают дождевых червей на площадке аэродрома, они кидаются на помойное ведро. Я видел, как они ели сорную траву. И подумать, что это — люди...“

Рабовладельцы, они хотят превратить наш народ в рабов. Они вывозят русских к себе, издеваются, доводят их голодом до безумия, до того, что, умирая, люди едят траву и червей, а поганый немец с тухлой сигарой в зубах философствует: „Разве это люди?..“

Мы знаем все. Мы помним все. **Мы поняли: немцы не люди. Отныне слово „немец“ для для нас самое страшное проклятье. Отныне слово „немец“ разряжает ружье. Не будем говорить. Не будем возмущаться. Будем убивать. ЕСЛИ ТЫ НЕ УБИЛ ЗА ДЕНЬ ХОТЯ БЫ ОДНОГО НЕМЦА, ТВОЙ ДЕНЬ ПРОПАЛ. Если ты думаешь, что за тебя немца убьет твой сосед, ты не понял угрозы. Если ты не убьешь немца, немец убьет тебя.** Он возьмет твоих и будет мучать их в своей окаянной Германии. Если ты не можешь убить немца пулей, убей немца штыком. Если на твоем участке затишье, если ты ждешь боя, убей немца до боя. Если ты оставишь немца жить, немец повесит русского человека и опозорит русскую женщину. **ЕСЛИ ТЫ УБИЛ ОДНОГО НЕМЦА, УБЕЙ ДРУГОГО — НЕТ ДЛЯ НАС НИЧЕГО ВЕСЕЛЕЕ НЕМЕЦКИХ ТРУПОВ. Не считай дней. Не считай верст. Считай одно: убитых тобою немцев. Убей немца! — это просит старуха-мать. Убей немца! — это молит тебя дитя. Убей немца! — это кричит родная земля. НЕ ПРОМАХНИСЬ. НЕ ПРОПУСТИ. УБЕЙ!**

Илья ЭРЕНБУРГ.

Воениздат НКО СССР, 1942. Г 228119 Зак. 4340

Abb. 24: Das Flugblatt „Töte“ von Ilja Ehrenburg

Das geschah in der Regel gegen ihren Willen, und es geschah auch mit denjenigen, die in den Wirren des Kriegsendes bis in die westlichen Besatzungszonen gelangt waren.

Betroffen waren davon etwa 330000 Menschen, 45000 bis 50000 von ihnen wurden durch die sowjetischen Repatriierungskommissare in den westlichen Besatzungszonen des geschlagenen Deutschlands aufgespürt. Ihnen allen versprachen die sowjetischen Behörden die Rückkehr in ihre alten Heimatorte. Jedoch wurden die meisten von ihnen in plombierten Güterwagen, in die jeweils zwischen 45 und 120 Personen gepfercht wurden, in einer vier bis acht Wochen dauernden Fahrt in die ASSR der Komi, sie liegt westlich des nördlichen Ural, bzw. nach Sibirien transportiert. Nach glaubwürdigen Angaben Überlebender starben schon während der Fahrt 30 bis 40 Prozent der Menschen.

So mancher Rußlanddeutsche, der heute als Aussiedler zu uns in die Bundesrepublik kommt, ist 1945 von sowjetischen Soldaten mit der Zustimmung und Beihilfe der Engländer und der Amerikaner aus Hannover etwa oder aus Augsburg verschleppt, 'repatriiert', worden.

Die Deutschlandpolitik der Alliierten

Während diese bedauernswerten Menschen in Richtung Osten rollten, bewegte sich ein breiter Menschenstrom in die entgegengesetzte Richtung. Es waren auch Deutsche, Menschen, die sich im Jahr 1945 vielleicht noch auf der Flucht befanden, meist aber schon Vertriebene, die sich nach einer neuen Heimat umsehen mußten.

Über ihr Schicksal hatten nicht mehr Hitler und Stalin im Verein oder jeder der beiden einzeln entschieden. Nein, wie sie zukünftig leben würden, darüber hatten die 'Großen Drei' befunden.[26] Der amerikanische Präsident Roosevelt, der englische Premier Churchill und der sowjetische Diktator Stalin standen sich zum erstenmal am 28. November 1943 in Teheran von Angesicht zu Angesicht gegenüber. Auf dieser Konferenz, die bis zum 1. Dezember dauerte, stimmten die beiden westlichen Staatsmänner der Forderung Stalins zu, daß die im Hitler-Stalin-Pakt festgelegte sowjetische Westgrenze auch nach dem Krieg nicht verändert werden sollte. Das Verlangen des so-

[26] Zu den Kriegskonferenzen vgl. A. Fischer (Hrsg.) (1973), Teheran – Jalta – Potsdam; Die Potsdamer (Berliner) Konferenz 1945, Bd. 3: Teheran, Jalta, Potsdam (1986).

wjetischen Diktators, den eisfreien Hafen Königsberg der Sowjetunion zuzuschlagen, um, wie Stalin formulierte, 'im Nacken Deutschlands zu sitzen', fanden seine beiden Verhandlungspartner aus den Vereinigten Staaten und Großbritannien nicht ungebührlich.

Gleichfalls hatten die Großen Drei prinzipiell Einigung darüber erzielt, Polen für den Verlust im Osten auf Kosten Deutschlands zu entschädigen. Aber auch um Deutschland zukünftig besser im Zaum halten zu können, wollte man das Nachkriegspolen als Ganzes erheblich nach Westen verschieben. Als neue Grenze faßte man die Oder ins Auge. Probleme bei der Durchführung dieser Beschlüsse sah man nicht, war man sich doch sogar grundsätzlich darüber einig geworden, daß Deutschland nach seiner absehbaren Niederlage zerstückelt und an einer Wiedervereinigung gehindert werden sollte.

Das zweite Mal trafen die Großen Drei dann vom 4. bis 11. Februar 1945 in Jalta zusammen. Hier wurden sich die Sieger über die Aufteilung der Welt einig, so jedenfalls verstanden die Sowjets die Haltung vor allem der USA. Man erreichte eine Verständigung über die Besatzungszonen, die in Deutschland eingerichtet werden sollten. In Teheran war eine Europäische Beratende Kommission eingesetzt worden. Deren Mitglieder hatten in der Zwischenzeit in London die Zonengrenzen für Deutschland festgelegt. Erneut stimmten die drei Großen auf der Krim der Westverschiebung Polens zu. Sie waren einhellig der Meinung, daß die deutsche Bevölkerung aus den an Polen gefallenen Gebieten im Interesse einer 'nationalen Flurbereinigung' und um Deutschland territorial und bevölkerungsmäßig radikal zurückzudrängen, ausgewiesen werden sollte. Man sah in diesem Bevölkerungstransfer eine Möglichkeit, die deutsche Gefahr auf Dauer auszuschalten. Und man sah auch keinerlei Probleme bei seiner Abwicklung, hatten doch die Nazis ähnliches schon durchgeführt und damit die Praktikabilität solcher Beschlüsse bewiesen.

Die Vertreibung der Deutschen aus Ostmitteleuropa

Während dieser beiden Konferenzen waren die Truppen der Roten Armee weiter und weiter nach Westen vorgedrungen. Als die Großen Drei in Jalta konferierten, standen sowjetische Truppen bereits in Ostpreußen, sie hatten die Grenzen Pommerns erreicht und in Schlesien die Oder überschritten.

Diese Entwicklung des Krieges hatte zwei besondere Folgen: Zunächst einmal die Flucht vieler Deutscher aus ihrer Heimat aus Angst vor der Roten Armee. Die Nazi-Propaganda vom bolschewistischen Untermenschen, vordergründig drastisch bestätigt durch die Taten der Roten Armee im ostpreußischen Nemmersdorf,[27] bei denjenigen, die Bescheid wußten, was im Osten im deutschen Namen geschehen war, vielleicht auch das schlechte Gewissen, hatten dazu geführt, daß sich viele Ostpreußen und Pommern oder die Menschen des Reichsgaues Danzig-Westpreußen freiwillig auf den großen Treck nach Westen begaben.[28] Das war zunächst anarchisch und unorganisiert geschehen. Erst relativ spät organisierten die deutschen Behörden eine regelrechte Evakuierung. Vier bis fünf Millionen Ostdeutsche machten sich im Winter 1944/45 auf den Weg nach Westen. Sie erlitten unsäglich Schweres auf ihrer Flucht.

Die Zurückgebliebenen traf mit voller Wucht die 'Abrechnung' der Sowjets und der Polen.[29] Die Sieger feierten wahre Racheorgien. Ihre Vergeltungsmaßnahmen gossen sie bald sogar in Gesetzesform. Das erste diesbezügliche Gesetz wurde Ende 1944 in Jugoslawien erlassen. Es war das berüchtigte Gesetz Nr. 1. Durch seine Bestimmungen wurden alle Deutschen enteignet und für rechtlos erklärt. Die Polen folgten am 4. November 1944 mit dem ›Dekret des Polnischen Komitees der Nationalen Befreiung über die Sicherungsmaßnahmen gegenüber Volksverrätern‹.[30] Damit wurde die zweite Folge in Gang gesetzt, die der Kriegsverlauf hatte: die völlig willkürliche und ungeregelte Ausweisung von Deutschen aus ihrer Heimat.[31]

Währenddessen versammelten sich die Führer der Alliierten vom 17. Juli bis zum 2. August in Potsdam zur dritten großen Konferenz.[32] Durch den Verlauf des Krieges wurden die Westmächte von der Sowjetunion in Ostmitteleuropa in mindestens zwei Fällen vor ein fait accompli gestellt. Zum einen hatten die Sowjets den Polen bereits am 27. Juli 1944 im Vertrag mit dem Lubliner Komitee deutsches Gebiet

[27] A. M. de Zayas (1980), Die Wehrmachtsuntersuchungsstelle, S. 39ff.

[28] Zu den Problemen der Jahre 1944/45 im Osten vgl. die anregende Studie A. Hillgruber (1986), Die Zerschlagung des Deutschen Reiches.

[29] Zu den Massendeportationen Deutscher aus den Ostgebieten vgl. H. Mitzka (1985), Zur Geschichte der Massendeportationen.

[30] Abgedruckt bei H. Nawratil (1986), Die deutschen Nachkriegsverluste, S. 77.

[31] Zur Vertreibung vgl. Dokumentation der Vertreibung der Deutschen (1953ff.).

[32] E. Deuerlein (1970), Potsdam 1945; F. Faust (1969), Das Potsdamer Abkommen.

Sonderbefehl

für die deutsche Bevölkerung der Stadt Bad Salzbrunn einschliesslich Ortsteil Sandberg.

Laut Befehl der Polnischen Regierung wird befohlen:

1. Am 14. Juli 1945 ab 6 bis 9 Uhr wird eine Umsiedlung der deutschen Bevölkerung stattfinden.

2. Die deutsche Bevölkerung wird in das Gebiet westlich des Flusses Neisse umgesiedelt.

3. Jeder Deutsche darf höchstens 20 kg Reisegepäck mitnehmen.

4. Kein Transport (Wagen, Ochsen, Pferde, Kühe usw.) wird erlaubt.

5. Das ganze lebendige und tote Inventar in unbeschädigtem Zustande bleibt als Eigentum der Polnischen Regierung.

6. Die letzte Umsiedlungsfrist läuft am 14. Juli 10 Uhr ab.

7. Nichtausführung des Befehls wird mit schärfsten Strafen verfolgt, einschließlich Waffengebrauch.

8. Auch mit Waffengebrauch wird verhindert Sabotage u. Plünderung.

9. Sammelplatz an der Straße Bhf. Bad Salzbrunn-Adelsbacher Weg in einer Marschkolonne zu 4 Personen. Spitze der Kolonne 20 Meter vor der Ortschaft Adelsbach.

10. Diejenigen Deutschen, die im Besitz der Nichtevakuierungsbescheinigungen sind, dürfen die Wohnung mit ihren Angehörigen in der Zeit von 5 bis 14 Uhr nicht verlassen.

11. Alle Wohnungen in der Stadt müssen offen bleiben, die Wohnungs- und Hausschlüssel müssen nach außen gesteckt werden.

Bad Salzbrunn, 14. Juli 1945, 6 Uhr.

Abschnittskommandant
(-) Zinkowski
Oberstleutnant

Abb. 25: Ausweisungsbefehl für die Deutschen aus Bad Salzbrunn in Schlesien

bis zur Oder-Neiße-Linie zur Verwaltung übergeben.[33] Den Westmächten hatte aber eher die Odergrenze als neue deutsche Ostgrenze vorgeschwebt. Zum anderen war mit der Vertreibung der Deutschen durch Sowjets und Polen, aber auch durch andere Staaten, bereits begonnen worden. Auch sie mußte jetzt von den Westmächten, ohne daß sie Kontrollmöglichkeiten besaßen, akzeptiert werden. Die Vereinigten Staaten und Großbritannien billigten die 'Transferierung' der Deutschen aus Polen, der Tschechoslowakei und Ungarn in 'geregelter und humaner Form' (s. Abb. 25).[34]

Was tatsächlich in den Gebieten östlich von Oder und Neiße oder auch in der Tschechoslowakei praktiziert wurde, war – zunächst jedenfalls – ein sehr alttestamentarisches 'Auge um Auge, Zahn um Zahn'. Was 80 Millionen Deutsche nach Hitlers Herausforderung hätten tragen müssen, das hatten vor allem die rund siebzehn Millionen Deutschen, die nicht das Glück hatten, westlich der Oder-Neiße-Linie zu leben, zu erdulden.

Etwa zehn Millionen der Geflüchteten und Vertriebenen fanden damals in Westdeutschland Aufnahme. Über drei Millionen wurde in der Sowjetischen Besatzungszone eine neue Heimat zugewiesen. Etwa genauso viele Deutsche verloren im Zuge von Flucht, Vertreibung sowie Verschleppung in die Sowjetunion durch Hunger, Seuchen, Erschöpfung oder Verbrechen ihr Leben.[35]

Von den deutschen Volksgruppen, die vor dem Krieg in geschlossener Siedlung irgendwo in Ostmitteleuropa gelebt hatten, blieben nur die in Rumänien Siedelnden von Vertreibung verschont. Dort, vor allem in Siebenbürgen und im Banat, halten sich in unseren Tagen noch immer etwa 360000 Deutsche. Ungarn zählt rund 200000 Menschen deutscher Abstammung, deren Vorfahren vor allem seit 1689 ins Land gekommen waren, zu seinen Bürgern. Die Grenzen der Tschechischen und Slowakischen Föderativen Republik umschließen noch immer um die 90000 Sudetendeutsche.[36] Die Zahl der in Polen lebenden Deutschen läßt sich exakt nur schwer abschätzen. Lange nicht jeder, dem die 'Ehre' widerfuhr, von den Nazis in die Volksliste Drei aufgenommen zu werden, gehört ihr von seiner Abstammung

[33] Vgl. G. Rhode (1979), Polen, S. 1036ff.

[34] Vgl. E. Deuerlein (1970), Deklamation, S. 199.

[35] Vgl. H. Nawratil, (1986): Die deutschen Nachkriegsverluste.

[36] Diese Zahlen wurden auf dem Kongreß der deutschen Volksgruppen in Ost- und Südosteuropa genannt, vgl. FAZ, Nr. 245, Samstag 21. 10. 1989, S. 12.

her rechtens an. Die Rußlanddeutschen, die weitaus größte Gruppe der Auslandsdeutschen, blieben zwar gleichfalls in der Sowjetunion, aber sie waren weit verstreut worden. Die meisten von ihnen leben im nichteuropäischen Teil des Landes.

Sie alle, gleich in welchem Land, hatten nach 1945 ein schweres Schicksal zu tragen. In irgendeiner Form ist wohl jeder von ihnen stellvertretend für alle Deutschen von Rumänen, Ungarn, Tschechen, Slowaken oder Russen verantwortlich gemacht worden für das, was in deutschem Namen zwischen 1939 und 1945 in Ostmitteleuropa, in der Sowjetunion und auf dem Balkan geschehen ist.

Wenn ihr Leben auch hart war und noch heute fast überall in jeder Hinsicht unbefriedigend ist, so ist doch ihre Zahl, verglichen mit der der Deutschen, die vor 1939 oder gar vor 1919 in allen diesen Ländern gelebt haben, klein. Das Ende des Zweiten Weltkriegs brachte den Deutschen das, was sich die Sieger 1918/19 noch nicht zugetraut hatten: ihre Zusammendrängung auf stark verkleinertem Territorium und – später dann – ihre Organisation in zwei, zählt man Österreich einmal mit, in drei Staaten. Die Jahrhunderte andauernde Geschichte der Deutschen in Osteuropa als eines der prägenden Elemente war 1947 im wesentlichen beendet.

BILANZ UND AUSBLICK

Die Skizzierung eines tausendjährigen Teilprozesses europäischer Geschichte mit sparsamen Strichen sollte zum einen zeigen, daß sich seit dem 10. Jahrhundert das neue an das ältere Europa permanent angleicht. Zum anderen will der Verfasser ein Problem ins Bewußtsein heben, das Walter Schlesinger in die Frage gekleidet hat: „Ist das von der deutschen Ostsiedlung erfaßte Gebiet ein Geschichtsraum?" Seine rethorische Frage erläuterte er mit einer Beschreibung der Forschungsgenese: „Die deutsche Forschung hat es behauptet, ja sie hat zeitweise behauptet, dieses Gebiet sei im Grunde erst durch die deutsche Ostsiedlung oder, wie man erweiternd sagte, durch die deutsche Ostbewegung zu einem solchen Geschichtsraum mit eigener Individualität geworden. Die nach Osten gezogenen Deutschen seien es gewesen, die dem östlichen Mitteleuropa das geschichtliche Gepräge gegeben hätten, das es als eine Größe eigener Ordnung von Osteuropa abhebt." [1]

Einer solchen Sicht hat nicht nur Schlesinger, sondern auch die Historiographie in den ostmitteleuropäischen Ländern differenziert und vehement widersprochen. Gleichwohl haben ihre Einwendungen die polnischen oder tschechischen Historiker nicht davon abgehalten, ebenfalls einen eigenständigen ostmitteleuropäischen Geschichtsraum erkennen zu wollen, der jedoch von ihren eigenen Völkern geprägt worden sei. Das komplexe Problem setzt sich aus zumindest zwei Fragen zusammen. Die erste lautet: Gibt es einen ausschließlich von Deutschen geschaffenen ostmitteleuropäischen Geschichts- oder Kulturraum?

Weder das Christentum oder die Mönchsorden, noch der eiserne Räderpflug, die Egge oder die Dreifelderwirtschaft sind allein das Produkt des Denkens oder des Arbeitens deutscher Menschen. Das 'deutsche Recht' ist nur in einigen seiner Bestandteile ein spezifisch deutsches, insgesamt aber variiert es eine Art europäischen Siedlungsrechtes. Nicht nur deutsche, sondern nichtdeutsche Fürsten vor allem haben unsere Vorfahren aufgefordert, in ihren Ländern sich ansässig zu machen. Sie, nicht die deutschen Siedler haben die Initiative

[1] W. Schlesinger (1975), Die deutsche Ostsiedlung, S. 14.

für den Akkulturationsprozeß ergriffen. Die Deutschen des 11., 12., 13. oder 14. Jahrhunderts waren nicht die Lehrmeister der Menschen unseres Kontinents. Sie standen in einer älteren Tradition, aus der heraus sie lebten, deren Bestandteile sie weiterbildeten. Sie bauten auf dem, was die Griechen, die Etrusker oder die Römer geschaffen hatten. Sie übernahmen, was Italiener, Franzosen oder Niederländer davon bewahrt oder wiederentdeckt hatten. Sie eigneten es sich an, sie veränderten es, und sie brachten es ins östliche Mitteleuropa. Aber die Menschen dort eigneten sich das antike Erbe auch in eigenem Bemühen an.

Die Deutschen waren also – nicht nur, aber – vor allem Vermittler. Weder die Vorsehung noch gar ein Sendungsauftrag der Geschichte ließ sie diese Rolle spielen. Vielmehr bescherte ihnen die geographische Lage ihrer Heimat diesen Vermittlerpart. Altdeutschland liegt in der Mitte des Kontinents, aber am nordöstlichen Rand Alteuropas. Die Deutschen waren und sind fast allein die Nachbarn der ostmitteleuropäischen Völker. Sie waren bestens vertraut mit deren geographischen, geologischen und klimatischen Gegebenheiten, weil es in etwa die gleichen sind, die bei ihnen selbst auch herrschten.

Freilich – und das sollte man nicht gering schätzen –, für die Partie, die sie zu spielen hatten, waren sie gut gerüstet. Sie waren in ihrer Mehrzahl fleißig und von zäher Ausdauer. Ein starker Hang zu den sogenannten Sekundärtugenden der Gründlichkeit, der Pünktlichkeit, der Ordnungsliebe, der Sauberkeit, der perfekten Organisation usw. zeichnete sie aus. Diese Eigenschaften waren es, die ihnen, neben den Vorrechten, mit denen sie ausgestattet wurden, in der Regel ökonomischen Erfolg bescherten. Sie setzten sie in den Stand, schier endlose Wälder zu roden. Sie waren es, die die Deutschen als Vorbild für etwas weniger fleißige, etwas weniger ordentliche oder etwas weniger pünktliche Europäer geeignet machte. Sie trugen letztlich in nicht geringem Maß dazu bei, daß Deutsch für Jahrhunderte die *lingua franca* Ostmitteleuropas sein durfte.

Erb- und Besitzrechte, Pflug und Sense hatten die Menschen in Ostmitteleuropa gern von den zuwandernden Deutschen übernommen. Mit deren 'typischen' Eigenschaften konnten sie sich jedoch weniger befreunden. Seien wir ihnen deswegen nicht böse. Was hätten wir heute, wenn unsere Nachbarn anders reagiert hätten, für eine Vielzahl zusätzlicher Konkurrenten auf den Märkten der Welt, welches Defizit wohl auch an andersgearteter, keinesfalls weniger humaner Lebensart.

Unsere Antwort auf die erste Frage kann also nur lauten: eine allein von unseren deutschen Vorfahren geschaffene Geschichtslandschaft ist Ostmitteleuropa sicher nicht gewesen. Dieser Teil unseres Kontinents wurde seit dem 10. Jahrhundert geprägt von dem, was den westlichen Teil Europas schon vorher ausgemacht hat.

Neueuropa unterlag einem Europäisierungs-, aber keinem Germanisierungsprozeß. Zur Anhebung der Polen, der Böhmen, der Ungarn usw. auf den (alt)europäischen Standard haben unsere Vorfahren gewiß sehr viel beigetragen. Der Leistung dieser Menschen brauchen auch wir später Geborenen uns nicht zu schämen, sie brauchen wir nicht zu verstecken. Aber unsere deutschen Vorfahren haben diesen (alt)europäischen Standard nicht geschaffen. Sie haben zu ihm nur, wie die anderen Völker Europas auch, ihr Scherflein beigetragen.

Sehen wir uns die zweite Frage an. Gibt es einen nicht nur von Ost-, sondern auch von Westeuropa unterscheidbaren Kultur- oder Geschichtsraum Ostmitteleuropas? Bei der Darstellung der mittelalterlichen Siedlung vor allem und den Ergebnissen, die sie gezeitigt hat, wurde dieser Auffassung verschiedentlich zugestimmt und – *pars pro toto* – Lemberg als aussagekräftiges Beispiel dafür herangezogen. Andererseits wurde immer wieder auf den Europäisierungsprozeß verwiesen. Deshalb liegt die Vermutung nahe, daß wir die Frage doch mit einem „Nein“ beantworten müßten. Aber es hätte ein sehr eingeschränktes „Nein“ zu sein. Vor allem deshalb, weil es in Ostmitteleuropa durchaus Verhältnisse gegeben hat, wie sie anderswo auf unserem Kontinent nicht existierten.

Wo in Europa wohnten schon so viele Völker so kunterbunt durcheinander wie in diesem Gebiet zwischen Oder und Dnepr, Bottnischem Meerbusen und Griechenland? In welcher europäischen Stadt wurden schon, von so vielen Menschen jeweils, so viele verschiedene Sprachen gesprochen wie in Lemberg, in Posen, in Krakau, in Prag, in Wien, in Preßburg, Budapest und auch in Berlin?

Die Vielfalt Europas potenziert sich, *en miniature,* in Ostmitteleuropa. An ihr haben Deutsche hervorragenden Anteil gehabt; aber eben nur Anteil. Kaum weniger groß war etwa der Beitrag der Juden zu diesem Ostmitteleuropa, von der Mitwirkung der Polen, der Tschechen, der Slowaken, Ungarn usw. am Entstehen dieses eigenständigen Kulturraumes ganz zu schweigen. Doch wenn die Deutschen, zum Teil jedenfalls, Osteuropa ihren Stempel aufdrücken konnten (mit ihrer Sprache z. B.), dann war das nur deshalb möglich, weil sie sich an ein großes Volk – zuletzt 80 Millionen – anlehnen konnten.

Diese, ursprünglich vielversprechende, Entwicklung wurde im 19. Jahrhundert, mit dem Aufkommen des Nationalismus und der Setzung des Nationalstaates als absoluter Wert, gefährdet und spätestens mit Beginn des Zweiten Weltkriegs abrupt abgebrochen. Seit 1939 versuchten Deutsche die polnische Intelligenz auszurotten. Dann vernichteten sie mit der 'Endlösung' das europäische Judentum. Es hatte in Ostmitteleuropa eine Art Ferment dargestellt, durch das Deutsches, Polnisches, Tschechisches, Ungarisches und Jüdisches zu einer Kultur von eigentümlichem Gewicht verschmolzen war. Schließlich, am Ende dieses Völkermordens, wurden die Deutschen aus Ostmitteleuropa vertrieben. Was blieb da noch von seiner Besonderheit? Nichts. Vielleicht aber doch die Idee einer Föderation europäischer Völker?

Es gibt da das schöne Bild von den Generationen, die jeweils auf den Schultern ihrer Vorgänger stehen. Vergangenheit ist Grundlage für Gegenwart und Zukunft. Da das Gleichnis nicht in Frage steht, haben wir zu erkunden, welchen Stellenwert die Vergangenheit des Geschichtsraumes Ostmitteleuropa, die Idee Ostmitteleuropa, für die gegenwärtigen Entwicklungen hat. Lebt sie wieder auf in der modernen Mitteleuropadiskussion? Verwandelt sie sich in eine Mitteleuropaidee? Was ist das eigentlich für eine Idee? Ist sie erst ein Kind unserer Zeit oder bloße Nostalgie?

Der Mitteleuropagedanke stammt, wie der Nationalismus, aus dem 19. Jahrhundert. Das sogenannte System Metternich entwickelte ihn zur Abwehr vermeintlich revolutionärer, tatsächlich aber nationaler Aktivitäten im Deutschen Bund. In der Revolutionszeit der Jahre 1848/49 ist die Mitteleuropaidee wieder aufgegriffen worden. Sie sollte nach der Auffassung der Großdeutschen ihren Beitrag zur Lösung der deutschen Frage leisten. Selbst in Bismarcks Dreibundpolitik läßt sie sich ausmachen. Hoch im Kurs stand sie später bei den Männern des Alldeutschen Verbandes. Immer waren ihr dabei deutsche hegemoniale Vorstellungen auf politischem und wirtschaftlichem Gebiet eigen.

Während des Ersten Weltkriegs wurde die Mitteleuropaidee von Friedrich Naumann in den Mittelpunkt seiner politischen Konzeption gestellt. Doch mit dem Kriegsende und dem Frieden von Versailles waren derartige Überlegungen anscheinend gegenstandslos geworden. Der Schein trog, der Mitteuropagedanke lebte weiter; beispielsweise in den Vorstellungen der Nationalsozialisten. Eigentlich, so sollte man meinen, mußte er damit für alle Zukunft diskreditiert sein. Denn was früher nur starkes Gewicht besessen hatte, die Hegemonie der Deutschen über die kleinen Völker, überwucherte nun alles andere.

Entgegen jeder Vermutung meldete sich der Mitteleuropagedanke Anfang der achtziger Jahre mit der Stimme der kleinen Völker zurück. Sein äußerer Habitus war noch immer – wie vorher auch schon – wirr und unsystematisch, diffus und vage. Sein räumlicher Kern aber hatte sich gründlich gewandelt. Er wurde nun nicht mehr vor allem von Deutschland, sondern von den kleinen Völkern gebildet. Deutschland kam, Strafe muß sein, zunächst erst einmal nicht vor. Wie wurde diese alte, neue Idee jetzt beschrieben?

Im November 1983 veröffentlichte beispielsweise der Mährer Milan Kundera seinen Essay ›Un Occident kidnappé‹ in Paris. Im wesentlichen unverändert hat er seine Gedanken später, 1984, in deutscher Sprache unter dem Titel ›Der Traum von Mitteleuropa‹ im ›Wiener Journal‹ publiziert.[2] Er schreibt, daß das geographische Europa – vom Atlantik bis zum Ural – immer aus zwei Hälften bestanden habe. Sie entwickelten sich getrennt voneinander. Die eine war an das antike Rom und die katholische Kirche gebunden, die andere an Byzanz und die griechische Kirche. „Nach 1945", fährt er dann fort, „verschob sich die Grenze zwischen den beiden Europa mehrere hundert Kilometer nach dem Westen, und verschiedene Völker, die sich immer westlich gefühlt hatten, wachten auf und mußten feststellen, daß sie nun im Osten waren.

Als Ergebnis dessen stellten sich drei grundlegende Entwicklungen im Nachkriegseuropa ein: die Entwicklung Westeuropas, die Osteuropas und die wohl komplizierteste in jenem Teil Europas, der geographisch in der Mitte liegt – kulturell im Westen und politisch im Osten."[3]

Was er zu diesem Mitteleuropa rechnet, beschreibt Kundera nur indirekt. „Die Geschichte der Polen, Tschechen, Slowaken und Ungarn", so heißt es bei ihm, „war turbulent und diskontinuierlich. Die Traditionen ihrer Staatlichkeit waren und sind schwächer und weniger beständig als die der größeren europäischen Nationen. Eingekeilt zwischen den Deutschen auf der einen und den Russen auf der anderen Seite, verbrauchten die Nationen Mitteleuropas ihre Kräfte im Überlebenskampf und für die Erhaltung ihrer Sprachen."

[2] Beiträge dieser Art wurden später zusammengefaßt durch E. Busek/ G. Wilfinger (Hrsg.) (1986), Aufbruch nach Mitteleuropa, danach werden Kundera und Konrád zitiert.

[3] M. Kundera (1986), Die Tragödie, S. 133.

Polen, Tschechen, Slowaken und Ungarn – das allein sind in den Augen Kunderas Mitteleuropäer. Die Deutschen gehören nicht dazu. Freilich ist das so ganz klar und eindeutig nun auch wieder nicht. Denn, „das österreichische Kaiserreich hatte die große Chance, Mitteleuropa zu einem starken geeinten Staat zu machen. Aber die Österreicher waren leider selbst hin- und hergerissen zwischen einem arroganten pangermanischen Nationalismus und ihrer eigenen mitteleuropäischen Mission. Es gelang ihnen nicht, eine Föderation gleichberechtigter Nationen zu bilden, und ihr Scheitern war das Unglück für ganz Europa.“ [4]

Das ist eine außerordentlich problematische Aussage. Kundera hat hier Vorgänge im Auge, die vor dem Jahr 1914 liegen. Bis zum Sieg der Preußen im österreichisch-preußischen Krieg von 1866 hat Österreich nicht nur zum Deutschen Bund gehört, es hat ihn lange Zeit dominiert und es stand danach in Konkurrenz zur zweiten deutschen Großmacht, zu Preußen. Niemand hat den Österreichern damals – 1866 respektive 1871 – ihr Deutschsein bestritten. Auch später hat das keiner getan. 1918, als die österreichisch-ungarische Monarchie zerbrach, wollten sich die Österreicher ganz selbstverständlich an die Weimarer Republik anschließen. Als Deutsche wollten sie in Deutschland ihre staatliche Existenz finden. Die Sieger verboten ihnen das.

War das Verhalten der Österreicher Pangermanismus? Ist es eine Sache, wenn Polen nach einem eigenen Nationalstaat streben, wenn Tschechen das tun und ist es ein anderer, und zwar schlechter, Fall, wenn Deutsche gleiches tun? Diese Frage ist hier allein für die Vor-Auschwitz-Zeit gestellt. Die Österreicher waren damals keine eigene Nation, sie wollten auch keine sein. Erst nach 1945, in der Nach-Auschwitz-Zeit, haben sie begonnen, sich als eigene Nation zu verstehen.

Kundera mißt Österreicher und die anderen Mitteleuropäer hier durchaus mit zweierlei Maß. Aber immerhin, die österreichischen Deutschen hätten, wenn sie sich denn nicht dummerweise als Deutsche gefühlt hätten, bei ihm die Chance gehabt, zu Mitteleuropa zu gehören. Doch auch für die Gegenwart ist sich Kundera nicht so ganz sicher, ob denn Polen, Tschechen, Slowaken und Ungarn allein wirklich schon Mitteleuropa bilden. Er fragt nämlich immer wieder nach der geographischen Definition dieses Gebildes, und muß dabei eingestehen: „Es wäre sinnlos, diese Grenzen exakt ziehen zu wollen. Mit-

[4] Ders., (1986), Die Tragödie, S. 137.

teleuropa ist kein Staat: es ist eine Kultur oder ein Schicksal. Seine Grenzen sind imaginär und müssen in jeder neuen geschichtlichen Situation neu gezogen werden."[5] „Mitteleuropa", so schreibt er an anderer Stelle, „kann nicht durch politische Grenzen (die unecht sind und immer nur durch Invasionen, Unterwerfungen und Besetzungen auferlegt wurden) definiert und festgelegt werden, sondern nur durch die großen gemeinsamen Erfahrungen ..., die einen Bereich bezeichnen, der von den gleichen Erinnerungen, den gleichen Problemen und Konflikten und der gleichen gemeinsamen Tradition bewohnt wird."[6]

Gleiche Erfahrungen, gleiche Erinnerungen, gleiche Probleme und Konflikte, gleiche und gemeinsame Tradition, das macht nach Kundera mithin Mitteleuropa aus. Aber, so muß man fragen, werden diese Kriterien nicht von allen Europäern, auch von denen, die im Westen und von denen, die im Osten leben, erfüllt? Und wenn das nicht der Fall sein sollte, welche Nation genügte ihnen dann nicht?

Stellen wir die Antwort auf diese Frage erst einmal zurück, um zuvor noch einen zweiten Mitteleuropa-Denker vorzustellen, den Ungarn György Konrád. Er veröffentlichte 1985 in der Bundesrepublik ein Buch mit dem Titel ›Antipolitik. Mitteleuropäische Meditationen‹. Was er darin zu dem Gebilde in seinem Untertitel aussagt, unterscheidet sich im gewissen Umfang von dem, was wir bei Kundera lesen können. Es gibt aber zwischen beiden auch zahlreiche Übereinstimmungen. So schreibt Konrád: „Als Präsent von Jalta und Potsdam hat es sich ergeben, daß wir die Organisationsform Rußlands erhalten haben. Wir haben uns aus dem autoritären Apparat des mitteleuropäischen österreichisch-deutschen Reiches herausgeschlängelt und sind in die autoritäre Organisation des östlichen Reiches hineingeschlittert."[7]

Seine Mitteleuropavorstellungen hatte der Ungar schon ein Jahr früher – herausgelöst aus dem größeren Zusammenhang der Antipolitik – durch eine Veröffentlichung im ›Wiener Journal‹ bekanntgemacht. Sie trug den bezeichnenden Titel ›Der Traum von Mitteleuropa‹.

In diesem relativ kurzen Aufsatz führt er in ähnlicher Weise wie Kundera einen wahren Eiertanz um das Problem auf, wie Mitteleuropa zu definieren sei. Einmal stellt er fest: „Der Begriff Mittel-

[5] Ders., (1986), Die Tragödie, S. 139.
[6] Ders., (1986), Die Tragödie, S. 140.
[7] Zitiert nach F. Bondy (1985), Das Phantom Mitteleuropa.

europa spannt sich über die Blockgrenzen hinweg."[8] An anderer Stelle aber erwähnt er, offenbar als Voraussetzung dafür, ein Mitteleuropäer zu sein, die Zugehörigkeit zu einer kleinen Nation und meint, daß es vielleicht „hundert bis zweihundert Millionen Mitteleuropäer" gibt.[9]

Zwischen beiden Zahlen besteht ein erheblicher Unterschied. Sollten es nur hundert Millionen Mitteleuropäer sein, dann gehören wir Deutschen leider nicht dazu. Bei zweihundert Millionen aber müssen wir einfach dabei sein. So viele Menschen bringen die kleinen Völker allein gar nicht zusammen. Konrád wird in seinen weiteren Darlegungen immer vager. „Mitteleuropäer ist der, dessen staatliche Existenz irgendwie künstlich ist und nicht ganz seinem Realitätsempfinden entspricht." Diese Bedingungen erfüllen wir Deutschen. „Mitteleuropäer", schreibt er dann aber weiter, „ist der, den die Teilung unseres Erdteils verletzt, berührt, behindert, beunruhigt und beengt."[10] Welcher geschichtsbewußte Franzose, Holländer, Spanier oder Portugiese reihte sich da nicht ein unter die Mitteleuropäer?

Auch Konrád feiert das untergegangene Österreich-Ungarn. „Kakaniens größte Energie verbarg sich in seinem Gemischtsein. Elf Völker", so heißt es, „kamen irgendwie miteinander aus. Sie machten einen gemeinsamen Mitteleuropäischen Markt. An den alten Franz Joseph hatten wir uns schon irgendwie gewöhnt, wir hatten keine allzu große Angst vor ihm."[11] Ganz abgesehen von der Frage, warum denn 1918/19 alle kakanischen Küken energisch von der habsburgischen Glucke wegstrebten, schließt ein so verstandenes Mitteleuropa nicht nur Franzosen, Holländer, Spanier, Portugiesen und Engländer wieder aus, sondern auch alle nichtösterreichischen Deutschen. Die Deutschen stehen erneut draußen vor der Tür. Aber das scheint dann ebenfalls nicht zu stimmen, da es gar keine Tür gibt, vor der wir stehen könnten, denn „. . . da es Mitteleuropa de facto nicht gibt, ist der mitteleuropäische Standpunkt ein blocktranszendenter"[12]. Aber die Freude währt nur kurz: „. . . Zu Mitteleuropa", so schreibt Konrád weiter, „gehört eigentlich auch das deutsche Volk, das mehrere Male vergebens versuchte, die umliegenden Völker zu unterwerfen, während die eigene Selbstbestimmung chronisch krank war. Dieser Grö-

[8] G. Konrád (1986), Der Traum von Mitteleuropa, S. 87.

[9] Ders., (1986), Der Traum von Mitteleuropa, S. 88.

[10] Ders., (1986), Der Traum von Mitteleuropa, S. 88.

[11] Ders., (1986), Der Traum von Mitteleuropa, S. 88.

[12] Ders., (1986), Der Traum von Mitteleuropa, S. 90.

ßenwahnsinn des Deutschen Reiches führte dazu, daß es heute kein Mitteleuropa gibt und daß sich die Kontakte zwischen unseren Völkern vermutlich auf einer niedrigeren Stufe bewegen als vor hundert Jahren."[13] „Deutsch, unsere gemeinsame Sprache, haben wir nicht zuletzt der Deutschen wegen verloren",[14] befindet er.

Eigentlich gehören wir dazu, aber unseretwegen gibt es das nicht mehr, wozu wir an und für sich gehörten. Wir können diesen Vorwurf nicht zurückweisen. Wir wollen unsere Schuld nicht verringern. Aber die Frage sei doch erlaubt: hat es nur deutschen Nationalismus, deutschen Chauvinismus gegeben?

Unausgesprochen verneint Konrád selbst unsere Frage, wenn er schreibt: „Wesentlich für Mitteleuropa ist die Tatsache, daß es in der Mitte liegt und die Randgebiete nicht abgegrenzt sind, wir wissen nicht, wo es endet . . . Die Städte Mitteleuropas", und nun lohnt sich ein genaues Lesen, „– von Berlin bis Rom und von Warschau bis Athen – bleiben unrettbar provinziell, solange sie sich derart in ihre lokalen Probleme und Vorurteile vergraben, sie bleiben provinziell, solange es kein Mitteleuropa geben wird."[15]

Die unscharfe Sprache rührt her aus einem diffusen Denken, ja, eigentlich weniger aus einem Denken als vielmehr einem bloßem Fühlen. Warum nennt er Rom, wenn wir Paris, Brüssel oder London hier vergebens suchen?

Deutsche Intellektuelle haben sich der Idee 'Mitteleuropa' ebenfalls angenommen. Einen der überlegenswertesten Beiträge zu dieser Diskussion hat Karl Schlögel geleistet. Er schreibt: „Mitteleuropa – das Wort ist bereits eine Provokation an der Mauer im Kopf. Aus mitteleuropäischer Sicht wird beweglich, was unbeweglich schien; aus mitteleuropäischer Sicht wird künstlich, was so natürlich dasteht."[16] Dem kann man, ohne geistige Verrenkungen ausführen zu müssen, wohl zustimmen. Denn Prag, um ein Beispiel zu nehmen, ist ebensowenig eine osteuropäische Stadt wie etwa Warschau oder Budapest Die Prager, die Warschauer wie die Budapester, hier stellvertretend für ihre Völker stehend, sie haben sich nie als Osteuropäer gefühlt. Nur wir, die westlich jener fatalen Jaltalinie leben durften, haben das so gesehen; wir sehen das wohl auch heute noch so?

[13] Ders., (1986), Der Traum von Mitteleuropa, S. 91.

[14] Ders., (1986), Der Traum von Mitteleuropa, S. 94.

[15] Ders., (1986), Der Traum von Mitteleuropa, S. 94.

[16] K. Schlögel, Die Mitte liegt im Osten, Die Zeit, Nr. 16, 11. April 1986, S. 64.

Schlögel deutet an, wozu Mitteleuropa nach seiner Auffassung dienen kann: „‚Mitteleuropa' bietet sich an als der endlich gefundene archimedische Punkt, als der Hebel, mit dem sich etwas gegen die Übermacht", und hier gilt es genau zuzuhören, „der Supermächte zuwege bringen lassen könnte"; aber, wendet er gegen diese Zweckbestimmung sofort ein, „das wäre allerdings nur das alte Spiel der Strategen, zu deutsch: der Feldherrn. Mitteleuropa war zu häufig Experimentierfeld für ‚instrumentelles Handeln', für ‹Cordon-sanitaire›-Planer und ‹Entente-cordial›-Proklamationen, bei denen das Herz die allergeringste Rolle spielt." [17]

Was sich bei den Intellektuellen der kleinen Staaten des östlichen Mitteleuropas im Bereich des Ätherischen, fast Mystischen oder des Traumes abspielte, was Schlögel eine Sache des Herzens sein lassen will, das hat in der Bundesrepublik eine Parallele im – von Schlögel so herabgestuften – Strategischen, im handfest Politischen gefunden. Peter Glotz beispielsweise forderte 1985 „eine stärkere Konturierung Mitteleuropas im Zusammenhang mit einer weitergeführten Ostpolitik und gewisse Distanz zur amerikanischen Führung der Westallianz". Er plädierte dafür, „daß neue mitteleuropäische Realitäten nicht hüben und drüben durch ‚Reideologisierung' verdeckt werden" [18].

Zum Zeitpunkt seines Plädoyers gab es mitteleuropäische Realitäten noch gar nicht. Was damals existierte, war, um mit György Konrád zu sprechen, nur ein Traum von Mitteleuropa. Es war ein sehr diffuses Traumbild sogar nur. Glotz meint, so scheint es, das Wolkenkuckucksheim „Mitteleuropa" als politischen Hebel benutzen zu können, der Deutschland in eine – vermeintlich – bessere machtpolitische Position zu katapultieren vermag. Er sieht unser Land, vereint mit den kleinen Völkern des Kontinents, als Weltkind in der Mitten zwischen dem Osten und dem Westen, selbstverständlich als ein die Gegensätze einebnendes Weltkind, als Garant für Friede und Einigkeit. Gefragt, ob denn die Kleinen überhaupt mit von dieser Partie sein wollen, wird da nicht. Im Zweifelsfall, so ging das früher jedenfalls immer aus, hätten sie zu wollen.

Der eigenständige Geschichts- und Kulturraum Ostmitteleuropa, der 1945 in seine nationalen Bestandteile zersprengt wurde, lebt zwar weiter in der Idee von Mitteleuropa. Freilich ist das eine Idee, die

[17] Ders., Die Mitte liegt im Osten, Die Zeit, Nr. 16, 11. April 1986, S. 64.

[18] Vgl. F. Bondy, Das Phantom Mitteleuropa, FAZ, 21. Dezember 1985, Nr. 296 (Beilage ›Ereignisse und Gestalten‹).

bei den bisherigen Versuchen, sie ins Politisch-Praktische umzusetzen, regelmäßig Schiffbruch erlitten hat. In ihrer ursprünglichen Form bedeutete sie die Hegemonie Deutschlands über die kleinen Völker. In ihrer erneuerten Spielart aber ist sie als Summe allein der kleinen Völker eine bloße Fiktion. Ein Blick auf die Karte unseres Kontinents zeigt, daß Deutschland seine Mitte bildet. Wer immer von Warschau, Prag oder Budapest Menschen oder Waren beispielsweise nach Paris transportieren wollte, könnte das nur unter hohen Kosten durchführen, wenn er Deutschland umgehen müßte. Mit Deutschland fehlt den kleinen Völkern in einem politisch gestalteten Mitteleuropa die Luft zum Atmen, ohne unser Land aber sind sie nicht lebensfähig.

Die Ereignisse des März 1985 in Moskau erlösten die 'Mitteleuropäer' aus ihrem Dilemma. Das Politbüro der KPdSU wählte Michail Gorbatschow zu seinem Generalsekretär. Er begann nicht nur die Sowjetunion umzubauen, die heimischen Herrschaftsverhältnisse transparent zu machen und von Demokratie in der Sowjetunion zu sprechen. Gorbatschow verkündete den ehemaligen Satelliten der stalinschen Sowjetunion auch, daß sie nun nach eigener, seinetwegen sogar pluralistisch-demokratischer Façon selig werden könnten. Der Staats- und Parteichef gab sowjetischen Panzern und Flugzeugen nicht den Marschbefehl, als Ungarn, Polen, die Deutschen in der DDR, die Bulgaren und Tschechen, Mährer und Slowaken oder die Rumänen ihn beim Wort nahmen. Mit diesem Verhalten war der eigentliche Grund, aus dem die Intellektuellen von Warschau bis Budapest von Mitteleuropa nur träumten, gegenstandslos geworden.

Der neue Mann im Kreml redet darüber hinaus häufig vom gemeinsamen Haus Europa. Und er vermittelte dabei den anderen Europäern, aber auch den Amerikanern, durchaus den Eindruck, daß er, und die Seinen bereits dabei seien, ihre Sachen in den Möbelwagen zu laden, um in das Haus Europa einzuziehen.

Und hier, bei dieser Absicht der Russen, wird es problematisch. Die Sowjetunion, das heilige Rußland, ist selbstverständlich als Teil Europas anzusehen. Aber es ist ein Teil unseres Kontinents, der andere geistige Wurzeln hat. Sie haben dazu geführt, daß die Mentalitäten der Russen sich von denen der Bevölkerung im lateinischen Europa erheblich unterscheiden. Und nicht nur das; Europa war bis an die Grenzen des alten Zarenreiches respektive des frühen Sowjetrußlands, immer geprägt von einer bunten Vielfalt. Gerade die aber war Rußland fremd. Es war, um noch einmal Kundera zu zitieren, „gleichförmig, normierend, zentralisierend, entschlossen, alle Nationen seines

Reiches in ein einziges russisches Volk umzuwandeln"[19]. Daran hat der Leninismus-Stalinismus, das Sowjetsystem bisher nichts Entscheidendes geändert. Die Orthodoxie wurde zwar ihres Anspruchs, alleinseligmachend zu sein, beraubt, doch die Zentralisierungstendenzen, die imperialen Phantasien des alten Rußland und den Chauvinismus vieler seiner Menschen, die gab es auch in der Sowjetunion. Und sie sind heute, hört man auf Verlautbarungen der Pamjat'-Anhänger, keineswegs verblaßt.

Es gibt viele literarische Zeugnisse Rußlands, in denen es, wenn eine Reise nach Berlin, Baden-Baden oder Paris anstand, hieß, der Held reise nach Europa. Dieses russische Selbstverständnis, das Rußland von Europa scheidet, findet sich auch heute noch.[20] Trotzdem – Russen waren während des ganzen 18. und 19. Jahrhunderts auf dem Weg nach Europa. Und Europa war neugierig auf die Reisenden aus dem Osten. Es war gewillt, sie als Gleiche zu begrüßen. Man erinnere sich nur an die Wirkung der großen russischen Romanciers in Europa oder auch daran, daß Rilke Rußland als seine geistige Heimat sah.

Kundera findet für diesen Abschnitt der Vergangenheit das schöne Bild der 'kulturellen Verlobung der beiden Europa'. Nur, geheiratet haben die beiden nicht, denn, so Kundera, es sei keinesfalls in geringerem Maße ein Faktum, „daß der russische Kommunismus die alten antiwestlichen Zwangsvorstellungen Rußlands wirksam wiedererweckte und brutal gegen Europa ausspielte". Und er unterstreicht: „. . . an der östlichen Grenze des Westens sieht man Rußland mehr als anderswo nicht als eine europäische Macht, sondern als eine eigene Zivilisation, eine andere Zivilisation.

Die Welt der Russen fasziniert uns und zieht uns an – vorausgesetzt, wir sind in Distanz zu ihr; in diesem Moment, in dem sie sich um uns schließt, enthüllt sie ihre schreckliche Fremdheit. Ich weiß nicht, ob sie schlechter ist als unsere", fährt Kundera fort, „aber ich weiß, daß sie anders ist: Rußland kennt andere (größere) Dimensionen des Unglücks, hat eine andere Vorstellung von Raum (ein Raum, so riesig, daß ganze Völker von ihm geschluckt werden), einen anderen Zeitbegriff (langsam und geduldig), eine andere Art zu lachen, zu leben und zu sterben."[21]

[19] M. Kundera (1986), Die Tragödie, S. 135.

[20] G. Lisitschkin, An die Menschen, „Um den Abstand zu Europa aufzuholen . . .".

[21] M. Kundera (1986), Die Tragödie, S. 136.

Zweifellos will Gorbatschow, daß sich von dem, was die beiden europäischen Schwesterkulturen, ein Begriff Arnold Toynbees, trennt, vieles ändert. Doch das wird Jahrzehnte, wenn nicht Jahrhunderte dauern. Und es gibt keinerlei Garantie, daß es überhaupt funktionieren wird. Sollen wir deshalb die Russen daran hindern, auch in das gemeinsame Haus Europa einzuziehen? Ich denke, nein. Wir sollten aber über die Unterschiede auch nicht einfach hinweggehen, wir sollten sie deutlich machen. Wir sollten, um im Gorbatschowschen Bild zu bleiben, ein Doppelhaus Europa bauen.

Und bei der Hausordnung, deren es ganz gewiß bedarf, um die vielen Mietparteien im Teilhaus des lateinischen Europa miteinander und mit den Mietparteien im Teilhaus des russischen Europa einigermaßen auskommen zu lassen, könnten wir auf Ideen zurückgreifen, die man in der Habsburgischen Doppelmonarchie zwar schon zu denken imstande war, aber leider nicht in die Praxis umzusetzen vermochte.[22]

Ideen, die besagen, daß das bunte Völkergemisch der europäischen Schwesterkulturen als Ganzes und in allen seinen Teilen, wenn es denn nicht für einzelne Völker zum Gefängnis werden soll, föderativ organisiert sein muß. Doch nicht nur das. Jedem Teilvolk muß dabei das höchstmögliche Maß an Autonomie gewährt werden. Diese Selbstbestimmung darf nicht ans Territorium gebunden sein, sondern sie muß nach dem Personalprinzip funktionieren. Autonome Rechte muß jeder einzelne Angehörige eines Volkes, gleich, wo immer er wohnt in unserem Kontinent, besitzen. Dann haben wir viel später die Chance, daß Europa wird, was Ostmitteleuropa schon einmal – fast – war.

Vorher indes wäre es wohl durchaus ein Dienst an dieser Zukunft, wenn wir Deutschen die ethnische Entflechtung, die in unserem Jahrhundert bisher immer auf grausame und gewalttätige Art vonstatten ging, in Hinsicht auf unsere Landsleute in Ost-, Ostmittel- und Südosteuropa auf die humane Weise weiterbetrieben, die unser Reichtum und ihr Drang nach freiem Gebrauch ihrer Sprache, nach ungestörter Pflege ihrer Kultur, nach Wohlstand auch und nicht zuletzt nach der Heimat der Vorväter erlaubte. Denn die Nationen werden zwar nicht ewig, aber doch auf unabsehbare Zeit sein. Das gilt auch für die Gegensätze zwischen ihnen. Fehlen ethnische Reibungen innerhalb eines 'Nationalstaates', dann fällt es ihm sicher leichter, dieses oder jenes seiner Souveränitätsrechte an eine europäische

[22] K. Renner (1918), Das Selbstbestimmungsrecht der Nationen.

Institution abzutreten; damit wäre für die erste Zeit schon viel gewonnen.

Uns Deutschen käme bei diesem Prozeß durchaus eine Sonderrolle zu. Doch nicht die des Vorreiters oder des 'guten Maklers', sondern die des still Fördernden, bescheiden in den Hintergrund Tretenden, des zu Opfern Bereiten. Denn für alle unsere Nachbarn sind wir, wie seit Bismarcks Reichsgründung, wieder zwanzig Millionen zuviel. Darüber hinaus können sie sich kaum der fordernden wie prägenden Sogwirkung unserer omnipotenten Wirtschaft entziehen. Glücklicherweise sieht es so aus, als hätten wir aus unserer Geschichte und der unserer Landsleute im östlichen Europa gelernt, eine solche Rolle erfolgreich zu gestalten.

VERZEICHNIS DER ABBILDUNGEN UND IHRER FUNDORTE

BILDNACHWEIS

Bild 1: Katharina II. von Rußland ULLSTEIN BILDERDIENST
Bild 2: Christian Wolff ULLSTEIN BILDERDIENST
Bild 3: Immanuel Kant ULLSTEIN BILDERDIENST
Bild 4: Johann Gottfried Herder ULLSTEIN BILDERDIENST
Bild 5: Martin Opitz ULLSTEIN BILDERDIENST
Bild 6: Paul Celan
Bild 7: Freiherr vom Stein GEHEIMES STAATSARCHIV BPK
Bild 8: Kultusminister von Altenstein BPK
Bild 9: Ludwik Mierosławski (poln. Freischärler 1848) ARCHIV GERSTENBERG
Bild 10: Debatte in der Paulskirche ULLSTEIN BILDERDIENST

AUSWAHLBIBLIOGRAPHIE

In das Literaturverzeichnis wurden alle die Titel aufgenommen, die im Text in ihrer Kurzform verwendet worden sind. Darüber hinaus wurden v. a. Arbeiten berücksichtigt, die für das Thema von besonderem Gewicht sind bzw. die ein Vertiefen der Materie erleichtern.

Abel, W. (1955): Wüstungen des ausgehenden Mittelalters, 2., ver. u. erw. Aufl., Stuttgart.

– (1964): Die drei Epochen der deutschen Agrargeschichte, 2. Aufl. (Schriftenreihe für ländliche Sozialfragen, Heft 37), Hannover.

– (1966): Agrarkrisen und Agrarkonjunktur. Eine Geschichte der Land- und Ernährungswirtschaft Mitteleuropas seit dem hohen Mittelalter, 2. Aufl., Hamburg, Berlin.

– (1967): Wüstungen in historischer Sicht, in: Wüstungen in Deutschland. Ein Sammelband, hrsg. v. W. Abel (Zs. f. Agrargesch. u. Agrarsoziologie, Sonderh. 2), Frankfurt a. M., S. 1–15.

Abraham, U. (1971): Zur Frage nach der Abwanderung westdeutscher Bevölkerung in den ostelbischen Siedlungsraum, in: Gesch. in Wissensch. u. Unterr. 22, S. 705–719.

Achilles, W. (1983): Überlegungen zum Einkommen der Bauern im späten Mittelalter, in: Zs. f. Agrargesch. u. Agrarsoziologie 31, S. 5–26.

Ackermann, J. (1970): Heinrich Himmler als Ideologe, Göttingen, Zürich, Frankfurt.

Adam, R. (1968): Der Große Kurfürst und die Stände des Herzogtums Preußen nach dem Frieden von Oliva, in: Acta Prussica, S. 187–196.

Alef, G. (19867: The Origins of Muscovite Autocracy. The Age of Ivan III (Forschungen zur osteuropäischen Geschichte 39), Wiesbaden.

Altheim, F. (1959–1962): Geschichte der Hunnen, Bd. 1–5, Berlin.

Amburger, E. (1961): Beiträge zur Geschichte der deutsch-russischen kulturellen Beziehungen (Osteuropastudien der Hochschulen des Landes Hessen, Reihe I, 14), Gießen.

– (1961): Geschichte des Protestantismus in Rußland, Stuttgart.

– (1968): Die Anwerbung ausländischer Fachkräfte für die Wirtschaft Rußlands vom 15. bis ins 19. Jahrhundert (Osteuropastudien des Landes Hessen, Reihe I, 42), Wiesbaden.

Ammann, H. (1955): Die französische Südostwanderung im Rahmen der mittelalterlichen französischen Wanderungen, in: Südost-Forschungen 14, S. 406–428.

Annales Capituli Posnaniensis, hrsg. Brygida Kürbis, in: MPH NS, Bd. 6.

Annales Fuldenses sive annales regni Francorum orientales, hrsg. v. F. Kurze, in: MGH SS in us. schol. 7 (1891).

Annales Iuvavenses maiores, hrsg. v. H. Bresslau, in: MGH SS 30 (1934).

Aubin, H. (1928): Wirtschaftsgeschichtliche Bemerkungen zur Ostdeutschen Kolonisation, in: Aus Sozial- und Wirtschaftsgeschichte, Gedächtnisschrift für G. v. Below, S. 169–196 (auch in: Ders. [1965], Grundlagen und Perspektiven geschichtlicher Kulturraumforschung und Kulturmorphologie, Bonn, S. 627–645, m. Nachtrag).

– (1937): Zur Erforschung der deutschen Ostbewegung, in: Deutsche Schriften zur Landes- und Volksforschung 2 (auch in: Ders. [1965], Grundlagen und Perspektiven geschichtlicher Kulturraumforschung und Kulturmorphologie, Bonn, S. 537–626).

– (1938): Die Wirtschaft im Mittelalter, in: Geschichte Schlesiens, hrsg. v. d. Hist. Kommission f. Schlesien, Breslau.

– (1956): Die Deutschen in der Geschichte des Ostens, in: Gesch. in Wiss. u. Unterr. 7, S. 512–545 (auch in: Ders. [1965], Grundlagen und Perspektiven geschichtlicher Kulturraumforschung und Kulturmorphologie, Bonn).

Aubin, H./O. Brunner/W. Kohte et al. (1942/43): Deutsche Ostforschung. Ergebnisse und Aufgaben seit dem Ersten Weltkrieg. Festschrift für Albert Brackmann, 2 Bde., Leipzig.

Avenarius, A. (1974): Die Awaren in Europa, Preßburg.

Barraclough, G. (1964): Die Einheit Europas als Gedanke und Tat (dt. Übersetzung von European Unity in Thought and Action, 1963).

Bartlett, R. P. (1979): Human Capital. The settlement of foreigners in Russia 1762–1804, Cambridge u. a.

Beck, E. (1966): Bibliographie zur Landeskunde der Bukowina. Literatur bis zum Jahre 1965 (Veröffentlichungen des Südostdeutschen Kulturwerkes, Reihe B, Bd. 19), München.

– (1985): Bibliographie zur Kultur- und Landeskunde der Bukowina. Literatur aus den Jahren 1965–1975 (Veröffentlichungen der Forschungsstelle Ostmitteleuropa an der Universität Dortmund, Reihe A, Nr. 43), Dortmund.

Beheim-Schwarzbach, M. (1874): Hohenzollernsche Colonisationen, Leipzig.

Beloch, K. J. (1900): Die Bevölkerung Europas im Mittelalter, in: Zeitschrift für Sozialwissenschaft.

Below, G. v. (1966): Geschichte der deutschen Landwirtschaft des Mittelalters in ihren Grundzügen. Aus dem hinterlassenen Manuskript hrsg. von F. Lütge, 2., unveränderte Aufl. (1. Aufl. 1937) (Quellen und Forschungen zur Agrargeschichte, Bd. XVIII), Stuttgart.

Beratz, G. (1923): Die deutschen Kolonien an der unteren Wolga in ihrer Entstehung und ersten Entwicklung, 2. Aufl., Berlin.

Beumann, H. (Hrsg.) (1963): Heidenmission und Kreuzzugsgedanke in der deutschen Ostpolitik des Mittelalters, Darmstadt.

Birke, E. (1950): Herder und die Slawen, in: Schicksalswege deutscher Vergangenheit, Düsseldorf, S. 81–102.

– (1967): Die Verdrängung der Deutschen aus dem europäischen Osten, in: Leistung und Schicksal, hrsg. von Eberhard G. Schulz, Köln, Graz, S. 341–364.
Blaschke, K. (1960): Die Entwicklung des sorbischen Siedelgebietes in der Oberlausitz, in: Siedlung und Verfassung der Slawen zwischen Elbe, Saale und Oder, hrsg. von Herbert Ludat, S. 65–74, Gießen.
– (1967): Bevölkerungsgeschichte von Sachsen bis zur industriellen Revolution, Weimar.
Bog, I. (Hrsg.) (1971): Der Außenhandel Ostmitteleuropas 1450–1650. Die ostmitteleuropäischen Volkswirtschaften in ihren Beziehungen zu Mitteleuropa, Köln, Wien.
Bogyay, T. v. (1967): Grundzüge der Geschichte Ungarns, Darmstadt.
Bohm, E. (1984): Albrecht der Bär, Wibald von Stablo und die Anfänge der Mark Brandenburg, in: Jb. f. Gesch. Mittel- u. Ostdeutschl. 33, S. 62–91.
Böhning, P. (1973): Die nationalpolnische Bewegung in Westpreußen. 1815–1871. Ein Beitrag zum Integrationsprozeß der polnischen Nation (Marburger Ostforschungen 33), Marburg a. d. Lahn.
Bondy, F. (1985): Das Phantom Mitteleuropa und die politische Wirklichkeit. Nachdenken über eine gemeinsame Kultur zwischen Ost und West, in: FAZ, 21. Dezember 1985, Nr. 296 (Beilage: Ereignisse und Gestalten), Frankfurt a. M.
Bonwetsch, G. (1919): Geschichte der deutschen Kolonien an der Wolga, Stuttgart.
Boockmann, H. (1980): Die mittelalterliche deutsche Ostsiedlung. Zum Stand ihrer Erforschung und zu ihrem Platz im allgemeinen Geschichtsbewußtsein, in: Geschichte und Gegenwart. Festschrift für K. d. Erdmann.
– (1981): Der Deutsche Orden. Zwölf Kapitel seiner Geschichte (Beck'sche Sonderausgaben), München.
– (1989): Deutsche Geschichte ist mehr als rheindonauländische Heimatkunde. Die ostdeutsche Geschichte wird in der Bundesrepublik zu wenig erforscht, in: FAZ, 22. Mai 1989, Frankfurt a. M., S. 12.
Bosl, K. (Hrsg.) (1967): Handbuch der Geschichte der böhmischen Länder, Stuttgart.
– (Hrsg.) (1971): Versailles – St. Germain – Trianon. Umbruch in Europa vor fünfzig Jahren, München u. Wien.
– (1964): Deutsche romantisch-liberale Geschichtsauffassung und „slawische Legende“ Germanismus und Slawismus. Bemerkungen zur Geschichte zweier Ideologien, in: Bohemia 5, S. 12–52.
– (1967): Die Entstehung der ostdeutschen Neustämme, in: Leistung und Schicksal, hrsg. von Eberhard G. Schulz, Köln, Graz, S. 46–54.
Brachmann, H. (1978): Slawische Stämme an Elbe und Saale. Zu ihrer Geschichte und Kultur im 6. bis 10. Jahrhundert – auf Grund archäologischer Quellen (Schriften zur Ur- und Frühgeschichte 32), Berlin.
Brackmann, A. (Hrsg.) (1933): Deutschland und Polen. Beiträge zu ihren geschichtlichen Beziehungen, München, Berlin.

Brankačk, J./F. Mětšk (1977): Geschichte der Sorben, Bautzen.

Brankačk, J. (1977): Von der Völkerwanderung bis zur Krise des Feudalismus am Ende des 15. Jahrhunderts, in: J. Brankačk, F. Mětšk, Geschichte der Sorben, Bautzen, S. 13–146.

Branova, M. (1969): Evropské zemedelstvi v archeologii – Die europäische Landwirtschaft in der Archäologie. Bibliographie 1945–1965 (Archeologické studijní materiály 7, Nr. 2602–2760), Praha.

Braudel, F. (Hrsg.) (1989): Europa: Bausteine seiner Geschichte. Mit Beiträgen von Maurice Aymard, Fernand Braudel, Jacques Dupâquier und Pierre Gourou. Aus dem Französischen von Markus Jakob, Frankfurt a. M.

Braun, J. Frhr. v. (1959): Die ostdeutsche Wirtschaft in ihrer vorindustriellen Entwicklung, in: Das östliche Deutschland, Würzburg, S. 603–643.

Broszat, M. (1972): Zweihundert Jahre deutsche Polenpolitik, Frankfurt a. M.

Brüske, W. (1955): Untersuchungen zur Geschichte des Lutizenbundes. Deutsch-wendische Beziehungen des 10. bis 12. Jahrhunderts, Münster, Köln.

Burian, P. (1983): Das Ende der deutschen Siedlung in Ostmitteleuropa und die deutsche Nation, in: Zs. f. Ostforsch. 32, S. 355–367.

Busek, E./G. Wilfinger (Hrsg.) (1986): Aufbruch nach Mitteleuropa. Rekonstruktion eines versunkenen Kontinents. Mit Beiträgen von Milovan Djilas, Peter Hanák, Leszek Kolakowski, György Konrád, Milan Kundera, René de Mouzon, Alexander Sinowjew, Manès Sperber, Alois Sustar, Ljubomir Tadic, Jozef Tischner, Carl F. v. Weizsäcker, Wien.

Campbell, F. G. (1970): The Struggle for Upper Silesia 1919–1922, in: Journal of Mod. Hist. 42.

Carsten, F. L. (1964): Die Entstehung des Junkertums, in: R. Dietrich (Hrsg.), Preußen. Epochen und Probleme seiner Geschichte, Berlin.

Chamberlain, H. S. (1899): Die Grundlagen des 19. Jahrhunderts, 2 Bde., München.

Chronicarum quae dicuntur Fredegarii libri quattuor (1982), in: Quellen zur Geschichte des 7. und 8. Jahrhunderts (ausgewählte Quellen zur deutschen Geschichte des Mittelalters. Freiherr vom Stein-Gedächtnisausgabe, Bd. IVa), hrsg. v. Wolfram Herwig, Darmstadt, S. 44–325.

Cipolla, C. M. (Hrsg.) (1976–1980): Europäische Wirtschaftsgeschichte. The Fontana Economic History of Europe, 5 Bde., Stuttgart, New York.

Cromer, R. (1932/33): Die Sprachenrechte der Polen in Preußen in der ersten Hälfte des neunzehnten Jahrhunderts, in: Zs Nation und Staat 6.

Danilewskij, N. (1920): Rußland und Europa, Stuttgart, Berlin.

Dannenbauer, H. (1955): Freigrafschaften und Freigerichte, in: Das Problem der Freiheit in der deutschen und schweizerischen Geschichte (Vorträge und Forschungen 2), Lindau u. Konstanz, S. 57–76.

– (1966): Politik und Wirtschaft in der altdeutschen Kaiserzeit (1940) (Neudruck: Libelli, Bd. 25), Darmstadt.

Das östliche Deutschland (1959): Ein Handbuch, hrsg. vom Göttinger Arbeitskreis, Würzburg.

Dawson, Chr. (1961): Die Gestaltung des Abendlandes (dt. Übersetzung von The Making of Europe, 1934), Frankfurt u. Berlin.

Decker, K. P. (1984): Büdingen und Fauerbach bei Friedberg als Werbeplätze der Rußlandauswanderung von 1766, in: Heimatbuch der Deutschen aus Rußland 1982–1984, Stuttgart, S. 9–22.

Dekan, J./P. Alexander/P. Alexander (1983): Moravia Magna. Das Großmährische Reich und seine Kunst, Hanau.

Der Briefwechsel Iwans des Schrecklichen mit dem Fürsten Kurbskij (1564–1979) (1921): Eingeleitet und aus dem Altrussischen übertragen unter Mitwirkung von K. H. Meyer von K. Stählin, Leipzig.

Der Vertrag von Versailles (1978): Mit Beiträgen von Sebastian Haffner, Gregory Bateson, J. M. Keynes, Harold Nicholson, Arnold Brecht, W. I. Lenin u. a., München.

Deuerlein, E. (1970): Potsdam 1945. Ende und Anfang, Köln.

– (1970): Deklamation oder Ersatzfrieden? Die Konferenz von Potsdam 1945, Stuttgart u. a.

Die deutsch-polnischen Beziehungen 1831–1848: Vormärz und Völkerfrühling (1979): XI. deutsch-polnische Schulbuchkonferenz der Historiker vom 16. bis 21. Mai 1978 in Deidesheim (Rheinland-Pfalz) (Schriftenreihe des Georg-Eckert-Instituts für internationale Schulbuchforschung 22/II), Braunschweig.

Die deutschen Ostgebiete zur Zeit der Weimarer Republik (1966): (Studien zum Deutschtum im Osten Heft 3), Köln, Graz.

Die Deutschen und ihre östlichen Nachbarn (1967): Ein Handbuch, hrsg. v. V. Aschenbrenner, E. Birke, W. Kuhn und E. Lemberg, Frankfurt a. M. u. a.

Die deutschen Vertreibungsverluste, Bevölkerungsbilanzen für die deutschen Vertreibungsgebiete 1939/50 (1958): Hrsg. v. Statistischen Bundesamt, Wiesbaden, Stuttgart.

Die Potsdamer (Berliner) Konferenz 1945, Bd. 3: Teheran, Jalta, Potsdam (1986): Konferenzdokument der Sowjet-Union, Köln.

Doering-Manteuffel, A. (1984): Aspekte der deutschen Frage. Die Diskussion über Nationalstaat und Nationalverständnis im 19. Jahrhundert und in der Zeitgeschichte, in: Jb. f. Gesch. Mittel- u. Ostdeutschl. 33, S. 189–205.

Dokumentation der Vertreibung der Deutschen aus Ost-Mitteleuropa (1953–61): In Verbindung mit A. Diestelkamp, R. Laun, P. Rassow und H. Rothfels, bearbeitet von Th. Schieder, 5 Bde. (Neudruck in 8 Bden., München 1984 [dtv]), Groß Denkte/Wolfenbüttel.

Donnert, E. (1963): Der livländische Ordensritterstaat und Rußland. Der livländische Krieg und die baltische Frage in der europäischen Politik 1558–1583, Berlin.

Dralle, L. (1981): Slawen an Havel und Spree. Studien zur Geschichte des hevellisch-wilzischen Fürstentums (6. bis 10. Jahrhundert) (Osteuropastudien des Landes Hessen, Reihe I, 108), Berlin.

– (1982): Die Wurzeln der Moskauer Autokratie, in: H. Ludat, R. Ch.

Schwinges, Politik, Gesellschaft, Geschichtsschreibung. Gießener Festgabe für František Graus zum 60. Geburtstag, Köln, Wien, S. 362–379.
Dralle, L. (1984): Rethra. Zur Bedeutung und Lage des redarischen Kultortes, in: Jb. f. Gesch. Mittel- u. Ostdeutschl. 33, Berlin, S. 37–61.
– (1985): Artanija – Rus' – Varjagi. Bemerkungen zu einigen Problemen der Geschichte Altrußlands, in: Jbb. f. Geschichte. Osteuropas 33, S. 1–22.
Dubiel, J. (1985): Die Umsiedlung der ostdeutschen Bevölkerung am Ende des Zweiten Weltkriegs, in: Bll. f. deutsche u. internationale Politik 30, S. 186–197.
Duby, G. (1954): La révolution agricole médiévale, in: Revue de Géographie de Lyon 29.
– (1962): L'Économie rurale et la vie des campagnes dans l'Occident Médiéval, I, Paris.
Ebert, F. (1926): Schriften, Aufzeichnungen, Reden, Dresden.
Ebert,. W./Th. Frings/K. Gleissner u. a. (1936): Kulturräume und Kulturströmungen im mitteldeutschen Osten, 2 Bde., Halle/Saale.
Ehrt, A. (1932): Das Mennonitentum in Rußland von seiner Einwanderung bis zur Gegenwart, Langensalza.
Engel, E./B. Töpfer u. a. (1983): Die entfaltete Feudalgesellschaft von der Mitte des 11. bis zu den siebziger Jahren des 15. Jahrhunderts (Deutsche Geschichte in zwölf Bänden, 2), Berlin (O).
Engel, F. (1934): Deutsche und slavische Einflüsse in der Dobbertiner Kulturlandschaft, Kiel.
Engel, H.-U. (Hrsg.) (1983): Deutsche unterwegs. Von der mittelalterlichen Ostsiedlung bis zur Vertreibung im 20. Jahrhundert (Geschichte und Staat 268), München, Wien.
Ennen, E. (1972): Die europäische Stadt, Göttingen.
Epperlein, S. (1960): Bauernbedrückung und Bauernwiderstand im hohen Mittelalter. Zur Erforschung der Ursachen bäuerlicher Abwanderung nach Osten im 12. und 13. Jahrhundert, vorwiegend nach den Urkunden geistlicher Grundherrschaften (Forschungen z. mittelalterl. Geschichte 6), Berlin.
– (1967): Gründungsmythos deutscher Zisterzienserklöster westlich und östlich der Elbe im hohen Mittelalter und der Bericht des Lebuser Mönchs im 14. Jh., in: Jb. f. Wirtschaftsgeschichte III, S. 303–335.
Erdelyi, I. (1981): Zur Frage der frühen awarisch-slawischen Beziehungen, in: Das Altertum 27, S. 54–58.
Ernst, H. (1875): Die Colonisation Mecklenburgs im XII. und XIII. Jahrhundert, Rostock.
Faust, F. (1969): Das Potsdamer Abkommen und seine völkerrechtliche Bedeutung, 4., neubearb. Aufl., Frankfurt a. M., Berlin.
Fischer, A. (Hrsg.) (1973): Teheran – Jalta – Potsdam. Die sowjetischen Protokolle von den Kriegskonferenzen der „Großen Drei", Köln.
Fischer, H./G. Silvestri (Hrsg.) (1970): Texte zur österreichischen Verfassungsgeschichte. Von der Pragmatischen Sanktion zur Bundesverfassung (1713–1966), Wien.

Fleckenstein, J. (1981): Das Großfränkische Reich. Möglichkeiten und Grenzen der Großreichbildung im Mittelalter, in: HZ 233, S. 265–294.
Fleischhauer, I. (1983): Das Dritte Reich und die Deutschen in der Sowjetunion (Schriftenreihe der Vierteljahreshefte für Zeitgeschichte Nr. 46), Stuttgart.
– (1986): Die Deutschen im Zarenreich. 200 Jahre deutsch-russische Kulturgemeinschaft, Stuttgart.
Frantzioch, M. (1987): Die Vertriebenen, Berlin.
Freiwald, H. (1961): Die Ständepolitik des Markgrafen Albrecht von Brandenburg als Hochmeister und Herzog in Preußen, von 1522–1528, und ihre historischen Bedingungen, Kulmbach.
Friedmann, B. (1986): Untersuchungen zur Geschichte des abodritischen Fürstentums bis zum Ende des 10. Jahrhunderts (Osteuropastudien der Hochschulen des Landes Hessen, Reihe I, 137), Berlin.
Fritze, W. H. (Hrsg.) (1980): Germania Slavica I (Berliner Historische Studien 1), Berlin.
– (Hrsg.) (1981): Germania Slavica II (Berliner Historische Studien 4), Berlin.
Fritze, W. H./K. Zernack (Hrsg.) (1976): Grundfragen der geschichtlichen Beziehungen zwischen Deutschen, Polaben und Polen. Referate und Diskussionsbeiträge aus zwei wissenschaftlichen Tagungen (Einzelveröffentlichungen der Historischen Kommission zu Berlin 18), Berlin.
Froese, U. (1938): Das Kolonisationswerk Friedrichs des Großen. Wesen und Vermächtnis, Heidelberg.
Fügedi, E. (1959): Kirchliche Topographie und Siedlungsverhältnisse im Mittelalter in der Slowakei, in: Studia Slavica Acad. Sc. Hung. 5.
– (1969): Der Stadtplan von Stuhlweißenburg und die Anfänge des Bürgertums in Ungarn, in: Acta Historica Academiae Scientiarum Hungaricae 15, S. 103–134.
– (1969): Die Entstehung des Städtewesens in Ungarn, in: Alba Regia 10, S. 101–118.
– (1975): Das mittelalterliche Königreich Ungarn als Gastland, in: Die deutsche Ostsiedlung des Mittelalters als Problem der europäischen Geschichte, Sigmaringen S. 471–507.
Gaertringen, Fr. Frhr. Hiller v. (1963): „Dolchstoß“-Diskussion und „Dolchstoßlegende“ im Wandel von vier Jahrzehnten, in: Rothfels-Festschrift, Göttingen.
Gall, L. (1980): Bismarck. Der weiße Revolutionär, Frankfurt a. M.
Gause, F. (1959): Der Beitrag Ostdeutschlands zur deutschen und europäischen Geistes- und Kulturgeschichte, in: Das östliche Deutschland. Ein Handbuch, Würzburg, S. 579–599.
George, R. (1948): Die Großunternehmer in der ostdeutschen Kolonisation des Mittelalters, Phil. Diss. Münster.
Gieysztor, A., u. a. (1968): A History of Poland, Warschau.
Glossar zur frühmittelalterlichen Geschichte im östlichen Europa (1977ff.):

Hrsg. v. J. Ferluga, M. Hellmann und H. Ludat, Serie A: Lateinische Namen bis 900, Bd. 1ff., Serie B: Griechische Namen bis 1025, Bd. 1ff., Wiesbaden.

Glück, H. (1979): Die preußisch-polnische Sprachenpolitik. Eine Studie zur Theorie und Methodologie der Forschung über Sprachenpolitik, Sprachbewußtsein und Sozialgeschichte am Beispiel der preußisch-deutschen Politik gegenüber der polnischen Minderheit vor 1914 (Phil. Diss. Univ. Osnabrück 1978), Hamburg.

Gobineau, A. J. Graf v. (1853ff.): Versuch über die Ungleichheit der Menschenrassen, 4 Bde. (dt. 4 Bde., 1898–1901), Stuttgart.

Göckenjan, H. (1971): Stuhlweißenburg. Eine ungarische Königsresidenz vom 11. bis 13. Jahrhundert, in: Beiträge zur Stadt- und Regionalgeschichte Ost- und Nordeuropas (Osteuropastudien der Hochschulen des Landes Hessen, Reihe I, 55), Wiesbaden.

Goetz, L. K. (1905): Kirchenrechtliche und kulturgeschichtliche Denkmäler Altrußlands (Neudruck 1963), Stuttgart.

Graus, F. (1963): Deutsche und slawische Verfassungsgeschichte?, in: HZ 197, S. 265–317.

– (1966): Die Bildung eines Nationalbewußtseins im mittelalterlichen Böhmen. Die vorhussitische Zeit, in: Historica 13, S. 26ff.

– (1975): Die Problematik der deutschen Ostsiedlung aus tschechischer Sicht, in: W. Schlesinger (Hrsg.), Die deutsche Ostsiedlung des Mittelalters als Problem der europäischen Geschichte, Sigmaringen, S. 31–75.

– (1980): Die Nationenbildung bei den Westslawen im Mittelalter (Nationes. Historische und philologische Untersuchungen zur Entstehung der europäischen Nationen im Mittelalter, Bd. 3), Sigmaringen.

Grünert, H. (1957): Herkunftsnamen und mittelalterliche deutsche Ostsiedlung, in: Aus Natur und Geschichte Mittel- und Osteuropas, Gießen, S. 139–167 (Gießener Abhandlungen zur Agrar- und Wirtschaftsforschung Mittel- und Osteuropas).

Grünhagen, C. (1884): Geschichte Schlesiens, 2 Bde., Gotha.

Grundmann, G. (1953): Die abendländische Stellung der bildenden Kunst des deutschen Ostens, in: Der deutsche Osten und das Abendland, hrsg. v. Hermann Aubin, Freiburg, S. 67–83.

Gunzenhäuser, M. (1970): Die Pariser Friedenskonferenz 1919 und die Friedensverträge 1919–1920, Frankfurt a. M.

Györffy, G. (1960): Einwohnerzahl und Bevölkerungsdichte in Ungarn bis zum Anfang des 14. Jh. (Études historiques), Bd. 1, Budapest.

Hagen, W. W. (1980): Germans, Poles and Jews. The National Conflict in the Prussian East, 1772–1914, Chicago, London.

Halecki, O. (1924): L'histoire de l'Europe Orientale. Sa division en époques, son milieu géographique et ses problems fondamentaux, in: La pologne au VIe Congrès International des Sciences Historiques à Bruxelles 1923, Warschau, S. 73–94.

– (1957): Europa, Grenzen und Gliederung seiner Geschichte, (dt. Übersetzung von The Limits and Divisions of European History, 1950), Darmstadt.

Hampe, K. (1921): Der Zug nach dem Osten. Die kolonisatorische Großtat des deutschen Volkes im Mittelalter, Leipzig.

Handelsman, M. (1930): Monde slave ou l'Europe Orientale, in: Bulletin d'information des sciences historiques en Europe Orientale 3, S. 124–131.

Haussherr, H. (1954): Wirtschaftsgeschichte der Neuzeit vom Ende des 14. bis zur Höhe des 19. Jahrhunderts, Weimar.

Haussig, A. W. (1956): Die Quellen über die zentralasiatische Herkunft der europäischen Awaren, in: Central Asiatic Journal 2, S. 21–43.

Haussig, H. W. (1973): Zur Lösung der Awarenfrage, in: Byzantinoslavica 34, S. 173–192.

Heckel, H. (1929): Geschichte der deutschen Literatur in Schlesien, Breslau.

Hehn, J. v. (1961): Die Baltischen Lande (Göttinger Arbeitskreis, Heft 17), Würzburg.

Heike, O. (1967): Die wirtschaftliche Leistung der Deutschen in Mittelpolen und Wolhynien 1740–1939, in: Leistung und Schicksal, hrsg. von Eberhard G. Schulz, Köln, Graz, S. 125–134.

– (1984): Polnische Forschungen und Darstellungen zur Geschichte der Stadt Lodz, in: Zs. f. Ostforsch. 33, S. 393–406.

Helbig, H. (1960): Die slawische Siedlung im sorbischen Gebiet, in: Siedlung und Verfassung der Slawen zwischen Elbe, Saale und Oder, hrsg. von Herbert Ludat, Gießen, S. 27–64.

– (1961): Universität Leipzig, (Mitteldt. Hochsch. 2).

– (1975): Die ungarische Gesetzgebung des 13. Jahrhunderts und die Deutschen, in: Die deutsche Ostsiedlung des Mittelalters als Problem der europäischen Geschichte, Sigmaringen, S. 509–526.

Helbig, H./L. Weinrich (Hrsg.) (1968/70): Urkunden und erzählende Quellen zur deutschen Ostsiedlung im Mittelalter, 2 Bde. (ausgewählte Quellen zur deutschen Geschichte des Mittelalters, Freiherr vom Stein-Gedächtnisausgabe, Bd. XXVI a und b), Darmstadt.

Heller, M./A.Nekrich (1982): Geschichte der Sowjetunion, 2 Bde., Königstein.

Hellmann, M. (1965): Karl und die slawische Welt zwischen Ostsee und Böhmerwald, in: Karl der Große, hrsg. von H. Beumann, Bd. I, Düsseldorf, S. 708–718.

– (1966): Grundzüge der Geschichte Litauens, Darmstadt.

Hellmann, M./G. Schramm/K. Zernack (Hrsg.) (1981 ff.): Handbuch der Geschichte Rußlands, Stuttgart.

Helmold von Bosau (1973): Slawenchronik, in: Ausgewählte Quellen zur deutschen Geschichte des Mittelalters (Freiherr vom Stein-Gedächtnisausgabe), Bd. XIX, Darmstadt.

Hemmerle, J. (1967): Die Universität Prag im Mittelalter bis 1409, in: Leistung und Schicksal, hrsg. von Eberhard G. Schulz, Köln, Graz, S. 137–146.

Henning, F. W. (1967): Ostdeutsche Wirtschaftsleistungen vom Mittelalter bis zum 20. Jahrhundert, in: Leistung und Schicksal, hrsg. von Eberhard G. Schulz, Köln, Graz, S. 88–117.

Herder, J. G. (1791): Ideen zur Geschichte der Philosophie der Menschheit, IV. Teil, Riga, Leipzig.

Herrmann, J. (1968): Siedlung, Wirtschaft und gesellschaftliche Verhältnisse der slawischen Stämme zwischen Oder/Neisse und Elbe. Studien auf der Grundlage archäologischen Materials (Deutsche Akademie der Wissenschaften zu Berlin, Schriften der Sektion für Vor- und Frühgeschichte 23), Berlin.

Herrschaft, H. (1942): Das Banat, ein deutsches Siedlungsgebiet in Südosteuropa, 2. Aufl.

Herterich, F./C. Semler (Hrsg.) (1989): Dazwischen. Ostmitteleuropäische Reflexionen (edition suhrkamp 1560), Frankfurt a. M.

Higounet, Ch. (1986): Die deutsche Ostsiedlung im Mittelalter, Berlin.

Hillgruber, A. (1986): Zweierlei Untergang. Die Zerschlagung des Deutschen Reiches und das Ende des europäischen Judentums, Berlin.

Hintze, H. (1989): Staatseinheit und Föderalismus im alten Frankreich und in der Revolution, 2. Aufl., Frankfurt a. M.

Hitler, A. (1937): Mein Kampf, 227./280. Aufl., München.

Hóman, B. (1940/43): Geschichte des ungarischen Mittelalters, Bd. 1, 2, Berlin.

Hubatsch, W. (1960): Albrecht von Brandenburg-Ansbach, Deutschordens-Hochmeister und Herzog in Preußen 1490–1568 (unveränd. Neudruck Köln 1965), Heidelberg.

Isenmann, E. (1988): Die deutsche Stadt im Spätmittelalter. 1250–1500. Stadtgestalt, Recht, Stadtregiment, Kirche, Gesellschaft, Wirtschaft, Stuttgart.

Jablonowski, H. (1964): Die Preußische Polenpolitik von 1815 bis 1914 (Göttinger Arbeitskreis, Schriftenreihe, Heft 69), Würzburg.

Jaeckle, E. (1988): Die Idee Europa, Berlin.

Jäger, H. (1967): Dauernde und temporäre Wüstungen in landeskundlicher Sicht, in: Wüstungen in Deutschland. Ein Sammelband, hrsg. v. W. Abel (Zs. f. Agrargesch. u. Agrarsoziologie, Sonderh. 2), Frankfurt a. M., S. 16–27.

Jaworski, R. (1986): Handel und Gewerbe im Nationalitätenkampf. Studien zur Wirtschaftsgesinnung der Polen in der Provinz Posen (1871–1914), Göttingen.

Johansen, P. (1941): Die Bedeutung der Hanse für Livland, in: Hans. Geschbll. 65/66.

Joll, J. (1988): Die Ursprünge des Ersten Weltkriegs. Aus dem Englischen von Volkhard Matyssek, München.

Jordan, K. (1981): Investiturstreit und frühe Stauferzeit 1056–1197, in: Gebhardt, Handbuch der deutschen Geschichte, Bd. 4, 6. Aufl., München.

Journal of Interdisciplinary History (1979/80), Bd. 10, New York.

Just, K. G. (1967: Der ostdeutsche Beitrag zur deutschen Literatur, in: Leistung und Schicksal, hrsg. von Eberhard G. Schulz, Köln, Graz, S. 202–217.

Kabuzan, V. M. (1984): Zahl und Siedlungsgebiete der Deutschen im Russischen Reich (1796–1917), in: Zs. f. Geschichtswiss. 10, S. 866ff.

Kahl, H. D. (1957/58): Zum Ergebnis des Wendenkreuzzuges von 1147. Zugleich ein Beitrag zur Geschichte des sächsischen Frühchristentums, in: Wichmann-Jb. f. Kirchengesch. im Bistum Berlin 11/12 (Neudr. in: Heidenmission und Kreuzzugsgedanke, hrsg. v. H. Beumann, Darmstadt 1963).

– (1964): Slawen und Deutsche in der brandenburgischen Geschichte des zwölften Jahrhunderts, Köln, Graz.

Kaindl, R. Fr. (1907ff.): Geschichte der Deutschen in den Karpathenländern, 3 Bde. (Allgemeine Staatengeschichte, III. Abt. Deutsche Landesgeschichten, 8. Werk), Gotha.

Kaiser, R. (1983): Selbsthilfe und Gewaltmonopol. Königliche Friedenswahrung in Deutschland und Frankreich im Mittelalter, in: Frühmittelalterliche Studien 17, S. 55–72.

Kappeler, A./B. Meissner/G. Simon (1987): Die Deutschen im Russischen Reich und im Sowjetstaat (Schriftenreihe Nationalitäten- und Regionalprobleme in Osteuropa 1), Köln.

Kejř, J. (1969): Zwei Studien über die Anfänge der Städteverfassung in den böhmischen Ländern, Abhandlung II: Das Privileg des Herzogs Sobieslaw II. für die Prager Deutschen, in: Historica 16, S. 116ff.

– (1975): Die Anfänge der Stadtverfassung und des Stadtrechts in den böhmischen Ländern, in: Die deutsche Ostsiedlung des Mittelalters als Problem der europäischen Geschichte, Sigmaringen, S. 439–470.

Kennedy, P. (1988): The Rise and Fall of the Great Powers. Economic Change and Military Conflict from 1500 to 2000, Sidney.

Kisch, G. (1978): Die Kulmer Handfeste. Text, rechtshistorische und textkritische Untersuchungen, Stuttgart.

Klebel, E. (1940): Siedlungsgeschichte des Deutschen Südostens (Veröffentlichungen des Südostinstituts München, 14), München.

Klein, E. (1967): Die historischen Pflüge der Hohenheimer Sammlung landwirtschaftlicher Geräte und Maschinen. Ein kritischer Katalog (Quellen und Forschungen zur Agrargeschichte, Bd. XVI), Stuttgart.

Klein, K. K. (1963): Transsyslvanica, gesammelte Abhandlungen und Aufsätze zur Sprach- und Siedlungsforschung der Deutschen in Siebenbürgen, München.

– (1971): Geysanum und Andreanum. Fragmentarische Betrachtungen zur Frühgeschichte der Deutschen in Siebenbürgen, in: Zur Rechts- und Siedlungsgeschichte der Siebenbürger Sachsen (Siebenbürgisches Archiv, Archiv des Verf. f. siebenbürg. Landeskde., Dritte Folge, Bd. 8).

Kleinertz, E. (1972): Die Politik der Landstände im Herzogtum Preußen 1562 bis 1568, Phil. Diss. Bonn.

Kluger, M. (1990): Der Feldzug Karls des Großen gegen Wilzen, ‘das man Havelland heißt’ – Nachrichten von der Havel und der havelländischen Peene aus dem Jahr 789, in: Namenkundliche Informationen, Beiheft 13 (Studio Onomastica VI), Leipzig.

Kollautz, A. (1965): Bibliographie der historischen und archäologischen Veröffentlichungen zur Awarenzeit in Mitteleuropa und des fernen Ostens (Kärntner Museumsschrr. 38), Klagenfurt.

Kollautz, A. (1968): Die Ausbreitung der Awaren auf der Balkanhalbinsel und die Kriegszüge gegen die Byzantiner, in: Studijne Zvesti 16, S. 135–164.

Kollautz, A./H. Miyakawa (1970): Geschichte und Kultur eines völkerwanderungszeitlichen Nomadenvolkes. Die Jou-Jan der Mongolei und die Awaren in Mitteleuropa, Teil 1: Geschichte, Klagenfurt.

Königk, G. (1952): Der Kampf um die deutsche Ostgrenze im Jahr 1919, Diss. (Ms.) Freiburg.

Konrád, G. (1986): Der Traum von Mitteleuropa, in: Aufbruch nach Mitteleuropa, hrsg. v. E. Busek u. G. Wilfinger, Wien, S. 87–97.

Kossmann, O. (1978): Die Deutschen in Polen seit der Reformation. Historisch-geographische Skizzen. Siedlung, Sozialstruktur, Wirtschaft. Mit den Originalaussagen der Zeitgenossen, zahlreichen Karten und Tabellen, Marburg/Lahn.

Kötzschke, R./R. Ebert (1937): Geschichte der ostdeutschen Kolonisation, Leipzig.

Kötzschke, P. R. (1894): Das Unternehmertum in der ostdeutschen Kolonisation des Mittelalters, Diss. Leipzig.

Kötzschke, R. (1921): Grundzüge der deutschen Wirtschaftsgeschichte bis zum 17. Jahrhundert, 2. Aufl., Leipzig, Berlin.

– (1941): Die Anfänge des deutschen Rechts in der Siedlungsgeschichte des Ostens. Ius teutonicum, in: Berichte üb. Verhandlungen der Sächs. Akadem. d. Wissen. zu Leipzig, Phil.-hist. Klasse, 93 Bd., Heft 2.

Kötzschke, R./H. Kretzschmar (1935): Sächsische Geschichte (Bd. 1 von R. Kötzschke, 3., überarb. Aufl., Frankfurt a. M. 1977), Dresden.

Krahn, K. (1936): Menno Simons, Karlsruhe.

Krallert, W. (1958): Atlas zur Geschichte der deutschen Ostsiedlung, Bielefeld, Berlin, Hannover.

Krenzlin, A. (1952): Dorf, Feld und Wirtschaft im Gebiet der großen Täler und Platten östlich der Elbe. Eine siedlungsgeographische Untersuchung (Forschungen zur deutschen Landeskunde 70), Remagen.

– (1959): Das Wüstungsproblem im Lichte der ostdeutschen Siedlungsforschung, in: Zs. f. Agrargesch. u. Agrarsoziologie 7, S. 153–169. (Jetzt auch in A. Krenzlin, Beiträge zur Kulturlandschaftsgenese in Mitteleuropa. Gesammelte Aufsätze aus vier Jahrzehnten, hrsg. v. Hans-Jürgen Nitz u. Heinz Quirin [Erdkundliches Wissen 63], Wiesbaden, 1983, S. 176–192.)

– (1983): Siedlungsformen der Provinz Brandenburg, in: Historischer Atlas von Brandenburg (Veröffentlichungen der Historischen Kommission zu Berlin, N. F., Lfrg. 2), Berlin.

Krischan, A. (1943): Das Kolonisationspatent Maria Theresias vom 25. III. 1763 als Beitrag zur Besiedlungsgeschichte des altungarischen Raumes, in: Deutsches Archiv für Landes- und Volksforschung 7.

Krzemieńska, B./D. Třeštík (1979): Wirtschaftliche Grundlagen des früh-

mittelalterlichen Staates in Mitteleuropa (Böhmen, Polen, Ungarn im 10.–11. Jahrhundert), in: Acta Poloniae Historica 40, S. 5–31.
Kubinyi, A. (1971): Die Städte Ofen und Pest und der Fernhandel am Ende des 15. und am Anfang des 16. Jahrhunderts, in: Der Außenhandel Ostmitteleuropas 1450–1650. Die ostmitteleuropäischen Volkswirtschaften und ihre Beziehungen zu Mitteleuropa, hrsg. I. Bog, Köln, Wien.
– (1972): Die Anfänge Ofens (Osteuropastudien der Hochschulen des Landes Hessen, Reihe I, 60), Berlin.
– (1975): Zur Frage der deutschen Siedlungen im mittleren Teil des Königreichs Ungarn (1200–1541), in: Die deutsche Ostsiedlung des Mittelalters als Problem der europäischen Geschichte, Sigmaringen, S. 527–566.
Küchler, W. (1964): Das Bannmeilenrecht. Ein Beitrag der mittelalterlichen Ostsiedlung zur wirtschaftlichen und rechtlichen Verschränkung von Stadt und Land (Marburger Ostforschungen 64), Würzburg.
Kuczynski, J. (1951): Allgemeine Wirtschaftsgeschichte. Von der Urzeit bis zur sozialistischen Gesellschaft, 2., verbess. Aufl., Berlin (O).
Kuhn, H. (1967): Das Schicksal der Deutschen in der Tschechoslowakei nach 1945, in: Leistung und Schicksal, hrsg. von Eberhard G. Schulz, Köln, Graz, S. 374–377.
Kuhn, W. (1951): Die niederländisch-nordwestdeutsche Siedlungsbewegung des 16. und 17. Jahrhunderts, in: Geschichtliche Landeskunde und Universalgeschichte, Festgabe f. Hermann Aubin, Bonn.
– (1955): Geschichte der deutschen Ostsiedlung in der Neuzeit, 2 Bde. und Kartenband, Köln, Graz.
– (1960): Flämische und fränkische Hufe als Leitformen der mittelalterlichen Ostsiedlung, in: Hamburger Mittel- und Ostdeutsche Forschungen 2, S. 146–192.
– (1960): Ostsiedlung und Bevölkerungsdichte, in: Ostdeutsche Wissenschaft 7, S. 31–68.
– (1962): Kirchliche Siedlung als Grenzschutz 1200–1250 (am Beispiel des mittleren Oderraumes), in: Ostdeutsche Wissenschaft 9, S. 6ff.
– (1963): Die Siedlerzahlen der deutschen Ostsiedlung, in: Studium sociale, Festschrift für Karl Valentin Müller, S. 131–154.
– (1967): Die deutsche Ostsiedlung, in: Leistung und Schicksal, hrsg. von Eberhard G. Schulz, Köln, Graz, S. 19–35.
– (1973): Vergleichende Untersuchungen zur mittelalterlichen Ostsiedlung, Köln, Wien.
– (1975): Die deutschrechtliche Siedlung in Kleinpolen, in: Die deutsche Ostsiedlung des Mittelalters als Problem der europäischen Geschichte, Sigmaringen, S. 369–415.
– (1975): Westslawische Landesherrn als Organisatoren der mittelalterlichen Ostsiedlung, in: W. Schlesinger (Hrsg.), Deutsche Ostsiedlung des Mittelalters als Problem der europäischen Geschichte, Sigmaringen, S. 225–261.
– (1984): Neue Beiträge zur schlesischen Siedlungsgeschichte. Eine Aufsatzsammlung, Sigmaringen.

Kulczycki, J. J. (1981): School Strikes in Prussian Poland, 1901–1907: The Struggle over Bilingual Education (East European Monographs, Nr. 82), Boulder/Color.

Kulischer, E. M. (1948): Europe on the Move. War and population changes 1917–47, New York.

Kundera, M. (1986): Die Tragödie Mitteleuropa, in: Aufbruch nach Mitteleuropa, hrsg. v. E. Busek u. G. Wilfinger, Wien, S. 133–144.

Kunert, G. (1979): Unsere Angst hat es uns gelehrt. Warum die Deutschen so sind wie sie sind, in: FAZ, Nr. 286, 8. Dez. 1979.

Kurcz, A. (1962): Arenga und Narratio ungarischer Urkunden des 13. Jahrhunderts, in: MIÖG 70.

Kurze, D. (1971): Zur historischen Einordnung der kirchlichen Bestimmungen des Andreanums, in: Zur Rechts- und Siedlungsgeschichte der Siebenbürger Sachsen (Siebenbürgisches Archiv 8), Köln, Graz.

Labuda, G. (1962): Die Anfänge des polnischen Städtewesens im Hochmittelalter, in: L'artisanat et la vie urbaine en Pologne médiévale (Ergon 3 = Kwartalnik hist. kult. mat. 10), S. 317–328.

Lachauer, U. (1989): Das verlorene Ännchen. Memelland – Schicksale einer Grenzregion in Ostmitteleuropa, in: Die Zeit, Nr. 14, 31. März 1989, S. 49f.

Ladame, P. A. (1958): Le Rôle des migrations dans le monde libre.

Lalik, T. (1962): Märkte des 12. Jahrhunderts in Polen, in: L'artisanat et la vie urbaine en Pologne médiévale (Ergon 3 = Kwartalnik hist. kult. mat. 10), S. 364–367.

Lammers, W. (1961ff.): Das Hochmittelalter bis zur Schlacht von Bornhöved, in: Geschichte Schleswig-Holsteins, IV, Neumünster.

Lamprecht, K. (1885/86): Deutsches Wirtschaftsleben im Mittelalter, I–III (unveränderter Neudruck der Ausgabe 1885–86, Aalen 1960), Leipzig.

Lange, F. (1927): Deutschland nach dem Selbstbestimmungsrecht, Berlin.

Le Goff, J. (1965): Das Hochmittelalter (Fischer Weltgeschichte, Bd. 11), Frankfurt a. M.

Le Roy Ladurie, E. (1967): L'histoire du climat depuis l'an mil, Paris.

Lehmann, H. (1986): Frömmigkeitsgeschichtliche Auswirkungen der „Kleinen Eiszeit“, in: W. Schieder (Hrsg.), Religiosität in der modernen Sozialgeschichte, Göttingen.

Leibbrandt, G. (1926): Die deutschen Kolonien in Cherson und Bessarabien, Berichte der Gemeindeämter, Stuttgart.

– (1928): Die Auswanderung der Schwaben nach Rußland 1816–1823, ein schwäbisches Zeit- und Charakterbild, Stuttgart.

Lemberg, E. (1964): Ostkunde. Grundsätzliches und Kritisches zu einer deutschen Bildungsaufgabe, Hannover-Linden.

Lemberg, H. (1966ff.): Panslawismus, in: Sowjetsystem und demokratische Gesellschaft, Bd. IV, Freiburg.

– (1977): Der „Drang nach Osten“. Schlagwort und Wirklichkeit, in: F. Krause/B. Stasiewski, Deutsche im europäischen Osten. Verständnis und Mißverständnis, Köln, Wien, S. 1–17.

Leser, P. (1931): Entwicklung und Verbreitung des Pfluges, Münster.
Lessing, G. E. (1879): Lessing's Werke, Briefe, Berlin.
Lexikon des Mittelalters (1977ff.), München.
Libellus de institutione morum (1938), hrsg. v. J. Balogh, in: SSRHung, Bd. 2, Budapestini.
Lippert, J. (1896): Sozialgeschichte Böhmens in vorhussitischer Zeit ausschließlich aus Quellen I, Prag.
Lisitschkin, G. (1989): An die Menschen nicht gedacht, in: Die Zeit, Nr. 29, 29. Juli 1989, S. 36.
Loesch, H. v. (1938): Die schlesische Weichbildverfassung der Kolonisationszeit, in: ZRG Germ. Abt. 58, S. 311ff. (auch in: Ders., Beiträge zur schlesischen Rechts- und Verfassungsgeschichte, 1964, S. 83–98).
– (1938): Die Verfassung im Mittelalter, in: Geschichte Schlesiens, hrsg. v. d. Hist. Kommission für Schlesien, Bd. 1 (auch in: Ders., Beiträge zur schlesischen Rechts- und Verfassungsgeschichte, 1964, S. 99–170).
Lorenz, F. (Hrsg.) (1980): Schicksal – Vertreibung. Aufbruch aus dem Glauben. Dokumente und Selbstzeugnisse vom religiösen, geistigen und kulturellen Ringen. Im Auftrag der Arbeitsgemeinschaft der katholischen Vertriebenen-Organisationen, Köln.
Lübke, Ch. (1984–1988): Regesten zur Geschichte der Slaven an Elbe und Oder (vom Jahr 900 an), Teil I–V (Osteuropastudien der Hochschulen des Landes Hessen, Reihe I, 131, 133, 134, 152, 157), Berlin.
Lück, K. (1934): Deutsche Aufbaukräfte in der Entwicklung Polens. Forschungen zur deutsch-polnischen Nachbarschaft im ostmitteleuropäischen Raum (Ostdeutsche Forschungen 1), Plauen i. Vogtland.
Ludat, H. (1936): Legenden um Jaxa von Köpenick (Deutschland und der Osten 2), Leipzig.
– (1965): Soziale und politische Strukturprobleme des frühpiastischen Polen, in: Gießener Abhandlungen 32 (auch in: Ders., Deutsch-slawische Frühzeit und modernes polnisches Geschichtsbewußtsein, Köln, Wien, 1969).
– (1969): Frühformen des Städtewesens in Osteuropa, in: Ders., Deutsch-slawische Frühzeit und modernes polnisches Geschichtsbewußtsein, Köln, Wien.
– (1971): An Elbe und Oder um das Jahr 1000. Skizzen zur Politik des Ottonenreiches und der slavischen Mächte in Mitteleuropa, Köln, Wien.
Lütge, F. (1952): Deutsche Sozial- und Wirtschaftsgeschichte, Berlin, Göttingen, Heidelberg.
– (1966): Die Agrarverfassung des frühen Mittelaltes im mitteldeutschen Raum vornehmlich in der Karolingerzeit, 2., unveränderte Aufl., Stuttgart.
Markert, W. (Hrsg.) (1959): Osteuropa-Handbuch Polen, Köln, Graz.
Marsina, R. (1971): Die Arengen in ungarischen Urkunden bis zum Jahre 1235, in: Folia Diplomatica, Bd. I, hrsg. v. Sasa Duskova, Brno, S. 215–225.
Marzian, H. G. (Hrsg.) (1970): Selbstbestimmung für Ostdeutschland. Eine Dokumentation zum 50. Jahrestag der ost- und westpreußischen Volksabstimmung am 11. Juli 1920 (Göttingen).

Mennonite Encyclopedia (1955ff.), hrsg. v. H. S. Bender u. a., Scottdale.
Menzel, J. J. (1967): Der Ansiedlungsvorgang nach dem Zeugnis der Lokationsurkunden, in: Leistung und Schicksal, hrsg. von Eberhard G. Schulz, Köln, Graz, S. 36–45.
– (1975): Der Beitrag der Urkundenwissenschaft zur Erforschung der deutschen Ostsiedlung am Beispiel Schlesiens, in: W. Schlesinger, Die deutsche Ostsiedlung des Mittelalters als Problem der europäischen Geschichte, Sigmaringen, S. 131–159.
Meyer, H. C. (1957): Der „Drang nach Osten" in den Jahren 1860–1914, in: Welt als Geschichte 17, S. 1–8.
Meyen, E./J. Schmithüsen (Hrsg.) (1953/62): Handbuch der naturräumlichen Gliederung Deutschlands, 2 Bde.
Mitscha-Mährheim, H. (1956): Zur Geschichte der Awaren.
Mittelstrass, O. (1961): Beiträge zur Siedlungsgeschichte Siebenbürgens im Mittelalter (Buchreihe der südostdeutschen Historischen Kommission 6), München, S. 126–137.
Mitzka, H. (1985): Zur Geschichte der Massendeportationen von Ostdeutschen in die Sowjetunion im Jahre 1945. Ein historisch-politischer Beitrag, Einhausen.
Mombert, P. (1929): Bevölkerungslehre, Jena.
Mommsen, H./A. Martiny (1966ff.): Nationalismus, Nationalitätenfrage, in: Sowjetsystem und demokratische Gesellschaft, Bd. IV, Freiburg.
Monumenta Lubensia (1861), hrsg. v. W. Wattenbach (auch MPH Bd. 3, S. 708ff.), Breslau.
Mortensen, H. u. G. (1937/38): Die Besiedlung des nordöstlichen Ostpreußens bis zum Beginn des 17. Jahrhunderts, Leipzig.
Mühlen, H. v. zur (1951): Kolonisation und Gutsherrschaft in Ostdeutschland, in: Geschichtliche Landeskunde und Universalgeschichte, Festgabe f. Hermann Aubin, Bonn.
Müller, E. G. (1925): Die Ursachen der Vertreibung des deutschen Ritterordens aus dem Burzenlande und Kumanien, in: Korrespondenzbl. d. Ver. f. Siebenbürg. Landeskde. 48, S. 41–69.
Müller-Sternberg, R.(1969): Deutsche Ostsiedlung – eine Bilanz für Europa, unter Mitarbeit von Werner Nellner, Bielefeld.
Nadolny, E. (1953): Norddeutsche Backsteingotik (Schriftenreihe des Göttinger Arbeitskreises), Kitzingen.
Nawratil, H. (1986): Die deutschen Nachkriegsverluste unter Vertriebenen, Gefangenen und Verschleppten. Mit einer Übersicht über die europäischen Nachkriegsverluste (Herbig Materialien zur Zeitgeschichte), München, Berlin.
Nolte, H.-H.(1976): „Drang nach Osten". Sowjetische Geschichtsschreibung der deutschen Ostexpansion, Köln, Frankfurt a. M.
– (1980): Zur Stellung Osteuropas im internationalen System der frühen Neuzeit. Außenhandel und Sozialgeschichte bei der Bestimmung der Regionen, in: Jbb. Gesch. Osteuropas 28, S. 161–197.

Nugel, O. (1901): Der Schöppenmeister Hieronymus Roth, in: Forschungen zur brandenburg.-preuß. Geschichte XIV, Leipzig, S. 393–479.

o. V., (1962): L'artisanat et la vie urbaine en Pologne médiévale (Ergon 3 = Kwartalnik hist. kult. mat. 120, fasc. suppl.).

Ommler, N. (1966): Die Landstände im Herzogtum Preußen 1543–1561, Phil. Diss. Bonn.

Opgenoorth, E. (1972/78): Friedrich Wilhelm. Der Große Kurfürst von Brandenburg, 2 Bde., Göttingen.

Ost, H. (1939): Die zweite deutsche Ostsiedlung im Drage- und Küddow-Gebiet, Leipzig.

Ost, P. (1962): Die deutsche Ostbewegung in der deutschen Geschichtsschreibung von G. A. H. Stenzel bis zu Dietrich Schäfer (Staatsexamensarbeit, vorhanden in der Bibliothek der Abt. f. osteurop. Geschichte des dort. Hist. Seminars), Münster.

Ott, H./H. Schäfer (Hrsg.) (1984): Wirtschaftsploetz. Die Wirtschaftsgeschichte zum Nachschlagen, Würzburg.

Palacky, Fr. (1836/67): Geschichte von Böhmen, 5 Bde. (tschech. Ausgabe 1848/76), Prag.

Papcke, S. (1988): Mitteleuropa – Kopfgeburt oder politische Chance?, in: S. Papcke/W. Weidenfeld (Hrsg.), Traumland Mitteleuropa? Beiträge zu einer aktuellen Kontroverse, Darmstadt, S. 120–135.

Papcke, S./W. Weidenfeld (Hrsg.) (1988): Traumland Mitteleuropa? Beiträge zu einer aktuellen Kontroverse, Darmstadt.

Perlbach, M. (1905): Der Deutsche Orden in Siebenbürgen, in: MIÖG 26, S. 415–430.

Petri, F. (1964): Der Rhein in der europäischen Geschichte und den europäischen Raumbeziehungen von der Vorzeit bis zum Hochmittelalter, in: Das erste Jahrtausend, Kultur und Kunst im werdenden Abendland an Rhein und Ruhr, Textband 2, hrsg. v. V. Elber, Düsseldorf, S. 567–615.

Petry, L. (1983): Dem Osten zugewandt. Gesammelte Aufsätze zur schlesischen und ostdeutschen Geschichte. Festgabe zum fünfundsiebzigsten Geburtstag, Sigmaringen.

Pfister, C. (1988): Klimageschichte der Schweiz 1525–1860, Bern, Stuttgart.

Pfitzner, J. (1935): Sudetendeutsche Geschichte, 1. Aufl., Reichenberg

Pinkus, B. (1981): Die Deutschen in der Sowjetunion beim Ausbruch des Zweiten Weltkrieges, in: Heimatbuch der Deutschen aus Rußland 1973–1981, Stuttgart, S. 9–19.

Pinkus, B./I. Fleischhauer (1987): Die Deutschen in der Sowjetunion. Geschichte einer nationalen Minderheit im 20. Jahrhundert. Bearb. u. hrsg. von Karl-Heinz Ruffmann (Osteuropa und der internationale Kommunismus 17), Baden-Baden.

Plaschka, R. G. (1955): Von Palacký bis Pekař. Geschichtswissenschaft und Nationalbewußtsein bei den Tschechen. Mit einem Nachwort von H. F. Schmid (Wiener Archiv für Geschichte des Slawentums und Osteuropa, Bd. 1, Graz, Köln.

Podehl, W. (1975): Burg und Herrschaft in der Mark Brandenburg. Untersuchungen zur Mittelalterlichen Verfassungsgeschichte unter besonderer Berücksichtigung von Altmark, Neumark und Havelland (Mitteldeutsche Forschungen 76), Köln, Wien.

Prinz, F. (1985): Grundlagen und Anfänge. Deutschland bis 1056, Bd. 1 der Neuen deutschen Geschichte, München.

Rabl, K. (1973): Das Selbstbestimmungsrecht der Völker; geschichtliche Grundlagen, Umriß der gegenwärtigen Bedeutung, ein Versuch, 2. Aufl., Köln, Wien.

Rachel, H. (1909): Der Große Kurfürst und die ostpreußischen Stände 1640–1680 (Staats- und sozialwissenschaftliche Forschungen 24), Leipzig.

Reinhardt, M./A. Armengaud/J. Dupaquier (1968): Histoire générale de la population mondiale.

Renner, K. (1918): Das Selbstbestimmungsrecht der Nationen in besonderer Anwendung auf Österreich, I. Teil: Nation und Staat (2., vollst. umgearb. Aufl. e. Buches v. 1902), Leipzig, Wien.

Rhode, G. (1952): Völker auf dem Wege ... Verschiebungen der Bevölkerung in Ostdeutschland und Osteuropa seit 1917 (Schriften des Schleswig-Holsteinischen Geschichtslehrer-Verbandes, N. F., Heft 1), Kiel.

– (Hrsg.) (1953): Geschichte der Stadt Posen, Neuendettelsau.

– (1959): Phasen und Formen der Massenzwangswanderung in Europa, in: Die Vertriebenen in Westdeutschland, ihre Eingliederung und ihr Einfluß auf Gesellschaft, Wirtschaft, Politik und Geistesleben, hrsg. v. Eugen Lemberg u. Friedrich Edding, Kiel, S. 17–36.

– (1967): Umsiedlungen und Vertreibungen, in: Die Deutschen und ihre östlichen Nachbarn. Ein Handbuch, hrsg. v. Viktor Aschenbrenner u. a., Frankfurt a. M. u. a., S. 292–307.

– (1979): Polen von der Wiederherstellung der Unabhängigkeit bis zur Ära der Volksrepublik 1918–1970, in: Th. Schieder (Hrsg.), Handbuch der europäischen Geschichte, Bd. 7, Stuttgart, S. 1036ff.

– (1980): Geschichte Polens. Ein Überblick, 3. verbesserte Aufl., Darmstadt.

Ribbe, W. (Hrsg.) (1987): Das Havelland im Mittelalter. Untersuchungen zur Strukturgeschichte einer ostelbischen Landschaft in slawischer und deutscher Zeit, Berlin.

Richter, K. (1967): Die böhmischen Länder im Früh- und Hochmittelalter, in: Handbuch der Geschichte der böhmischen Länder, hrsg. im Auftrag des Collegium Carolinum v. Karl Bosl, Bd. I, Stuttgart.

Roos, H. (1961): Geschichte der polnischen Nation (Urban-Bücher 49), 2. Aufl., Stuttgart.

Rörig, F. (1936): „Nationale Frage“ und Ostkolonisation, in: HZ 154, S. 96–103.

Rothfels, H. (1967): Ostdeutsche im Widerstand gegen Hitler, in: Leistung und Schicksal, hrsg. von Eberhard G. Schulz, Köln, Graz, S. 314–322.

Rothfels, H./W. Markert (Hrsg.) (1955): Deutscher Osten und slawischer

Westen. Tübinger Vorträge (Tübinger Studien zur Geschichte und Politik, Nr. 4), Tübingen.
Rudolph, H. (1988): Ein Stellvertreterkrieg am falschen Platz. Zur Mitteleuropa-Diskussion in der Bundesrepublik, in: S. Papcke/W. Weidenfeld (Hrsg.), Traumland Mitteleuropa? Darmstadt, S. 136–144.
Rusinski, W. (1982): Deutsche Siedlungen auf polnischem Boden im 16.–19. Jahrhundert. Mythen und Wirklichkeit, in: Acta Poloniae Historica 47, S. 209–256.
Russel, J. C. (1958): Late ancient and medieval Population.
– (1976ff.): Die Bevölkerung Europas 500–1500, in: C. M. Cipolla (Hrsg.), Europäische Wirtschaftsgeschichte, Bd. 1, Stuttgart, New York.
Saria, B. (1967): Das Deutschtum zwischen Drau und Adria, in: Die Deutschen und ihre östlichen Nachbarn. Ein Handbuch, hrsg. v. Viktor Aschenbrenner u. a., Frankfurt a. M. u. a., S. 246–252.
Schaser, A. (1989): Josephinische Reformen und sozialer Wandel in Siebenbürgen. Die Bedeutung des Konzivilitätsreskriptes für Hermannstadt, Stuttgart.
Schich, W. (1986): Braunschweig und die Ausbildung des sogenannten Wendenparagraphen, in: Jb. f. Gesch. Mittel- u. Ostdeutschl. 35, S. 221–233.
– (1987): Das Verhältnis der frühmittelalterlich-slawischen zur hochmittelalterlichen Siedlung im Havelland, in: Das Havelland im Mittelalter. Untersuchungen zur Strukturgeschichte einer ostelbischen Landschaft in slawischer und deutscher Zeit, Berlin, S. 177–245.
Schieder, T. (1961): Das Deutsche Kaiserreich als Nationalstaat (Wiss. Abhdlgn. der Arb. Gem. f. Forschung des Landes Nordrhein-Westfalen, Bd. 20), Köln, Opladen.
Schieder, T./R. Alter (Hrsg.) (1974): Staatsgründungen und Nationalitätsprinzip (Studien zur Geschichte des 19. Jahrhunderts 7), München, Wien.
Schieder, T./P. Burian (Hrsg.) (1974): Sozialstruktur und Organisation europäischer Nationalbewegungen (Studien zur Geschichte des 19. Jahrhunderts 3), München, Wien.
Schimscha, E. (1939): Technik und Methoden der theresianischen Besiedlung des Banats, Baden.
Schirren, C. (1869): Livländische Antwort an Herrn Juri Samarin, 3. Aufl., Leipzig.
Schlesinger, W. (1957): Die geschichtliche Stellung der mittelalterlichen deutschen Ostbewegung, in: HZ 183, S. 517–542 (auch in: Ders. [1961] Mitteldeutsche Beiträge zur deutschen Verfassungsgeschichte des Mittelalters, S. 447–469).
– (1960): Die Verfassung der Sorben, in: Siedlung und Verfassung der Slawen zwischen Elbe, Saale und Oder, hrsg. v. Herbert Ludat, Gießen, S. 75ff.
– (1961): West und Ost in der deutschen Verfassungsgeschichte des Mittelalters, in: Festgabe für Paul Kirn, S. 111–131 (auch in: Ders. [1963], Beiträge zur deutschen Verfassungsgeschichte des Mittelalters, Bd. 2, S. 233–253.

Schlesinger, W. (1962): Kirchengeschichte Sachsens im Mittelalter, 2 Bde., Köln, Graz.
– (1964): Die mittelalterliche deutsche Ostbewegung und die deutsche Ostforschung, in: Deutsche und europäische Ostsiedlungsbewegung. Bericht über die wissensch. Jahrestagung des Johann-Gottfried-Herder-Forschungsrates vom 7. bis 9. März, Marburg, S. 7–46 (nicht im Buchhandel).
– (1975): Zur Problematik der Erforschung der deutschen Ostsiedlung, in: Die deutsche Ostsiedlung des Mittelalters als Problem der europäischen Geschichte, Sigmaringen, S. 11–30.
– (Hrsg.) (1975): Die deutsche Ostsiedlung des Mittelalters als Problem der europäischen Geschichte. Reichenau-Vorträge 1970–1972 (Vorträge und Forschungen XVIII), Sigmaringen.
Schleuning, J. (1967): Die Rußlanddeutschen, in: Die Deutschen und ihre östlichen Nachbarn. Ein Handbuch, hrsg. v. Viktor Aschenbrenner u. a., Frankfurt a. M. u. a., S. 283–291.
– (o. J.): Die deutschen Siedlungsgebiete in Rußland (Göttinger Arbeitskreis, Schriftenreihe, Heft 52/53), Würzburg.
Schlögel, K. (1986): Die Mitte liegt im Osten. Die Deutschen und Mitteleuropa, in: Die Zeit, Nr. 16, 11. April 1986, S. 64.
– (1989): Der dramatische Übergang zur neuen Normalität. Europa am Ende des Nachkriegs, in: FAZ, Nr. 233, 7. Oktober 1989 (Beilage: Bilder und Zeiten).
– (1989): Lwow war Lemberg oder eine Reise an den Pol des Zweifels. Das Schicksal einer mitteleuropäischen Stadt, in: FAZ, 8. April 1989 (Beilage: Bilder und Zeiten).
Schmalfuß, P. (1986): Die Bewegung proletarischer deutscher Auswanderer nach Sowjetrußland 1919–1921, in: Beiträge zur Geschichte der Arbeiterbewegung 1, S. 29ff.
Schmid, H. F. (1933): Das deutsche Recht in Polen, in: Deutschland und Polen, hrsg. v. Albert Brackmann, München u. Berlin, S. 64–80.
Schmidt, L. (1969): Geschichte der deutschen Stämme bis zum Ausgang der Völkerwanderung. Die Ostgermanen (unveränd. Nachdr. der 2. Aufl. von 1941), München.
Schmugge, L. (1982): Über „nationale“ Vorurteile im Mittelalter, in: Deutsches Archiv f. Erforschung des Mittelalters 28, S. 439–459.
Schneider, R. (1982): Das Frankenreich, München, Wien.
Schramm, P. E. (1958): Deutschland und der Osten, in: Gesch. in Wissen. u. Unterr. 9, S. 321–338.
Schreiber, H. (1984): Die Deutschen und der Osten. Das versunkene Jahrtausend, München.
Schubart-Fikentscher, G. (1942): Die Verbreitung der deutschen Stadtrechte in Osteuropa (von der Preuß. Akad. d. Wissen. Berlin), Weimar.
Schultze, J. (1961ff.): Die Mark Brandenburg, 4 Bde., Berlin.
– (1964): Der Wendenkreuzzug 1147 und die Adelsherrschaften in Prignitz und Rhingebiet, in: Ders., Forschungen zur brandenburgischen und preu-

ßischen Geschichte. Ausgewählte Aufsätze (Veröffentlichungen der Hist. Komm. zu Berlin 13), Berlin, S. 41–69.
Schulz, E. (1982): Die deutsche Nation in Europa. Internationale und historische Dimensionen (Schriften des Forschungsinstituts der deutschen Gesellschaft für auswärtige Politik e. V.), Bonn.
Schulz, E. G. (1967): Der Anteil Ostdeutscher an der abendländischen Philosophie, in: Leistung und Schicksal, hrsg. von Eberhard G. Schulz, Köln, Graz, S. 164–193.
– (1967): Leistung und Schicksal. Abhandlungen und Berichte über die Deutschen im Osten, Köln, Graz.
Schulze, B. (1939): Neue Siedlungen in Brandenburg 1500–1800, Berlin.
Schulze, E. O. (1896): Die Kolonisierung und Germanisierung der Gebiete zwischen Elbe und Saale (Preisschriften der fürstlichen Jablonowskischen Gesellschaft zu Leipzig 33), Leipzig.
Schulze, H. (1989): Der gescheiterte Friede. Der Versailler Vertrag und seine Wirkung auf das Denken und Verhalten der Menschen, in: FAZ, 24. Juni 1989 (Beilage).
Schulze, H. K. (1979): Die Besiedlung der Mark Brandenburg im hohen und späten Mittelalter, in: Jb. f. Gesch. Mittel- u. Ostdeutschl. 28, S. 42–178.
– (1982): Der Anteil der Slawen an der mittelalterlichen Siedlung nach deutschem Recht in Ostmitteldeutschland, in: Zs. f. Ostforsch. 31, S. 321–336.
– (1987): Vom Reich der Franken zum Land der Deutschen. Merowinger und Karolinger (Das Reich und die Deutschen), Berlin.
Schünemann, K. (1923): Die Deutschen in Ungarn bis zum 12. Jahrhundert (Ungarische Bibliothek, Erste Reihe 8), Berlin, Leipzig.
– (1935): Österreichs Bevölkerungspolitik unter Maria Theresia, 1, Berlin.
– (1936): Zur Geschichte des deutschen Landesausbaus im Mittelalter, in: Südostdt. Forsch. 1, SD. 30ff.
Schuster, F. (1938): Die Ursache der Vertreibung des deutschen Ritterordens aus dem Burzenlande, in: Siebenbürg. Vjschr. 61, S. 47–51.
Schwabe, K. (1971): Deutsche Revolution und Wilson-Frieden. Die amerikanische und deutsche Friedensstrategie zwischen Ideologie und Machtpolitik, Düsseldorf.
Schwarz, E. (1931): Die Ortsnamen der Sudetenländer als Geschichtsquelle, 2. Aufl. 1961, München.
– (1939): Untersuchungen zur deutschen Sprach- und Volkstumsgeschichte Mittelmährens.
– (1957): Die Herkunft der Siebenbürger und Zipser Sachsen, München.
– (1957): Sudetendeutsche Familiennamen aus vorhussitischer Zeit, Köln, Graz.
– (1962): Sudetendeutsche Sprachräume, 2. Aufl., München.
– (1965/66): Volkstumsgeschichte der Sudetenländer, 2 Bde., München.
Schweinitz, v. (1927): Denkwürdigkeiten des Botschafters General v. Schweinitz, Bd. 2, Berlin.
Seehandelszentren des nördlichen Europa (1983): Der Strukturwandel vom 12. zum 13. Jahrhundert. Beiträge des Ostsee-Kolloquiums Lübeck 1981, Bonn.

Senghaas, D. (Hrsg.) (1979): Kapitalistische Weltökonomie. Kontroversen über ihren Ursprung und ihre Entwicklungsdynamik, Frankfurt a. M.

Senz, J. (1955): Geschichte der Donauschwaben, 2. Aufl., Freilassing.

Slicher van Bath, B. H. (1963): The Agrarian History of Western Europe a. d. 500–1850, London.

Sonnleitner, K. (1982): Die Slawenpolitik Heinrichs des Löwen im Spiegel einer Urkundenarenga. Ein Beitrag zum Thema Toleranz und Intoleranz im Mittelalter, in: Archiv f. Diplomatik, Schriftgeschichte, Siegel- und Wappenkunde 26, S. 259–280.

Sporn, Th. (1978): Die „Stadt zu polnischem Recht" und die deutschrechtliche Gründungsstadt, Frankfurt a. M., Bern, Las Vegas.

Steenberg, S. (1989): Die Rußlanddeutschen. Schicksal und Erleben, München.

Steinbach, Fr. (1937): Geschichtliche Siedlungsformen in der Rheinprovinz. Aufgaben der Siedlungsgeschichte in der Rheinprovinz, in: Zs. d. Rhein. Ver. f. Denkmalpflege u. Heimatschutz 30.

Stenographischer Bericht über die Verhandlungen der deutschen constituierenden Nationalversammlung (1848), hrsg. v. F. Wigard, II, Leipzig.

Stenzel, G. A. (1853): Geschichte Schlesiens, Breslau.

Stökl, G. (1965): Russische Geschichte von den Anfängen bis zur Gegenwart, 2., erw. Aufl., Stuttgart.

Streiter, K. H. (1985): Die nationalen Beziehungen im Großherzogtum Posen (1815–1848), Bern, Frankfurt a. M.

Stumpp, K. (1961): Die deutsche Auswanderung nach Rußland 1763–1862, Teil II, in: Heimatbuch der Deutschen aus Rußland, Stuttgart.

– (1964): Die Rußlanddeutschen. Zweihundert Jahre unterwegs (Bildband), Freilassing.

– (1967): Die Deutschen in der Sowjetunion von 1917 bis 1965, in: Leistung und Schicksal, hrsg. von Eberhard G. Schulz, Köln, Graz, S. 378–384.

– (o. J.): Die Auswanderung aus Deutschland nach Rußland in den Jahren 1763 bis 1862, Tübingen.

Sundhausen, H. (1983): Zur Wechselbeziehung zwischen frühneuzeitlichem Außenhandel und ökonomischer Rückständigkeit in Osteuropa: Eine Auseinandersetzung mit der 'Kolonialthese', in: Geschichte u. Gesellschaft 9, S. 544–563.

Szczypiorski, A. (1990): Politik ist nicht alles. Die polnische Kultur muß ihre eigene Sprache sprechen, in: FAZ, Nr. 5, 6. Januar.

Székely, Gy. (1964): Wallons et italiens en Europe centrale aux XIe–XVIe siècles, in: Annales universitatis scientiarum Budapestinensis de R. Eötvös nominatae. Sectio Historica 6.

Szücs, J. (1972): „Nationalität" und „Nationalbewußtsein" im Mittelalter. Versuch einer einheitlichen Begriffssprache, in: Acta Historica Academiae Scientarum Hungaricae 18, S. 1–38, 245–265.

Terveen, F. (1954): Gesamtstaat und Retablissement 1714–1740, Frankfurt, Berlin.

Thadden, R. v./M. Magdelaine (Hrsg.) (1985): Die Hugenotten 1685–1985, München.
The Cambridge History of Poland (1948ff.), ed. by W. F. Reddaway, J. H. Pesnon, O. Halecki, R. Dyboski, 2 Bde., Bd. 1, 2. Aufl. 1950, Cambridge.
Thieme, H. (1967): Carl Gottlieb Svarez aus Schweidnitz (1746–1798), der „größte preußische Gesetzgeber", in: Leistung und Schicksal, hrsg. von Eberhard G. Schulz, Köln, Graz, S. 157–163.
Torke, H.-J. (1974): Die staatsbedingte Gesellschaft im Moskauer Reich. Zar und Zemlja in der altrussischen Herrschaftsverfassung, 1613–1689, Leiden.
Trawkowski, St. (1962): Zur Erforschung der deutschen Kolonisation auf polnischem Boden im 13. Jh., in: Acta Poloniae Hist. 7, S. 79–95.
– (1975): Die Rolle der deutschen Dorfkolonisation und des deutschen Rechts in Polen im 13. Jahrhundert, in: W. Schlesinger (Hrsg.), Die deutsche Ostsiedlung des Mittelalters als Problem der europäischen Geschichte, Sigmaringen, S. 349–368.
Tschiżewski, D. (1961): Rußland zwischen Ost und West. Russische Geistesgeschichte II, 18.–20. Jahrhundert, Reinbek b. Hamburg.
Tzschoppe, G. A./G. A. Stenzel (Hrsg.) (1832): Urkundensammlung zur Geschichte des Ursprungs der Städte und der Einführung und Verbreitung Deutscher Kolonisten und Rechte in Schlesien und der Oberlausitz, Hamburg.
Ulrich, V. (1984): Die polnische Frage und die deutschen Mitteleuropapläne im Herbst 1915, in: Histor. Jb. 104, S. 348–371.
Unger, M. (1963): Stadtgemeinde und Bergwesen Freibergs im Mittelalter, Weimar.
Unruh, B. (1955): Die niederländisch-niederdeutschen Hintergründe der mennonitischen Ostwanderung im 16., 18. und 19. Jahrhundert, Karlsruhe.
Urry, J. (1989): None but Saints. The Transformation of Mennonite Life in Russia 1789–1889.
Utiz, E. (1929): Christian Wolff, Halle/Saale.
Vajay, Sz. de (1968): Der Eintritt des ungarischen Stämmebundes in die europäische Geschichte (862–933), Mainz.
Valjavec, F. (1953): Geschichte der deutschen Kulturbeziehungen zu Südosteuropa, Bd. 1: Mittelalter (Südosteuropäische Arbeiten 41).
Verhulst, A. E. (1980ff.): Die Niederlande im Hoch- und Spätmittelalter, in: H. Kellenbenz (Hrsg.), Handbuch der europäischen Wirtschafts- und Sozialgeschichte, Bd. II, Stuttgart, S. 259–296.
Viefhaus, E. (1960): Die Minderheiten und die Entstehung der Minderheitenschutzverträge auf der Pariser Friedenskonferenz 1919. Eine Studie zur Geschichte des Nationalitätenproblems im 19. und 20. Jahrhundert (Marburger Ostforschungen, Bd. 11), Würzburg.
Vilfan, S. (1975): Die deutsche Kolonisation nordöstlich der oberen Adria und ihre sozialgeschichtlichen Grundlagen, in: Die deutsche Ostsiedlung des Mittelalters als Problem der europäischen Geschichte, Sigmaringen, S. 567–604.

Vogel, W. (1960): Der Verbleib der wendischen Bevölkerung in der Mark Brandenburg, Berlin.
Wagner, R. (1898): Das Bündniß Karls des Großen mit den Obodriten, in: Jbb. u. Jahresber. d. Ver. f. mecklenb. Geschichte und Altertumskunde 63, S. 89 ff.
Walicki, M. (1971): Dzieje sztuki polskiej (Geschichte der polnischen Kunst), Warschau.
Wallerstein, I. (1974): The modern world-system. Capitalist Agriculture and the Origins of the European World-Economy in the Sixteenth Century (Studies in social discontinuity) (in dt. Übersetzung: Das moderne Weltsystem. Kapitalistische Landwirtschaft und die Entstehung der europäischen Weltwirtschaft im 16. Jahrhundert, Frankfurt a. M. 1986), New York u. a.
Warnke, Ch. (1980): Ursachen und Voraussetzungen der Schenkung Polens an den Heiligen Petrus, in: Europa Slavica – Europa orientalis. Festschrift für Herbert Ludat zum 70. Geburtstag, hrsg. v. Klaus-Detlev Grothusen und Klaus Zernack, Berlin, S. 127–177.
Weczerka, H. (1960): Das mittelalterliche und frühneuzeitliche Deutschtum im Fürstentum Moldau, München.
Wee, H. van der (1980 ff.): Die Niederlande 1350–1650, in: H. Kellenbenz (Hrsg.), Handbuch der europäischen Wirtschafts- und Sozialgeschichte, III, Stuttgart, S. 564–607.
Wehler, H.-U. (1968): Die Polenpolitik im deutschen Kaiserreich 1871–1918, in: Politische Ideologien und nationalstaatliche Ordnung. Studien zur Geschichte des 19. und 20. Jahrhunderts. Festschrift für Theodor Schieder zu seinem 60. Geburtstag, hrsg. v. Kurt Kluxen u. Wolfgang J. Mommsen, München, Wien, S. 297–316.
Weise, E. (1955): Das Widerstandsrecht im Ordenslande Preußen und das mittelalterliche Europa (Veröffentlichungen der Niedersächsischen Archivverwaltung 6), Göttingen.
Weiss, H. (1967): Der deutsch-baltische Beitrag zur Lösung der Minderheitenfrage in der Zeit zwischen den beiden Weltkriegen, in: Leistung und Schicksal, hrsg. von Eberhard G. Schulz, Köln, Graz, S. 323–329.
Weizsäcker, W. (1953): Geschichte der Prager Universität in europäischer Sicht (Schriften der Ackermann-Gemeinde 6).
Wenskus, R. (1961): Stammesbildung und Verfassung, Köln, Graz.
– (1975): Der Deutsche Orden und die niederdeutsche Bevölkerung des Preußenlandes mit besonderer Berücksichtigung der Siedlung, in: Die deutsche Ostsiedlung des Mittelalters als Problem der europäischen Geschichte, Sigmaringen, S. 417–438.
Werner, K. F. (1989): Geschichte Frankreichs, Bd. 1: Die Ursprünge Frankreichs bis zum Jahr 1000, Stuttgart.
Wersebe, A. v. (1815/16): Über die niederländischen Kolonien, welche im nördlichen Teutschland im zwölften Jahrhundert gestiftet wurden, 2 Teile, 2. Aufl. 1826.
Wiesinger, P. (1975): Möglichkeiten und Grenzen der Dialektologie bei der

Erforschung der deutschen Ostsiedlung, in: W. Schlesinger (Hrsg.), Die deutsche Ostsiedlung des Mittelalters als Problem der europäischen Geschichte, Sigmaringen, S. 161–192.

Willoweit, D./W. Schich (Hrsg.) (1980): Studien zur Geschichte des sächsisch-magdeburgischen Rechts in Deutschland und Polen, Frankfurt a. M.

Winkler, F. (1957): Albrecht Dürer. Leben und Werk, Berlin.

Wippermann, W. (1981): Der 'deutsche Drang nach Osten'. Ideologie und Wirklichkeit eines politischen Schlagwortes, Darmstadt.

Witte, H. (1905): Wendische Bevölkerungsreste in Mecklenburg, Stuttgart.

Wittram, R. (1954): Baltische Geschichte. Die Ostseelande Livland, Estland, Kurland 1180–1918, München.

– (1954): Das Nationale als europäisches Problem. Beiträge zur Geschichte des Nationalitätsprinzips vornehmlich im 19. Jahrhundert, Göttingen.

– (1954): Die Nationalitätenkämpfe in Europa und die Erschütterungen des europäischen Staatensystems (1848–1917) (Quellen- und Arbeitshefte für den Geschichtsunterricht 4), 2. Aufl., Stuttgart.

Wostry, W. (Hrsg.) (1915): De Theutunicis bonum dictamen. Ein deutschfeindliches Pamphlet aus Böhmen aus dem 14. Jh., in: Mitt. d. Ver. f. Gesch. d. Deutschen in Böhmen 53, S. 193–238.

– (1922): Das Kolonisationsproblem, in: Mitt. d. Ver. f. Gesch. d. Deutschen in Böhmen 60, S. 6ff.

Zakrzewski, S. (1983): Deutschland und Polen, in: Preußen, Deutschland, Polen im Urteil polnischer Historiker, Bd. 1: Millenium Germano-Polonicum, hrsg. v. Lothar Dralle, Berlin, S. 74–88. (Die Rez. erschien in Kwartalnik Historyczny 48, 1934, H. 4, S. 776–778.)

Zatschek, H. (Hrsg.) (1938): Die Reichsuniversität in Prag. Studien zu ihrer Geschichte bis 1409, Brünn u. a.

Zayas, A. M. de (1980): Die Wehrmachtsuntersuchungsstelle. Deutsche Ermittlungen über alliierte Völkerrechtsverletzungen im Zweiten Weltkrieg (unter Mitarbeit v. W. Rabus), 2. Aufl., München.

Zernack, K. (1967): Die burgstädtischen Volksversammlungen bei den Ost- und Westslawen, Wiesbaden.

– (1973): Schwerpunkte und Entwicklungslinien der polnischen Geschichtswissenschaft nach 1945, in: HZ, Sonderheft 5: Literaturberichte über Neuerscheinungen zur außerdeutschen Geschichte, München.

– (1975): Zusammenfassung: Die hochmittelalterliche Kolonisation in Ostmitteleuropa und ihre Stellung in der europäischen Geschichte, in: Die deutsche Ostkolonisation des Mittelalters als Problem der europäischen Geschichte, Sigmaringen, S. 783–804.

– (1976): Das Jahrtausend deutsch-polnischer Beziehungsgeschichte als geschichtswissenschaftliches Problemfeld und Forschungsaufgabe (Grundsatzreferat), in: Grundlagen der geschichtlichen Beziehungen zwischen Deutschen, Polaben und Polen, hrsg. v. Wolfgang H. Fritze u. Klaus Zernack, Berlin, S. 3–46.

– (1983): Die Geschichte Preußens und das Problem der deutsch-polnischen

Beziehungen. Zugleich ein erster Rückblick auf die Preußen-Welle, in: Jbb. f. Gesch. Osteuropas 31, S. 28–49.
– (1984): Deutschlands Osten – Polens Westen. Zum Lebenswerk des polnischen Mediävisten Benedykt Zientara (1928–1983), in: Jb. f. Gesch. Mittel- und Ostdeutschl. 33, S. 92–111.
Zientara, B. (1970): Nationality conflicts in the German-Slavic Borderland in the 13th/14th centuries and their social scope, in: Acta Poloniae Historica 22, S. 207–225.
– (1974): Foreigners in Poland in the 10th–15th centuries: Their role in the opinion of polish medieval community, in: Acta Poloniae Historica 29, S. 5–27.
– (1974): Zur Geschichte der planmäßigen Organisierung des Marktes im Mittelalter, in: Wirtschaftliche und soziale Strukturen im säkularen Wandel. Festschrift f. Wilhelm Abel zum 70. Geburtstag, Bd. 2, Hannover, S. 345–363.
– (1975): Die deutsche Einwanderung in Polen vom 12. bis zum 14. Jahrhundert, in: W. Schlesinger (Hrsg.), Die deutsche Ostsiedlung des Mittelalters als Problem der europäischen Geschichte, Sigmaringen, S. 333–348.
– (1976): Socio-economic and Spatial Transformations of Polish Towns during the Period of Location, in: Acta Poloniae Historica 34.
– (1978): Der Ursprung des „deutschen Rechts“ (ius Theutonicum) auf dem Hintergrund der Siedlungsbewegung in West- und Mitteleuropa während des 11. und 12. Jahrhunderts, in: Jb. f. Gesch. d. Feudalismus 2, S. 119–148.
– (1981): Nationale Strukturen des Mittelalters. Ein Versuch zur Kritik der Terminologie des Nationalbewußtseins unter besonderer Berücksichtigung der osteuropäischen Literatur, in: Saeculum 32, S. 301–316.
– (1983): Zum Problem des geschichtlichen Terminus „Drang nach Osten“, in: Preußen, Deutschland, Polen im Urteil polnischer Historiker, Bd. 1: Millenium Germano-Polonicum, hrsg. v. Lothar Dralle, Berlin, S. 171–181.
– (1985): Les Grandes Migrations des XIIe-XIVe Siècles en Europe du Centre-est, in: Studia Historiae Oeconomica 18, S. 3–30.
– (1988): Die Bauern im mittelalterlichen Polen, in: Acta Poloniae Historica 57, S. 5–42.
Zillich, H. (1957): Siebenbürgen. Ein abendländisches Schicksal (Bildband), Königstein.
Zimmermann, Fr./K. Werner (Hrsg.) (1892): Urkundenbuch zur Geschichte der Deutschen in Siebenbürgen, Bd. 1, Hermannstadt.
Zimmermann, H. (1966): Hospites Theutonici. Rechtsprobleme der deutschen Südostsiedlung, in: Buchreihe der Südostdeutschen Historischen Kommission, Bd. 8 (Gedächtnisschrift für H. Steinacker), München, S. 67–84.
Zubrzycki, J. (1952/53): Emigration from Poland in the Nineteenth and Twentieth Centuries, in: Population Studies 6, S. 248–272.

REGISTER

Häufig auftretende Namen wie Deutschland, Deutsche oder Europa sind nicht in das Register aufgenommen worden.